Alquimia emocional

Alquimia emocional

Tara Bennett-Goleman

Prólogo del
Dalai Lama

Traducción de
Teo Macero

VERGARA

Papel certificado por el Forest Stewardship Council®

Primera edición en este formato: febrero de 2019

Título original: *Emotional Alchemy*

© 2001, Tara Bennet-Goleman
Esta traducción ha sido publicada por acuerdo con Harmony Books,
un sello de Crown Publishing Group,
una división de Penguin Random House LLC.
© 2019, Penguin Random House Grupo Editorial, S. A. U.
Travessera de Gràcia, 47-49. 08021 Barcelona
© 2001, Teo Macero, por la traducción

Printed in Spain – Impreso en España

ISBN: 978-84-17664-07-7
Depósito legal: B-25.949-2018

Compuesto en Infillibres, S. L.

Impreso en Cayfosa
Santa Perpètua de Mogoda (Barcelona)

VE 6 4 0 7 7

Penguin
Random House
Grupo Editorial

Por la luz de sabiduría
que habita en todos nosotros

Prólogo

Todos deseamos ser felices, nadie quiere sufrir. Dado que el propósito fundamental de la vida es ser felices, lo importante es descubrir qué nos causará la mayor felicidad. Que nuestra experiencia resulte agradable o desdichada es una cuestión mental o física. Por lo general, es la mente la que ejerce la mayor influencia en casi todos nosotros. Por eso, vale la pena tratar de alcanzar la paz mental.

Aunque el progreso material es importante para el progreso humano, si prestamos demasiada atención a las cosas externas y damos poca importancia al desarrollo interior, ese desequilibrio nos causará problemas. La clave está en la paz interior: si la alcanzamos, seremos capaces de enfrentar las situaciones con calma y madurez. Sin paz interior podemos seguir preocupados, perturbados o disconformes con las circunstancias, al margen de lo cómoda que sea nuestra existencia en el aspecto material.

Cuando tenemos paz interior podemos estar en paz con quienes nos rodean. Cuando nuestra comunidad se encuentra en paz puede compartir ese estado con las comunidades vecinas. Cuando sentimos amor y amistad por los demás, logramos que se sientan amados y cuidados, y eso nos ayuda también a nosotros a desarrollar la felicidad y la paz interiores.

Como budista, he aprendido que lo que más afecta a nuestra paz interior es lo que llamamos emociones perturbadoras. Todos esos pensamientos, emociones y sucesos mentales que reflejan un estado mental negativo o poco comprensivo inevitablemente socavan nuestra experiencia de la paz interior. Las emociones o pensamientos negativos, como el odio, la ira, el orgullo, la lujuria, la codicia o la envidia tienen un efecto perturbador en nuestro equilibrio interior. También tienen un efecto agotador en nuestra salud física. En el sistema médico tibetano, las perturbaciones mentales y emocionales han sido durante mucho tiempo consideradas como la causa de muchas enfermedades constitucionales, incluido el cáncer. Los científicos y los profesionales de la salud de Occidente comparten cada vez más este punto de vista.

Las emociones perturbadoras son la fuente misma de la conducta poco ética. También son la base de la ansiedad, la depresión, la confusión y el estrés, característicos de nuestra época. Sin embargo, debido a que muchas veces no reconocemos su poder destructivo, no vemos la necesidad de modificarlas.

En esta obra, Tara Bennett-Goleman ofrece un método para serenar la mente y liberarla de las emociones perturbadoras: una aplicación práctica de la atención consciente al reino de las emociones. Basándose en su experiencia personal, ha reunido *insights* y métodos de la ciencia cognitiva y del cerebro, de la psicoterapia y de la psicología budista y la práctica de la atención consciente. Muestra cómo es posible utilizar esta atención para aflojar el dominio de aquellos hábitos mentales y emocionales que nos impiden ser felices.

Un gran maestro tibetano del entrenamiento mental señaló en una ocasión que una de las cualidades más maravillosas de la mente es que puede transformarse. Yo ofrezco mis oraciones para que los lectores de este libro que pongan en práctica ese consejo puedan realmente transformar su mente, superar sus emociones perturbadoras y alcanzar la paz interior. Así, no solo ellos serán más felices sino que además contribuirán a lograr la paz y la felicidad del mundo entero.

Su santidad
El Dalai Lama
3 de junio de 2000

PRIMERA PARTE

ALQUIMIA EMOCIONAL

1

Una alquimia interior

Desde la ventana de mi hotel londinense se ve el Big Ben, una presencia elegante y destacada entre la perspectiva del río, las nubes ondeantes y la extendida mezcolanza de las siluetas de los edificios. Como obra arquitectónica, el Big Ben posee magnificencia, pero descubro que a mi mirada le atrae más la abierta amplitud del cielo y el río. El panorama arriba y abajo de la redondeada brusquedad del Big Ben incluye un resplandor de torres y de puentes que, desde mi ventana, ocupan el primer plano. Noto que, a primera vista, mi mente percibe la vastedad del cielo cubierto de nubes y el brillo sedante del río como un majestuoso óleo pintado por un paisajista finisecular o como la instantánea de una postal perfecta.

Pero cuando observo con más cuidado y presto más atención, noto que la quieta traducción como de instantánea de esa escena se disuelve en un torbellino de movimiento constante, en una serie continua de movimientos minúsculos que se agregan a una imagen sumamente alterada. Están los diminutos y sucesivos cambios en las formas de las nubes mientras se deslizan por el cielo, abriendo a veces claros a través de los cuales los rayos de sol se derraman sobre el paisaje, iluminando las sombras en los manchones de luz. Está el brillo translúcido de los edificios, de las calles y de los brillantes autobuses rojos cuando momentáneamente los baña la luz. La escena que tengo ante mí riela con energía cinética. Lo mismo ocurre con nuestros paisajes interiores.

El cambio de mi percepción refleja cómo trabaja la mente: con tendencia a suponer —precipitadamente y sin que medie una observación ulterior— que ha asimilado la imagen global de un vistazo, pero si uno continúa observando con mayor cuidado, se descubre el hecho a veces alarmante de que, más allá de esa presunción inicial, siempre hay algo más por descubrir. Demasiado a menudo consideramos nuestras primeras impresiones, las conclusiones provenientes de un primer vistazo precipitado, como la verdad última del momento. Pero si seguimos mirando y observando, tomamos conciencia de más detalles y matices, de cambios y segundos pensamientos y de mucho más. Podemos ver más las cosas como realmente son y no como aparentan ser: podemos llegar a una comprensión más precisa del momento.

Si prolongamos nuestra mirada hacia nuestro interior, a veces nuestra indagación puede detectar dolor detrás de las máscaras que llevamos. Pero si continuamos mirando, podemos ver que los patrones de la pena mantienen esa misma máscara en su lugar y, a medida que investigamos más, vemos incluso cambiar y recomponerse esos patrones. Vemos que nuestras reacciones a las propias emociones pueden mantenernos distanciados de nosotros mismos. Y si enfocamos mejor y nos permitimos abrirnos con más honestidad, nuestra conciencia penetra todavía más, desenmarañando y disolviendo, desembarazándonos de las capas mientras miramos todavía más lejos. Comenzamos a conectarnos con partes más genuinas de nosotros mismos; al principio, por vislumbres; luego, cuando aguzamos nuestra mirada, nos conectamos con una fuente que respira conciencia hacia el interior de cada capa de nuestro ser.

Este libro trata sobre vernos a nosotros mismos tal como genuinamente somos; no como nos juzgamos a primera vista cuando nos vemos a través de los filtros de nuestras presunciones habituales y de nuestros patrones emocionales. Exploraremos cómo por medio de la práctica de la atención consciente*

* La autora usa la palabra *mindfulness* que, en rigor, significa «cualidad de cuidadoso o atento»; se traducirá en lo sucesivo por «atención consciente». (*N. del T.*)

—un método de entrenamiento de la mente para expandir el alcance de la conciencia que, al mismo tiempo, refina su precisión— podemos ir más allá de las limitadas maneras de vernos a nosotros mismos. Veremos cómo desembarazarnos de los hábitos emocionales que minan nuestra vida y nuestras relaciones. Descubriremos que una atención precisa puede investigar esos hábitos emocionales, aportando una lúcida claridad para distinguir entre lo aparente y lo real.

LOS PODERES DE LA ATENCIÓN CONSCIENTE

He visto el poder de esta distinción en la vida de mis pacientes. Una de ellas estaba obsesionada por considerar que no había hecho algo lo suficientemente bien. Aunque muy exitosa en su carrera, ella era una severa crítica de sí misma. Me decía, por ejemplo: «La semana pasada tuve que hacer una presentación muy importante; iba a haber mucha gente y sus opiniones realmente me importaban. Por lo tanto, me preparé más de lo usual y pensé que había hecho un muy buen trabajo. Más tarde, varias personas me elogiaron. Pero una me dijo: "Hizo un trabajo magnífico; sin embargo, debería haber sido un poco más largo." Me desperté en la mitad de la noche preocupada por ese comentario.»

No era un acontecimiento aislado. La sensación de que nunca hacía las cosas lo suficientemente bien la perseguía tanto en su trabajo como en su matrimonio o en el cuidado de sus hijos, incluso en la cocina. Era una preocupación constante que frustraba sus relaciones más próximas y que hacía que el menor desafío fuera una ocasión para dudar de sí misma o para criticarse.

Una investigación más sistemática la condujo a darse cuenta de que, en la raíz del problema, había un patrón emocional escondido; la profunda convicción de que, por muy bien que hiciera las cosas, estas nunca estarían a la altura de sus propios e imposibles niveles de excelencia. Esta convicción errónea distorsionaba sus percepciones, razón por la cual pasaba por alto las evidencias de lo bien que en realidad hacía las cosas. Y la condujo a exigirse demasiado y, por lo tanto, a privarse del tiempo para los placeres significativos de la vida. La atención consciente nos ayuda a identificar tales patrones emocionales escondidos, trayéndolos a la luz de la conciencia de manera que podamos comenzar a liberarnos de su yugo.

El mutuo conocimiento atento permitió que una pareja, cuyas peleas amenazaban su relación, detectara los patrones ocultos que los llevaban a discutir esencialmente lo mismo una y otra vez. La mujer comenzaba a sentirse insegura a propósito del cariño que él sentía por ella y se volvía exigente; él sentía que ella lo controlaba y se alejaba enfadado. El resultado era una violenta pelea. Cuando ambos se calmaron y observaron de cerca lo que había sucedido, fueron capaces de ver que el colérico alejamiento de él y la angustiante coerción de ella eran reacciones emocionales ante una realidad simbólica subyacente.

Una investigación más detallada reveló que sus constantes batallas tenían poco que ver con la situación presente y mucho con los significados simbólicos de lo que había pasado: la hipersensibilidad de ella a los signos de rechazo a causa de un sentimiento profundo del que estaba siendo emocionalmente privada y el temor de él a ser controlado. Aprender a identificar esas reacciones emocionales habituales cuando estas se presentaban le permitió a la pareja acabar con las peleas y comunicarse más, con una mejor disposición.

Una mujer entregada a la meditación, que asistía a largos retiros para intentar mitigar la angustia que a lo largo de su vida le habían provocado sensaciones de disociación, descubrió que esas sensaciones la obsesionaban más aún cuando meditaba en uno de esos retiros. Según dijo: «La propia locura la sigue a una en la senda espiritual.» Pero aprender a ver esas reacciones emocionales, aparentemente aterradoras, como transparentes y temporarias le permitió emplearlas como aliciente para su práctica y volverla más comprensiva tanto respecto de sí misma como de los demás.

Esta transformación comienza cuando reenfocamos las lentes de nuestro condicionamiento para ver las cosas con mayor claridad, como en realidad son. Uno puede preguntarse: «¿Quién soy, si no soy mi patrón usual de presunciones y definiciones de mí mismo?» Esta pregunta puede ser respondida tanto desde una perspectiva psicológica como espiritual: un proceso de descubrimiento interior que, espero, este libro inspirará.

LA METÁFORA DE LA ALQUIMIA

Paulo Coelho, en su novela *El alquimista*, escribe: «Cada cosa tiene que transformarse en algo mejor y adquirir un nuevo destino.» Coelho describe el mundo como el único aspecto visible de Dios. En él intervienen fuerzas espirituales invisibles absolutamente desconocidas para nosotros. La alquimia tiene lugar cuando el plano espiritual entra en contacto con el plano material.

El libro de Coelho me lo dio un paciente, que me dijo: «Esto me recuerda el trabajo que hicimos juntos.» Desde luego, la alquimia ofrece una metáfora apta al proceso que voy a describir.

De acuerdo con los relatos, los alquimistas buscaban una piedra filosofal mágica para transmutar plomo en oro. Pero el «plomo» y el «oro» en la escuela alquímica más filosófica eran metáforas que designaban los estados internos: la disciplina de los alquimistas se ocupaba de la transformación psicológica y espiritual. Los alquimistas advirtieron que el misterio que buscaban resolver no estaba fuera de ellos, sino en la psique.

Algunas escuelas alquímicas comparan nuestro estado mental común con un carbón, y la conciencia clara con un diamante. Parecería que en el mundo material no hay contraste mayor que entre el carbón y el diamante; sin embargo, ambos son configuraciones diferentes de moléculas idénticas. Así como el diamante es solo carbón transformado, la conciencia clara puede despertarse a partir de nuestro estado de confusión.

Lo que me intriga de la metáfora de la alquimia no es el «oro» —una meta fastuosa—, sino más bien la importancia que se le asigna al proceso de transformación. Uno de mis pacientes —un acupunturista que estudió medicina china— me dijo que no había palabra mejor que «alquimia» para describir el proceso de integrar la atención consciente con el trabajo emocional. «La alquimia recibe todo en el caldero sin tratar de rechazarlo o corregirlo, viendo que incluso aquello que es "negativo" forma parte del aprendizaje y la cura.»

Practicar la atención consciente significa ver las cosas como son, sin tratar de cambiarlas. La cuestión consiste en disolver nuestras *reacciones* ante las emociones perturbadoras, cuidando de no rechazar las emociones mismas. La atención consciente puede cambiar la manera en que nos relacionamos con nuestros estados emocionales y la forma en que los percibimos; no necesariamente los elimina.

La calidez de los rayos solares que disuelven la humedad de las nubes —alquimia natural— reverbera en el cálido fuego de la atención consciente que disuelve las nubes emocionales que cubren nuestra naturaleza interior. Los efectos que tienen tales períodos de claridad interna pueden ser fugaces y momentáneos y durar solo hasta que se forme la próxima nube emocional. Pero reavivar esa conciencia una y otra vez —hacer que sobrelleve esas nubes interiores, dejar que penetre y disuelva la niebla de nuestras mentes— es el centro de la práctica, algo que gradualmente podemos aprender a alimentar.

Con los instrumentos apropiados de conocimiento, creo que todos poseemos el potencial para ser alquimistas interiores y la habilidad natural para transformar nuestros momentos de confusión en claridad interna. Poco a poco, a medida que practiquemos esto con nuestras sensaciones angustiosas, podemos alcanzar una comprensión de sus causas.

En su mayor parte, esta comprensión, especialmente al principio, es psicológica. Pero si continuamos con ese proceso, podemos llevar la comprensión a los funcionamientos de la mente misma, lo que puede ser espiritualmente liberador. Es como pensar que en nuestra vida hay dos niveles de realidad: uno, dominado por esos patrones emocionales profundamente grabados, y otro que está libre de los patrones condicionados. La atención consciente nos da descanso de ese condicionamiento.

La alquimia emocional nos permite la posibilidad de que

nuestro aturdimiento y desorden florezcan en claridad interior. «Casi en cualquier situación mala —dice el monje budista Nyanaponika Thera— hay la posibilidad de una transformación por la cual lo indeseable pueda ser cambiado por lo deseable.»

El simple pero ingenioso *judo** en esta alquimia emocional es aceptar que todas las experiencias forman parte de un camino transformador, convirtiéndolas en el foco de la atención consciente. En lugar de ver la confusión y el desorden como distracción, advertir que también ellas pueden convertirse en el blanco de una atención aguda. «De ese modo —observa Nyanaponika— los enemigos se transforman en amigos porque todas esas fuerzas confusas y antagónicas se han convertido en nuestros maestros.»

REFINAR EL CONOCIMIENTO

Los físicos nos dicen qué ocurre cuando aumenta la humedad y las nubes adquieren tanta densidad que, al principio, la luz solar no puede penetrarlas para evaporar la humedad. Pronto, la luz literalmente rebota en las gotas de agua, cada una de las cuales se convierte en un espejo esférico, que disemina la luz en todas direcciones. Pero a medida que la constante presencia del sol calienta las gotas de agua que forman la nube, la humedad poco a poco comienza a evaporarse. Con el tiempo, las nubes se disipan.

Esto es equiparable a la alquimia emocional: una transformación de estados emocionales confusos y densos a la claridad y la levedad del ser. La atención consciente, un conocimiento refinado, es el fuego en esa alquimia interior. Dicho de otro modo, esto no significa que la niebla mental se disipará cada vez que seamos conscientes de ella. Pero lo que puede cambiar es la manera en que percibimos y el modo en que nos relacionamos con los distintos estados mentales que encontramos.

* La palabra *judo* significa «camino de la suavidad» o «camino de la no resistencia». *(N. del T.)*

La atención consciente es un conocimiento contemplativo que cultiva la capacidad de ver las cosas tal como son en cada momento. De ordinario, nuestra atención oscila con bastante violencia, llevada de aquí para allá por pensamientos azarosos, recuerdos pasajeros, fantasías cautivadoras, raptos de cosas vistas, oídas o sentidas. En contraste, la atención consciente es inmune a la distracción, es atención continua a los movimientos de la mente misma. En lugar de ser arrastrada y aprisionada por un pensamiento o un sentimiento, la atención consciente observa constantemente esos pensamientos y sentimientos a medida que llegan y se van.

Esencialmente, la atención consciente impone una nueva manera de prestar atención, un modo de expandir el alcance de la conciencia refinando, al mismo tiempo, su percepción. Con este entrenamiento de la mente aprendemos a salirnos de los pensamientos y sentimientos que nos sacan del momento presente y a afirmar la conciencia en la experiencia inmediata. Si el aturdimiento engendra disturbios emocionales, la habilidad para mantener nuestra mirada, para seguir mirando, puede traernos más claridad y discernimiento.

La atención consciente tiene sus raíces en un antiguo sistema de psicología budista, poco conocido en Occidente, que incluso hoy brinda una sofisticada comprensión de las emociones dolorosas que sabotean nuestra felicidad. Esta psicología ofrece al trabajo interior una vía de acceso científica, una teoría de la mente a través de la cual todos —se trate de budistas o no— podemos alcanzar la lucidez y beneficiarnos de ella. Cuando aplicamos este acercamiento, el énfasis no se pone tanto en los problemas de nuestra vida, sino en conectarnos con la claridad y la sanidad de la mente misma. Si lo logramos, nuestros problemas son más fáciles de tratar y se convierten en oportunidades para aprender antes que en amenazas que se deben evitar.

La psicología budista mantiene una visión alentadoramente positiva de la naturaleza humana: nuestros problemas emocionales son vistos como temporales y superficiales. El énfasis está puesto en lo que funciona bien en nosotros, lo cual constituye un antídoto contra la fijación de la psicología occidental sobre aquello que no funciona en nosotros. Vale decir que reconoce nuestras emociones angustiantes, pero las contempla como si estas ocultaran nuestra bondad esencial, así como las nubes ocultan el sol. En ese sentido, nuestros momentos más oscuros y nuestros sentimientos más inquietantes son, si los empleamos de este modo, una oportunidad para desvelar nuestro buen juicio natural.

La atención consciente nos permite ahondar más profundamente en el instante y percibir más sutilmente aún de lo que permite la atención ordinaria. Así, la atención consciente crea una atención «juiciosa», un espacio de claridad que emerge cuando apaciguamos la mente. Nos vuelve más receptivos a los susurros de nuestro juicio intuitivo innato.

La síntesis de la alquimia emocional

Tanto mediante mi propio trabajo interior como gracias a mi trabajo como psicoterapeuta y directora de talleres, descubrí que, al combinar la conciencia atenta con la investigación psicológica, se forja un poderoso medio para penetrar en las emociones densas. Esta conciencia contemplativa que descubrí puede llevarnos a una comprensión notablemente sutil de nuestros patrones emocionales y, así, ayudarnos a encontrar los modos de desenmarañar las fijaciones profundas y los hábitos destructivos.

Esta síntesis proviene de muchas fuentes: de la psicología budista y de la tradición de la meditación consciente, del budismo tibetano, de la ciencia y de la terapia cognitivas, y de la neurociencia. Entre los descubrimientos científicos que hay detrás de la alquimia emocional, es esencial saber que la atención consciente permite que el cerebro cambie de las emociones perturbadoras a las positivas y que se mantiene «plástico» a lo largo de la vida, cambiando a medida que aprendemos a enfrentar los viejos hábitos. La neurociencia también revela que tenemos un momento crucial de elección —un «cuarto de segundo mágico»— durante el cual podemos rechazar un impulso emocional contraproducente. Todos estos hallazgos los he puesto en práctica.

En este trabajo encontré dos métodos especialmente poderosos para detectar y transformar patrones emocionales: la meditación consciente y una reciente adaptación de la terapia cognitiva, llamada «terapia de esquema», que se concentra en la reparación de hábitos emocionales negativos de adaptación. Cada uno de estos métodos antiguos y modernos vuelve conscientes los hábitos emocionales destructivos, lo cual constituye el primer paso para su sanación.

Tomar conciencia de esos hábitos emocionales es un primer paso porque, a menos que podamos comprenderlos y desafiarlos cuando los acontecimientos de nuestra vida los disparan, ellos nos dictan la manera de percibir y reaccionar. Y cuanto más se adueñan de nosotros, tanto más frecuentemente vuelven, complicándonos la vida en lo que atañe a nuestras relaciones, nuestro trabajo y nuestras formas más básicas de vernos a nosotros mismos.

Cuando comencé mi trabajo como psicoterapeuta, estudié con el doctor Jeffrey Young, fundador del Centro de Terapia Cognitiva de Nueva York. Por entonces, él estaba desarrollando la terapia de esquema, que se centra en la curación de los patrones negativos de adaptación —o «esquemas»—, por ejemplo, las sensaciones de privación emocional o de perfeccionismo implacable. Trabajando con mis propios pacientes de terapia, comencé a combinar la atención consciente con la terapia de esquema, ya que juntas parecían funcionar muy natural y eficazmente.

La terapia de esquema nos da un mapa claro de los hábitos destructivos. Detalla los contornos emocionales de —por ejemplo— el miedo al abandono, con la constante aprensión de que nuestra pareja nos deje; también de las sensaciones de vulnerabilidad, como los miedos irracionales a que una contrariedad menor en el trabajo signifique que uno pueda quedarse sin empleo ni hogar.

Hay diez esquemas mayores (e incontables variaciones); la mayoría de nosotros tenemos uno o dos principales, aunque, en cierta forma, muchos sufrimos otros varios. Para completar la lista, otros esquemas comunes incluyen: la imposibilidad de ser querido, el temor a que la gente nos rechace si realmente llegan a conocernos; la desconfianza, la sospecha constante de que aquellos que están más cerca de nosotros van a traicionarnos; la exclusión social, la sensación de no pertenencia; el fracaso, la sensación de que no podemos tener éxito en lo que hacemos. Finalmente, están la sujeción, el eterno ceder a los deseos y requerimientos de otra gente y el arrogarse importancia, la sensación de que uno por alguna razón es especial y, por lo tanto, está más allá de las reglas y de los límites ordinarios.

Una primera aplicación de la atención consciente consiste en aprender a reconocer uno o más de esos patrones en nosotros mismos: simplemente es útil reconocer cómo esos patrones operan en nuestra vida. Y el acto mismo de ser conscientes de ellos nos libera de su yugo. Luego, están dadas las condiciones para que usemos las herramientas de la terapia de esquema para liberarnos de esas fijaciones destructivas.

LA ATENCIÓN CONSCIENTE APLICADA

Quiero dar un ejemplo de la manera en que opera la atención consciente como catalizadora en la alquimia emocional. Cuando empezaba mi práctica como terapeuta, una paciente —a quien llamaré Maya— recurrió a mí para que la ayudara en su batalla contra la colitis crónica ulcerosa. Como parte de su terapia, la introduje en la atención consciente, en la cual ella ya se había interesado y a la sazón practicaba con regularidad. Yo misma había estado practicando la atención consciente desde 1974, usándola en el trabajo con los moribundos. Había participado en un programa hospitalario de capacitación intensiva en la Escuela de Medicina de la Universidad de Massachusetts, con Jon Kabat-Zinn, quien desarrolló una aplicación interesante de la atención consciente para ayudar a la recuperación de los pacientes de desórdenes relacionados con el estrés.

En el trabajo con Maya, nuestra labor conjunta se extendió más allá de los límites de la salud y penetró en el campo de las cuestiones emocionales profundas. A medida que Maya observaba sus reacciones por medio de la atención consciente, empezó a notar que sus ataques estaban asociados con un patrón emocional particular: un perfeccionismo implacable y la sensación de que nada de lo que hiciera estaba bastante bien porque tenía que ser perfecto. Ampliamos entonces el campo de nuestro trabajo común para que incluyera la conciencia de ese patrón. Después de varios meses, los síntomas de la colitis desaparecieron.

Para entonces, Maya se había acostumbrado a ser consciente en los momentos conflictivos de cada día. Una de las maneras en que aplicó la atención consciente consistió en luchar contra la glotonería: sus atracones de comida poco la ayudaban con la colitis. Así que Maya decidió usar el mismo deseo de comer como foco para su atención consciente. Cada vez que sentía la urgencia de masticar se reprimía y, en lugar de hacerlo, se volvía cuidadosamente consciente de todas las sensaciones, pensamientos y sentimientos que experimentaban su cuerpo y su mente. Así descubrió la incomodidad de su cuerpo que acompañaba al poderoso deseo de satisfacer su vehemente deseo de comida.

Un hábito molesto como comer en exceso puede ocultar cuestiones emocionales subyacentes. Un día, cuando Maya estaba investigando conscientemente ese deseo, repentinamente vio que, en sí misma, su vehemencia por comer algo en realidad estaba enmascarando otra cosa: su necesidad de alimento emocional. A medida que su investigación consciente sobre el deseo de comer se hizo más precisa, se dio cuenta de que sus sensaciones en realidad no se referían en absoluto a la comida, sino que se originaban en un vehemente deseo subyacente de llenar un vacío emocional interior. Su sensación de privación emocional —la sensación de que nunca tendría suficiente amor o atención— era para ella una cuestión de la mayor importancia. Y eso la llevaba a comer.

Esa sola intuición fue poderosa. Pero Maya siguió esforzándose. Cuando atentamente advertía esos pensamientos y sensaciones —sin identificarse con ellos o sin juzgarse a sí misma—, veía cómo se desvanecían y, con el tiempo, desaparecían. A medida que esos impulsos se desvanecían, lo mismo iba ocurriendo con su deseo de comer. Y a medida que continuaba practicando eso en forma consecuente, cada vez que le acometía la urgencia de comer de más descubría en sí misma una nueva fuerza ya que el poder de su conciencia se hacía más fuerte que sus deseos de atiborrarse de comida.

En el problema de Maya subyacía el profundo convencimiento de que nunca tendría bastante afecto o alimento; vale decir, de que siempre sufriría privaciones emocionales. Ese convencimiento del propio fracaso respecto de nosotros mismos y del mundo está muy enraizado; cuando algo lo provoca, nuestras sensaciones lo detectan y nuestras percepciones se distorsionan. Produce reacciones emocionales exageradas como ira incontrolable, autocrítica intensa, distanciamiento emocional o, en este caso, atracones. Esos patrones profundamente instalados de pensamientos, sensaciones y hábitos se llaman «esquemas negativos de adaptación» (los describiré detalladamente en los Capítulos 4 y 5). Esos hábitos emocionales operan como lentes poderosos sobre nuestra realidad, llevándonos a confundir la apariencia de las cosas con su realidad.

EL CAMINO PARA TRANSFORMAR LAS EMOCIONES

Cuando sugería que Maya usaba la atención consciente contra los síntomas de la colitis y la ingesta compulsiva, yo estaba llevando la atención consciente más allá de su uso tradicional —vale decir, como forma de meditación sobre nuestras experiencias usuales—, para explorar intencionalmente el dominio de las cuestiones emocionales y de los patrones negativos de adaptación. Ese y otros casos similares marcaron un punto de inflexión en mi trabajo terapéutico: iluminaron el poder de la atención consciente para ayudar a los pacientes a que vieran los patrones emocionales, por lo general invisibles, en la raíz de su sufrimiento.

Se me hizo claro que añadir la atención consciente a la psicoterapia podría aumentar mucho la efectividad de esta última.

Me impresionó ver lo rápido que se aceleraba el proceso terapéutico cuando el paciente practicaba la atención consciente. A través del trabajo con mis pacientes, descubrí que combinar una conciencia atenta con la investigación psicológica crea una poderosa herramienta para ejercitar la sabiduría emocional en un nivel práctico y cotidiano.

Hacer psicoterapia durante mucho tiempo generalmente implica llevar a la luz de la conciencia la anatomía detallada de los hábitos emocionales para que puedan ser investigados, para que pueda reflexionarse sobre ellos y para que puedan ser cambiados. Pero la atención consciente puede hacer que cualquier sistema psicoterapéutico sea más preciso y armónico, permitiéndonos llevar nuestra sabiduría al desarrollo psicológico. Antes que ver la terapia o, incluso, al terapeuta como la cura, podemos centrar nuestro foco en las cualidades curativas de nuestra propia sabiduría interior. Ese despertar no debe mantenerse al margen de nuestra vida como algo que solo hacemos en las horas aisladas que pasamos en el consultorio del terapeuta. Con el empleo de la atención consciente puede formar parte de cada instante de nuestra vida.

La atención consciente no solo entra en sinergia con la terapia de esquema, sino virtualmente con toda aproximación psicoterapéutica. Si se hace psicoterapia, la atención consciente brinda un modo de cultivar la capacidad de observación de uno mismo, que luego puede llevarse a cualquier cosa con la que vayamos a encontrarnos durante el día. Combinar la atención consciente con la psicoterapia puede ayudarnos a emplear, más plenamente de lo que nos permite la terapia, la posibilidad de la exploración interna.

Es obvio que no se necesita estar en psicoterapia para aplicar la atención consciente a los propios patrones de reactivación emocional. Este acercamiento también es una forma de educación para integrar la atención consciente con las emociones, trabajo que, durante más de una década, enseñé en mis talleres. Descubrí que, aplicando estos métodos, las personas desarrollan la capacidad de ser más conscientes, más sensibles y hábiles en el manejo de las reacciones emocionales que las perturban. Este libro refleja las muchas dimensiones y aplicaciones de la atención consciente. Puede que algunos lectores encuentren estímulos para cambiar de perspectiva y, así, sean llevados a ver las cosas de nuevas maneras. Puede que a otros les intrigue la integración que resulta de la ciencia cognitiva y la neurociencia con los antiguos principios de la psicología budista. Otros quizá se sientan atraídos por la investigación psicológica de los patrones emocionales habituales, y por el trabajo de cambiar esos hábitos. Finalmente, habrá quienes estén interesados en explorar las muchas aplicaciones de la atención consciente o la dimensión espiritual de trabajar con emociones.

Exploraremos un camino que se toca con cada una de esas dimensiones, un camino que brinda una libertad gradual de la sujeción que el budismo llama emociones «aflictivas». En cuanto a las turbulentas sensaciones que internamente nos perturban, no significa que podamos reducir las emociones que nos aturden en formulaciones claras, sino que podemos emplear una indagación progresiva para alcanzar pequeñas epifanías, percepciones interiores que se apoyen unas sobre otras en dirección a más claridad.

Si elegimos emplearlos de ese modo, nuestros momentos más oscuros y nuestros sentimientos más desconcertantes son, en cierto sentido, una oportunidad para el crecimiento espiritual y para poner al descubierto nuestro juicio natural; para despertar. Si así lo hacemos, nuestras percepciones interiores pueden surgir de trabajar de manera directa —conscientemente— con nuestros problemas.

Pensemos en la poderosa obsesión emocional o patrón como si se tratara del Mago de Oz, en la escena en la que Dorothy y sus compañeros finalmente llegan al castillo de Oz. Oz está furioso: él es esa presencia poderosa que los atemoriza, hasta que el cachorro Toto llega tranquilamente y empuja el telón para revelar a un pequeño hombre inclinado sobre los controles, manipulando una inmensa imagen de Oz en la pantalla. Las fijaciones emocionales son así: si las vemos con claridad, con resolución, como realmente son, les arrebatamos su poder. Ya no nos controlan.

La confusión se vuelve claridad.

¿Quiere probar cómo funciona
la atención consciente?

Tómese ahora unos minutos para simplemente concentrar su atención, teniendo presente la manera en que la respiración hace que el aire entre y salga de su cuerpo.

Note los leves movimientos de su cuerpo con cada respiración... lleve su atención al ascenso y descenso del pecho o del vientre a medida que aspira y expira.

Mantenga allí su atención durante varias bocanadas de aire, siendo consciente de su respiración de manera calma y sin esfuerzo... permitiendo que sus ritmos se revelen naturalmente... permaneciendo presente con su conciencia.

NOTA PARA EL LECTOR

¿Va a trabajar por su cuenta o con un terapeuta? He escrito este libro para que, en su mayor parte, la gente pueda hacer este trabajo por su cuenta. Pero existe la posibilidad de que esta labor interior pueda despertar emociones demasiado abrumadoras para enfrentarlas sin ayuda. Por supuesto, esto no le ocurre a todo el mundo, pero a veces puede darse el caso. Si se siente turbado por sensaciones fuertes de las que no puede desembarazarse, y si estas le impiden hacer lo que tiene que hacer durante el día —en otras palabras, si descubre que este trabajo lo perturba demasiado—, entonces deténgase o busque un psicoterapeuta con el cual pueda trabajar. Está claro que, si usted tiene problemas psicológicos serios, antes de intentar esta alquimia emocional deberá trabajar con un psicólogo o con un psiquiatra. Este proceso —y este libro— es, en parte, una enseñanza sobre usted mismo y, en parte, un acercamiento a la terapia. Es más útil a la gente cuya vida funciona bien pero que, no obstante, tiene algunos hábitos emocionales contraproducentes. En general, dado que el trabajo interior puede ser emocionalmente intenso, recomiendo que aquellos que quieran emprender esta alquimia emocional busquen el apoyo de una persona con quien puedan hablar; alguien con quien tengan un buen entendimiento y en quien confíen. Puede ser un amigo de confianza. Como veremos en el Capítulo 13, que trata sobre las parejas, se puede hacer trabajo de esquema con un compañero dispuesto. También puede ser útil, en caso de desearlo, un grupo de personas con quienes se sienta conectado. En todos los casos, existe la posibilidad de que quiera trabajar con un psicoterapeuta.

Si usted siente que tiene una buena relación profesional con él —es decir, que lo entiende o que puede ayudarlo—, el psicoterapeuta cuya formación haya contemplado diversos campos puede estar bien preparado para guiarlo. Si efectivamente elige trabajar con un terapeuta, recuerde que el aprendizaje decisivo es el que haga usted mismo. Antes de ver al terapeuta —o incluso la terapia— como fuente de la «cura», yo aliento a la gente a confiar más en sus propias percepciones, aun cuando esa claridad interior al principio sea confusa. Todos tenemos la habilidad de entender: solo necesitamos cultivarla. La práctica de la atención consciente fortalece esa capacidad.

2

Una sensata compasión

La semana anterior a la muerte de mi abuela, le llevé al hospital un ramo de azucenas. Pero tenía neumonía, y su trabajosa respiración dejó en claro que el perfume de las azucenas era demasiado fuerte para ella. Por lo tanto, me llevé las flores a casa y las puse en un lugar especial, cerca de su retrato. Como son mis flores favoritas, estoy familiarizada con el ciclo vital de las azucenas. Esas me sorprendieron porque duraron mucho más de lo habitual. En cierto sentido, era como si todavía tuviera algo de la vida de mi abuela conmigo: ocuparme, en lugar de ella, de sus flores, que vivieron incluso después de que la vida de mi abuela llegó a su término. Las azucenas tenían un lugar de honor en el jardín de invierno, donde cada mañana me sentaba a tomar mi desayuno. Mientras cada pétalo viraba de un rosa suave a un marrón siena y doblaba sus bordes como si su vida fuera cerrándose, yo lo observaba marchitarse hasta que solo quedaron las ramas verdes de la decoración, que también sobrevivieron varias semanas más allá del lapso típico de su vida.

Cinco semanas después de haber llevado el ramo a mi abuela al hospital, todavía quedaban en pie dos tallos con hojas verdes y brillantes. Una mañana, bajé a prepararme el desayuno, busqué con la mirada los últimos restos del ramo de mi abuela, ¡pero el florero estaba vacío! Una huésped de la casa que ignoraba mi silencioso ritual, cuando limpió, había tirado, comprensiblemente, los últimos dos tallos de adorno. Seguí haciéndome el desayuno mientras absorbía el impacto. «Ya no están. Es tiempo de que partan», me indicaba juiciosamente una voz madura en mi interior, mientras casi derramaba el café sobre los huevos. «¡Quiero de vuelta las flores de mi abuela!», protestaba una voz interior menos madura. No estaba lista para que el florero quedara vacío, así como no estaba preparada para la repentina muerte de mi abuela, aunque tenía noventa y un años. «Se suponía que íbamos a tener más tiempo para estar juntas», lamentaba la voz. No esperaba que mi abuela se ausentara de mi vida de manera tan inesperada. Sabía que debería aceptar la pérdida, pero algo en mí se oponía. Podía sentir dentro de mí la lucha entre la voz racional que aconsejaba aceptación y la voz emocional que luchaba contra eso: la voz de la razón, racional y adulta, que me decía que debía dejarla partir y la nieta vulnerable que necesitaba acomodarse a su profunda pérdida por medio de su silencioso ritual de las flores marchitas.

Cuando reflexioné con tranquilidad sobre esas pérdidas tan bruscas, mi propia negación me conmovió. Cuando alguien a quien amamos es arrancado tan rápidamente de nuestro lado, el impacto parece demasiado grande para poder soportarlo de una sola vez. Muy a menudo, dejamos que nuestras impacientes y criteriosas voces interiores maduras nos impongan lo que «se supone» debemos sentir. El vulnerable niño que llevamos en nuestro interior comprende que así es como se supone que, con el tiempo, debemos reaccionar, pero necesita algo más de tiempo.

Mientras observaba cómo se cerraban los bordes de cada pétalo, de la misma manera en que la vida iba concluyendo, recordé el ciclo natural de vida de las flores, de la vida humana, de mi abuela. Observar ese proceso me dio tiempo para acomodarme emocionalmente a su repentina y profunda pérdida. Así llegué a la comprensión de las cosas de acuerdo con la manera en que naturalmente existen: la verdad de la inestabilidad simbolizada por las flores ausentes.

Dolernos por la pérdida de una abuela es, por supuesto, un proceso natural y saludable. Pero con patrones de sentimiento que puedan ser menos sanos, necesitamos ser compasivos con nosotros mismos. Cuando entramos en el territorio de nuestros hábitos emocionales más difíciles, necesitamos crear una tierna empatía por nosotros mismos a medida que abandonamos nuestras conductas viejas y familiares. Antes de poder alcanzar una visión más racional, necesitamos entrar en empatía con nuestras necesidades emocionales: antes de poder cambiar, necesitamos aceptarnos a nosotros mismos y querernos.

EL DESPLIEGUE DE LA COMPASIÓN

Cuando desatamos las redes de significado tejidas dentro de nuestros hábitos emocionales, junto con las percepciones interiores que revela el trabajo, puede surgir una sensación de compasión por nosotros mismos. En uno de mis talleres, por ejemplo, habíamos estado discutiendo esquemas, los acontecimientos de la vida que les habían dado origen y los sentimientos intensos —como la ira o la tristeza— conectados con esos patrones. Y entonces meditamos sobre esos sentimientos, no tanto pensando en ellos como permitiéndonos escuchar la presencia consciente, receptiva a toda percepción o mensaje que estuviera lista para salir a la conciencia.

Luego una mujer vinculó su percepción a un patrón de toda su vida: «Cada vez que estoy deprimida o triste, siento miedo de morirme. He tenido esa sensación desde que era una niña y siempre me intrigó. No es que quiera que mi vida termine. Durante la meditación, esa sensación me vino a la mente... el temor mezclado con la tristeza. Mientras experimentaba esa sensación tuve un súbito recuerdo revelador: era muy pequeña y lloraba sin consuelo, pero nadie me prestaba atención... lloré tanto que empecé a ahogarme, y nadie venía. Tenía mucho miedo de morir y estaba terriblemente triste porque me habían dejado sola.»

Entonces, después de una pausa reflexiva, siguió: «Recuerdo que mi madre me dijo hace años que cuando yo era pequeña me criaba siguiendo un manual de padres popular en aquellos días. El manual decía que debía alimentarme solo cada cuatro horas, según un horario estricto, y no consolarme, aunque llorara mucho, porque podía malcriarme y arruinar mi carácter. Ahora veo de dónde viene esa relación que yo establecía entre la tristeza y el temor a la muerte. Y no voy a morirme de tristeza.»

Desentrañar los significados ocultos detrás de esas recurrentes sensaciones de tristeza y de miedo hizo que esa mujer desatara una profunda empatía por sí misma. Las cualidades de la percepción interior y de la compasión iluminan la verdad, cuando derriban las barreras internas, permitiéndonos conectarnos más genuinamente con nosotros mismos.

Esa empatía también puede sernos extremadamente útil cuando nos relacionamos con vulnerabilidades parecidas en los otros. Aunque no estemos racionalmente de acuerdo con las reacciones emocionales de alguien, podemos tener pensamientos compasivos como: «Parece que está reaccionando exageradamente, pero dado lo que sé sobre su pasado, puedo comprender que vea las cosas como si lo amenazaran.»

Esta postura no justifica la manera en que la persona pueda reaccionar. Pero ver a través de la lente de la compasión puede darnos más información, permitiéndonos dar sentido a las que, de otra forma, podrían ser reacciones confusas y, al mismo tiempo, darnos mayor espacio para nuestra propia respuesta. La compasión puede hacer que nuestros problemas puedan trabajarse mejor.

SABIDURÍA Y COMPASIÓN

En este camino, la sabiduría y la compasión trabajan juntas; la percepción interior de ver cosas realmente necesita ser equilibrada con una aceptación compasiva del modo en que son las cosas. Mi maestro Tulku Urgyen lo describía como las dos alas de un pájaro: si le falta un ala, el pájaro es incapaz de volar.

Cuando nos entregamos a este trabajo emocional, puede que a medida que las verdades se revelen comencemos a ver muchas cosas sobre nosotros mismos y sobre los demás con una nueva franqueza. En eso, una actitud compasiva —el deseo de ser de utilidad no solo para nosotros mismos, sino también para los demás— se vuelve esencial. Sin esa actitud, puede que veamos esas verdades más hoscamente.

Recuerdo cuando volví después de varios meses de practicar meditación intensiva. El impulso de la práctica se había vuelto tan fuerte que, cuando llegué a casa, todo, salvo la meditación, me parecía una distracción. Sentí que estaba viendo cosas sobre mí misma y sobre otra gente con mucha claridad; en especial, las formas en que perpetuamos nuestro sufrimiento, guiados por impulsos y por patrones habituales, pero olvidados de sus causas profundas, lo cual me resultó muy perturbador; especialmente, por la poca conciencia de ello con que ocurría.

Después de algún tiempo, me di cuenta de que había una perspectiva perdida: la compasión. Una vez que lo advertí, sentí el profundo deseo de comprender más claramente —y con compasión— esos ciclos habituales de condicionamiento que contribuyen a nuestro sufrimiento. El trabajo interior, tanto espiritual como psicológico, que emprendí con esa determinación me llevó, con el tiempo, a este libro.

En ese punto, la enseñanza importante fue ver tan claramente el papel crucial de la compasión en este tipo de trabajo, ya sea en el nivel de la comprensión de los patrones psicológicos que nos motivan o en el deseo de que todo el mundo se libere del sufrimiento.

LA COMPASIÓN ENCARNADA

Estaba sentada en un taxi en una ruidosa calle de Nueva Delhi, esperando lo que parecía ser una interminable luz roja de un semáforo. Un mendigo aprovechaba la oportunidad para pedir limosna entre los coches que esperaban. Le faltaban un brazo y una pierna; no obstante, se las arreglaba para deslizarse ágilmente entre un coche y otro.

En ese mendigo había algo inusual: parecía entregar algo de sí mismo cuando se acercaba a cada coche. Ese algo no podía medirse por pautas materiales; a ese nivel, solo tenía andrajos. Era algo más grande: un espíritu de levedad y alegría. No parecía que su estado físico lo molestara en absoluto. Tampoco parecía tener la menor inquina contra la gente de los coches que nada le daba. Parecía asentir comprendiendo y saltaba con elegancia hacia otro coche.

Cuando llegó a mi taxi, saqué de mi cartera lo que resultó ser un billete de una suma importante de rupias y se lo di, sonriendo. En la India, a los mendigos usualmente se les da, como mucho, unas pocas paisas, que son las monedas indias de menor valor.

El mendigo se escurrió a un lado de la calle, pensando aparentemente en su buena suerte. En los instantes previos a que la luz se pusiera verde, me miró con ojos cálidos y una sonrisa tan radiante que me derritió el corazón.

Me di cuenta de que la cualidad especial de ese mendigo era su presencia compasiva y su manera de entregarse abiertamente a cualquiera que se encontrara, ya fuera que le contestara en los mismos términos o no.

Lo que él ofrecía era la calidad de su ser. Cuando estamos libres del egoísmo o de la autoconmiseración, libres de las preocupaciones internas, la compasión surge como una expresión espontánea de la conciencia. He leído que el primer pensamiento del Dalai Lama cuando se despierta cada mañana es una plegaria de amor y compasión. Dedica todas las acciones siguientes del día al servicio de los seres vivientes.

Proponerse esto —servir a los seres vivientes— es un hábito que puede ser cultivado como una práctica. Persistiendo, puede convertirse en una costumbre tan poderosa que penetre en la mente como una manera automática de relacionarse con los demás.

Ver al Dalai Lama interactuar con la gente demuestra esa posibilidad: parece tener el don de conectarse con la gente exactamente de la manera en que las personas necesitan que lo haga en ese instante. Y él se conecta con cualquiera, sin ser limitado por las arbitrarias convenciones sociales; repetidamente lo he visto prestar atención a gente a la cual, por su situación, se suele pasar por alto: los guardias en la puerta trasera de un teatro, lisiados en sillas de ruedas ocultos por la multitud.

Para las personas que, de alguna manera, están luchando, él parece tener un detector piadoso, que apunta directamente a ellos en la multitud, cuando él camina hacia la muchedumbre. El Dalai Lama parece ofrecer un ejemplo vivo de compasión encarnada: algo posible para cada uno de nosotros.

Como él a menudo enseña, la capacidad de encarnar la compasión puede desarrollarse mediante prácticas concebidas para ese propósito. Una de las tradiciones de meditación consciente termina cada sesión con una breve práctica de *metta*, palabra en lengua pali que significa «benevolencia». Esta plegaria expresa el mismo deseo de compasión para uno mismo, para los seres amados, incluso para la gente con la que uno tiene problemas y, finalmente, para todo el mundo.

Esa compasión debería irradiarse en todas direcciones, incluso hacia uno mismo. Es una idea que se perdió en Occidente, donde tendemos a pensar en la compasión solo cuando está dirigida a otros. El Dalai Lama subraya que el concepto de compasión en el budismo tibetano explícitamente incluye tanto a uno mismo como a los otros; una noción que se expresa en el dicho bodhisattva: «Sea yo liberado del beneficio de todos los seres.» Ese es un punto clave, uno al que retornaremos a medida que vayamos explorando el camino de la alquimia emocional.

ECUANIMIDAD

Si bien la alquimia emocional implica una empatía en relación con nuestras ideas distorsionadas, no es lo mismo que actuar de acuerdo con las mismas, ni creer en esas maneras de pensar irracionales sobre nosotros y sobre otras personas. Esto significa entender cómo percibimos y cómo nuestras percepciones están teñidas y gobernadas por significados ocultos.

La ecuanimidad es una calidad profunda de atención consciente que cultiva la habilidad de dejar que fluyan las cosas. Con la ecuanimidad podemos reconocer que las cosas son como son, aunque deseemos que sean de otra manera. Permite una aceptación de las cosas que no podemos controlar y tener presencia de ánimo para permitirnos permanecer abiertos a pesar de la adversidad. La ecuanimidad puede ser usada como una práctica en sí misma, para ayudar a tener tranquilidad mental ante emociones turbulentas como la ansiedad, la preocupación, el miedo, la frustración y la cólera.

Por supuesto, la práctica de la ecuanimidad no significa indiferencia o que simplemente aceptemos todo tal cual es: la injusticia, la arbitrariedad y el sufrimiento de la gente nos llaman a que actuemos y a que hagamos los cambios que podamos. Pero aunque lo hagamos, un estado interior de ecuanimidad nos hará más efectivos. Y cuando llega el momento de enfrentar esos problemas sobre los que no tenemos control —e incluso enfrentar nuestras reacciones emocionales—, la ecuanimidad ofrece un gran recurso interior: un sentido de no-reacción, de paciencia y de aceptación.

VALENTÍA EN EL CORAZÓN

Una vez mi madre me contó una experiencia que había tenido muchos años antes en las calles de Nueva York. Estaba caminando sola de noche, no llevaba cartera ni dinero, cuando se dio cuenta de que se aproximaba un joven desgreñado. Mi madre, que siempre fue de buen corazón, sintió pena por él.

Como ella esperaba, él se acercó y le pidió dinero. Mientras le preguntaba, con el rabillo del ojo, ella vio que él tenía un bulto en el bolsillo que le apuntaba, posiblemente un arma.

Era un momento potencialmente peligroso, pero ella, espontáneamente, todavía sentía pena por él y respondió con sinceridad: «Lo lamento. Me gustaría ayudarlo pero no traje dinero conmigo.»

El joven pareció turbado. Parecía desarmado por su respuesta tan sentida. Retrocediendo, le dijo: «Está bien, señora», y se marchó.

Por supuesto, incidentes como esos pueden volverse desagradables. Una opción sabia hubiese consistido en tratar de salir de tan peligrosa situación; desde luego, me siento aliviada de que mi madre no haya sufrido daño. Pero, muchos años después, sigo reflexionando sobre qué pudo haber sido tan paralizante para ese hombre.

Me pregunto si la compasión genuina de mi madre pudo haber tenido un papel decisivo. En la psicología budista, la compasión se percibe como un antídoto directo contra la agresión. O pudo ser, tal vez, su ecuanimidad al enfrentar serenamente una situación amenazante.

Nunca lo sabré con seguridad, pero una explicación posible tiene que ver con las investigaciones que demostraron que cuando una parte del cerebro que genera emociones positivas se hace más activa, los centros de las emociones perturbadoras se aquietan. Las emociones son contagiosas. Me pregunto si la genuina compasión de mi madre pudo haber tenido algún papel para cambiar la respuesta cerebral de ese hombre.

De manera similar, unos pocos años atrás, estuve en una conferencia sobre pacificación con el Dalai Lama y algunos activistas sociales, que incluía a jóvenes de la ciudad. Los adolescentes expusieron algunas preocupaciones de índole práctica: ¿Qué puedo hacer para llegar a casa a salvo? ¿Cómo puedo tenerme más confianza para enfrentar mejor las situaciones de riesgo con los gamberros que encuentre?

Inspirados por las discusiones que mantuvieron con el Dalai Lama sobre el uso de la meditación y la compasión para enfrentar esos temas, muchos jóvenes descubrieron que moderar sus propias reacciones emocionales les daba una forma de sentirse menos indefensos. Y que eso puede realmente ayudarlos a resolver esas situaciones fuertes con más destreza y ecuanimidad.

Haciéndonos amigos de nosotros mismos

Esas cualidades de ecuanimidad y compasión son recursos interiores invalorables cuando desvelamos los condicionamientos de nuestros patrones más profundos o cuando luchamos contra nuestras reacciones al enfrentarnos con situaciones desafiantes.

Si no nos movemos más allá de nuestra identificación personal con nuestro dolor emocional o con nuestra confusión, podemos perder otro nivel de oportunidad. Necesitamos estar abiertos a las percepciones más profundas que pueden redefinir nuestro sentido limitado de nosotros mismos (o de otros). Si estamos demasiado atrapados en la lucha contra nuestras emociones, podemos perder la posibilidad de volvernos a las cualidades interiores esenciales. Podemos llegar a perdernos la oportunidad de recibir mensajes del dolor mismo al que estuvimos resistiéndonos. O podemos empezar a identificarnos demasiado con nuestros patrones, en vez de liberarlos. Y con esa liberación, liberamos la energía que había estado atrapada, y nos permitimos ser más creativos en nuestra vida, podemos estar más presentes, más disponibles, o ser más útiles a los otros.

Fulgores de esos cambios y aperturas en nuestro tránsito nos permiten tener presente lo que es posible. Esos destellos pueden darnos más valor o inspiración para continuar a lo largo del camino de este trabajo interior.

Hace falta un gran coraje para enfrentar ese territorio desconocido de nuestros hábitos emocionales; en ocasiones, podemos desanimarnos cuando queremos evitar enfrentar verdades dolorosas o sentimientos perturbadores. Es humano escudarse en nuestras distracciones. Recurrir a la compasión y a la ecuanimidad puede ser un refugio en cada etapa de este trabajo.

Cuando la gente participa en retiros de meditación en los que se practica intensamente, los primeros días u horas son incómodos. Nos sentimos físicamente incómodos, echamos de menos nuestras rutinas y comodidades habituales, y empezamos a calmarnos lo bastante como para armonizar nuestras luchas emocionales que durante mucho tiempo no percibimos, pero de golpe estas están ahí, en el retiro, esperando para recibirnos. Entonces, de acuerdo con la práctica que hemos ido a hacer, podemos tratar de escapar del dolor o de ocultarlo, practicando una meditación que nos alivia.

Pero con la práctica de la atención consciente, todo se convierte en el foco de nuestra meditación; incluso el dolor y la incomodidad, incluso las emociones que más bien hubiéramos preferido dejar atrás, en algún compartimiento de la mente. Y descubrimos que esas emociones no solo están ahí, esperándonos, sino que otros disparadores acechan, en suspenso para salir tras nosotros de nuevo. No hemos dejado en casa nuestra lucha interior, sino que la trajimos con nosotros, en nuestra mente.

No es que necesitemos ir a un retiro de meditación para hacer este trabajo, sino más bien que la experiencia de observar nuestra mente en un retiro encapsula lo que puede ocurrir cuando la observamos de cerca.

En un retiro intensivo de atención consciente hay una progresión familiar. A medida que empleamos la atención consciente, llegamos a un punto en el que hemos observado nuestra mente durante bastante tiempo como para volvernos más conscientes de sus ciclos repetitivos, que interpretan la misma música, con infinitas variaciones. Empezamos a reconocer patrones cuando aprendemos qué está pasando en realidad. A veces, las percepciones psicológicas entrarán en sus causas subyacentes o en algún otro aspecto de esas tramas. Pero a medida que transcurra el tiempo, típicamente se produce un cambio de foco en la historia, que va de las cosas específicas del contenido de la mente al proceso de su funcionamiento.

Al cabo de un tiempo, cuando nos amigamos con nosotros mismos de una manera más profunda al llevar una conciencia precisa a nuestras experiencias, empezamos a relacionarnos con esas luchas emocionales como parte del ajuste a la práctica de la atención consciente. Cuando la atención consciente se profundiza y creamos más espacio interior para todos nuestros sentimientos, incomodidades y reacciones, nuestra relación con ellos cambia. Llevamos más aceptación y apertura a ese desorden interior.

A medida que practicamos quedarnos con el recorrido de un sentimiento hasta que llega a su fin natural —pero con la ecuanimidad de la atención consciente—, comenzamos a ver más claramente cómo surge y pasa el flujo interminable de pensamientos y sentimientos que surcan nuestra mente y nuestro cuerpo. Estamos menos compelidos a actuar sobre esas reacciones o a reaccionar ante nuestras reacciones. Nos limitamos a dejarlas ir y venir.

Y con ese desprendernos de nuestras identificaciones usuales, llegamos a estar menos definidos por nuestras reacciones mientras ampliamos el alcance de quienes pensamos que somos. Podemos comenzar a descansar cada vez más en nuestra conciencia, en lugar de ser barridos por nuestras experiencias.

A medida que nos movemos hacia lo específico tratando de vérnoslas con nuestros patrones de perturbación emocional, es útil tener en mente este resumen del camino transformador para mantener este trabajo en una perspectiva más amplia.

Si usted quiere cultivar
la ecuanimidad y la compasión...

puede empezar por practicar la benevolencia combinada con una reflexión sobre la ecuanimidad.

Hay dos enfoques; ambos implican reflexiones breves. Uno comienza la práctica de la benevolencia con una reflexión sobre la ecuanimidad. El otro integra las prácticas de la ecuanimidad y de la benevolencia en una sola.

La práctica de la ecuanimidad puede ser un recurso interior en el cual sea posible apoyarnos cada vez que enfrentamos momentos difíciles. La práctica de la ecuanimidad implica repetirse a uno mismo, silenciosamente, un conjunto de frases, mientras se reflexiona sobre su significado. Cuando la mente de uno divaga, es necesario llevarla de vuelta hacia las frases y al sentimiento de ecuanimidad que estas reflejan. Esto se puede hacer durante unos pocos momentos o muchos minutos.

Las frases usadas en esta práctica tienen un poder real. Todas ayudan a cultivar una actitud de ecuanimidad imparcial por todos los seres. Aquí hay algunos ejemplos (usted puede cambiar y adaptar estas frases para hacerlas más relevantes):

Que yo pueda aceptar las cosas tal como son.
Te deseo felicidad y bienestar, pero que yo no pueda elegir
por ti o controlar la manera en que son las cosas.

Práctica de la benevolencia

En esta reflexión, usted repite frases que reflejan esta cualidad. En cualquier momento en que su mente divague, reconéctese con el sentimiento de amor o calidez para con la gente.

Como en el caso de la práctica de la ecuanimidad, las palabras específicas que use en las frases dependen de usted. Puede cambiarlas de manera que tengan más resonancia o significado para usted.

En esta práctica, usted repite la misma frase, pero la dirige hacia usted mismo, hacia determinada gente y finalmente hacia todos. Un conjunto más extenso de destinatarios de su benevolencia incluye, por ejemplo, a sus benefactores, a usted mismo, a sus seres queridos, a grupos que a usted le resultan neutrales, a gente con la que tiene alguna dificultad y, finalmente, a todos los seres en todas las direcciones del universo.

Hay muchas formulaciones para la meditación benevolente. Esta es una:

Así como yo quiero estar libre de todo sufrimiento, que todos los seres estén libres de sufrimiento.

Otra forma clásica:

Esté yo libre del sufrimiento y de lo que causa sufrimiento.
Que tenga yo fácil bienestar.
Que esté yo protegido y a salvo.
Que sea yo feliz.

Luego, exprese el mismo deseo para otras categorías de personas: sus seres queridos, gente difícil o cualquier otra categoría que elija. Finalmente extienda estos deseos genuinos de compasión y amor a todos los seres, en todas partes:

Que todos los seres estén libres del sufrimiento y de lo que causa sufrimiento.

Que todos los seres estén protegidos y a salvo.
Que todos los seres sean felices.

Esta es una forma abreviada de la práctica de la amorosa benevolencia, expresada hacia todos los seres:

Que todos los seres estén a salvo, felices, saludables y libres de sufrimiento. Que todos los seres sean liberados.

Si esto le resulta atractivo, expresará esos deseos primero para usted mismo, luego para otros grupos y, finalmente, para todos.

Usted también puede integrar la práctica de la ecuanimidad con la de la benevolencia. Una manera simple consiste en volver a las frases de la ecuanimidad después de recitar las de la benevolencia.

La ccuanimidad equilibra la compasión con la benevolencia. El Dalai Lama recomienda practicar la ecuanimidad antes de la benevolencia como una manera de sacarse la «espina» de querer que las cosas sean de cierta manera. Este equilibrio da como resultado una sabia compasión.

3

Las cualidades curativas de la atención consciente

La expresión «mentalidad del té» alude a las cualidades de la conciencia zen inspiradas por el arte del té japonés: armonía y simplicidad, mente alerta pero en descanso, atención clara puesta en el momento. Durante la ceremonia del té, la atención se enfoca en el presente, saboreando los detalles sutiles de la ocasión: el sabor del té, el aroma del incienso, el sonido del batidor mientras el anfitrión mezcla las hebras del té verde en una preparación espumosa. Nos detenemos a apreciar la elegancia de los movimientos, la comunicación silenciosa, la sencillez de la sala, la belleza de cada objeto relacionado con el té. La mente se vacía y cada movimiento se hace más completo. Apiñada en una eternidad, la atención se envuelve íntimamente alrededor de cada momento.

En el salón de té nadie lleva reloj. Se olvida el tiempo y cada uno se sitúa en el momento presente. No hay nada que discutir excepto lo que atañe directamente a la experiencia del té. No hay otro lugar donde estar que no sea el presente. Se está tan en el presente desnudo que, aun cuando uno esté fuera del salón de té —en la cocina, preparando y limpiando—, se mantiene la atención. Allí nadie nos ve, pero se tiene una conciencia atenta, como si se estuviera en el salón sirviendo el té a los invitados. Cuando esta presencia eterna se extiende más allá del salón de té a la vida, inspira más conciencia. Estamos más presentes en nuestras experiencias cotidianas: más plenamente en el instante, no corremos hacia el próximo momento ni quedamos pendientes del instante anterior, simplemente estamos despiertos al presente.

Hace algunos años, siendo estudiante de la ceremonia del té, experimenté que, cada vez con más frecuencia, la mentalidad del té se trasladaba del salón de té a mi vida cotidiana, aun en el centro de Manhattan, donde estudiaba. Al dejar la escuela y recorrer conscientemente las calles, descubrí que el conjunto de sonidos, paisajes, olores y sensaciones de la ciudad dejaban de ser distracciones que empujaban a la mente en todas direcciones al mismo tiempo. Se convertían en formas de comprometer los sentidos, uno tras otro, al mirar cada cosa como si viniera y se fuera, degustando todo desde un centro... ¡y entonces venía el desafío de la hora punta en el metro!

No necesitamos estudiar la ceremonia japonesa del té para llegar a ser conscientes, pero ese arte de la meditación ofrece un modelo para llevar una sensibilidad más focalizada a nuestras actividades y nuestra vida interior. Si cultivamos la práctica de la meditación consciente, podemos mejorar cualquier actividad de nuestra vida con una presencia atenta. Hay una gran diferencia entre beber una taza de té cada mañana con toda la atención puesta y tomarla mientras estamos preocupados por nuestros planes del día.

Esta misma cualidad de conciencia puede ser llevada a la manera en que nos relacionamos con nuestras emociones. Muy a menudo, nuestras reacciones emocionales nos distraen del presente, atiborrando nuestra mente con forzosos pensamientos sobre otros lugares y tiempos, que saturan nuestro cuerpo de sensaciones irritantes. La presencia eterna de la mentalidad del té —una forma de atención consciente— ofrece un antídoto directo contra esa perturbación interior.

UNA RENDICIÓN AL PRESENTE

Las artes tradicionales japonesas —como la del té y la del arreglo floral— son una amalgama de arte y filosofía, que abarcan la espiritualidad, el enriquecimiento artístico y la iluminación personal. Inspiradas por la tradición zen, siempre significaron algo más que una apreciación puramente estética, aunque eso a veces se ha subrayado más que el aspecto espiritual de cultivar una conciencia refinada. Mis maestros han encarnado ambas dimensiones.

Mi primera maestra de té era una mujer pintoresca de casi ochenta años, de traviesa espontaneidad y profundidad. Durante su vida había sufrido mucho: sobrevivió a su esposo y a sus dos hijos, que habían muerto de manera trágica. Hizo de la meditación zen y del té un refugio y un lugar para su dolor y canalizó su pena en la práctica creativa y meditativa de esas actividades.

De ese modo, se convirtió en mi mentora: un ejemplo viviente de transformación del sufrimiento. Aunque jamás se quejaba, a veces podía sentir su tristeza. Su manera de expresarse artísticamente parecía incluir sus sentimientos de pérdida, un tapiz tejido de interrogaciones y de significados, de sutiles adaptaciones y de comprensión, de preguntas que no necesitaban respuesta. Todo eso le daba una serena profundidad a su silencio durante el té.

Un tarde tranquila en su salón, se ofreció a servirme una taza. Mientras mezclaba una preparación espumosa de té verde, noté la manera en que sus manos reflejaban las líneas grabadas en una antigua taza, arrojando nueva luz en la resistente belleza de la vejez. Las venas azules y las manchas marrones de su piel de porcelana revelaban *wabi,* el carácter bien definido de algo madurado por la edad.

Cuando acabó la ceremonia del té, levantó elegantemente el largo cucharón de bambú y volvió a llenar el jarro con agua fresca y fría. Mientras escuchaba el sonido del agua que se derramaba en el silencio, la oí susurrar: «Devolvemos al agua de la vida aquello que le hemos quitado.»

Esa cualidad de armonizar con el ánimo del presente rindiéndose a él es inestimable cuando tratamos con emociones. Cuando esto ocurre en relación con las cosas de la vida que no pueden ser cambiadas, nuestra relación interna con ellas aún puede modificarse. Aceptar su presencia desde una perspectiva consciente nos ayuda a sobrellevar con profundidad de espíritu, con sabiduría espiritual, incluso las emociones molestas.

UNA PELEA EN EL JARDÍN DEL TÉ

Mientras vamos a uno de los serenos jardines zen de Kyoto, mi marido y yo estamos discutiendo. Él piensa que yo estaba exagerando; yo, que él estaba demostrando insensibilidad. Sin ponernos de acuerdo y todavía enfadados, llegamos a la puerta de entrada.

¿Cómo es posible que tenga tan poca consideración?... Cuando cruzamos la puerta, o *roji*, mi mente aún sigue ocupada con nuestra desavenencia. Entonces pienso en el significado del *roji*: simboliza dejar atrás el polvo y las preocupaciones del mundo.

Al transportarnos del mundo ordinario al extraordinario, el armonioso arreglo de las piedras en el camino tiene sobre mi mente un efecto tranquilizante... Bueno, quizá él no se dio cuenta de lo que hacía...

Cuando miro un sauce que hay en el camino, mi mirada se posa en una rama delicadamente curvada. Su elegante sencillez me invita a concentrarme en el instante presente y lima las asperezas de mi estado mental. Noté la misma sensación de maravilla en los ojos de mi esposo...

El polvo de la mente se disipa con el viento suave... cae una hoja.

Ese instante en el jardín zen me hace recordar que el gozo del presente puede desarmar incluso las actitudes emocionales más intransigentes, tal como lo refleja un verso de un poema zen: «Incluso el general se quita la armadura para mirar las peonías.»

El entrelazamiento de series estéticas, filosóficas y emocionales que cultivan las artes de la meditación ejemplifica la manera en que podemos llevar una presencia atenta a los trabajos cotidianos de nuestra vida emocional.

En el arreglo floral japonés —otra forma de arte consciente— el espacio que hay alrededor de las flores y de las ramas es tan significativo como las flores mismas. Cuando hay un espacio vacío para definirlo, podemos ver la delicadeza de las flores con mayor claridad, apreciar más plenamente la gracia natural de una rama combada. La frágil belleza de las flores se resalta por el espacio vacío que las rodea. La claridad circundante ilumina y define vigorosamente las líneas de las flores.

Lo mismo ocurre con nuestra mente. Cuando los pensamientos confunden nuestra mente y la mantienen ocupada, el presente nos empuja y nos impide ver la abierta cualidad de nuestro estado mental natural. El estado natural de la mente implica una conciencia amplia, clara y luminosa, que refleja todo en nuestra experiencia como un espejo. Y como un espejo, la mente tiene la capacidad de no ser perturbada por las imágenes que se reflejan en ella.

Esa conciencia natural es como el espacio: nuestros pensamientos y sensaciones, nuestras percepciones y recuerdos se alzan dentro de la claridad de ese espacio. El objetivo de entrenar nuestra mente en la meditación consiste en despertar esa conciencia natural y espaciosa.

Pero las ramas y flores entrelazadas de nuestros hábitos mentales y emocionales llena el espacio. A veces, al tratar de obtener mayor claridad sobre alguna cuestión de nuestra vida, terminamos aturdiendo a nuestra propia mente con una confusa proliferación de pensamientos sobre el tema: interpretaciones, reacciones a las interpretaciones, otros pensamientos... y así sucesivamente. Llenamos nuestra mente con conceptos sobre nuestra experiencia, pero terminamos más confundidos.

Cuando nuestra mente cesa de afanarse y se aquieta un poco —ya sea mediante la práctica de la meditación, el retiro o apenas un paseo por la naturaleza—, a menudo podemos ver las cosas con mayor claridad, con una perspectiva fresca. A medida que nuestra mente deja de estar confundida, la reflexión sobre el problema puede darse con mayor facilidad. El vacío y la simplicidad pueden traer claridad a nuestra conciencia.

Insisto: esa claridad no es algo ajeno a nuestra mente, algo que tenemos que trabajar mucho para construir; esa claridad refleja nuestro estado natural. Lo temporal es el malestar, la tormentosa construcción de la emoción. El espacio de claridad que emerge cuando aquietamos nuestra mente nos vuelve más receptivos a los murmullos de una sabiduría intuitiva innata.

La atención consciente ofrece varias herramientas para lograr esto, cada una de las cuales emplea una u otra de sus muchas cualidades. Así como apaciguar nuestros tumultuosos pensamientos es una herramienta para ordenar el desorden de nuestra mente, otras cualidades de la atención consciente proveen medios poderosos para explorar nuestra vida emocional. Entre ellas, la claridad de espacio; la calma y la ecuanimidad; la libertad para expresar un juicio sobre uno mismo; la confianza y el valor; la intuición y la confianza; la frescura y la flexibilidad. Quizá, para la alquimia emocional es más importante una conciencia dada a la investigación, la capacidad de observar con tranquilidad una emoción hasta que se revele el significado (ya hablaré más ampliamente sobre esta cualidad esencial). Todas estas cualidades de la atención consciente nos acercan más a la verdad del instante, para ver las cosas tal como son realmente.

UN ESPACIO DE CLARIDAD

La conciencia atenta contrasta claramente con la atención indiferente que tan a menudo domina la mente. Un examen más detenido del estado de nuestra corriente de conciencia revela una confusión bastante abigarrada. Como señala el erudito budista Nyanaponika, cuando observamos nuestra mente, fuera de aquellos pensamientos ocasionales que tienen un propósito determinado, hay una visión desconcertante: estamos «en todas partes enfrentados con una masa enrevesada de percepciones, pensamientos, sensaciones, movimientos involuntarios, etc., que presentan un desorden y una confusión que, por ejemplo, no toleraríamos en nuestra sala... Cientos de ideas encontradas pasan como relámpagos por la mente y, en todas partes, hay "pizcas" de pensamientos inconclusos, emociones sofocantes y humores pasajeros».

Esa masa de distracciones, confusión y desorden integra gran parte de nuestra actividad mental durante la vigilia. El estado cotidiano de distracción crea el campo propicio para lo que Nyanaponika llama «nuestros enemigos más peligrosos: poderosas fuerzas emocionales como los deseos frustrados y los resentimientos reprimidos, pasiones repentinas como la codicia, el odio, la ira y el engaño».

El antídoto para ese estado de distracción es la atención consciente. Mientras la atención ordinaria va de un lado a otro de manera bastante alocada, llevada de aquí para allá por las distracciones —pensamientos azarosos, recuerdos fugaces, fantasías cautivantes, fragmentos de cosas vistas, oídas o sentidas—; en contraste, la atención consciente es refractaria a la distracción. La atención consciente —que es atención sostenida— mantiene plenamente su mira en el instante, y ese foco se desplaza al momento siguiente, luego al próximo y al que sigue de manera continua. Si la distracción engendra perturbaciones emocionales, la capacidad de mantener nuestra mirada, para seguir mirando, es una cualidad esencial de la conciencia en el trabajo con nuestras emociones.

Hay dos cualidades esenciales para la atención consciente: la atención latente y la tenacidad. Esas cualidades nos permiten percibir sutilezas más finas que las que se captan con la conciencia ordinaria. En este sentido, la atención consciente crea una atención constante que atraviesa las impresiones iniciales y las suposiciones superficiales para ver una verdad más matizada y plena.

Por ejemplo, para evitar el dolor emocional, a menudo, nos sustraemos a los sentimientos y pensamientos molestos, desviando la atención y, por lo tanto, cortando el sentimiento de manera prematura. Pero cuando impedimos que el sentimiento permanezca con nosotros el tiempo suficiente para que siga su curso natural, nos perdemos la posibilidad de ser capaces de aprender algo de él.

Si lo mantenemos con nosotros conscientemente, notaremos que atraviesa muchos cambios y que podemos construirlo tanto en sus elementos más obvios —dolor, constricción, miedo, pulsaciones de intensidad, cursos de ideas y reacciones— como en sus más sutiles matices. Al mantener nuestra atención sobre el sentimiento mientras este atraviesa esos cambios, podemos investigar la emoción, extrayendo y poniendo un rica cantidad de introspecciones en sus causas y ámbitos.

VER CON FRESCURA

En el jardín de su casa de té, Sen Rikyu —creador de la ceremonia del té a finales del siglo XVI— cultivó dondiegos de día, en esa época una flor rara en Japón. Toyotomi Hideyoshi, el despiadado gobernante de ese tiempo, recibió una invitación de Rikyu para que viera esas extrañas flores. Al llegar al jardín, Hideyoshi no vio ni un solo dondiego; todos habían sido sacados. Furibundo, Hideyoshi entró bramando a la casa de Rikyu, que es la peor forma de comportarse en una invitación a tomar el té.

Sin embargo, una vez dentro, la cólera de Hideyoshi mutó en un gozo tranquilo. Porque allí, en la sala de la casa de té, había un único y perfecto dondiego para que Hideyoshi lo viera.

Ese dondiego simboliza la estética del té, que permite volver a mirar lo ordinario bajo una nueva luz. Los japoneses usan el término *mitate*, que puede traducirse como «volver a ver» o «ver de nuevo». Esta cualidad de ver las cosas con frescura, como si se tratase de la primera vez, está en el centro de la atención consciente.

Esta conciencia fresca tiene una explicación neurológica. Por lo general, cuando vemos u oímos algo muy familiar —como el tictac del reloj en nuestro dormitorio, o lo que siempre vemos en nuestro camino diario al trabajo—, el cerebro registra esas cosas durante un segundo o dos y, luego, literalmente, deja de sintonizarlas y ya no les presta atención. Para el cerebro, no vale la pena poner tanta energía en las mismas cosas familiares de siempre.

Pero el cerebro se excita cada vez que ocurre algo nuevo o inusual, poniéndose más activo y llenándose de energía cuando algo le llama la atención, exactamente como un niño de un año que, de pronto, ve algo que lo estimula, como otro bebé o un cachorro. Esa aceleración de la actividad cerebral ocurre cada vez que registramos algo por primera vez; se llama «respuesta orientada», el equivalente neural de la mente de un principiante. Ese interés activo continúa hasta que el cerebro se familiariza con la cosa nueva. Luego, cuando la ha hecho encajar en una categoría que le resulta cómoda, el cerebro deja de sintonizarla.

El aburrimiento es un síntoma de bajos niveles de atención. Cuando estamos aburridos, porque nuestro interés ha menguado, nuestra actividad cerebral disminuye de manera acorde. Por el contrario, los placeres del cambio y de la novedad se vinculan con la intensificación de la atención —y de la actividad cerebral— consiguiente. En esa excitación neural se apoya nuestro gozo ante lo nuevo, ya sea que se trate de nueva ropa para la estación, de viajar a un sitio nunca visto o cambiar de lugar los muebles de la sala.

Pero no necesitamos cambiar de ambiente para activar el cerebro: podemos hacerlo sencillamente, aguzando nuestra atención ante cualquier cosa que esté allí. La atención plena es el antídoto contra el aburrimiento. La atención consciente despierta el cerebro, desencadenando la respuesta orientada. Esto fue descubierto en un estudio clásico de meditación zen por avezados participantes. Aquellos que meditaban —todos los cuales estaban practicando una forma de atención consciente— escuchaban los pulsos de un aparato similar a un metrónomo que producía el mismo sonido una y otra vez. Cuando la gente que no estaba meditando oía el repetitivo sonido, su cerebro se habituaba a él alrededor del décimo pulso: la corteza auditiva —la que registra el sonido— literalmente no respondía. Pero el cerebro de los meditadores zen —especialmente, el de los más experimentados— ¡registró el pulso número cuarenta con tanta nitidez como el primero!

El entrenamiento de la atención consciente —como la mayoría de las prácticas de meditación— aguza la percepción. Resumiendo la investigación sobre los efectos perceptivos de la práctica de la meditación, el psiquiatra Roger Walsh señala: «Los meditadores informan que la percepción se vuelve más sensible, los colores parecen más brillantes y el mundo interior está más al alcance... el proceso perceptivo puede volverse más sensible y rápido; la empatía, más aguda, y la introspección y la intuición, más refinadas.»

La primera vez que topamos con algo que nos intriga, la calidad natural de nuestra atención es amplia y fresca; nuestra concentración, total. Con la atención consciente, podemos elegir observar nuestra propia vida bajo las mismas condiciones de atención sostenida. La atención consciente nos da el poder de vivir cada instante como si fuera la primera vez.

UNA CALMA EN LA TORMENTA

Fue la pesadilla de toda madre: Suzanna se despertó con las sirenas y el humo a las dos de la mañana; el piso de abajo estaba en llamas. Cuando reunió a sus hijos —uno de tres años, otro de cinco y otro de siete—, trató de mantener la calma, pero sentía un pánico interior. Fuera, un bombero gritaba algo que ella no podía entender, y el humo estaba pasando por debajo de la puerta. Aterrorizada por la posibilidad de quedar atrapada allí, se arrastró hasta la escalera, solo para verla invadida por las llamas y el humo.

A pesar de que había oído que no debía hacerlo, Suzanna llamó el ascensor, el único medio en que pudo pensar, fuera de la escalera, para salir del edificio. Afortunadamente consiguió salir con sus hijos sana y salva. Pero un vecino murió en el incendio.

Como pudo, al día siguiente vino a un taller que yo daba. Se encontraba en estado de *shock* y a punto de llorar. Comprensiblemente, en lo único que podía pensar era en el trauma de la noche anterior. Como mucha gente que ha padecido un trauma, estaba obsesionada por los detalles de su drama y no paraba de hacerse reproches por haber puesto en peligro a sus hijos, llevándolos al ascensor. Después de contar su historia en el grupo, estaba tan conmocionada que fue al lavabo de señoras y lloró.

Cuando volvió durante nuestro intervalo, algunos miembros del grupo se le acercaron con simpatía y la calmaron un poco. Pero todavía estaba conmocionada; su mente, prisionera de la noche anterior. Entonces fue cuando meditamos por primera vez en el día. Valientemente, ella lo intentó.

Cuando empecé a dar las instrucciones para dejar que salieran los pensamientos y los sentimientos y para llevar la atención hacia el ritmo natural de la respiración, quedándonos con la sensación de inhalar y exhalar —una práctica clásica de relajación que es la base de la atención consciente—, Suzanna estaba inquieta.

Durante varios minutos siguió agitada. Pero poco a poco su cuerpo se fue aflojando y, hacia el final de la sesión de veinte minutos, estaba perfectamente tranquila.

Después, fue una mujer diferente. En su rostro ahora había una expresión de paz; dijo: «Creo que ya estoy bien. Estoy aquí; ya no estoy prisionera en lo que pasó anoche.»

Este impresionante cambio en la conciencia de Suzanna da testimonio del efecto calmante y poderoso de la atención consciente. En parte, esa calma llega con la concentración mental que la atención consciente crea. Mantener nuestra mente en un estado de atención requiere que dejemos salir todos los pensamientos a medida que estos vienen y van. Esto incluye los pensamientos más perturbadores: en lugar de quedar prisioneros de ellos y de pasarlos por alto y así alimentar las sensaciones de disgusto asociados, los dejamos salir y, con ellos, las sensaciones que los acompañan.

Un cambio en el cerebro

El poder de la conciencia prolongada reside en su impacto sobre nuestros pensamientos, humores y emociones. Cuando enfrentamos una mezcla de emociones con atención consciente, esa atención prolongada serena el desorden y la confusión internos; a medida que la atención consciente gana espacio, calma la agitación.

Este cambio crítico del tumultuoso malestar a la tranquilidad mental se equipara con lo que sucede en el cerebro cuando llevamos atención consciente a nuestras emociones perturbadoras. Richard Davidson es un psicólogo de la Universidad de Wisconsin que investiga la manera en que las emociones afectan al cerebro. Algunos de sus trabajos recientes exploraron la forma en que la atención consciente modifica la actividad cerebral.

Davidson señala que en nuestro estado de conciencia normal de todos los días nuestras reacciones emocionales son más fuertes que cuando prestamos atención. Cuando entramos en un modo atento, se produce un cambio en el cerebro. Según sus palabras: «En el instante en que nos volvemos conscientes de una emoción perturbadora, empezamos a regularla.»

Davidson midió los cambios cerebrales en personas que se habían entrenado en la atención consciente con el maestro Jon Kabat-Zinn. Los cambios fueron más notables en la actividad de las zonas prefrontales izquierdas del cerebro —exactamente detrás de la frente—, que son las que generan los sentimientos positivos y amortiguan los sentimientos negativos. Después de apenas dos meses de práctica de atención consciente, esas zonas se habían vuelto más activas, no solo cuando las personas estaban meditando, sino también cuando sencillamente descansaban.

El centro ejecutivo del cerebro reside en la zona prefrontal; las decisiones sobre las que reflexionamos y las acciones que decidimos tomar se determinan, en su mayor parte, en ese sector del cerebro. Cuando experimentamos un torbellino de sentimientos perturbadores, se produce una oleada de mensajes que llegan desde la amígdala, un centro profundo en el cerebro emocional que dirige las zonas prefrontales. Al menos, tal es el caso cuando estamos «desatentos» y reaccionamos irreflexiva e impulsivamente. Sin embargo, si nos limitamos a dejar que la emoción nos invada, esas neuronas de contención abren paso a la fuerza del impulso, y el poderío de la respuesta emocional se exacerba al máximo.

Pero si podemos tener la presencia de espíritu para llevar atención consciente al instante en que se presenta, por ejemplo, la cólera o el miedo, algo empieza a suceder en el cerebro. La zona prefrontal izquierda contiene un importante conjunto de neuronas que moderan las oleadas de perturbación venidas de la amígdala, algo así como un dique que contiene todo, salvo la suave corriente de lo que, de otra manera, sería un río fuera de madre. La atención consciente refuerza ese dique, volviendo más activas las neuronas de contención y poniendo, por lo tanto, más poderosos frenos a la emoción angustiante.

Esas células de contención consolidan su actividad en proporción directa a la manera en que llevamos nuestros impulsos y reacciones emocionales a la luz de la conciencia y razón a la emoción. Cuanto más lo hacemos, tanto más fuertes parecen ser esos circuitos (exactamente del mismo modo que cuanto más lo usamos, un músculo se vuelve tanto más fuerte). Está claro que es mejor fortalecer estas conexiones neurales durante la infancia; pero por medio de la práctica podemos hacerlo en cualquier momento de nuestra vida. Esto parece explicar las razones por las que la práctica de la atención consciente aumenta la capacidad cerebral de quienes meditan para controlar sus emociones negativas.

ECUANIMIDAD Y VALOR

Esta puede ser una razón por la cual la práctica de la atención consciente cultiva la ecuanimidad, un equilibrio de la mente que lleva esa calma al resto de nuestra vida, más allá de nuestras sesiones de meditación. Cultivar la cualidad de la atención consciente nos permite atravesar nuestros días con la capacidad de notar cualquier pensamiento o sentimiento —sin importar lo inicialmente perturbador que sea—, y estar en calma. Esto nos proporciona la capacidad de seguir adelante para enfrentar sentimientos angustiantes —como los miedos— de manera tal que los vuelva menos abrumadores.

Al volvernos atentos, podemos abandonar la compulsión de tratar de hacer que los pensamientos perturbadores se vayan, o de inquietarnos por la preocupación, o de tratar de hacer que las cosas sean «mejores» o diferentes a cualquier precio. Podemos vivir la vida tal cual es, observando plenamente lo que ocurre, sin tratar inmediatamente de cambiarla. No se trata de una observación distante, sino de una conexión íntima con lo que estamos experimentando en nuestro interior. Sencillamente ser, sin reaccionar, es en sí mismo relajante; podemos llevar esta actitud interior a cualquier situación que nos ocurra en la vida.

Por supuesto que deberíamos emplear nuestra inteligencia para decidir cuáles son las cargas de la vida que podemos mejorar y cuáles sencillamente debemos aceptar. Pero una actitud interior de atención consciente nos permite enfrentar las inevitables crisis de la vida con mayor ecuanimidad. Mi vieja amiga Mary McClelland tuvo esa actitud serena cuando estaba muriéndose de cáncer de estómago. Visité a Mary —una cuáquera devota, que había aprendido a dar silencioso testimonio de la vida— un día, pocas semanas antes de que muriese. Cuando entré en su cuarto, con toda tranquilidad se estaba cambiando las vendas de la herida abierta que tenía en el vientre. Ver tan gráficamente la decadencia de su cuerpo era un desafío.

Cuando terminó, comenzó a hablarme de la muerte. Con sus ojos celestes que reflejaban una gran serenidad, me dijo: «Querida, en este proceso no hay nada que temer.»

EMPATÍA, ACEPTACIÓN, PACIENCIA Y CONFIANZA

A veces la gente confunde el concepto de «dejar fluir» un pensamiento o una sensación —dándose cuenta de que emerge en la conciencia, pero sin perseguirlo— con alejar un sentimiento doloroso tratando de suprimirlo. Pero la supresión no es atención consciente. La atención consciente no se esconde de nada. Permite terminar con el deslumbramiento de la negación para ser sinceros con nosotros mismos. La atención consciente nos permite ver los hechos desnudos, no caer desde nuestras propias mentiras encubiertas.

Cuando miramos directamente las emociones intensas o dolorosas, desarrollamos un tipo de valor o aceptación respecto de cómo se desarrollan naturalmente las cosas en nuestra experiencia. En esos momentos no nos dejamos llevar por las esperanzas o los miedos, no estamos dispuestos a reprimir el dolor o a distraernos para evitarlo, o a desear que algo pase para no tener que sentir lo que tememos. Cuando, por el contrario, enfrentamos el miedo directamente, vemos que probablemente nos produce más temor nuestra idea de lo angustiados que vamos a estar que la experiencia real de sentir angustia. La confianza y la paciencia crecen a partir de esa conciencia intrépida y desafiante.

Si podemos escuchar nuestros propios juicios y nuestra voz crítica interna aplicando la atención consciente, entonces resulta más fácil ponerlos en perspectiva. La atención consciente no nos juzga, culpa o condena por las emociones que aparezcan en nuestra mente: los sentimientos surgen por sí mismos, espontáneamente. Y eso incluye a los sentimientos autocríticos. La atención consciente nos ayuda a ver la distorsión más claramente, como si fuera otra emoción problemática y no la voz de la verdad.

LA CONCIENCIA SOSTENIDA

Recuerdo cuando, en el quinto día de un curso de diez, S. N. Goenka —uno de mis primeros profesores de meditación en Bodh Gaya, India— nos enseñaba a meditar durante una hora sin mover un músculo. Nosotros, simplemente, teníamos que observar de cerca, con conciencia sostenida, cualesquiera de las sensaciones físicas que pudieran tener lugar.

Y estas se dieron. Después de 20 o 30 minutos, virtualmente todos estábamos concentrándonos en algún dolor intenso: en la espalda, en el cuello o en la rodilla. En cualquier lado. La urgencia de aliviar la incomodidad y de cumplir nuestros deseos aumenta sutilmente a cada instante, por lo general, fuera de nuestra conciencia. En un nivel físico, cuando nos quedamos sentados, el cuerpo —totalmente fuera de nuestra conciencia— cambia continuamente para adaptarse a la incomodidad, evitando que esos dolores se incrementen. Pero si pasamos por alto ese impulso de adecuar nuestra postura, la tensión muscular inevitablemente llega hasta el punto donde cruza nuestro límite de resistencia al dolor.

A mí me dolía la rodilla derecha, justo debajo de la rótula. Al principio, el dolor estaba claramente localizado, un nudo cuya intensidad se agudizaba, aumentando minuto a minuto. Lo único que quería era estirar la pierna y acabar con el dolor. Pero en lugar de hacerlo, mi decisión se hizo firme y continué observando qué pasaba en realidad, a medida que el dolor se iba haciendo más intenso. Me resistí a la seducción de los pensamientos poderosos, que ocasionalmente se abrían paso a través de mi resolución, pensamientos que sostenían o amenazaban que si no movía mi rodilla, esta quedaría arruinada para siempre.

Entonces, en el punto en que el dolor parecía absolutamente insoportable, algo cambió: lo que me había parecido un bloque sólido de horrible dolor, se disolvió y se convirtió en un conjunto de elementos más fluidos: calor, presión y palpitaciones.

Y luego, sucedió algo sorprendente. Desapareció el dolor. Solo sentía el calor, la presión, las palpitaciones. No había dolor. Y tampoco corrientes de pensamientos sobre cómo terminar con el dolor.

El miedo al dolor y la fijación de hacer algo para terminar con él se disolvieron y fueron reemplazados por la abierta curiosidad y la atención consciente misma. En vez de querer escapar del dolor, ahora me encontraba tranquilamente fascinada por sus elementos constituyentes.

La atención consciente sostenida me permitió mantenerme junto al dolor lo suficiente como para observar sus cambios. Permanecer junto al dolor o el placer —o, para el caso, la indiferencia— hasta que esas actitudes de cambio mental nos ofrecen una intuición de la inestabilidad de nuestras experiencias, cualesquiera sean estas.

Todo cambia: esta es una percepción que puede ayudarnos a liberarnos de la inclinación hacia el placer y de la aversión al dolor. Y cuando podemos observar el momento que precede a nuestra acción —como cuando se observa el simple ir y venir de la necesidad de moverse— ganamos una intuición en la cadena de causas y efectos que yace en la raíz de todo hábito mental.

En el caso de una emoción como la cólera, mantener nuestra atención sobre ella puede provocarnos otra intuición crucial, si es que podemos quedarnos con la ira lo suficiente para ver cómo se transforma en otra cosa —por ejemplo en dolor, en tristeza, en algún otro sentimiento— o incluso disolverse. Lo que parecía tan sólido se rompe y se transforma. La clave es quedarse con la experiencia a través de todos sus cambios.

Es más: esta investigación sostenida nos permite ver que nuestras suposiciones acerca de que las cosas son de cierta manera son eso: meras suposiciones. «Lo opuesto de la investigación es suponer; suponer que ya sabemos cómo son las cosas», dijo Narayan Grady-Liebson, un maestro vipassana. «La investigación es querer saber clara y directamente por nosotros mismos. Si se trata de una experiencia dolorosa, es útil ser capaz de permanecer junto al dolor lo bastante hasta que lo veamos cambiar. Ser capaz de permanecer con el placer hasta que lo veamos cambiar.»

Grady-Liebson agrega que, al hacerlo, «podemos comenzar a ver que lo que pensábamos que era inherentemente de una manera, no lo es». La clave consiste en mantener la atención consciente —nuestro interés en cómo son realmente las cosas—; eso nos deja experimentar más claramente lo que está pasando.

SINTONIZACIÓN CON EL PRESENTE

Cuando la gente empieza a meditar, es habitual que se asombre de lo difícil que es mantener la atención en lo que está pasando en el instante presente. El cuerpo debe estar en la postura de meditación perfecta, completamente relajado. Sin embargo la mente está libre y corre por algún otro lugar: se acelera en un frenesí de ensoñaciones, embelesamientos, somnolencia, agitación, pensamientos al azar y planes, juicios sobre esos pensamientos y planes, reacciones ante esos juicios... y si nos damos cuenta de cómo ha divagado nuestra mente, podemos recordar que hay que volver al momento presente una vez más.

La atención consciente hace vívida la diferencia entre estar presente y estar distraído. Esta comprensión puede aflorar en nuestra vida cotidiana: podemos comprender cuándo no estamos realmente presentes en lo que hacemos diariamente con los movimientos de un autómata, mientras nuestra mente está en otro lugar. Nos damos cuenta de en qué medida podemos estar desconectados de las actividades que realizamos, aun de los momentos que más apreciamos, a medida que la mente se acelera en otra cosa.

Una meta de la atención consciente es mantenernos sintonizados con el presente. La atención consciente no consiste en pensar sobre lo que experimentamos, sino en una atención desnuda, directa, por la experiencia misma. La distracción es un signo de que estamos evitando la verdad del momento.

Una investigación consciente —«¿Qué me aleja del presente?»— puede ayudar a esa sutil sintonización. A veces la respuesta sobrevuela la influencia oculta de nuestros patrones emocionales más profundamente arraigados, como veremos en la Segunda Parte de este libro.

Con frecuencia, lo que realmente nos lleva a evitar la experiencia de una emoción es nuestra reacción habitual ante ella. Debido al miedo o a querer evitarlo, somos incapaces de enfrentar la experiencia tal como realmente es, con una conciencia neutral y centrada. Esa es la contrapartida mental del cambio de posición corporal para evitar la menor incomodidad.

El poder de mantener nuestra conciencia equilibrada puede romper la resistencia de la mente a la realidad del momento. Una investigación equilibrada puede darnos un sentido de ecuanimidad ante cualquier cosa que pase. Si se trata de algo placentero, ser conscientes sin quedar adheridos. Si se trata de algo que no es placentero, ser conscientes sin resistencia. Si se trata de algo que nos es indiferente, la precisión en la conciencia evita que nos aburramos.

Esa ecuanimidad permite que la conciencia investigadora se mantenga ante lo que sucede en el instante, sin volver al estado normal de distracción, para evitar lo que encontramos desagradable, o persiguiendo el placer como si se tratara de un espejismo.

FLEXIBILIDAD, BIENESTAR Y EL DESAFÍO A LOS PRECONCEPTOS

Recuerdo que fui invitada a tomar el té con un viejo maestro zen en un monasterio cerca de Kioto. Yo había estado tomando clases en una de las principales escuelas japonesas de ceremonia del té, y estaba al tanto de la formalidad de cómo servir exactamente el té. Cada paso en el procedimiento está precisamente determinado: hay una forma correcta para cada detalle, desde cómo doblar la servilleta de seda a cómo mezclar el té.

Siendo una correcta estudiante de té, esperé encontrar todas las formalidades y el orden ritual del servicio. Pero este viejo maestro era un estudioso del informal espíritu zen que originalmente dio lugar a la ceremonia del té. Al servir el té, seguía las formas generales, pero improvisaba según su propio criterio. Mientras que en la escuela de té aprendíamos las maneras precisas y agradables de doblar la servilleta de seda antes de usarla para limpiar la cucharita, él, que no tenía la servilleta requerida, tomó una caja de pañuelos de papel y limpió la cucharita como si nada sucediera.

Al principio estaba desconcertada. Pensé: «Tal vez se olvidó de...» Pero al mirarlo, me di cuenta de que él prestaba una atención perfecta a lo que hacía; rompía las reglas de la forma más natural. Era un antídoto mundano contra el decoro enrarecido de la escuela de té: una enseñanza acerca de cómo desafiar los preconceptos.

Cuando nuestra mente está en modo automático, con nuestros pensamientos siguiendo por los mismos surcos familiares, nuestra vida tiene una calidad estática, fija. Pero la calidad de flexibilidad puede ser muy útil para nuestra vida cotidiana. Más que responder a nuestras maneras habituales, podemos tratar de hacer algo de una manera diferente; ya sea acostar a los niños o tomarnos un momento para hacer una pausa cuando llegamos a casa, en vez de apresurarnos a abrir el correo.

Cuando corremos tras las mismas viejas rutinas de pensamientos y sentimientos hay muy poca probabilidad de que algo cambie. Pero dado que la atención consciente permite ver las cosas de una manera fresca, puede abrir nuevas posibilidades, permitiendo un potencial cambio.

CONCENTRACIÓN Y PERCEPCIÓN

La atención consciente, como todas las formas de meditación, puede ser vista como el intento sistemático de retener la atención. Existen dos enfoques principales para el entrenamiento de la atención en meditación: la concentración y la percepción.

La concentración apunta a fortalecer la habilidad mental de mantener la atención sin distraerse, centrándose en un punto de atención, como la respiración. Donde sea que se dirija la mente —un recuerdo, o pensamientos sobre cosas que hay que hacer, o una preocupación—, se supone que el que medita debe abandonar la distracción y volver a llevar su atención al punto donde debe enfocarla, su respiración. El efecto es hacer que la mente esté más centrada y tranquila. La concentración cultiva el poder de la mente que permite centrarse en el objeto de atención, sin ser desviada por las distracciones.

Como lo describió uno de mis maestros Sayadaw U Pandita: «Sin las gafas de la concentración, el mundo es frívolo, borroso e indistinto. Cuando nos las ponemos, todo es brillante y claro. No cambió el objeto observado, sino la agudeza de nuestra visión. Cuando miras una gota de agua, no ves mucho. Pero si la pones bajo un microscopio, comienzas a ver muchas cosas bailando y moviéndose, y te fascinas con esa visión. Si en meditación uno se pone las gafas de la concentración, se sorprenderá con la variedad de cosas que tienen lugar.»

Como si este rayo de atención «penetrara en los objetos de observación, momento a momento, la mente adquiere la capacidad de permanecer estable y sin distracciones, confortable», agrega. Sin embargo, U Pandita señala algo que le falta a la concentración: «Simplemente, no puede darte el entendimiento de la verdad.»

Para eso se requiere percepción, una actitud de atención diferente. En lugar de considerar «distracción» todo lo que no sea el punto de concentración elegido, con percepción, el que medita cultiva una serie de conciencias que considera cada una de las partes de la experiencia con una conciencia pareja no reactiva. Es un testigo neutral de todo lo que pasa, algo así como un portero de edificio de viviendas, cuyo trabajo consiste en ver quién sale y quién entra.

Esa conciencia testigo observa con precisión, mientras experimenta lo que ocurre en la mente a cada instante. Uno trata de no perderse en un pensamiento, en un recuerdo o en cualquier otra cosa que entre en la mente, sino de limitarse a observar sus entradas y salidas. La atención consciente permite que uno se vuelva más profundamente consciente de los procesos en juego en la propia mente; algo de lo que, a menudo, nos olvidamos de hacer.

Como entrenamiento mental, la concentración y la atención consciente van juntas. El término tibetano para «concentración» puede traducirse como «tranquilidad», concepto que Tulku Thondup explica como «el aquietamiento de la mente, la clarificación del agua fangosa en apertura». La atención consciente, o percepción, dice Tulku Thondup, «es conciencia y unicidad con la apertura misma». Y agrega que «la práctica de la tranquilidad hace que, fuera de la meditación, sea más fácil llevar una atención consciente relajada a cualquier cosa que hagamos».

La meditación sobre la benevolencia —que aparece al final del último capítulo— es una meditación relajante, dado que la compasión tiene un efecto apaciguador en nuestras emociones perturbadoras. En ese sentido, la compasión es un gran tranquilizante.

Ajahn Nyanadhammo, monje de la tradición thai, explica la concentración como paz interior: «La capacidad de dejar salir lo que perturba e ir a un lugar de la mente que resulta menos perturbador.» Cuanto más dejamos salir los pensamientos perturbadores, tanto más apaciguada y tranquila se vuelve la mente. La meditación de la tranquilidad, paradójicamente, da energía a la mente, concede a esta un lugar de descanso. Nyanadhammo agrega que «cuando la mente sale de ese estado, podemos ponerla a trabajar».

Ambas prácticas —la tranquilidad y la atención consciente— son sinérgicas. «A cada persona —dice Nyanadhammo—, le corresponderá tener su propio equilibrio entre la necesidad de que su mente acuda a la tranquilidad y la de hacerla trabajar, investigar y considerar, de manera que desarrolle la percepción y la comprensión.» En esa sintonía fina, ambas trabajan juntas. En síntesis, cuando se combina con la percepción, apaciguar la mente ofrece un mejor acceso a la sabiduría.

AGUDIZAR LA PERCEPCIÓN POR MEDIO DE LA INVESTIGACIÓN

A una paciente mía le preocupaba la idea de que algunos síntomas médicos menores que había estado sintiendo —fundamentalmente, vagos dolores estomacales— fueran los signos de una enfermedad terrible, posiblemente cáncer. Estaba obsesionada con la idea de que una pavorosa enfermedad la hiciera decaer y estaba atrapada continuamente por la visión terrorífica de ser hospitalizada, con su familia velando a su lado mientras ella declinaba y moría.

Luego, durante tres meses, hizo un retiro intensivo de atención consciente. Allí practicó una forma de vipassana llamada satipatthana, una cuidadosa y precisa concentración en los sentidos (oído, vista, sensación, etc.). Por medio de esa práctica, aprendió a prestar cuidadosa atención, observando cualquier cosa que fuera mirada, explorando el objeto de su atención con diligencia.

Una semana después de volver a su casa, fue a ver al médico para un examen general. Así como antes había sido, como mucho, vaga en la descripción específica de sus síntomas —mientras daba gran importancia a todos sus miedos—, esa vez fue diferente. Mi paciente describió los síntomas que había tenido y se dedicó a detallar vívidamente la naturaleza exacta de cada uno: lo que había sentido exactamente, la manera en que eso cambió en el tiempo, los matices de su experiencia. Pero lo hizo con toda tranquilidad, sin mencionar sus antiguos temores.

Su médico estaba sorprendido y observó: «¡Qué manera tan precisa de prestar atención a sus síntomas!»

Luego, cuando me vio en la sesión de terapia, fue capaz de hacer un resumen igualmente detallado de sus temerosas reacciones y de los matices de sus cambios con el tiempo. Y entonces, ella vio claramente que estaban fuera de toda proporción.

Esa precisión de la conciencia es una de las cualidades de la atención consciente, muy útil cuando se trabaja con los hábitos emocionales. Como la conciencia sostenida, nos ayuda a distinguir entre los pensamientos que disparan una reacción desmedida, los sentimientos que fluyen a través de nosotros durante el pico de una emoción y las reacciones que añadimos a esos sentimientos, como irritación, impaciencia, miedo o resentimiento. Esta precisión, como veremos, proporciona un método, sumamente poderoso, para perseguir los hábitos psicológicos que más frecuentemente disparan perturbaciones emocionales en nosotros.

ALEGRÍA Y DIVERSIÓN

Cuando somos conscientes —libres de preconceptos y de juicios—, estamos automáticamente imbuidos de alegría. Podemos alejarnos de nosotros mismos lo suficiente como para dar lugar al sentido del humor y la diversión. Tsoknyi Rinpoche, uno de mis maestros, habla de la actitud despreocupada del verdadero practicante. Y la investigación de Richard Davidson sobre los meditadores que practican la atención consciente descubrió que el cerebro de estas personas cambiaba de manera tal que liberaba ánimos positivos más que negativos.

Recuerdo una historia que me contó uno de mis maestros de té. Él siempre decía que traer la mentalidad del té al mundo llevaba aparejado tener una paz interna muy profunda, que no se deja perturbar por pequeñas molestias y que, siendo flexible, pueda capturar la levedad del momento.

Una vez él paró un taxi en el centro de Manhattan. Cuando se acercó al coche para subir, una mujer intentó birlárselo. Quizá haya pensado que el taxi había parado para ella o quizá solo fuera maleducada.

En vez de enfadarse e insultarla, mi maestro simplemente le abrió la puerta —un hombre galante vestido con kimono— y se inclinó profunda y ceremoniosamente mientras ella se alejaba.

UNA CONCIENCIA INVESTIGADORA

Debido a que la atención consciente simplemente presencia lo que pasa en la mente, sin reaccionar a ello, la conciencia nos permite experimentar las cosas sin juicios o interpretaciones, sin pegarse o resistirse. Esta cualidad de la conciencia investigadora no se limita al nivel de pensar solo lo que está pasando, sino que llega a una escucha interior y profunda que observa el ir y venir de los pensamientos y los sentimientos.

Si solo vemos a través de la lente de nuestras suposiciones —nuestros pensamientos y creencias—, no nos ponemos en contacto con la manera en que esa lente distorsiona la realidad del momento. De hecho, estar satisfecho con nuestras suposiciones sobre cómo son las cosas nos aleja de esta investigación consciente.

Si ponemos los pensamientos y sentimientos bajo el examen de una conciencia observadora, podemos ver las cosas como son realmente, en vez de verlas como nosotros *pensamos* que son. En esta investigación consciente simplemente observamos nuestras reacciones sin identificarnos con ellas.

Estos son dos niveles diferentes de la realidad: la experiencia cruda, tal como es, y la reacción mental que la cubre. Si separamos la experiencia cruda de la cobertura mental que le damos, podemos limpiar un espacio mental. En ese espacio, tenemos lugar para poder examinar si albergamos suposiciones distorsionadas, creencias infundadas o percepciones deformadas. Podemos ver cómo nos definen nuestros pensamientos y sentimientos a medida que van y vienen: podemos ver nuestra lente.

Así la atención consciente nos permite experimentar más directamente —dejando de lado nuestra lente borrosa de suposiciones y expectativas— con una conciencia exploratoria. Una de las principales cualidades de la atención consciente es su naturaleza investigadora.

Un maestro preguntó a los alumnos de primer grado el color de las manzanas. La mayoría de los niños contestaron «rojas», unos pocos dijeron «verdes». Pero un niño levantó la mano y respondió de otra forma: «blancas».

El maestro le explicó, pacientemente, que las manzanas podían ser rojas o verdes, a veces amarillas, pero nunca blancas.

Pero el niño insistió. Y finalmente explicó: «Dentro son blancas.»

«La percepción, sin atención consciente, nos deja en la superficie de las cosas —dijo Joseph Goldstein, que contó esta historia—, y frecuentemente nos perdemos otros niveles de la realidad.»

En la antigua lengua pali, la que hablaba el Buda, el término que se utiliza para esta investigación consciente es *vipassana*, que literalmente significa «mirar las cosas como realmente son». El primer paso de esta claridad de visión tiene lugar cuando nos detenemos y nos hacemos conscientes, interrumpiendo el flujo habitual de pensamientos, sentimientos y reacciones.

Si usted está interesado en aprender
sobre la atención consciente...

puede empezar ahora, por su cuenta.

Pero si lo hace, le sugiero firmemente que vaya a un retiro para que pueda consultar con un maestro cualificado aquellas preguntas que tenga sobre la práctica de la meditación.

Para ayudarlo a comenzar por su cuenta, aquí van algunas instrucciones básicas sobre los dos principales acercamientos: la práctica de la calma y la de la atención consciente.

Al principio, puede comenzar a hacerlo durante algunos minutos. Pero como práctica cotidiana, al menos haga sesiones de meditación de diez a veinte minutos. Si puede, practique una media hora o, en caso de poder, durante más tiempo.

Siéntese en una silla o, si acostumbra hacerlo, sobre un almohadón en el suelo. Trate de mantener la espalda en una postura cómoda, ni demasiado erguida ni tan relajada que le cause somnolencia. Puede meditar con los ojos cerrados o abiertos; si están abiertos, no mire a su alrededor; deje que su mirada descanse a algunos metros enfrente de usted.

Para intentar cada uno de estos métodos, lea primero la descripción y luego intente por su propia cuenta.

Atención consciente de la respiración

Mientras estamos vivos, la respiración nos acompaña siempre. Meditar sobre la respiración significa, sencillamente, mantener nuestra atención en el proceso natural de respirar, sin tratar de modificarlo de ningún modo.

Enfoque su atención en el lugar del cuerpo donde sienta con mayor claridad la respiración. Puede ser el sitio en el que note que el estómago o el pecho suben y bajan con cada respiración; tal vez el lugar donde sienta el movimiento del aire cuando inhala y exhala sea las narinas.

Dondequiera que vaya su atención, recuerde reconectarse con el ritmo y la presencia naturales de la respiración. Empiece de nuevo con cada respiración, manteniéndose completamente consciente del momento en que esta aparece y la reconoce.

Continúe consciente de toda la secuencia de inhalar y exhalar, haciendo pausas entre cada respiración. Después de la observación inicial, mantenga la conciencia... la continuidad de la atención fortalece la atención consciente.

Siga el movimiento propio y natural de la respiración, a medida que esta se revele a sí misma según su propio y único modo... sintiendo las sensaciones de cada respiración atenta y precisamente. Puede que a veces sea más larga, más corta, más rápida, más profunda. Deje que la atención acompañe sus cambios naturales... observando con cuidado los matices de las sensaciones cambiantes a medida que aparecen y desaparecen.

Relájese con cada respiración, dejando que sea tal como es, sin tratar de modificarla de ninguna manera... renovando su conciencia con cada respiración.

Conecte su atención con el principio de la respiración y manténgala a lo largo de todo el movimiento... tomando conciencia de cómo es a cada instante... conectándose con el principio de la respiración mientras esta despierta la conciencia. Mantenga la conciencia hasta que empiece la próxima respiración.

Emplee la respiración como un ancla para su atención... un lugar al cual llegar cada vez que su mente se disperse. Cuando advierta que su atención se ha desplazado, vuelva a concentrarla en la siguiente respiración...

Práctica de la intuición o vipassana

Comience concentrando la atención en la respiración, como en las instrucciones anteriores.

Luego abra poco a poco la conciencia para incluir otros sentidos; finalmente, todo lo que aparezca en su conciencia...

Al aprender esta práctica, es útil, al principio, expandir la atención de la conciencia dirigiéndola a cada uno de los sentidos, uno a uno, según se describió más arriba. Más tarde puede practicar una conciencia no selectiva, prestando atención a lo que naturalmente aparezca en la apertura de la conciencia...

Comience con sonidos. Expanda su campo de atención para incluir los sonidos que llaman espontáneamente su atención, con independencia de su respiración.

Permita que su atención se dirija a oír el sonido... limítese a oírlo, sin pensar en el origen del sonido... sea consciente de los sonidos que aparecen y desaparecen en el campo de la conciencia.

Note los sonidos sutiles que integran el fondo, prestando especial atención a la sutileza. O simplemente quédese con los sonidos más obvios, dominantes, a medida que entran en su campo auditivo. Cuando los sonidos aparecen en su conciencia, simplemente reconózcalos de manera espontánea.

Mientras toma conciencia de los sonidos, sea también consciente de sus reacciones ante ellos... ya sea que le parezcan placenteros o no, simplemente sea consciente de sus propias reacciones sin abrir juicios, sin complacencias o resistencias... sin ninguna preferencia.

Cuando los sonidos aparezcan y desaparezcan... sea consciente de su estado mental, manténgase en la apariencia de los sonidos a medida que surgen naturalmente.

Si el sonido ya no retiene su atención, vuelva al objeto primario de la conciencia: la respiración.

Atención consciente a las sensaciones

Deje que su conciencia se abra para incluir todas las sensaciones físicas a medida que aparezcan naturalmente. Cuando las sensaciones se hagan predominantes y hagan que su atención se centre en ellas y no en su respiración, fije toda su atención en ellas... observando, mientras se mantiene atento, cualquier cambio que se produzca.

Abra su conciencia de las sensaciones ligadas a la respiración para incluir cualquier sensación que registre en su cuerpo... centrando toda su atención en la calidad de la sensación —picazón, tensión, vibración— y en qué sucede cuando usted la observa.

Verifique con qué precisión puede percibir cada sensación a medida que aparecen en el campo abierto de la conciencia. Esté atento a cualquier reacción a las sensaciones, si aparecen... cualquier apego o resistencia... cualquier reacción a ellas, ya sea placentera o no.

Quédese con la sensación real que está sintiendo... notando con precisión la calidad de las sensaciones a medida que aparecen, cambian y desaparecen.

¿Qué pasa mientras experimenta esa sensación? ¿Se intensifica? ¿Se debilita? ¿Desaparece?

Simplemente esté ahí, sin tratar de cambiar la sensación... sin evaluar o discriminar... permitiéndole que aparezca y desaparezca... siguiéndola con su conciencia, aunque vaya a cambiar naturalmente.

Mantenga la mente en cualquier parte del cuerpo en la que aparezca la sensación. Si descubre sensaciones dolorosas, sintonice finamente la conciencia, como para sentir directamente la calidad de la sensación misma (si quema, hormiguea, palpita... lo que sea). En cualquier caso, a medida que las sienta, sea particularmente consciente de las reacciones de aversión o resistencia.

Cuando las sensaciones se desvanezcan o ya no retengan su atención, vuelva a conectarse con las sensaciones relacionadas con la respiración.

Pensamientos e imágenes mentales

Cuando se le presenten pensamientos intensos que alejen su atención de la respiración, a medida que se hagan presentes en la mente, sea consciente de ellos.

No los busque, ni deje que lo atrapen en su trama, ni se les resista... Sencillamente, permanezca atento a medida que se abran paso en su conciencia.

A veces se trata de patrones repetitivos y familiares de pensamientos... Lo importante es ser consciente de la aparición de esos pensamientos, sin pensar en ellos o sin verse involucrado en su contenido...

Si nos mantenemos ajenos a los pensamientos, estos se transforman en lentes de nuestra conciencia... interpretamos nuestra experiencia por medio de nuestros pensamientos: por sus conceptos, por sus valoraciones, por sus juicios más que por atenernos a la experiencia tal como se presenta, no teñida por nuestros pensamientos.

Observar de cerca nuestros pensamientos nos permite ver en qué lugar somos atrapados por ellos. Al observarlos, así como los ojos del pastor vigilan a su rebaño —con atención, pero sin inmiscuirse—, los pensamientos no duran mucho y, con el tiempo, la mayoría deja de aparecer.

Con atención consciente, podemos ver su naturaleza impersonal con mayor claridad... sin identificarnos con el pensador... dejando que los pensamientos se disuelvan como olas en la conciencia...

Deje que su mente fluya, en abierta conciencia...

Los pensamientos son como nubes que se desplazan en un ciclo vacío, apareciendo y desapareciendo en la abierta extensión de la mente. Déjelos que vengan y se vayan...

Cuando se lleva a ellos una conciencia atenta, los pensamientos aparecen y se disuelven como burbujas en el agua... los pensamientos carecen de solidez, tienen únicamente la apariencia de la solidez por el poder que les concedemos...

Si uno permanece atento a la aparición de los pensamientos en la conciencia, ellos revelan su naturaleza vacía y, con el tiempo, se disipan... Deje que se desvanezcan solos, sin agregarles nada en absoluto. Si se ve demasiado compelido a pensar, en cualquier momento puede volver a conectarse con la respiración.

Lo mismo vale para las imágenes mentales: trátelas de la misma manera que a los pensamientos, dejando que aparezcan en su conciencia y que luego se desvanezcan solas.

Las emociones

Cuando en su conciencia aparezcan las emociones, esté atento a la calidad de las mismas... reconociendo las sensaciones con claridad y aceptándolas, sin resistencia, juicio o preferencia...

Cuando se es consciente de los estados emocionales, es importante permanecer receptivo... Mire abiertamente, con interés...

Vea si puede reconocer con precisión qué tipo de emoción siente, y todas las emociones subyacentes, sin perderse en la trama de los pensamientos que acompañan a esos sentimientos...

Permítase en ese momento la apertura necesaria para sentir las emociones según vayan apareciendo y acepte su presencia...

A medida que viva la emoción, permítase una especie de ecuanimidad, para que no se convierta en el filtro a través del cual percibe, sino más bien en una conciencia plena de la sensación, sin ser atraído a su realidad...

Las emociones añaden la cualidad de agradable o de desagradable a lo que percibe la mente... pueden condicionar la mente para que se ligue a las experiencias agradables o para que resista las desagradables o para que se aburra de las experiencias neutras... sin importar el tipo de emoción, permítale que simplemente siga en la conciencia abierta, sin interferir con ella...

Con las emociones más tenaces puede abrirse a una interrogación consciente... reflexionando sabiamente sobre la naturaleza de la sensación misma, sin pensar activamente en ella o sin involucrarse en la anécdota... pero con una conciencia abierta e investigadora.

¿Hay una parte del cuerpo donde la emoción se experimenta con más fuerza o claridad? Sea consciente de los efectos de la emoción en la mente...

Cuando podemos reconocer clara y abiertamente una emoción, la misma cambia nuestra relación respecto de ella... ya no tenemos que resistirla o seguirla, sino que debemos aprender a aceptar su presencia con una conciencia clara, no reactiva...

Si la emoción es desagradable, si hay una reacción contra ella o despierta aversión, sea consciente de esos estados mentales reactivos, relajándose en abierta conciencia...

La conciencia no selectiva

Cuando los sonidos, sensaciones, pensamientos, imágenes o emociones aparecen en el fondo de la conciencia, permítales permanecer allí, concentrándose prioritariamente en las sensaciones de la respiración...

A medida que se desplacen al primer plano de la conciencia, deje que aquello que predomina se convierta en el centro de su atención; un pensamiento, una sensación, cualquier cosa que aparezca con más fuerza en la conciencia... abriendo el campo de esta para incluir toda la experiencia: respiración, sonidos, sensaciones, pensamientos, imágenes, emociones...

En caso de no estar seguro de adónde dirigir la atención en cada instante, puede volver a su respiración...

Cuando un pensamiento o una experiencia sensorial emerge con fuerza, deje que ocupe su conciencia, permaneciendo atentamente con él... dejando que se desvanezca y disuelva por su cuenta... llevando la conciencia nuevamente a la respiración o a cualquier otra cosa que predomine en su conciencia.

Aparezca lo que aparezca, vívalo plenamente en toda la extensión de la conciencia... dejando que la mente descanse sin titubeos, vaya donde vaya...

La anotación mental

En algunos tipos de atención consciente, los que meditan emplean la «anotación mental», que consiste en hacer una nota o una etiqueta mental de lo que ha aparecido más predominantemente en la conciencia. Este método de etiquetado es una ayuda para conectar la conciencia con la experiencia real del momento.

Por ejemplo, si usted estuvo meditando sobre su respiración y tiene una fuerte sensación de tristeza, podría hacer una breve nota mental: «tristeza». La nota puede ofrecerle claridad sobre su experiencia y, al mismo tiempo, permitirle no caer en la realidad creada por la tristeza.

A algunas personas la anotación les resulta una ayuda muy efectiva en sus prácticas. La usan como un método progresivo o solo ocasionalmente cuando la necesitan. La anotación mental puede ser especialmente útil cuando somos conscientes de potentes emociones o pensamientos, particularmente en los patrones habituales de pensamientos y sentimientos, que pueden impulsarnos a su realidad.

La anotación también puede ayudar a que usted se conecte con el nivel experimental, permaneciendo libre de la atracción de pensamientos cuando vive emociones fuertes o estados mentales reactivos. La anotación mental puede ayudarle a ser consciente de ellos, a sentirlos estando al mismo tiempo presente y atento, sin identificarse con ellos y, por lo tanto, sin ser arrastrado a la historia que los produce.

La anotación mental también puede ayudarle cuando necesite concentrar la mente dispersa, confundida o desperdigada. Por ejemplo, si le está costando prestar atención a su respiración o si otros pensamientos lo distraen demasiado, puede usar las anotaciones mentales «hinchar» y «deshinchar» para encarrilar las sensaciones de la respiración cuando su vientre se hincha y se deshincha con cada inhalación y exhalación. O puede usar la anotación «adentro» y «afuera», si emplea las narinas para las sensaciones de inhalación y exhalación.

Si usted usa la anotación, es importante considerarla como memoria de lo que está ocurriendo en su experiencia y como ancla de la atención. No es un modo de tomar distancia de la experiencia, sino un método para mantener desnuda la experiencia, sin agregarle otros conceptos ni identificarse con la experiencia.

La anotación deberá ser como un murmullo en la mente, no como un *mantra* o una palabra en la cual debe concentrarse.

Como ayuda para la práctica, permite reconocer claramente y con precisión qué está ocurriendo realmente.

La atención consciente en la comida

Mucho de lo que hacemos en la vida está condicionado por hábitos de relación y de reacción inconscientes. Mientras no seamos conscientes de la manera en que esos hábitos están gobernando nuestra vida, siguen controlándonos. El primer paso para modificarlos consiste en llevar a nuestra conciencia lo que realmente ocurre.

Necesitamos recurrir al esfuerzo y a la claridad para librarnos de esos hábitos poderosos que nos condicionan, para ver con más claridad, sin las trabas de los modos habituales de percibir. Cuando se aplica esta estrategia a los esquemas, llevamos una conciencia atenta a una actividad neutra: comer.

Para este tipo de meditación solo se necesita un poco de comida; algunas pasas de uva son, por lo general, una buena elección.

Sostenga las pasas en la palma de la mano. Antes de comenzar, advierta si tiene cualquier tipo de noción preconcebida acerca de qué es comer una pasa de uva; luego, deje que esas suposiciones salgan a la luz.

Lleve su atención a las pasas que tiene en la mano... permitiendo que todos sus sentidos se dispongan en un vivo estado de alerta... notando atentamente la forma, el tamaño y la textura de cada pasa... el juego de luz y de sombra sobre su hollejo.

Ahora, con toda conciencia, tome una pasa con la otra mano y, conscientemente, levántela mientras relaja la otra mano.

Sea completamente consciente de todos sus sentidos... tocando, apretando, sintiendo la pasa de uva con la yema de los dedos... consciente de la sensación táctil... luego, gradualmente, lleve la pasa a la boca, notando las sensaciones de los cambios en los músculos del brazo a medida que este hace el movimiento.

Deje que la boca toque la pasa... ¡observe si hay cualquier tipo de salivación anticipada cuando se propone comer la uva!

Ahora, con la ayuda de los labios, dientes y lengua —advirtiendo cuidadosamente todos los pasos involucrados— lleve la pasa de uva al interior de la boca y empiece a masticarla.

Sea consciente de la explosión de sabor... de la acidez, de la dulzura, del aroma de la pasa... de la textura cuando esta se rompe en la boca mientras usted mastica... de los movimientos de la boca y la lengua cuando la pasa de uva va hacia la garganta y hacia abajo... notando luego la ausencia de la uva en la boca.

Advierta también si persiste el deseo de comer rápidamente otra pasa de uva, de ser alcanzado por otra explosión de sabor... y así sucesivamente con el resto de las pasas...

Cuando haya terminado, reflexione sobre la manera en que se comió las uvas, comparándola con el modo en que las come habitualmente, y piense si su experiencia real fue diferente de lo que usted pensó que sucedería.

Por lo general, comemos «en modo automático», perdidos en pensamientos o alternando con alguien, sin prestar demasiada atención a la experiencia real de comer. Si decide comer conscientemente alguna de sus comidas, puede que se descubra a sí mismo sintiendo más el gusto de la comida, y siendo más consciente de las señales de saciedad de su cuerpo. A menudo esto significa que comerá menos pero disfrutará más.

Y como modelo de la forma de llevar la atención consciente a hábitos tan automáticos, comer conscientemente es un ejemplo de la manera en que podemos cultivar la atención plena.

Caminar conscientemente

Así como puede parecernos más fácil ser conscientes cuando estamos sentados quietos y meditando o cuando nos centramos en una actividad como comer, esta conciencia puede ser integrada al curso diario de nuestra vida activa.

Llevar la atención consciente al acto de caminar —como comer conscientemente— nos proporciona una práctica para que surjan las secuencias de hábitos inconscientes en nuestras actividades. La caminata consciente también nos ofrece la lección práctica de que podemos llevar conciencia a cualquier actividad; no es necesario que nos quedemos quietos y sentados para estar atentos, sino que podemos poner en práctica la conciencia en todos los aspectos de la vida.

Otro beneficio de la caminata consciente: eleva nuestro nivel de energía. Por esa razón, algunas personas realizan una breve sesión de caminata consciente antes de su práctica diaria de meditación. La caminata consciente también puede ser una forma útil de serenar los estados de agitación mental.

Lo central en la caminata consciente no es llegar a algún sitio, sino volverse consciente del proceso mismo de caminar. Por esa razón, solo se necesita un recorrido corto —unos diez pasos son suficientes—, tanto en un cuarto como fuera, de manera que se pueda ir de un lado a otro. Pero si se decide por una caminata más larga, manténgase conscientemente atento a la experiencia de caminar.

Al principio, la caminata consciente se realiza a pasos lentos, de manera que pueda llevar a la conciencia los aspectos de qué significa dar un paso. Pero, a medida que la práctica le resulte más familiar, puede probar a caminar a distintos pasos.

De pie, con los pies separados y en línea con los hombros, hágase consciente de las sensaciones que siente a medida que recorre mentalmente su cuerpo... permitiendo que la mente se vuelva sutil en su percepción.

Viva las sensaciones que haya en piernas y pies: la presión de su peso en las plantas, la sensación de cada pierna a medida que realiza ajustes para mantenerse erguido...

Si su mente se pierde en pensamientos o si se distrae, hágala volver a las sensaciones de los pies y las piernas...

Ahora, poco a poco, comience a apoyar su peso en uno de los pies. Note las sensaciones del movimiento... la levedad o la pesadez de cada pierna...

Vea en qué medida puede observar las sensaciones reales mientras cambia su peso al otro pie: es dureza, o presión, o tensión, u hormigueo... note cualquier cosa que sienta...

Ahora, muy despacio, levante el pie y apóyelo en el suelo delante de usted, descargando su peso sobre él... experimentando las cambiantes sensaciones del movimiento... el contacto con el suelo, los cambios en los músculos cuando se mueve la pierna...

Cuando acabe el recorrido que fijó para la caminata, o cuando necesite cambiar de dirección, primero sea consciente de que está de pie; luego, del proceso de girar al cambiar de dirección...

Manténgase independiente, absorbido en la experiencia de caminar y en las sensaciones de las piernas y los pies... apoyado en su experiencia real... cuando la mente vague, vuelva conscientemente a las sensaciones de movimiento...

Camine a una velocidad que le permita mantenerse consciente... Si su mente está alborotada o dispersa, trate de caminar más rápido durante un rato... A medida que su mente se concentre más, aminore el paso. Puede realizar la experiencia de caminar a distintos pasos —rápido, medio, lento— para descubrir cuál es el que mejor le acomoda, descubriendo el paso en el que puede volverse más fácilmente consciente, caminando con naturalidad, con conciencia.

4

Un modelo de la mente

Estábamos en un taxi destartalado viajando por una carretera de la India, atestada y caótica. El tránsito, que en ningún momento había sido demasiado veloz, se hizo todavía más lento: un autocar había volcado más adelante. Cuando nos acercamos a los hierros retorcidos, de pronto vi a un hombre muerto que yacía pacíficamente en el arcén. Alrededor del fallecido parecía estar toda su familia —mujer, hijos, padres—, reunidos llorando y gimiendo de pena. Lo que más me impactó de esa escena trágica fue lo abiertamente que el dolor y la muerte se presentaban al mundo y, en contraste, la manera en que esto se oculta en Occidente, donde los cadáveres son inmediatamente recogidos y llevados fuera de la vista. Sin embargo, en la India parecía perfectamente natural ver a una familia que no disimulaba su dolor, con la muerte tan directamente exhibida en la carretera.

Le conté esta anécdota a Sara, una de mis pacientes, cuando me llamó desde el lugar donde con sus tres hijos estaba visitando a sus padres ya mayores y frágiles. Ella sentía temor de perder a su padre y a su madre ya muy viejos, miedo de que no estuvieran en el mundo mucho tiempo más. No obstante, no quería sentir esos temores; después de todo, era una madre ocupada con sus tres hijos. Antes que nada, tenía que ser una Mamá. Pero estaba al borde de las lágrimas y no quería preocupar a sus hijos. Sara se decidió a darse tiempo para convivir con esos sentimientos; quizá debía ir a tomar un baño, así podría estar un rato sola y permitirse llorar. Por lo tanto dijo a sus hijos que iba a tomar un baño y que jugaran solos un rato. Pero ellos sintieron que algo andaba mal. El menor le preguntó: «Mamá, ¿por qué vas a bañarte a esta hora?» Sara quiso ser sincera con ellos. Les dijo: «El abuelo y la abuela son muy viejos. Tengo miedo de perderlos pronto. Tengo ganas de llorar.» Tan pronto como comprendieron lo que Sara sentía, los niños abrazaron muy fuerte a su madre. Todos ellos se pusieron en contacto con la punzante tristeza de la vida. No necesitaban que los «protegieran» de ella; estaban preparados para compartirla. Sara se fundió en el abrazo con sus hijos, sintiéndose aliviada por la cariñosa verdad que la sinceridad puede traer a nuestras relaciones más íntimas.

En mi opinión, este episodio ilustra el poder de enfrentar la verdad, por más dura que sea. Demasiado a menudo, nos escondemos del muerto en la carretera, cualquiera que sea la forma que esa dura verdad puede asumir en nuestra vida. Sentimos que no es aceptable experimentar esos sentimientos. Pretendemos estar por encima de ellos o tratamos de «proteger» a la gente con la que vivimos. Hasta que nos damos cuenta del poder de la genuina sinceridad, de ser naturales y directos, como la gente en ese camino de la India.

Recuerdo una conversación con un taxista en las islas Vírgenes a propósito de los problemas que la gente tiene en sus relaciones. Su actitud de aceptación fue sencilla: «Todo el mundo tiene algo.» Pero todos estamos inmediatamente dispuestos a ocultar nuestros «algos». En gran medida, esto ocurre porque nuestra mente conspira y oculta las verdades dolorosas; ya no a la otra gente, sino también a nosotros mismos. Sin embargo, el camino para sanar consiste en dejar al descubierto esas verdades incómodas y explorarlas, sacando a la luz del día lo que se esconde bajo la superficie.

UNA ILUSIÓN ÓPTICA DE LA MENTE

La facilidad con la que la mente aparta nuestra atención de las verdades ocultas radica en su forma misma: algo así como una falsa gaveta que alberga un gran compartimiento donde los secretos peligrosos se esconden a los ojos que observan, pero que no es detectada porque el compartimiento expuesto engaña al ojo, pareciendo llenar toda la gaveta. Una vez que sabemos de la existencia de ese secreto compartimiento mental, la llave para abrirlo está dentro de nuestro puño.

Esa llave es la atención consciente. Una de las razones por las que la atención consciente ayuda tanto aquí tiene que ver con lo aterrador que puede ser abrir tal compartimiento secreto. La atención consciente nos permite sentirnos menos abrumados por las verdades perturbadoras, creando un refugio interior seguro, que nos permite investigarlas.

Pero primero, algunos detalles de ese diseño ingeniosamente inteligente. Aunque algunos de los detalles de este capítulo puedan ser algo densos, entender estos mecanismos mentales ayudará a poner las cosas en claro cuando llegue el momento de explorar los hábitos emocionales que gobiernan nuestra vida.

Aquí vamos.

La mente da entrada a múltiples series de información que fluyen en ella en corrientes paralelas. Cuando oímos hablar a una amiga, por ejemplo, canales separados de la mente registran su tono de voz, las expresiones faciales, los gestos, su manera de caminar y el sentido de las palabras que dice; de todo eso destila las emociones que hay detrás de sus palabras. Ella nos dice «Me siento bien» y su voz trémula y ojos llorosos nos dan una idea diferente de lo mal que en realidad está: una lectura que la mente destila de la suma total de esos distintos canales de datos.

En su mayoría, esos canales registran lo que ocurre a nuestro alrededor en una parte de la mente que se encuentra fuera de nuestra conciencia. Podemos tener una vaga idea de cómo se siente nuestra amiga o, si sus sentimientos son muy obvios, podemos advertir conscientemente que está muy triste. Pero, por lo general, la mayor parte de lo que registran esos canales permanece fuera de nuestra plena conciencia; en algún lugar de nuestra mente notamos su tristeza sin volvernos explícitamente conscientes de ello.

De hecho, menos del uno por ciento de toda la información que la mente deja entrar llega realmente a nuestra conciencia.

Del mismo modo, la mayoría de nuestras reacciones ante esa información también queda fuera de la conciencia; la expresión de simpatía en nuestro rostro revela que nuestra amiga nos preocupa, aun cuando, en ese momento, no somos conscientes de nuestro gesto. La mayor parte de lo que registramos y la manera en que a cada instante reaccionamos ante ese registro lo controlan las partes invisibles de la mente que manejan la vasta panoplia de las minucias de la vida, sin molestarnos con lo trivial.

Sin embargo, mediante lo que parece ser una ilusión óptica de la mente, estamos bajo la impresión de que somos conscientes de todo lo que incorporamos y lo que hacemos. Esa ilusión persiste a pesar del hecho —muy conocido por los psicólogos cognitivos— de que solo somos conscientes de una minúscula porción de nuestras percepciones y acciones. Ese compartimiento en nuestra gaveta mental se nos presenta como si llenara todo el espacio.

UN ARREGLO PELIGROSO

Se trata, en su mayor parte, de una ilusión útil. Cuando usted oye hablar a su amiga, no quiere molestarse en hacer presentes todas las reglas de sintaxis que ella sigue y que permiten que usted dé significado a las palabras de ella. Tampoco desea analizar los sutiles cambios de tono en su voz, ni los músculos faciales que señalan sus verdaderos sentimientos. Todo eso entra en la mente automática e instantáneamente, por lo que, afortunadamente, no necesitamos trabajar conscientemente en ello.

Si, por ejemplo, usted está conduciendo su coche mientras habla con su amiga, su atención se concentra principalmente en la conversación y solo ocasionalmente se interrumpe cuando otro coche pasa demasiado cerca del suyo o cuando ve a alguien a punto de cruzar la calle. Los detalles irrelevantes, como advertir las condiciones del tránsito y decidir cómo responder a ellas —incluidos el cambio de marchas, la aceleración, el encendido del intermitente y todo lo demás—, quedan en ese compartimiento invisible que se sitúa más allá de alguna división en la mente.

Esas divisiones mentales se deben fundamentalmente al hecho de que nuestra atención, que define aquello que advertimos, es una capacidad limitada. Continuamente, la mente selecciona algunos aspectos del mundo que nos rodea para llevarlos al estrecho margen de nuestra atención, mientras registra una cantidad de datos mucho más amplia fuera de ese margen. Lo que se registra fuera de ese estrecho margen va detrás de esas divisiones de la mente.

Aunque esos compartimientos mentales resultan convenientes, también implican que podemos dejar de advertir muchas cosas importantes. Por ejemplo, un psicólogo hizo un vídeo de un minuto de tres estudiantes pasándose una pelota de baloncesto. En cierto momento del vídeo, una mujer que viste una blanca túnica victoriana y que lleva una sombrilla se pasea entre ellos; su entrada dura alrededor de cuatro segundos.

El psicólogo pidió a la gente que mirase el vídeo y contara cuántas veces la pelota era pasada de uno a otro. Al terminar, llegaron las estimaciones: 23 o 24 veces. Luego, preguntó a los espectadores si habían visto algo inusual. La respuesta típica fue un desconcertado: «¿Qué quiere decir?» Cuando entonces volvió a pasar el vídeo, la mayoría de los espectadores se quedó pasmada al ver, por primera vez, a la mujer que caminaba entre los jugadores.

Por lo tanto, a pesar de que el poder selectivo de la atención usualmente nos ayuda, tiene un lado negativo. Los límites de la atención pueden implicar que no notemos algo, y que no advirtamos que no notamos. Claro que, por lo general, está bien que sea así, puesto que no deseamos molestarnos con la mayoría de las cosas que los filtros de la mente dejan fuera. Pero cuando las emociones entran en juego, la capacidad de nuestra mente para la atención selectiva puede ser menos útil: podemos dejar de advertir algo no porque sea irrelevante, sino porque podría perturbarnos.

Tal vez quien mejor lo haya demostrado sea otro psicólogo, que usó un aparato que sigue los movimientos del ojo cuando este se concentra en algo. Lo hizo con voluntarios a quienes antes había hecho pasar una prueba psicológica que medía lo angustiados que estaban a propósito de la sexualidad. Luego, los puso a mirar dibujos lineales de escenas vagas. Uno de los dibujos, por ejemplo, mostraba en primer plano el torso desnudo de una mujer y, en segundo plano, a un hombre sentado leyendo el periódico.

Las personas a las cuales el sexo les causaba mayor angustia tuvieron una respuesta notable al dibujo: sus ojos no se dirigieron a la mujer, ¡pero en cambio se clavaron sobre el hombre en segundo plano! Presumiblemente, su visión periférica les permitía ver a la mujer desnuda y, por eso, apartaron sus ojos del cuerpo de ella a una parte neutra de la escena. Más tarde, cuando se los interrogó, no tenían ningún recuerdo —y, aparentemente, ninguna conciencia— de ese cuerpo desnudo.

La mujer desnuda había desaparecido en el compartimiento secreto de sus mentes. Este ejemplo sugiere la manera en que se va llenando ese compartimiento, la forma en que la mente nos impide notar aquello que nos incomoda, algo que se asemeja a un acto de desaparición mental.

Una sorprendente cantidad de cosas que hacemos y que vemos durante el día salen de nuestra atención y se guardan en el compartimiento secreto de la mente. Ese acto de ilusionismo involucra tanto nuestras reacciones automáticas como muchos de nuestros pensamientos y sentimientos. Cuando esos trucos de la mente están bien ensayados, actúan como un mago, que nos tranquiliza con sus ilusiones.

ADVERTIR QUÉ HA QUEDADO FUERA DE SINTONÍA

Si repetimos continuamente un acto particular de desatención, este se vuelve automático como cualquier otro hábito aprendido. A pesar de que esto poco importa en el cumplimiento de las rutinas de la vida de cada día, sus consecuencias son mucho mayores cuando esas rutinas de desaparición están cargadas emocionalmente.

Tómese a alguien que, desde muy joven, a partir de incontables y repetidos episodios familiares, aprendió que los desacuerdos inevitablemente conducen a riñas y gritos (o a violencia). Más adelante, la misma secuencia podría repetirse automáticamente en los momentos en que discuta con su mujer.

A pesar de que esa secuencia bien aprendida dicte la manera en que esa persona actúe, los hechos clave sobre la secuencia misma —incluida su misma existencia— serán almacenados en ese compartimiento secreto. Una vez que se guardó en ese misterioso espacio más allá de la conciencia, la persona no recordará haber aprendido la secuencia en la infancia, ni será consciente de que, aun en el presente, al cabo de los años, continúa controlándolo. Olvidará por completo que esa reacción habitual determina detalles de su manera de reaccionar, aunque puede ser consciente de sus resultados: que él es el tipo de persona que responde a las desavenencias gritando (o con un silencio hosco, si ese es el caso). Sin embargo, las razones por las que eso ocurre lo desconcertarán.

Tomemos un ejemplo que no es hipotético. Jake, uno de mis pacientes, a menudo se lamentaba de que su novia no entendiera su necesidad de estar con Linda, su hija de cinco años, a quien solo veía los fines de semana, según los términos acordados en su divorcio. Me decía: «Cuando Linda está en mi casa, mi novia está de mal humor.»

Pero cuando él habló sobre el problema con su novia, ella le dio otro punto de vista. Le dijo: «Claro que entiendo que tú y tu hija necesitáis estar juntos; estoy completamente de acuerdo con eso. Mi problema es la manera en que te desentiendes de mí cuando estás con ella. Quisiera que también me incluyeras. Y cuando haces planes con Linda, quisiera que también me consideraras, en lugar de hacer todo lo que Linda quiere. Pero, con ella, entras en algún tipo de trance, como si yo no existiera en absoluto.»

Sugerí a Jake que si quería cambiar su manera de actuar con su hija y su novia, tenía que ser consciente de la forma en que él reaccionaba. Necesitaba ser consciente de aquello que lo llevaba a su comportamiento habitual y sacar más plenamente a la luz una cadena de pensamientos, sentimientos y reacciones que, de ordinario, estaban fuera de su conciencia.

A Jake, esto le significó ser consciente de una cantidad de pensamientos espantosos que motivaba el «trance» del que se quejaba su novia. Una vez que empezó a hacerse más precisamente consciente de esos momentos de desconexión, se dio cuenta de que tenía un pensamiento habitual subyacente: «Si no hago lo que sea para satisfacer ahora mismo a Linda, podría perder su amor.» Su exclusiva atención a Linda —y el olvido en que dejaba a su novia— era manejado por ese miedo irracional. Pero, una vez que fue capaz de llevar esa reacción automática al campo de su conciencia, pudo afrontar un nuevo desafío: mantenerse al margen de ese trance inducido por el miedo.

DESTRABAR EL COMPARTIMIENTO SECRETO

Aquí es donde entra en acción la atención consciente. Así como nuestros hábitos de atención nos llevan a desechar tantos detalles de nuestra vida, la atención consciente actúa en un sentido inverso: es fresca, está alerta y no opera «en modo automático». Puede captar mucho de lo que la mente generalmente deja de lado.

La atención consciente ofrece un antídoto directo para el efecto sedante que tiene sobre la conciencia la vida en modo automático. Encarna la capacidad de la mente para conocerse a sí misma, arrojando un rayo de luz en el dominio mental que, de ordinario, está más allá de la conciencia.

Con atención consciente, no necesitamos olvidarnos completamente de lo que contiene ese compartimiento secreto de la mente. En particular, puede que queramos examinar con mayor claridad aquello que allí ha sido guardado y nos ofrece claves para los problemas de nuestra vida emocional. La conciencia atenta crea una especie de espacio de trabajo, un lugar en la mente donde podemos ver nuestros hábitos automáticos y vérnoslas con ellos. Es como un cuarto privado y acogedor donde podemos leer y reflexionar sobre los pasajes más personales de nuestro diario íntimo. Como dijo uno de mis pacientes: «La atención consciente me mantiene en contacto con mi sentido de la honestidad.»

¿Cómo es que se llena con tales hábitos ese compartimiento secreto? «Un impulso del momento, un exceso ocasional, un capricho pasajero pueden, por repetición, convertirse en un hábito difícil de desarraigar, en un deseo difícil de controlar y, finalmente, en una función automática que ya no se cuestiona. El hábito se forma por una repetida gratificación de un deseo; así, el condicionamiento habitual puede transformarse en compulsión.»

La formulación básica de la manera en que la repetición crea el hábito fue realizada por Nyanaponika Thera. La misma encaja bien con el moderno punto de vista científico sobre los hábitos, según lo concibió el neurocientífista Gerald Edelman, ganador del premio Nobel. Edelman sostiene que nuestros hábitos —nuestras maneras de pensar, de sentir y de reaccionar más familiares— cobran forma en el nivel neural a través del impacto de la simple repetición en las conexiones entre las células cerebrales. Cuanto más a menudo se usa un circuito particular del cerebro, tanto más fuertes se vuelven sus conexiones.

Según señala Nyanaponika, lo que alguna vez fue un mero capricho o impulso, por repetición continua, se convierte en un surco fijo. A medida que repetimos el hábito una y otra vez, las conexiones neurales se refuerzan, mientras que aquellas que se plantean como alternativas al hábito se debilitan. Las células cerebrales del circuito elegido desarrollan vínculos cada vez más fuertes, mientras que los vínculos para las respuestas alternativas se vuelven cada vez más débiles. Es como un camino de tierra que se bifurca: si todo el mundo toma la bifurcación de la derecha, al cabo de los años el sendero tendrá marcados profundos surcos que, automáticamente, guiarán las ruedas hacia la derecha.

Lo mismo ocurre con nuestras reacciones emocionales. Cuando podemos elegir entre dos formas de reaccionar, la que tenga una red de conexiones más fuertes va a prevalecer, como la bifurcación más transitada en el ejemplo del camino. En los momentos en que podemos tomar cualquiera de las dos direcciones —digamos, por un lado, responder a un desaire con una réplica airada o, por otro, hundirnos en un silencio herido—, aquella que elijamos más seguido probablemente se convertirá en nuestra respuesta automática. La falta de uso debilitará la respuesta alternativa, a medida que la senda neural de esta se vaya estrechando.

LOS ATAJOS DE LA MENTE

Hay un término técnico para esos hábitos de la mente bien aprendidos: esquema. Un esquema, en el sentido más general del término, es un grupo de modalidades que la mente organiza y acumula; el esquema opera frente a una situación dada. Los esquemas nos ayudan a ordenar el caos que nos rodea. Operan cuando la mente incorpora el tumulto de señales físicas que entran por la vista y el oído, y da sentido al todo. Significativamente, también seleccionan aquello que importa a nuestra atención y desechan lo que consideran irrelevante; en otras palabras, los esquemas determinan lo que va a ese invisible compartimiento mental y lo que queda en nuestra conciencia.

También nos proporcionan un marco para explicar qué percibimos y un plan para actuar en consecuencia. Tenemos un esquema para, por ejemplo, montar en bicicleta o para ir a hacer una reserva de viaje. Los esquemas son modelos mentales de nuestra experiencia. Cuando pensamos en lo que tenemos que hacer para comprar un billete de avión, estamos apelando a un modelo de realidad que incluye lo que sabemos sobre las aerolíneas y sus horarios, las tarjetas de crédito, el uso del teléfono, la rebaja de tarifas y muchas otras cosas más. Ese mapa mental nos dice qué tenemos que hacer para que todos esos elementos operen conjuntamente de modo que arribemos al destino que queremos.

Tales modelos son instrumentos mentales esenciales para navegar en un mundo complejo. Los usamos tan a menudo —de hecho, probándolos una y otra vez— que, después de las primeras veces que aprendemos y aplicamos uno de ellos, no tenemos que molestarnos en pensar en él.

Cuando estamos aprendiendo un nuevo hábito mental —por ejemplo, la manera de emplear un nuevo programa de computación—, las zonas en las que el cerebro pone el hábito en ejecución están muy activas y, mientras el circuito correspondiente a ese hábito se va acoplando y construyendo, gastan mucha energía. Pero una vez que dominamos el hábito, al ejecutarlo, esas mismas zonas cerebrales gastan muy poca energía (¡a menos que usted sea como yo y también le falte algún circuito esencial para comprender a las computadoras!). En el momento en que un hábito mental se ha vuelto automático, nuestra mente se limita a emplear el esquema apropiado para lo que estamos haciendo, sin tener que poner energía de más en el esfuerzo. El nuevo esquema mismo se almacena en ese compartimiento mental invisible.

La vasta mayoría de los esquemas son eficientes atajos de la mente. Buena parte de su eficiencia radica en el hecho de que no tenemos que prestar atención cuando los ponemos en práctica. Ellos se limitan a entrar rápidamente en acción, ayudándonos a manejar nuestra vida como una multitud de duendes invisibles, siempre considerados e infinitamente ingeniosos, que anticipan nuestros caprichos y ejecutan todo lo necesario, sin siquiera tener que molestarnos en eso.

Pero al llegar a una categoría particular —la de los esquemas que gobiernan nuestros hábitos emocionales—, puede haber problemas. Aunque en el dominio de la emoción la mayoría de los esquemas son útiles, algunos pueden ser notoriamente contraproducentes e, incluso, destructivos. En tales instancias, nos descubrimos a nosotros mismos repitiendo una y otra vez un patrón que quizá luego descubramos no conduce a ningún lado pero que en el momento nos parece que no podemos cambiar. Por alguna razón, no consideramos las alternativas. Esos esquemas autodestructivos encajan en lo que el monje Achan Amaro denomina «el impulso del hábito por medio del cual probablemente repetimos las mismas cosas a pesar de que los resultados sean dolorosos».

De todos los hábitos mentales, es posible que los más emocionalmente cargados sean los modelos de realidad respecto de lo que pensamos y sentimos en relación con nosotros mismos y con las personas que están en nuestra vida. Esos esquemas personales tiñen y definen el territorio más íntimo de nuestra vida. Cuando esas lentes mentales son claras y precisas, otro tanto ocurre con nuestra percepción de nosotros mismos y de los demás. Pero cuando esos modelos de realidad están distorsionados, los problemas acechan.

Aprender los hábitos del corazón

Si se pone a pensar sobre el momento en que aprendió a usar la bicicleta, puede que recuerde que, al principio, usaba ruedas laterales; más tarde, alguien le ayudaba a mantener la equilibrio y, finalmente, pudo arreglárselas solo. Pero lo específico de pasar por esa secuencia probablemente es ahora un recuerdo borroso, con algunos destellos que sobreviven y el resto está todo mezclado: nada de eso corresponde a un día y a un tiempo particulares que sea capaz de recordar.

Lo mismo ocurre con las hábitos emocionales. No hemos nacido con esos hábitos. Todos ellos han sido aprendidos. Aprendemos los hábitos emocionales tan a fondo que difícilmente podemos recordar cómo fue que tuvieron lugar; los episodios repetidos en los que los adquirimos se vuelven borrosos en nuestra memoria. Aunque es posible que seamos capaces de recordar el patrón general de esos episodios, es típico que no podamos recordar la mayoría de los incidentes específicos.

Alguien que haya crecido en una familia en la que los desacuerdos conducían automáticamente a riñas y gritos y a violencia personal aprenderá ese patrón muy temprano en la vida, o maneras de reaccionar contra él, por ejemplo, las sensaciones de ahogo en respuesta a las desavenencias para eludir esas riñas. Con ese aprendizaje vendrán una cantidad de pensamientos automáticos y expectativas respecto de otra gente (por ejemplo: «La única manera de que noten mis sentimientos y necesidades es gritar»; «Si hay un desacuerdo, tengo que atacar antes de que me ataquen»). Y aunque quizá no recordemos exactamente cómo aprendimos nuestros hábitos emocionales —así como no recordamos cómo aprendimos a usar la bicicleta—, los mismos se nos vuelven tan familiares que los sentimos naturales.

Esos hábitos emocionales se aprenden tan a fondo que, como en el caso de la bicicleta, no tenemos que pensar sobre lo que hacemos: suceden de manera automática. Operan fuera de la conciencia; mucho del poder que tienen sobre nuestra vida viene del hecho de que son mayormente inconscientes. Así como no tenemos conciencia de que se estén formando y no recordamos la mayoría de los hechos específicos a propósito de la manera en que se convirtieron en nuestros hábitos preferidos, también nos falta la conciencia del modo en que nos controlan.

Obviamente hay muchos factores ocultos que controlan el funcionamiento de nuestra vida emocional, incluidos algunos que, como el temperamento, son genéticos. Pero los que nos preocupan aquí son los hábitos adquiridos y, en consecuencia, qué podemos hacer para cambiarlos.

DETECTAR PATRONES OCULTOS

«Apenas había llegado de unas vacaciones y me sentí muy relajada, entonces llamé a mi madre —me dijo una paciente—. Mi madre me preguntó qué tal había sido el viaje y empecé a contárselo. Pero me cortó en seco e inmediatamente comenzó a hablarme de sí misma. Esa actitud despertó algo en mí; pensé: "No hay modo de que yo le importe menos." Me sentí triste y luego muy enfadada. En pocos minutos ya estábamos teniendo una de nuestras riñas habituales, haciéndonos mutuas acusaciones a gritos por teléfono. Me puse furiosa y le colgué. No sé por qué nos pasa eso siempre.»

Cuando estamos atrapados en un torbellino de ira o de pánico, todo nos parece confuso, fuera de control, abrumador e impredecible. Pero si podemos salirnos de él y contemplar el curso que toma el episodio y observarlo desplegado con una simetría notablemente paralela a muchos incidentes comparables de conmoción emocional, empezaremos a reconocer un patrón oculto: los rasgos del esquema que lo dirigen. Podremos detectar similitudes en lo que desencadena la reacción, en su trayectoria y en su mezcla de pensamientos y sensaciones, en lo que nos descubrimos diciendo o haciendo.

Al cabo de varios meses de explorar esos patrones en su propia vida, mi paciente ahora puede detectar similitudes entre su manera de pensar, sentir y reaccionar con su madre en los momentos en que se siente ignorada y advierte esas mismas reacciones cuando desembocan en desavenencias con su esposo. Se trata del mismo patrón, un hábito emocional que interviene en ambas relaciones, en los momentos en que ella siente que la otra persona se abstrae consigo misma y presta oídos sordos a las necesidades o sentimientos de mi paciente. Su respuesta —ahora lo ve— sigue un curso de ideas, reacciones emocionales y un modo de contestar airado que termina haciéndola estallar.

Gran parte de las perturbaciones caóticas de nuestra vida emocional depende de nuestros esquemas emocionales más profundos, de patrones de percepción y de respuesta que nos llevan, una y otra vez, a reaccionar ante causas similares con una serie de pensamientos, sentimientos y reacciones habituales y negativas de adaptación.

Llevar la atención consciente a nuestros hábitos emocionales cuando estos se presentan puede brindarnos otra perspectiva sobre lo que subyace en nuestra confusión emocional. Como veremos más adelante, al revisar nuestros principales esquemas emocionales, podemos llevar tanto empatía como conciencia a esos patrones.

Los esquemas dictan su propia realidad: lo que parecen las cosas cuando estamos bajo su hechizo. Pero reconocer esos patrones ocultos nos ayuda a ver más las cosas como en realidad son; no limitadas por nuestro condicionamiento, sino basadas en una percepción más plena y aguda. Esta perspectiva da un nuevo marco a nuestro sufrimiento: al reconocer el principio organizador en acción, ya no necesitamos sentirnos tan desamparados, nuevamente víctimas de las mismas reacciones de siempre. Tenemos un punto de apoyo desde el cual podemos comenzar a transformar nuestro paisaje interior.

SEGUNDA PARTE

LAS COSAS COMO PARECEN

5

El hábito emocional

Hay un expresivo aforismo zen que dice: *Para su amante, una mujer bella es un placer; / Para el monje, es una distracción; / Para el mosquito, una buena comida.* Este aforismo expresa bien la cuestión: lo que parecen las cosas depende de las lentes o filtros a través de los cuales vemos. Algunos de esos filtros son temporarios; otros pueden durar toda la vida y crearnos un sentimiento duradero de nuestra realidad.

Mucho antes del primer psicólogo moderno —de hecho, hacia el siglo V—, los antiguos sabios que formularon la psicología budista habían analizado los a menudo fluctuantes cambios de la mente que dan forma a nuestra realidad. A aquellas personas poco familiarizadas con el budismo, a veces las sorprende descubrir que este contiene un sistema completo de psicología —una ciencia de la mente— que puede ser de gran ayuda para cualquiera, sea o no budista.

Esos primeros sabios de la interioridad vieron que los estados mentales diferentes se atropellan entre sí para lograr la posición más alta en una jerarquía siempre cambiante. Cuando uno u otro alcanza el punto más alto, dicta el tono de todo nuestro estado mental, sea este la cólera, la ecuanimidad o la alegría. Esa situación puede durar apenas un instante, hasta que otro estado llegue a la cima de la jerarquía mental o se convierta en un marco mental más habitual. Si ese estado dura apenas uno o dos segundos y luego pasa, no hay problema. Pero cuando esos estados mentales se transforman en hábitos fijos de la mente, pueden definir nuestra percepción básica del mundo. Los antiguos psicólogos budistas descubrieron que tendemos a adquirir costumbres mentales en las que un estado mental favorecido domina nuestra jerarquía mental. Cuando un estado particular se convierte en un hábito persistente de la mente, influye sobre la completa personalidad de la persona. Si el estado predominante es negativo —por ejemplo, perturbación u hostilidad—, lo que podría haber sido un humor momentáneo se fija como turbulencia persistente. Hay un texto budista del siglo V que señala que aquellas personas en las que, pongamos por caso, predomina la cólera, la mayor parte del tiempo actúan de maneras típicas, que ofrecen claves para su estado interior. Por ejemplo, realizan las tareas domésticas —como barrer el suelo— de manera apresurada e impaciente, y son propensas a quejarse sobre cosas como la comida que reciben o lo incómodas que son sus camas. En contraste, aquellas personas en las que predomina la inseguridad barren el suelo descuidadamente y aceptan con alegría casi todo —la mala comida, las camas incómodas— porque tienen poca conciencia discriminatoria que les permita juzgar.

Hasta cierto grado esa cólera o inseguridad se han convertido en costumbres fijas de la mente; conforman la realidad psicológica de la persona. El Dalai Lama resume esos hábitos negativos de la mente bajo el término «aflicción mental», a la que define como «una distorsión mental que perturba el equilibrio de la mente». Según observa, nuestras aflicciones mentales «no solo crean perturbación, angustia o infelicidad, sino que, a largo plazo, producen aún más problemas».

LOS ESTADOS MENTALES NEGATIVOS DE ADAPTACIÓN

Los antiguos psicólogos budistas identificaron algunos estados mentales como «saludables» y otros como «insalubres» (o, en términos más modernos, como patrones positivos o negativos de adaptación). Su manera de clasificar un estado mental era sencilla, pero profunda: el estado conducía a la paz interior o a la perturbación mental. La regla que la psicología moderna sigue para clasificar los hábitos mentales —o esquemas— como patrones positivos o negativos de adaptación es bastante similar.

Un esquema es un poderoso conjunto de pensamientos y sentimientos negativos. Para evitar caer en esos estados mentales desagradables, aprendemos estrategias que nos permiten defendernos. Esas estrategias nos ayudan a hacer frente a las amenazas del ataque de esquema, mal que desesperadamente queremos evitar.

Las estrategias de esquema se arraigan porque, de alguna manera, nos ayudaron a adaptarnos. Las desarrollamos porque, al menos, fueron soluciones parciales para un problema que tuvimos a temprana edad; por ejemplo, trabajar de más para complacer a un padre hipercrítico, o volvernos particularmente gregarios para evitar sentirnos rechazados por otros niños. A pesar de que nos han ayudado a defendernos cuando los adquirimos, más tarde ya no nos sirven tanto.

Cada esquema puede ser visto como un intento fallido de llenar nuestras necesidades básicas en la vida: seguridad, conexión con los demás, autonomía, competencia, etcétera. Cuando un niño satisface estas necesidades puede prosperar. Cuando esas necesidades básicas se ven frustradas, entonces los esquemas se arraigan.

Cada esquema tiene su propio hito emocional, un nivel interno distintivo, un sentimiento retorcido que nos asalta cuando el esquema nos tiene atrapados. Esos sentimientos repiten, de manera típica, las primeras emociones que sentimos en los primeros acontecimientos traumáticos de la vida que crearon esos esquemas. Durante esos episodios esquemáticos nos vemos, de vuelta, inmersos en el miedo, o comprometidos, o deprimidos.

Sin embargo, esas estrategias o hábitos emocionales pueden albergar algunas cualidades valiosas. Por ejemplo, la gente que incorpora el esquema llamado «inflexible estándar» frecuentemente tiene mucha disciplina y motivación en su trabajo, e incluso llega a ser esclava del mismo. Esto puede hacer que esas personas tengan éxito en lo que hacen. En todo tipo de campos, aquellos que se destacan frecuentemente poseen este esquema.

El patrón de adaptación, sin embargo, se vuelve negativo cuando la autoexigencia es tanta que todo lo que no sea la vida laboral sufre, se seca o se agota. Esas personas necesitan encontrar un equilibrio. Darse cuenta de que no tienen que alcanzar un 120 por ciento. Muchas veces está bien con alcanzar un 70 u 80 por ciento y ser capaces, además, de vivir.

Por ejemplo, la gente que tiene el patrón llamado «privación emocional» —quienes se sienten crónicamente faltos de amor, atención o cuidado— frecuentemente desarrolla una fuerte empatía y habilidades nutritivas; dones en sí mismos admirables. Sin embargo, esos rasgos se convierten en patrones negativos de adaptación cuando la persona se vuelve «cuidadora» crónica de todas sus relaciones, y así se siente ávida de empatía y nutrición.

Esas estrategias esquemáticas son soluciones parciales a dilemas perennes de la vida, formas habituales que aprendimos para tratar temas como la necesidad de relaciones íntimas o de amor, que aparecen una y otra vez en la vida. Como soluciones parciales ante problemas apremiantes, esas estrategias de manejo alivian un poco el dolor, aunque nunca resuelven la dificultad.

La paradoja: los esquemas surgen a partir de ciertas necesidades, pero nos llevan a pensar y a actuar de maneras que impiden la satisfacción de esas necesidades. Se perpetúan en un ciclo de derrotas autoinducidas. Por ejemplo, alguien con un patrón de privación emocional (y la consiguiente necesidad de comunicación y cuidado) puede embarcarse, una y otra vez, en relaciones románticas con amantes egoístas e indiferentes. ¿Por qué se produce este patrón de derrota autoinducida? La falsa esperanza de que esta vez será diferente: de que encontrará una persona que parece egoísta (y que la hace sentir cómoda, como en familia, como su «hogar»), pero que finalmente le ofrecerá el amor y el cuidado que busca en esa persona.

Los esquemas negativos de adaptación nos llevan a soluciones «neuróticas». Por un lado, esas soluciones son estrategias para satisfacer necesidades y deseos tales como el ser amados, entendidos o aceptados. Por el otro lado, llevan necesariamente a una derrota, porque sabotean cualquier verdadero intento. Sus metas son apremiantes, pero sus métodos son errados.

LAS RESPUESTAS NEGATIVAS DE ADAPTACIÓN

Yo me encontraba de visita en una playa en una reserva natural, cuando de repente vi una fila de siete patitos sin su madre, emergiendo de un lago cercano y tambaleándose a lo largo de la playa, con un paso entre desesperado y confundido. Tenían unos pocos días y seguían fielmente al patito más alto, que parecía tan desorientado y perdido como el resto.

Los patitos quizá se dieran cuenta de la preocupación que sentíamos quienes veíamos su empeño. Se acercaron tambaleantes a distintas personas, como para identificar a su madre en cualquiera de ellas. Permanecieron un momento ante una mujer cuyo cabello rubio de raíces oscuras, el mismo color de los patitos, les pudo haber recordado a su verdadera mamá pata.

Mientras los poníamos suavemente sobre una toalla para devolverlos a la laguna del bosque de donde habían venido, pude sentir el pánico que seguramente los había invadido mientras buscaban a su madre por todas partes.

Me sorprendí reflexionando sobre las cualidades de los clientes que había tenido y que padecían una fuerte sensación de miedo y abandono. Bajo el desesperado deseo de ser rescatado que siente mucha gente que tiene este patrón emocional, corre una sensación de pánico tan profunda que se experimenta como una lucha por la vida, un miedo a extinguirse.

Pero para aquellos pobres patitos el pánico era apropiado. Era una respuesta acorde con el peligro que corrían sin una madre que los protegiera. Para aquellos con miedo al abandono, sin embargo, los sentimientos que en algún momento fueron apropiados pueden aparecer cuando ya no se adaptan a la situación real. Esta es una distinción crucial: las respuestas esquemáticas son reacciones sobreactuadas y no respuestas apropiadas a situaciones difíciles.

A medida que exploramos los hábitos emocionales, debemos tener en mente que muchas de nuestras reacciones emocionales —o la mayoría de ellas— son probablemente apropiadas a la situación. Se convierten en reacciones negativas de adaptación únicamente cuando ya no se adaptan a la situación.

Por ejemplo, una vez tuve una cliente que tenía una relación con un hombre que la maltrataba. Incluso después de que ella lo abandonó, él la amenazó con un arma. El temor a ese hombre era un sentimiento basado en la realidad. Su reacción —obtener una orden judicial de restricción de movimientos contra él— era completamente apropiada. Pero ella también tenía esquemas que se habían disparado en esa relación, particularmente el miedo al abandono, que la mantuvo con él a pesar de la violencia física. La naturaleza negativa de nuestras respuestas mantiene esos hábitos alejados del resto de nuestro repertorio emocional.

Un mapa de los hábitos destructivos

Comparemos un esquema positivo de adaptación con uno negativo. Un niño que es amado y cuidado, por ejemplo, crecerá con el esquema positivo de adaptación que el psicoanalista Erik Erikson llamó «confianza básica». A lo largo de su vida tenderá a suponer, en primer lugar, que la gente y el universo no significan ninguna amenaza y considerará a las personas como merecedoras de confianza a menos que demuestren lo contrario. La gente que tiene confianza básica puede hacer amigos más fácilmente porque se aproxima a los demás con buena voluntad, suponiendo lo mejor de ellos. Por la misma razón, sus relaciones tienden a ser estables.

Por el contrario, un niño que padeció abusos en los primeros años de su infancia crecerá con un esquema muy negativo: la desconfianza. Lo primero que supondrá sobre la gente será que esta no tendrá en cuenta sus necesidades y rápidamente interpretará equivocadamente actos neutros, o incluso positivos, como amenazas o pruebas de su presunción. Esa, por supuesto, era una respuesta autoprotectora apropiada en la infancia. Pero de adultos, aquellos que tienen una desconfianza básica seguirán aproximándose a los demás con sospechas y, entonces, no solo les será difícil hacer amigos, sino también tener relaciones íntimas. Debido a que fácilmente ven hostilidad o negatividad en lo que hace la gente, sus relaciones íntimas se convierten en campos de batalla.

Esa desconfianza es la que subyace en los niños agresivos de las escuelas: interpretan acercamientos neutrales como si fueran amenazas y entonces atacan bajo la falsa suposición de que están siendo amenazados. Una dinámica similar ocurre en algunos (por supuesto, no en todos) maridos que pegan a sus esposas: frecuentemente experimentan un enorme miedo al abandono, a que sus esposas los dejen. Esto origina un radar de sospechas que muy fácilmente detecta señales de abandono simbólico en las cosas inocuas que ella hace, como dejar la habitación durante una discusión. Ese acto sencillo —y su lectura como un abandono— dispara en ellos la sensación de sentirse heridos, rabiosos, y una violencia inexcusable. Y así el esquema de desconfianza distorsiona las relaciones cotidianas, convirtiéndolas en un dominio hostil y peligroso.

Este mapa de hábitos emocionales destructivos es una continuación moderna de la tarea llevada a cabo por los antiguos sabios del budismo temprano, quienes hablaban de *anusayas*, tendencias mentales dormidas y latentes que estallaban en episodios de perturbaciones mentales y emocionales. La psicología budista considera que, aunque esas tendencias pueden no predominar en nuestra vida, su potencial para desplegarse en acciones las hace parecidas a un campo minado mental. Ante el menor desliz, nuestra mente se ve envuelta en el caos emocional y la confusión mental.

De manera similar, la psicología moderna considera que los esquemas son sistemas de almacenamiento que conservan el aprendizaje emocional específico; por ejemplo, el resentimiento al ser tratado de manera injusta, junto con la correspondiente serie de actos a los cuales aprendimos a ser sensibles, así como la manera en que hemos aprendido a reaccionar cuando nos sentimos tratados de esa manera. Estos sistemas de almacenamiento no solo conservan lo que hemos aprendido, sino que continúan almacenando información basada en nuestra experiencia de vida. Esos esquemas yacen dormidos, esperando que suceda algo que los devuelva a la mente. Entonces, tienen lugar los antiguos sentimientos (y las antiguas respuestas).

Ya sea debido a su temperamento o a su capacidad de atención, algunos niños pueden ser más flexibles que otros y emergen de su infancia relativamente libres de esquemas, mientras que sus hermanos crecen llevando varios de ellos. Una de las razones es que, en un sentido psicológico, cada hermano crece en una familia diferente: el mayor, por ejemplo, puede haber dejado el hogar cuando llegue el momento en que un divorcio de los padres cree un padre ausente en el caso del hermano menor.

CONFLICTOS NUCLEARES

De algún modo, nuestros esquemas encarnan modalidades de lo que es posible para nosotros, a las que hemos renunciado. Abraham Maslow lo dice con todas las letras: «Si la única manera de mantener el yo es perder a los otros, entonces el niño común renunciará al yo.» Algunos de nuestros esquemas —y los modos en que hemos aprendido a responder a ellos— representan un sentimiento por el cual hemos sacrificado nuestro potencial mediante un pacto para proteger la conexión.

La tarea de trazar un diagrama de los modelos y propensiones mentales que conforman nuestra realidad cotidiana es un desafío eterno para la psicología. David Shapiro, discípulo de Erik Erikson, ofreció otro mapa interesante de ese territorio íntimo. Centrándose en los hábitos de percepción de la gente, Shapiro identificó lo que llamó «estilos neuróticos», modos de percibir y actuar peculiares (y distorsionados).

Los estilos de Shapiro —una tipología de esquemas de percepción— se leen como una actualización moderna de la lista que los budistas del siglo V hicieron de los tipos mentales y de sus tendencias. Las personas que tienen lo que Shapiro llama el estilo «compulsivo», por ejemplo, se fijan con rigidez en los detalles y siguen obedientemente lo «que se espera que uno haga», en lugar de mostrar la menor espontaneidad o independencia; es como si, para guiarse, tuvieran que estudiar los libros de reglas de la vida. En contraste, aquellos con un estilo histérico reaccionan impulsivamente a la primera impresión, ignorando los detalles o, incluso, los hechos; leen la situación como si estuvieran repasando los titulares de los periódicos, olvidados de los artículos que los desarrollan. Y las personas con un estilo paranoico ven el mundo con sospechas; tales individuos se concentran sobre una visión de la vida emparentada con una teoría conspiratoria propia de los periódicos sensacionalistas, vigilantes de cualquier clave confirmatoria.

Esas lentes mentales hacen que las cosas parezcan muy diferentes de lo que realmente son, deforman la atención, la memoria y la percepción para que encajen en un prejuicio mental. Cuando esa lente se levanta en nuestros modos profundos de vernos a nosotros mismos y a los otros, no solo da forma a nuestra manera de ver, sino a nuestra vida entera.

Consideremos un ejemplo de esquema negativo de adaptación en acción:

Un hombre teme secretamente que cualquier mujer lo rechace: se siente como un joven débil e imperfecto, inadecuado para ser amado por la mujer que desea e idealiza.

Esconde su miedo detrás de una fachada: la de un macho poderoso. Simulando eso, se siente bastante confiado para mantener una relación romántica y seducir a la mujer que idealiza.

A medida que la relación prospera, ella actúa de maneras que él interpreta como exigencias abrumadoras (de lealtad, tiempo, atención). Pero debajo de todo eso, él se siente débil e imperfecto, inadecuado para colmar las necesidades de ella. Por lo tanto, vuelve a evaluar a la mujer: quizá, después de todo, ella no sea la ideal. El hombre ve las limitaciones que ella tiene, empieza a tratarla mal, quiere dejarla. Ella reacciona ante el rechazo con llanto, violencia y rabia. Él se siente todavía más inadecuado y, finalmente, la deja.

Una vez que esto ocurre, se siente solo: quiere otra relación con una mujer. Pero secretamente teme que cualquier mujer lo rechace; se siente como un joven débil e imperfecto, inadecuado para el amor de la mujer que desea...

Y así sigue la rueda infinita del esquema de este hombre: un espécimen logrado por medio de los esfuerzos de un equipo de investigadores liderado por el doctor Mardi Horowitz, psiquiatra de la Universidad de California. Este espécimen representa apenas uno de los literalmente cientos sacados a la luz durante varios años de investigación intensiva sobre lo que Horowitz llama «patrones interpersonales negativos». Él ve esos patrones de vida como el resultado de esquemas distorsionados que la gente conserva a propósito de sí misma y de los que tienen a su alrededor (incluido el desventurado hombre que, debajo de todo eso, se siente como un joven débil e imperfecto).

En cada uno de nosotros, una y otra vez afloran esquemas particulares en nuestros pensamientos o palabras (e incluso en nuestros sueños). Algunas de esas fijaciones, desde la perspectiva y la historia de vida de una persona dada, son tan básicas que constituyen el equivalente de los guiones que esa persona parece condenada a repetir relación tras relación. Esos conflictos nucleares definen temas que inexorablemente parecen intervenir en las más importantes relaciones de la gente.

La anatomía de un conflicto nuclear

De acuerdo con el doctor Lester Luborsky, cuyo equipo de la Universidad de Pennsylvania ha identificado los más de 30 conflictos nucleares más comunes, cada uno de ellos tiene tres partes. En cada una de esas fijaciones hay un deseo o necesidad, una respuesta típica que la persona prevé y la reacción típica de la persona a esa respuesta. Por ejemplo, entre los deseos comunes en esos conflictos nucleares, las siguientes frases que los resumen: «Quiero ser entendido, que simpaticen conmigo, que me vean correctamente» o «Quiero ser respetado, valorado, tratado justamente» o «Quiero sentirme bien conmigo mismo, sentirme seguro».

Tales deseos, claro, son universales; todos los abrigamos. El conflicto se plantea a partir de lo que la persona ha experimentado con otras personas y de lo que llega a esperar de las relaciones en general. En los esquemas negativos de adaptación, la otra persona de alguna manera frustra el deseo o la necesidad. Esto da como resultado una lista bastante desdichada de respuestas anticipadas entre las que, por ejemplo, se cuentan estas: la otra persona será insensible y desconsiderada respecto de mis sentimientos; o la otra persona se aprovechará de mí; o la otra persona me humillará.

Comprensiblemente, recibir tales respuestas despertará reacciones del tipo «Me siento rechazado y desilusionado» o «Estoy furioso y resentido» o «Me siento incapaz e inútil».

Estas recetas para relaciones desastrosas toman forma muy temprano y persisten con variaciones menores a lo largo de toda la vida. Luborsky emplea una analogía tomada de la literatura: «La línea argumental de la fantasía sigue siendo la misma, aunque los personajes y las situaciones varían.» Esas líneas argumentales son tan poderosas que la misma secuencia tiene lugar con amigos, con amantes y parejas, con compañeros de trabajo. También dictan la forma de la relación sutil entre el paciente y el terapeuta, que los psicoanalistas llaman «transferencia»; vale decir, el momento en que el terapeuta cumple el papel simbólico de la otra persona en una repetición del mismo melodrama antiguo y familiar.

El poder de tales esquemas negativos de adaptación en nuestras relaciones fue claro en el episodio que, en un taller, refirió una mujer a propósito de su matrimonio. Su esquema nuclear le hacía desear intensamente el contacto emocional, aunque temía que nunca lo tendría; como resultado, era especialmente sensible a cualquier atisbo de ser ignorada. Su deseo: «Llegué del trabajo a casa, ansiosa por ver a mi marido y deseando pasar un rato sintiéndolo cerca de mí. Pero cuando llegué a casa, ahí estaba, en la sala, pegado a la televisión con un partido de fútbol, con sus papeles del trabajo desparramados a su alrededor. Apenas notó mi presencia.»

Esta es la respuesta que ella aprendió a esperar: «Siempre supongo que va a ignorarme, que a él apenas le importo, ni yo ni nuestra relación. Y otra vez fue así.»

Su reacción bien ensayada fue enfadarse y marcharse: «Así que estallé y me fui a hacer compras. Estuve fuera cuatro horas, sabiendo que eso lo irritaría. Y bastante segura de que, cuando volviese, tendríamos una gran pelea. Todo el tiempo pasa eso.»

LOS HÁBITOS NEGATIVOS DE ADAPTACIÓN MÁS COMUNES

Cuando pienso en nuestros hábitos negativos de adaptación, me vienen a la memoria esos acertijos ilustrados para niños —como los de los libros de la serie *¿Dónde está Wally?*—, en los cuales el perfil de una figura camuflada se esconde dentro de un dibujo más grande. El desafío consiste en encontrar la figura oculta. Del mismo modo, nuestros hábitos emocionales negativos se esconden en la rica y confusa textura del resto de nuestra vida.

Para trabajar con ellos, primero tenemos que ser capaces de detectarlos. Por esa razón, ayuda inmensamente tener acceso a un mapa que nos brinde las claves de sus rasgos principales. No se trata de que quiera objetivar esos patrones, haciéndolos más «reales» de lo que son. Pero tener un marco conceptual para ordenarlos a partir de lo que a veces se percibe como una confusión amorfa puede ser clarificador y esencial en el proceso de desembarazarnos, con el tiempo, de su yugo.

Cuando todavía estaba en la universidad, estudié con un psicólogo que desarrolló un sistema para clasificar esos hábitos, llamado «psicología descriptiva». Ese y otros sistemas que estudié me revelaron el valor de un mapa o método para ordenar nuestros hábitos negativos de adaptación.

Luego, a mediados de la década de los ochenta, integré un círculo de colegas que aportó ideas al desarrollo del doctor Jeffrey Young de su modelo de esquemas negativos de adaptación. En esa época, el doctor Young (discípulo del doctor Aaron Beck, quien había desarrollado la terapia cognitiva) estaba encarando una nueva dirección. Se estaba aventurando más allá de los límites tradicionales de la terapia cognitiva en el territorio psicológico que usualmente cubrían las terapias psicodinámicas a largo plazo: ayudar a que las personas cambiasen hábitos emocionales profundamente arraigados y destructivos que habían arrastrado desde las experiencias formativas de la infancia a su vida adulta.

El doctor Young sigue afinando y haciendo progresar su brillante modelo sobre esos patrones de vida negativos (en caso de querer saber más sobre su modelo de esquemas, lea *Reinventar su vida*). A lo largo de mi trabajo como psicoterapeuta, descubrí que las siguientes descripciones, basadas en el modelo del doctor Young, captan los esquemas más comunes con los que me encontré al tratar a mis pacientes; algo así como una lista genérica de nuestros hábitos mentales negativos.

Cuando lea la lista, puede que usted reconozca patrones de su propia vida. Ese reconocimiento es muy útil, pero debe equilibrarse con un conocimiento más amplio de nuestra salud. Hasta cierto punto, muchos de nosotros hemos aprendido algunos hábitos emocionales negativos a lo largo de nuestra vida. Pero, de acuerdo con lo que Jon Kabat-Zinn nos recuerda: «En nosotros hay mucha más cordura que insania.» La atención consciente nos proporciona un medio para reconectarnos con esa cordura básica, incluso en los momentos en los que «la insania» se destaca más.

Los esquemas negativos de adaptación pueden ser vistos como una especie de niebla mental o de nube emocional. Puede que oscurezca nuestra mente durante un tiempo, pero solo temporalmente cubre la claridad y la vastedad de nuestra verdadera naturaleza. La atención consciente nos ayuda a mantener una perspectiva más amplia mientras exploramos esas nubes emocionales. Nos proporciona una visión expandida, como ver la amplitud del cielo alrededor de las nubes. Podemos aprender sobre nuestro propio condicionamiento sin volverlo demasiado «real», sin sentirnos abrumados por él y sin seguir estando completamente definidos por las creencias limitadas que esos hábitos mentales alientan en nosotros.

Si usted se ve a sí mismo en las descripciones de esquemas negativos de adaptación que siguen, sepa que no está solo: muchos de nosotros, si no todos, hemos sido hasta cierto punto moldeados de acuerdo con esas modalidades. Esos hábitos emocionales pueden ser vistos como intentos de dirigir una dolorosa parte de nuestra vida hacia un camino positivo. Los esfuerzos para evitar las emociones perturbadoras cobran la forma de varias estrategias de imitación. Por ejemplo, por sobrecompensación, nos arriesgamos a maniobras que llevan el esquema hasta el exceso, como forma de reasegurarnos de que este no va a abrumarnos. Por anulación, andamos de puntillas alrededor del esquema para evitar activarlo. Cuando tales estrategias son exitosas, temporalmente minimizamos nuestro dolor emocional.

Esas estrategias de diferenciación pueden significar que el mismo esquema se presenta de manera bastante diferente en el comportamiento de dos personas distintas. De hecho, incluso los hermanos criados en el mismo ambiente emocional pueden adoptar estilos diferentes para, digamos, el trauma de que uno de sus padres desaparezca de la vida de ellos después de un divorcio, abandonando la familia o muriendo.

Uno de los hijos puede adoptar una estrategia sobrecompensadora, volviéndose muy dependiente y buscando seguridad en las relaciones que tenga más adelante en su vida; el otro puede asumir un comportamiento evasivo, manejándose de manera que no se sienta atado a nadie por miedo a que también lo abandonen y le hagan sufrir como en su infancia. En ambos casos, las estrategias se desarrollan como modos de evitar la repetición de una aterradora sensación de ser abandonado.

No resultan claras las razones por las que una persona reacciona de una u otra manera. En algunos casos, puede tratarse de diferencias de temperamento; en otros, puede tener que ver con la elección inconsciente del modelo de padre o hermano que sigue.

Deseo alentar al lector a que se muestre compasivo en esta exploración interior. Es necesario mucho valor para mirar honestamente en ese secreto compartimiento oculto en nuestra mente. Sea amable con usted mismo.

Recuerde también que, de algún modo, los aspectos de las estrategias que aprendimos para hacer frente a estos hábitos fueron todos positivos: una solución positiva a un problema de la vida. Todos tienen —o tuvieron— aspectos deseables. Pero, típicamente, esas soluciones —que en algún punto de nuestra vida pasada funcionaron bastante bien— se han calcificado, congelado a fuerza de repetirse una y otra vez.

Por las variaciones en las estrategias de imitación, un esquema dado, de acuerdo con el modo en que la gente se acerque a él, puede manifestarse de manera diferente. En las descripciones de los esquemas de este capítulo y del próximo, mencionaré algunas de las principales modalidades en que estas estrategias se manifiestan, de modo que reconocer cualquiera de esos patrones en el propio comportamiento sea más fácil. Pero hay que recordar que cada uno de nosotros es único y, por lo tanto, las descripciones pueden no ajustarse bien a sus propios patrones.

Abrir esos patrones ocultos a la clara luz de la conciencia permite que entre una fresca brisa de cambio; como arreglar un viejo desván de la mente. Pero, como en el caso de esas mustias reliquias de nuestro pasado que podemos encontrar en un ático, puede que haya algunas cosas de las que sea difícil desembarazarnos, aunque ya no sirvan para ningún propósito útil. A veces uno puede preferir limitarse a cerrar la puerta del desván y dejar la limpieza para otro día (o no hacerla en absoluto). Pero si este es el momento que usted elige, entonces esta exploración interior abre el camino para vivir la vida con más autenticidad, en lugar de como la presentan las lentes distorsionadas de nuestro hábito emocional.

Abandono

«Tenía tres o cuatro años, y mi padre, que me adoraba, tuvo un ataque cardíaco —recuerda una de mis pacientes—. Mi hermano de siete años lloró, y cuando le pregunté qué pasaba, me dijo que nuestro padre había muerto. Desde entonces me sentí sola. Mi madre siempre estaba demasiado ocupada encargándose de todo y viajando para trabajar; también me sentí abandonada por ella. Desde entonces, siempre anhelé que la gente que pasaba por mi vida me asegurase que no me iba a abandonar. Cuando esas personas hacen algo que indica el menor signo de abandono —como no responder inmediatamente a una llamada o llegar tarde a un encuentro conmigo— experimento la inmediata sensación de ser herida, y mucha tristeza. A veces me descubro a mí misma deseando abandonar la relación, aunque no haya nada realmente malo en ella.»

El temor progresivo a que «la gente vaya a dejarme sola» se encuentra en el núcleo del abandono. El patrón puede tener sus raíces en experiencias infantiles reales de abandono; por ejemplo, por un padre que muere o como resultado de un divorcio en el que uno de los progenitores se marcha o simplemente se desentiende de la vida de su hijo.

Pero no es necesario que el abandono haya sido real; uno simbólico —como cambiar de casa todo el tiempo o tener un padre inestable, poco fiable o emocionalmente distante— puede tener su impacto emocional. Un niño que no puede contar con que uno de sus padres esté «ahí» —por ser errático en la forma de cuidar a su hijo, o por ser impredecible o alcohólico (en cuyo caso no se sabrá si está de buen humor o muy malhumorado)— puede desarrollar varios grados del miedo al abandono.

A las personas que tienen este esquema, la perspectiva de quedarse solas les suscita una profunda tristeza y un sentimiento de aislamiento; el temor resultante y el pánico son emociones propias del patrón de abandono.

La respuesta automática de una niña pequeña al miedo de que una persona clave en su vida la abandone es, claro, aferrarse más; esa urgencia solo es natural en la infancia. Insistir en la persecución de una vida de cariño, o buscar constantemente la seguridad de que alguien va a estar, o ser dependiente, ofrece un antídoto imaginado al temido abandono. Tal hábito se forma muy temprano; de manera típica, esa costumbre comienza como una adaptación positiva, una manera para que la niña del ejemplo calme sus temores mediante la búsqueda de una consoladora seguridad de permanencia.

Pero ese aferrarse a los demás estará fuera de lugar cuando, ya siendo adulta, el mismo temor salga a la superficie una y otra vez en sus relaciones más íntimas. La estrategia de sobrecompensación al abandono puede conducir a un «apego angustioso», en el que la persona precise constante seguridad de que la relación es estable y firme. Pero la búsqueda de seguridad constante a veces puede conducir a que se cumpla el pronóstico temido, ahuyentando a la pareja.

Una mujer con el esquema de abandono puede convertir una relación en un motivo de preocupación, por su temor a que, si agita mínimamente las aguas, su amante la abandonará por otra persona. Una estrategia elusiva puede llevarla a comprometerse en una mala relación, evadiendo el temor a que la dejen si agita las aguas. De manera alternativa, puede adaptarse escapándose de la relación antes de que su compañero la abandone, lo cual es otro modo de eludir el abandono temido.

Para escapar a los sentimientos nacidos de la soledad, la persona con el esquema de abandono puede estar explorando continuamente en busca de la próxima persona a la cual aferrarse, tratando siempre de protegerse del miedo a quedarse sola. Esa desesperación la conduce a ser demasiado exigente demasiado pronto en sus relaciones románticas, buscando frenéticamente pasar cada momento con el hombre o irse a vivir con él antes de que esté listo para tal compromiso. Al mismo tiempo, la mujer del ejemplo se vuelve hipersensible a cualquier signo de que él esté por abandonarla y está siempre dispuesta a acusarlo de que él tiene otro interés amoroso.

Este esquema hace que la mujer vea signos de que va a ser abandonada, distorsionándolos para que signifiquen que la relación se acabará. Uno de esos signos propios del pensamiento oblicuo es sentirse exageradamente molesta aun por una breve separación del ser amado; por ejemplo, un viaje nocturno de negocios del esposo. El esquema dispara el temor a que el amado nunca vuelva: un temor original tan fuerte como el de una niña pequeña.

Los sentimientos que una separación temporal —o la pérdida real de una relación íntima— dispara en alguien con el esquema de abandono son mucho más fuertes de los que sentiría otra gente. La posibilidad misma de tal abandono puede disparar un pánico tan agudo como los miedos de una criatura cuando pierde a sus padres en un parque de atracciones.

Si al lector este patrón le resulta familiar, quizá le ayude advertir que se puede estar solo y contento, en lugar de sentirse aislado y desesperado. Esta verificación vendrá en la medida que usted desafíe los pensamientos que alimentan sus temores de abandono: aquellos con temor al abandono necesitan saber que podrán arreglárselas bien estando solos; que cuentan con los recursos interiores para satisfacer sus necesidades y que, por lo tanto, no quedarán indefensos si alguien los abandona. A lo largo de este camino hacia la salud, ser especialmente atento a los sentimientos que despierta ese abandono simbólico —la hipersensibilidad a la separación o a ser dejado, el aferrarse desesperadamente a la gente, el miedo a quedar aislado— le ayudará a encauzar este esquema apenas comience a posesionarse de usted. Desafiar los temores que siente a ser abandonado y cambiar activamente sus patrones en las relaciones permite la cura; del mismo modo, encontrar una pareja que se comprometa con usted y aprender a confiar en que no será abandonado son progresos a lo largo del camino.

Carencia

Cuando era niña, una de mis pacientes, hija de padres alcohólicos, se sentía básicamente ignorada: «El mensaje que recibí en la infancia fue que cuando una pide lo que desea, nadie oye o ni siquiera quiere estar al lado de una. Eso hace que me cueste pedir lo que quiero en mi matrimonio; cuando traigo a colación mis necesidades emocionales, me siento muy vulnerable.»

«Mis necesidades no serán satisfechas» es la frase que resume la creencia central del esquema de carencia. El mismo se desarrolla en la infancia, cuando uno o ambos padres están tan ocupados —ya sea con su trabajo, sus propias miserias o un problema como el alcoholismo o alguna preocupación constante— que sencillamente no notan o no parecen preocuparse demasiado por las necesidades emocionales de su hijo. En los adultos, el esquema de carencia vuelve a la gente hipersensible a los signos de que no se los considera o no se les presta atención, particularmente en el seno de sus relaciones más próximas.

Las emociones nucleares del esquema de carencia giran en torno de una profunda tristeza y desesperanza que se originan en la convicción de que nunca seremos comprendidos y de que nadie se preocupará por nosotros. Como en el caso de los niños olvidados, las personas adultas con el esquema de carencia pueden sentirse irascibles cuando sus necesidades son ignoradas. Esa ira, a su vez, esconde una sensación subyacente de soledad y tristeza.

Las raíces infantiles del patrón de carencia pueden asumir muchas formas. Para algunos, la carencia se origina en una falta de cuidado, calidez o afecto. Para otros, la carencia puede tener que ver con la empatía: la ausencia de alguien que realmente se conecte con los sentimientos del niño, que realmente escuche sus inquietudes y preocupaciones o que simplemente le preste plena atención. En algunos casos, se trató sencillamente de la falta de guía y dirección que cada niño necesita.

Las estrategias que la gente aprende para el esquema de carencia pueden variar. Una paciente, por ejemplo, se enfadaba y resentía mucho, y atacaba a quien la desvalorizaba. Sin embargo, su exigente actitud hacía que a su familia le costara tener empatía con ella, por no decir sentirse bien con la forma en que a ella le estaba yendo en cuanto a la satisfacción de sus deseos.

Otro paciente con patrón de carencia era inusualmente simpático, se tomaba molestias por otros y siempre hacía favores especiales. Pero, a pesar de su amplio círculo de amigos cercanos, siempre se sentía herido porque nadie parecía preocuparse en ser tan considerado o cariñoso con él. Cuando se sentía necesitado, se ponía muy triste porque nadie parecía advertirlo o acudir en su ayuda (aun así, guardaba para sí lo que le pasaba). Era casi como si esperara que la gente leyera su mente, advirtiendo sus necesidades a través de su fachada de que todo andaba bien.

La primera paciente trataba de satisfacer sus necesidades demasiado intensamente; el segundo, las ocultaba demasiado. El mismo esquema con diferente respuesta; pero ambos obtenían el mismo resultado: decepción.

Al margen de cuánto den los demás a las personas con carencias subyacentes, a estas nunca les parece suficiente y, por lo tanto, hacen que se aparten de ellas por sus constantes exigencias. A veces estas personas sienten que los demás deberían poder leerles la mente y conocer sus necesidades, sin que ellos mismos tengan que expresarlas. O pueden perder toda moderación y gastar más de lo que pueden o comer de más. Se trata de un intento de darse a sí mismos la atención que anhelan de los demás. Sin embargo, nada de eso compensa la necesidad real: el alimento emocional.

En contraste, muchos niños que crecen con tal falta de cuidados por parte de sus padres aprenden —como el segundo paciente— a proveer a los otros la atención que a ellos les faltó; se transforman en pequeños adultos precoces y, a veces, actúan con el padre poco atento como «padres» cariñosos. Esos niños aprenden muy pronto que, de haber algún tipo de cuidado familiar, tendrán que conseguirlo por sí solos.

A pesar de que esa estrategia les ayuda a abrirse camino hacia la edad adulta, el hábito aprendido de ser siempre el que se preocupa les crea problemas cuando son adultos. Por ejemplo, la persona que toma en cuenta constantemente las necesidades de otra, raramente revela las propias. Pero puede sentirse fácilmente culpable por no hacer lo suficiente, por mucho que esté haciendo. Ellos necesitan desesperadamente la atención que están brindando pero, temiendo no obtenerla si dejan que sus necesidades se conozcan, exhiben una fachada de constante buen humor y disponibilidad.

Esa persona puede parecer tan «entera» a los otros que no necesita a nadie que cuide de ella. La gente no ve ninguna razón para sentirse particularmente preocupada, ni para cuidar a alguien tan capaz. A veces la gente que posee el esquema de carencia se orienta a carreras que tienen que ver con «ayudar»: trabajo social, enfermería, psicoterapia. Cuando esa necesidad de ayudar está dirigida por un esquema, puede volverse en contra, particularmente si esa persona se presiona por hacer tanto que, al final, se inmola.

En aquellos que para protegerse y no ser heridos en sus relaciones mantienen a los demás a distancia, aparece una variación de la estrategia de evasión, junto con el esquema de carencia. Esa gente, al mantener una relación, será distante y nunca revelará sus sentimientos o necesidades, por temor a que no sean satisfechos. Este patrón, aprendido como una estrategia de protección en la infancia, evita la decepción de sentir, nuevamente, la herida de no ver sus necesidades satisfechas.

Quien sufre el esquema de carencia mira con lentes deformantes aquellos signos que pueden ser interpretados como que está siendo ignorado. Esto puede llevar a que una persona se sienta decepcionada por algo hecho por alguien que normalmente es cariñoso, e ignorar la abundante evidencia de que, de hecho, la otra persona siempre estuvo presente. La distorsión lleva a un reguero de decepciones crónicas en todas las relaciones.

Si usted se reconoce en este esquema, necesita ser más consciente de la manera en que sus necesidades de cuidado dieron forma a sus relaciones. La atención consciente, como veremos, ofrece una herramienta poderosa para hacer consciente este esquema, de manera tal que no pueda seguir funcionando como un piloto invisible de la vida. Si las personas que hay a su alrededor pueden haberle parecido poco cuidadosas, necesita ser capaz de recibir el amor y el cuidado que, si tuvieran la oportunidad, serían capaces de darle. Necesita darse cuenta de su tendencia a distorsionar la manera en que interpreta las acciones de los demás. Por ejemplo, alguien que piensa que la gente solo quiere a los demás a partir de sus necesidades, necesita aprender a desafiar ese pensamiento para darse cuenta de que los demás simplemente pueden disfrutar con su compañía, sin esperar nada más. Emocionalmente, puede necesitar sentir pena, sentir la tristeza de no haber recibido suficiente cuidado o atención cuando era niño. Puede realizar cambios de conducta también, por ejemplo, empezar a comunicar sus propias necesidades clara y apropiadamente a los demás o buscar a aquellas personas que estén emocionalmente disponibles.

Sometimiento

«Mi madre era extremadamente tiránica, me dijo una mujer en un taller. Decidía todo por mí, incluso cuando yo era adolescente. Yo no tenía voz. Ella decidía qué zapatos debía comprar, qué ropa, sin preguntarme nunca qué me gustaba. Era igual con todo: siempre decidía ella. Ahora, en mis relaciones, nunca puedo decir lo que quiero. Me limito a acompañar los deseos de la otra persona.»

El relato clásico del patrón de sometimiento gira en torno a la sensación de que, en una relación íntima, nuestras propias necesidades nunca son prioritarias; siempre importan las necesidades de la otra persona. La creencia central del sometimiento es: «Siempre tú, nunca yo.»

Pero mientras las personas con este patrón ceden con tanta facilidad, hay un coste emocional: su resentimiento por ser atrapadas puede consumirse en un pozo de ira (emociones contrastantes de este esquema). Esa represión interna engendra una sensación de frustración que, a veces, degenera en cólera.

Este esquema se origina típicamente en una infancia dominada por padres demasiado controladores que niegan la palabra al niño. La afirmación de poder de los padres va mucho más allá de los límites y reglas necesarias, llegando a ignorar completamente la necesidad de autonomía del niño. La afirmación de absoluta autoridad va desde la abierta violencia y las amenazas a un control más sutil mediante miradas desaprobadoras, ceños fruncidos o cambios en el tono de voz ante el menor signo de que el niño manifieste sus propios deseos.

Los niños que crecen en tal atmósfera descubren muy temprano que sus sentimientos y necesidades son invisibles o que directamente no cuentan, que la otra persona impone su voluntad. Aprenden a sentirse impotentes —incluso desamparados— en cuanto a sus propios deseos y preferencias. En sus relaciones como adultos, puede que estén tan acostumbrados a que la otra persona los mande que ya no están en contacto con lo que realmente desean o necesitan; cuando se les pide que decidan a qué restaurante ir o qué película ver, no pueden decidir. Prefieren que sea otro el que tome la decisión.

Para el niño cuyos padres son tan fuertes y dominantes, la pasividad —la estrategia evasiva— mantiene a raya el miedo a que se le grite, castigue o, sencillamente, desapruebe. Siendo un «buen chico» o una «buena chica», el niño que se guarda para sí mismo sus propias preferencias o deseos —o que los sofoca—, se asegura una módica paz en el hogar. Cuando este patrón llega hasta la edad adulta, la persona inicia sus relaciones muy ansiosa por agradar. La gente sometida puede terminar siguiendo carreras elegidas por sus padres, condescender a las exigencias de una pareja dominante, ceder demasiado rápido a los caprichos de sus hijos. Pero, debajo de su apariencia agradable, bulle el resentimiento. La frustración y la cólera por haber sido atrapada o por carecer de autonomía son típicas de la gente que padece el esquema de sometimiento.

Las reacciones al sometimiento pueden asumir diversas formas. Algunas personas se rebelan y se meten en problemas —particularmente, durante la infancia y la adolescencia—, llevando a cabo grandes esfuerzos en contra de la sumisión a la que les obligan sus despóticos padres. Tales rebeldes pueden convertirse en «espíritus libres» y ser hiperreactivos ante el menor signo de control, encolerizándose rápidamente contra quienes detentan la autoridad.

Otra estrategia de sometimiento asume la forma de evitar los compromisos y, por lo tanto, eludir los acuerdos que pudieran significarle a la persona ser atrapado o controlado. La gente que actúa de ese modo tiene recelos de comprometerse a algo tan ínfimo como encontrarse en un restaurante a una hora determinada; fijar la hora y el lugar de una cita los hace sentirse atrapados. Y ese tipo de sometimiento simbólico les evoca las antiguas sensaciones temidas.

Otro tipo de adaptación consiste en rendirse. Tales personas terminan con una percepción subdesarrollada de sus propias preferencias, opiniones e, incluso, identidad. Su principal objetivo es agradar a otra gente, mientras ignoran sus propios deseos y necesidades. Pueden tender a parejas fuertes y controladoras, y se someten sumisamente a ellas. Aunque a veces, cuando se sienten atrapadas, pueden enfadarse un poco, finalmente terminan por sentirse seguras en ese tipo de relaciones tan familiares.

Esa propensión a complacer a los otros es desproporcionada: esas personas son incapaces de establecer límites sobre lo que se espera de ellas y terminan haciendo mucho más de lo que les corresponde o haciendo cosas por los otros que son sencillamente injustas para con ellas mismas. Pierden de vista lo que desean, dejando de exigir lo que legítimamente les corresponde.

Si, por ejemplo, usted piensa que es «fácil de tratar» y «flexible» —pero raramente defiende sus opiniones, preferencias o necesidades ante sus relaciones más cercanas—, es posible que padezca el patrón de sometimiento. A pesar de su fachada serena, se siente usado o controlado y tiene la sensación de que la gente se aprovecha de usted. Comprensiblemente, a menudo se siente enfadado y resentido, pero nunca lo expresa. Su manera de cobrarse es indirecta: por ejemplo, dilatando las cosas, pasándose de las fechas límite o llegando tarde de manera crónica.

Si ve en usted el esquema del sometimiento, necesita conectarse con sus resentimientos y frustraciones a propósito del hecho de ser controlado. Necesita afirmar sus propios sentimientos y necesidades para que sus relaciones se equilibren y para que tomen en cuenta sus necesidades. La atención consciente puede ser una herramienta útil para ayudar a encauzar las reacciones automáticas, los sentimientos coléricos y los pensamientos teñidos por el temor de que usted está siendo nuevamente controlado.

Desconfianza

A pesar de que jamás la vi en persona, Mary me impresiona como un ejemplo clásico del esquema de la desconfianza en acción. Leí sobre ella en el periódico. Estaba en un artículo sobre mujeres que habían sufrido abuso en la infancia. Era uno de los once hijos de una mujer alcohólica. Mary todavía estaba en la escuela elemental cuando la vejaron sexualmente por primera vez: un familiar la toqueteó repetidamente y la amenazó con hacerle daño si contaba algo. Ella y sus hermanas, todas temerosas de ser vejadas nuevamente, se acurrucaban unas contra otras para protegerse cuando dormían. Cuando, con el tiempo, Mary contó el abuso a su madre, la respuesta fue desalentadora: «Probablemente él no hizo nada de lo que dices.»

Ahora, años más tarde, la desconfianza amenaza con emponzoñar sus relaciones. A pesar de que Mary puede ser encantadora y vivaz, se vuelve rápidamente desconfiada y hostil ante el menor signo de traición. Según dice con candor, «soy absolutamente paranoica». Perdió una serie de trabajos porque se peleó con sus compañeros o con sus supervisores a propósito de desaires que percibió y que exageró más allá de toda proporción. Y ahora su desconfianza se cuela en su relación con su novio: al oírlo caminar por la casa durante la noche, corrió adonde dormía su hijita para asegurarse de que la pequeña no había sido tocada.

Tal suspicacia tipifica este esquema; su creencia central: «No se puede confiar en la gente.» Con esa creencia llega la marca emocional: ya no un rápido enfado, sino cólera. En sus relaciones, las personas que sufren este patrón están constantemente alertas, temiendo que la gente vaya a aprovecharse de ellas de algún modo o que las traicionen. Dado que son tan cautas a propósito de las intenciones de la gente y tan dadas a suponer lo peor, les cuesta mucho acercarse o abrirse a los demás. Paradójicamente, algunas personas que padezcan el esquema de la desconfianza pueden acercarse a relaciones en las que sus peores miedos se confirmen, involucrándose con gente que, de hecho, las trate mal.

El patrón de la desconfianza a menudo se origina por haber sufrido abuso o por haber sido de algún modo maltratado en los primeros años de vida. El maltrato puede ser físico, emocional o sexual.

Cuando hay violencia física, el distorsionado sentido de las cosas de los padres puede llevarlos a pensar que sencillamente hacen lo que hacen «por el bien del niño»; no ven nada malo en la dureza del castigo.

Si el abuso es emocional, puede asumir la forma de observaciones hipercríticas, degradantes y desagradables, o de conductas erráticas que alternen bondad seductora con rechazos repentinos y extremos.

En el caso del abuso sexual, es posible que, muy frecuentemente, el abusador sea un miembro de la familia, como un primo, un tío o un amigo cercano: alguien a quien la víctima conoce y en quien será capaz de confiar. El impacto emocional es inmenso: produce sentimientos de profunda traición, temor, vergüenza y rabia. Cuando el abuso se mantiene en secreto o incluso se lo niega, la sensación de traición aumenta. De manera típica, cuanto más temprano y persistente sea el abuso, tanto más poderoso es el esquema de desconfianza resultante.

El esquema de desconfianza difiere de la mayoría de los otros, en parte porque, en él, el padre o el que lo lleva a cabo es intencionadamente hiriente o cruel. Dada una realidad tan terrible en la vida de un niño, la desconfianza puede ser una respuesta positiva a un miedo genuino: la gente significativa en la vida de uno no es fiable y, para sobrevivir, es necesario desarrollar un cauto radar social. A medida que la vida transcurre, aumentan los problemas cuando, por ejemplo, esa suspicacia corroe las conexiones beneficiosas con gente que no merece ser vista a través de la lente de la desconfianza.

Existen varios patrones a los que puede conducir el esquema de la desconfianza. En uno de ellos, el individuo ve a todo el mundo con una suspicacia tal que se aparta de cualquier relación fiable. O, al principio, idealiza a la otra persona como si fuera protectora o un amigo fiel, pero luego reacciona ante la aparente traición y se vuelve contra esa persona. A modo de variación, recrea la situación original de su infancia: se entrega a una serie de relaciones, cada una de las cuales repite las situaciones de abuso.

Una persona abusada puede convertirse en abusadora y transmitir el abuso a otra generación (afortunadamente, este patrón no es el más común; en términos relativos, pocos niños víctimas de abuso se transforman en adultos abusadores, aunque la mayoría de los abusadores fueron víctimas de abuso en su infancia).

En el caso en que usted vea la vida a través de la lente deformante del esquema de desconfianza, las relaciones pueden parecerle un terreno peligroso, un lugar donde la gente alberga secretamente intenciones de herirlo o de aprovecharse de usted. Aun cuando alguien pueda ser simpático con usted, automáticamente usted sospechará de las intenciones ulteriores; por ejemplo, de que estén tratando de manipularlo. Sus sospechas pueden llegar a torcer lo que la gente dice o hace, para ver en ello lo que parece ser una traición. Usted siente que tiene que estar siempre vigilante contra la traición, que debe estar siempre atento para que la gente no vaya a volverse en su contra. Aunque tales sospechas pueden surgir en cualquier tipo de relación, son mucho más fuertes y persistentes en aquellas más cercanas.

Si le parece que el esquema de desconfianza se aplica a su caso, necesita crear relaciones cuando genuinamente puede confiar en la otra persona. Quizá deba trabajar con un terapeuta que se especialice en pacientes que hayan sufrido abuso; una vez que se sienta seguro con su terapeuta, la terapia deberá revisar sus recuerdos del abuso original para que usted pueda expresar su rabia al abusador: un paso emocional esencial. La atención consciente puede ayudarle a alcanzar la conciencia de su tendencia a ser desconfiado o a aceptar la traición, y así desafiar aquellos pensamientos para llegar a confiar más en sus relaciones cercanas. Cuando ya no propicie el abuso en sus relaciones o cuando resista la atracción que siente por una pareja abusiva, se verá un signo de progreso.

Desvalorización

La afirmación automática «No soy atractivo» tipifica el esquema de la desvalorización. En el centro del mismo subyace la sensación de ser imperfecto; vale decir, de que alguien que vaya a conocerlo a uno como realmente es le encontrará defectos (este esquema a veces se denomina «defectuosidad»).

Para Terri, este patrón ha sido recurrente en cada relación que ha mantenido con un hombre, haciendo que se sienta vulnerable y angustiada. Terri rastrea sus orígenes hasta el momento en que su padre abandonó a su madre por otra mujer: «El mensaje que recibí fue que, dado que como mujer me identifiqué enormemente con mi madre abandonada, yo no era atractiva. Supuse que, para los hombres, a las mujeres les faltaba alguna cualidad básica y que fácilmente podían prescindir de ellas. Eso me ha dejado un miedo constante a que los hombres me encuentren defectos y a no ser lo suficientemente buena para ellos.»

Vergüenza y sentimientos de humillación son las emociones más prominentes en el esquema de defectuosidad. Esa sensación de ser de algún modo imperfecta y también de no ser merecedora de amor muy a menudo fue inculcada por padres que fueron hipercríticos, insultantes o desvalorizadores. Un mensaje constante de desaprobación de uno de los padres —«No eres lo suficientemente buena»— llena el pequeño mundo de la niña, y en su memoria se graba esa visión de ella misma. No necesariamente ese mensaje tiene que haber sido articulado con palabras; los niños recogen incluso las expresiones no verbales de disgusto y desdén (por ejemplo, las cejas arqueadas, el tono de voz sarcástico). Y ese mensaje no tiene nada que ver con las cualidades o valores reales del niño; se relaciona sencillamente con la manera en que este lo recibe.

Una forma de adaptarse a tales mensajes desvalorizantes puede verse en los niños que han sido tan degradados que terminan aceptando la situación. Tales niños capitulan y construyen una definición de ellos mismos sobre la base de un profundo sentimiento de insuficiencia. Otros se erigen una fachada de fanfarronería y descaro que esconde el sentimiento subyacente de tener defectos. Ambas estrategias son maneras mediante las cuales el niño trata de hacer frente al destructivo mensaje de los padres a propósito de que, en el fondo, él constituye para ellos un motivo de decepción y, por lo tanto, no merece su amor.

La vergüenza se apodera de nosotros cuando nuestras debilidades son expuestas al mundo (o con el solo pensamiento de que pueden ser expuestas). En el caso de la gente que padece este esquema, estos defectos se localizan muy profundamente en su interior; esas personas tienen la sensación de que, cuando alguien las conozca con mayor profundidad, sus imperfecciones saldrán a la luz y ellas serán rechazadas.

Puede que sigan pensando en ellas mismas en los términos desdeñosos que lo hicieron sus padres. En las relaciones adultas, la gente que sufre este esquema es comprensiblemente suspicaz de que su imperfección interior sea desvelada. Albergan el siguiente pensamiento: «Si llegan a conocerme de verdad, no voy a gustarles.»

En las personas con esquema de desvalorización se ven dos patrones principales. Algunos se abandonan a su profundo sentimiento de ser indignos de amor, pierden la confianza en ellos mismos y se ven afectados por la sensación de que hay algo en ellos que los hace extremadamente inaceptables. Esto los conduce a esconderse y a revelar muy poco de sus sentimientos o pensamientos, dificultándoles la posibilidad de darse a conocer. O abordan una relación amedrentados por el temido momento del rechazo. Quizá sigan temiendo exponerse demasiado, por miedo a recibir críticas o desdén. El coste puede ser un yo falso y hueco, construido para ocultar al mundo sus sentimientos de desvalorización.

Otros esconden su sensación de ser defectuosos detrás de una arrogancia que les hace verse mucho mejor de lo que en realidad se sienten. Compensan esas sensaciones haciendo un esfuerzo extra para buscar la adulación. A veces alcanzan reconocimiento público; en parte, para mitigar la sensación subyacente de alguna imperfección.

La desvalorización puede conducir a una serie de problemas en las relaciones. Puesto que la intimidad y la cercanía conllevan el peligro de que se revelen los defectos, la gente que padece este esquema puede protegerse mediante relaciones con otras personas que sean distantes. Si usted sufre este esquema, puede serle difícil ser auténtico y abierto en sus relaciones, e incluso aceptar que su pareja lo ama tal como es. Si el esquema de la desvalorización le resulta familiar, una forma de corregirlo consiste en desafiar los pensamientos que amplifican sus errores y dudas; ese desafío le dará una visión más realista de sus propias fuerzas. Los signos del esquema de defectuosidad son más sutiles que los de otros esquemas, por lo que la atención consciente puede ser especialmente útil para encauzarlos. Los signos típicos de que la desvalorización guía sus reacciones podrían ser tanto una profunda tristeza cuando está solo como pensamientos referidos a que nadie querría estar con usted; otro signo podría ser que usted se degradara ante otros o sencillamente ante usted mismo. Tendrá entonces que aprender a cambiar su comportamiento; por ejemplo, aprendiendo a sentirse confiado de que sus seres queridos lo conocen y lo quieren tal como es.

En este punto, puede que se descubra reaccionando un poco a medida que empieza a reconocer uno u otro —o varios— de los patrones descritos en su propia vida. Es muy natural que, al leer sobre nuestros esquemas, estos nos conmocionen un poco junto con los sentimientos que los acompañan. Es importante reconocer esas reacciones emocionales en nosotros mismos y entrar en empatía con la parte de nosotros que se aferra a la realidad del esquema. Trataré esto en más detalle al final del próximo capítulo, después de que terminemos de revisar otros grandes esquemas.

Si desea ser más consciente
de sus esquemas...

trate de rastrear y de explorar los momentos en que están activos.

Cuando en su vida haya un episodio por el que se siente inusualmente molesto, se descubra preocupado por emociones persistentes o haga algo de manera impulsiva que más tarde descubre inapropiado:

1. Reconozca lo que ocurre. Trate de no pasarlo por alto, sacarlo de su mente o pasar a la cosa siguiente. En lugar de ello, lleve atención consciente al instante, en cualquier punto que pueda (ya sea en el pico de sus sensaciones o algo más tarde, cuando descubra que ha ocurrido algo significativo). Dese cuenta de que está preocupado, o exa-

gerando, o que hizo o dijo algo que, retrospectivamente, no tenía proporción con lo que la situación exigía.

2. Esté abierto a sus sentimientos. Emplee una conciencia atenta para explorar los sentimientos conectados con el episodio. Estos ahora son más fuertes. Los esquemas tienen rasgos emocionales distintivos: el abandono desencadena la angustia, la desconfianza produce cólera, la carencia puede dar lugar a una profunda tristeza. ¿Qué siente en este preciso momento? ¿Ha tenido sentimientos semejantes durante episodios anteriores?

3. Note cuáles son sus pensamientos. ¿En qué está pensando? ¿Qué se dice usted mismo sobre lo que ocurrió, sobre lo que hizo o dijo? ¿De qué modo sus pensamientos intentan justificar lo que hizo?

4. ¿Qué le recuerda eso? ¿Hay otros episodios que le parezcan similares? ¿Le recuerdan otros episodios o sensaciones que haya vivido cuando era niño?

5. Busque el patrón. ¿Puede ver alguna correspondencia con otros momentos en los que ha tenido reacciones similares? ¿Se parece el patrón general a cualquiera de los esquemas sobre los cuales acaba de leer? Si no es así, mantenga en mente el patrón mientras sigue leyendo sobre los esquemas en el próximo capítulo.

6

Esquemas en un mundo más grande

Los primeros cinco esquemas negativos de adaptación atañen a nuestras relaciones cercanas; aparecen una y otra vez en la vida amorosa, en el círculo familiar y en el de las amistades. Los cinco últimos gravitan menos en esos aspectos y en otros dominios de la vida, como el rendimiento escolar, el trabajo o la carrera, o la forma de integrarnos en grupos o en la vida comunitaria. La primera serie de esquemas está formada principalmente por las primeras experiencias con nuestros padres y con nuestra familia. El resto surge parcial o ampliamente más tarde, cuando nuestro mundo se expande más allá de la familia inmediata. Estos esquemas se forjan en nuestras experiencias cuando enfrentamos el mundo, en la escuela, la vida social o la del trabajo, y cuando nos encontramos con desafíos vitales de autonomía y competencia.

Exclusión

«Crecí en un pueblo de unos dos mil habitantes en Indiana —me dijo en un taller una mujer—. Las chicas que tenían suerte vivían en el pueblo: a la salida de la escuela podían ir juntas a beber una gaseosa al *drugstore*. Pero yo no; vivíamos en una granja a quince kilómetros del pueblo; en casa no tenía con quién jugar cuando volvía de la escuela. Desde entonces, siempre me sentí fuera de las cosas.» Sentirse fuera de las cosas —así como ser socialmente dejado de lado en la escuela— es una causa común del esquema de exclusión; su lema es «No formo parte de».

El esquema de exclusión gira en torno a la manera en que nos sentimos a propósito de nuestra posición en los grupos, ya sea en el trabajo, en nuestra familia o círculo de amigos o, incluso, en una reunión o fiesta. El mensaje percibido se reduce a «No eres como nosotros y no nos gustas». La creencia central indica típicamente que el individuo se ve a sí mismo como exterior a un grupo, de algún modo diferente o no deseado. Esto lo lleva a permanecer al borde de la acción, lo que refuerza la sensación de exclusión.

Las emociones típicas son la angustia —particularmente en grupos o con extraños— y una profunda tristeza por quedarse solo. Mientras que los esquemas como la carencia emocional y el abandono se forman principalmente en los primeros años de vida, de manera típica la exclusión social comienza a tomar forma al final de la infancia, cuando integrar grupos —y ser aceptado por los pares— empieza a cobrar importancia en la vida emocional del niño. Las necesidades de los niños cambian en el tiempo cuando crecen y se desarrollan. Una vez que los padres y su atención definieron la sensación de bienestar del niño, durante los años escolares —vale decir, en el momento en el que el mundo del niño se agranda—, comienza a importar del mismo modo la opinión de los pares. Ser incluido y aceptado —aunque solo sea por un «compinche»— adquiere una importancia capital. Ser alguien con quien los demás no quieren jugar puede resultar demoledor.

Pero el rechazo de los pares y de los compañeros de escuela es apenas una de las causas del esquema de exclusión. La sensación de ser excluido también puede surgir, por ejemplo, cuando la familia de uno es de alguna manera distinta de las otras familias del barrio. Incluso puede originarse a partir de la dinámica dentro de una misma familia; por ejemplo, cuando un padre divorciado vuelve a casarse y forma una familia «mixta» con hermanastros en la cual el niño se siente dejado de lado.

El niño que se siente excluido puede tratar de adaptarse manteniéndose fuera de todo o evitando voluntariamente al grupo que lo excluye; de esa manera, minimiza el dolor de ser rechazado expresamente. Pero cuando esa tendencia a ocultarse de los grupos o a permanecer en el borde se arrastra hasta la edad adulta, hace que la persona se abstenga de comprometerse de maneras que terminarían significando su aceptación dentro de un grupo.

El esquema opera como un pronóstico que se cumple por la propia naturaleza del pronóstico: la angustia que la persona siente por ser examinada o rechazada por alguna falta la vuelve socialmente torpe. En síntesis, el esquema de exclusión hace que actúe de manera tal que su creencia central —«No formo parte de»— se vuelva cierta.

Para eludir el temido rechazo social, quien se sienta inepto ante extraños en una reunión podría retirarse a un rincón. Otra manera de evitar la sensación de ser dejado de lado consiste en hacer un esfuerzo extra para encajar: ser el miembro modelo del grupo, ser muy escrupuloso para ajustarse a la definición de miembro perfecto.

Otra estrategia puede asumir la forma de una exageración descarada del papel de descalzado, jactándose de ello. Eso puede ocurrir, por ejemplo, con algunos adolescentes que adoptan el estilo «gótico»: el corte de pelo Mohawk teñido de violeta, perforaciones en el cuerpo y ropa de cuero negro. El mensaje proyectado declara «Soy diferente, no formo parte de nada, y eso me tiene sin cuidado».

Si todo esto le suena cierto, la atención consciente puede ayudarlo a aliviar sus desasosiegos sociales y permitirle alejarse de los pensamientos que lo intranquilizan en las situaciones clave, como conocer a alguien en una fiesta. También puede ayudarlo a considerar la manera en que habitualmente ha actuado, permitiéndole sentir sus temores y desafiarlos, esforzándose intencionadamente para iniciar conversaciones en lugar de resistirse a ellas o para dejar de evitar situaciones que le han hecho sentir incómodo. Este cambio del comportamiento dependerá de un cambio emocional: aprender a dominar su angustia para sentirse más relajado en cualquier grupo en el que usted pueda encontrarse.

Vulnerabilidad

En un taller, una mujer me confió lo siguiente: «Cuando tenía catorce años, mi padre tuvo un ataque cardíaco casi fatal. Cuando se estaba recuperando, un día me dijo: "Tú eres la única razón que tengo para vivir." Comencé a temer que su vida dependiera de mí. En la universidad estudié Medicina; hoy soy cardióloga. Tiendo a preocuparme por todo el mundo, y lo hago exageradamente. Mi madre solía hacer lo mismo. Cuando yo salía, ella me preguntaba: "¿Llevas las llaves? ¿Dinero? ¿Un jersey?" Siempre recibí el mensaje oculto de que "Algo malo podría pasar." Ahora repito eso con la gente. Cada vez que salgo con mi novio, cuando él cierra el coche, con el mismo tono preocupado de mi madre le pregunto si tiene las llaves, las tarjetas de crédito, el dinero. Eso lo vuelve loco.»

La pérdida de control subyace en el centro del patrón de vulnerabilidad. La marca emocional que distingue a la vulnerabilidad es un temor exagerado a que esté por ocurrir alguna catástrofe. Los miedos comunes se van de nuestras manos hasta volverse catastróficos; vale decir, hasta que, por exagerar instantáneamente un pequeño hecho levemente preocupante, lo convertimos en un completo desastre imaginado.

Las raíces de la vulnerabilidad generalmente pueden rastrearse en un padre que tuvo la misma tendencia a convertir los problemas en catástrofes o a una época en que la persona se sintió constantemente como si algo malo hubiera estado a punto de pasar. En ambos casos, el niño aprende a preocuparse excesivamente, tanto por seguir el modelo del padre como porque hay problemas reales para preocuparse. El mensaje que el niño recibe es básicamente que «El mundo es un lugar peligroso». En la edad adulta la angustia puede fijarse en alguno de varios dominios: las finanzas, la carrera, la salud o la seguridad física.

Está claro que preocuparse puede ser una actitud positiva de adaptación cuando nos lleva a tomar precauciones o a prepararnos para un riesgo real. La aprensión o la angustia anticipadas a una crisis verdadera o a una amenaza sirven a un propósito positivo cuando nos movilizan para una acción necesaria (como proteger las ventanas ante el aviso de un huracán o instalar un sistema de alarma después de varios robos en el barrio).

Pero el hábito de preocuparse se convierte en una disfunción cuando va mucho más allá del punto de prepararnos para un problema verdadero: cuando se vuelve extremadamente general, dejándonos demasiado preocupados por situaciones y riesgos perfectamente normales (como, por ejemplo, un ser querido que realiza un viaje en avión). Tales pensamientos angustiosamente desproporcionados son la marca del esquema de la vulnerabilidad.

Este esquema puede llevar a que la gente sea excesivamente cuidadosa para asegurarse una sensación de seguridad: ser exageradamente frugal hasta el punto de negarse a uno mismo cualquier placer, o adoptar a veces una dieta extrema o modas vinculadas con la salud como modo de prevenir alguna enfermedad temida. Puede despertar tanta aversión a los riesgos que quizá nunca viajemos con medios que imaginamos demasiado peligrosos, o incluso privarnos de salir por la noche por miedo a ser atacados. En su forma extrema, la vulnerabilidad puede asumir la forma de fobias como el miedo a volar, a los gérmenes o, digamos, conducir en los puentes. La gente proclive a los ataques de pánico a menudo es víctima de este esquema.

Otro signo del esquema de la vulnerabilidad puede verse en las personas que se preparan exageradamente para sentirse seguras o en las que sienten tanta aversión a los riesgos que restringen groseramente sus actividades. Tales individuos pueden tratar de mitigar sus miedos mediante la búsqueda incesante de seguridad. Es posible que vayan al médico para hacerse exámenes físicos innecesarios o que molesten a los asesores de inversiones con incómodas preguntas sobre la seguridad de sus ahorros. Pueden incluso desarrollar rituales privados —como asegurarse tres veces de que la puerta esté cerrada— para aplacar sus preocupaciones obsesivas.

La gente que se compensa exageradamente de la vulnerabilidad corriendo riesgos ofrece una imagen enteramente diferente y bastante paradójica. Tales personas realizan arriesgadas búsquedas —por ejemplo, practicar caída libre en paracaídas—

y juegan con el destino para demostrarse que sus temores están fuera de lugar.

Si le parece que este esquema se aplica a su caso, un camino para su cura consiste en calmar sus miedos y, en la medida en que estos se lo hayan impedido, ganar más libertad en sus actividades. La atención consciente puede ayudar a que domine y desafíe sus pensamientos atemorizantes de manera que pueda verlos sencillamente como pensamientos y no como la realidad. Si verifica atentamente sus pensamientos —en lugar de dejar que estos le dicten su modo de comportarse—, comenzará a crear la posibilidad de una libertad emocional a partir del estudio de sus miedos. Y los efectos sedantes y relajantes de la meditación consciente le ayudarán, mientras usted considera sistemáticamente sus pensamientos agregando un modo de aquietar las olas de la angustia que le corren por el cuerpo y lo aguijonean. Cuando desafía sistemáticamente sus pensamientos con la atención consciente, sus antiguos miedos ya no le dictarán lo que tiene que hacer.

Fracaso

Aunque como cantante pop Janet Jackson había firmado un contrato de grabación con Virgin Records por 85 millones de dólares —uno de los mayores contratos de la historia—, dijo que sentía que su éxito era inmerecido. A pesar de sus notables logros, Jackson admitió estar sufriendo una inmensa tristeza vinculada a la convicción de no ser lo suficientemente buena. Esa sensación de ser defectuosa a pesar de los propios logros tipifica el esquema del fracaso.

En Jackson, las raíces de ese patrón son típicas. Recordando su infancia en una entrevista, dijo: «Los niños pueden ser crueles unos con otros. O uno tiene que humillar a otro para sentirse mejor —y eso me pasó con algunos miembros de la familia— o en la escuela el maestro te elige y hace que te sientas increíblemente estúpida delante de toda la clase. Esas son las cosas que realmente me lastiman. Y luego, si cuando vuelves a casa otro te hace sentir del mismo modo, puedes empezar a ver por qué te sientes inútil y te consideras un fraude. Así me sentía mientras crecía.»

Janet Jackson ejemplifica varias de las raíces comunes del esquema del fracaso. A veces, la semilla la siembran padres excesivamente críticos que hacen que la niña del ejemplo se sienta inepta. O puede ser la humillación constante a la que otros niños —ya sea hermanos o compañeros de escuela— la someten. A veces ocurre a partir de comparaciones constantemente negativas entre una misma y otros niños, hermanos o incluso padres muy exitosos.

Sea cual sea la causa, la marca de este patrón es sentirse fracasado, sin importar el éxito que uno tenga. El pensamiento típico es: «No soy lo suficientemente bueno para triunfar en esto.» Las emociones que acompañan a ese pensamiento son una combinación de profunda inseguridad y una angustiante tristeza.

Mientras que el esquema de la desvalorización se origina en la sensación de ser una persona imperfecta y, por lo tanto, no merecedora de recibir amor, el esquema del fracaso se desarrolla en el dominio de los logros y de la profesión. Se centra en la sensación de que los éxitos propios son inmerecidos o en que no podemos triunfar en nada por más que lo intentemos esforzadamente.

El esquema del fracaso puede llevarnos a que, a pesar del constante miedo a fracasar, nos exijamos excesivamente para lograr hacer las cosas bien. Esa combinación puede conducir al «fenómeno del impostor». Por el mismo, la persona que ha hecho algo muy bien siente en lo más profundo del corazón que, a pesar de todo, lo suyo es un fraude, que su éxito fue un golpe de suerte o un error, y teme que la descubran y a quedar expuesta. Esas personas sienten que engañaron a la gente al hacerle creer que son más capaces de lo que realmente son. Tales individuos viven con el miedo de que un día harán algo que los desenmascarará.

El esquema del fracaso puede ser una predicción anunciada que lleve a alguna gente a comportarse de manera tal que no quepa otra posibilidad que la falta de éxito. La convicción de que fracasarán hace que algunas personas emprendan un camino invalidante que las conduce a ser recelosas de probar nuevas capacidades o de aceptar nuevos desafíos que pudieran permitirles triunfar. O dejan las cosas a un lado hasta que es demasiado tarde o se boicotean a ellas mismas creándose una excusa para el fracaso que anticipan.

Si el esquema del fracaso le resulta familiar, el campo para el cambio será la manera en que usted vea sus logros (y su capacidad para obtenerlos). Las lentes de este esquema hacen que usted piense que no puede triunfar. Pero la atención consciente puede ayudarle a dominar y desafiar la mortificación interna que tan fácilmente se apodera de su mente, de manera tal que usted pueda evaluar con mayor precisión sus talentos y capacidades, o aceptar que sus logros son verdaderamente merecidos.

Perfeccionismo

Shirley tenía una letanía de quejas: «Trabajo horas y horas para preparar las clases de danza que doy; hago mucha más preparación que cualquier otro de los profesores. Y me hago cargo de más clases que cualquiera. Trabajo tanto en esto que siento que no me queda tiempo para ocuparme de mi vida. Y además, cuando un padre hace el menor comentario negativo, me culpo durante días.»

Las raíces de este patrón de Shirley son características: «Puedo recordar que, cuando era niña y llevaba las notas a casa, mi padre siempre me criticaba sin importar lo bien que estuvieran (y la mayoría de ellas eran sobresalientes). Si sacaba un 9,50 o incluso un 9,75, me preguntaba por qué no era un 10. Seguí haciendo las cosas bien y él siguió criticándome; nada de lo que hacía era bastante bueno para él. Continúo sintiendo que nada de lo que hago está bastante bien hecho.»

Los recuerdos infantiles de Shirley dan ejemplo de las raíces de las inexorables pautas en juego en el perfeccionismo. Los padres que siempre son críticos respecto de la actuación de un niño —por más bueno que este sea en lo que haga— crean en él una profunda sensación de imperfección. Muy pronto ese niño aprende a esforzarse continuamente; un esfuerzo que espera que impida que sus padres dejen de quererlo, casi como un rito mágico.

La raíz emocional de este esquema es la sensación de fracasar por más que uno se esfuerce todo lo posible. Debajo de eso acecha la tristeza de que el niño tiene que hacer siempre lo máximo que pueda para ganar el amor y la aprobación de sus padres. Y junto a esto una sensación de tristeza por no ser aceptado tal como es puesto que el amor está condicionado al buen desempeño.

El esquema del perfeccionismo ve el mundo a través de lentes de enormes expectativas irreales. El lema es «Tengo que ser perfecto». La gente con esta actitud se obliga a hacer más de lo que puede; inexorablemente quiere llegar a los estándares más altos. Esto se traduce en términos de logros profesionales, deportivos o en otros dominios.

Son los que se obligan a trabajar mucho más de lo que necesitan para mitigar la posibilidad de la crítica que temen. Pero por más que hagan lo mejor, nunca es suficiente; así, esas personas se obligan hasta un punto en el que el resto de su vida —vale decir, su salud, sus relaciones, su propia capacidad de disfrutar de los placeres de la vida— puede sufrir. La manera en que se exigen aumenta el riesgo de desórdenes basados en el estrés, como la colitis o las cefaleas producidas por la tensión. Aunque los perfeccionistas se impacientan e irritan fácilmente, la emoción siempre presente es la tristeza, la melancolía por perderse la vida por estar demasiado ocupados.

Tanto el esquema de fracaso como el de perfeccionismo tienen que ver con nuestra capacidad de cumplir. El esquema de fracaso nos lleva a esperar demasiado poco de nosotros mismos; el de perfeccionismo, a esperar demasiado. Este último esquema es el que produce la adicción al trabajo. La mujer que cada noche permanece en la oficina obligándose a hacer más, mucho después de que el resto de la gente se ha ido a su casa, puede ser más eficaz en su trabajo. Pero, por mucho que haga, se presiona para hacer todavía más, y su esfuerzo mismo por cumplir una norma de trabajo que es siempre insuficiente implica que solo vive para trabajar.

No obstante, el perfeccionismo no se centra exclusivamente en el trabajo. La misma sensación subyacente de que, sin importar lo competente que se pueda ser, nunca será bastante bueno, puede llevar a que la gente se exija en los deportes, en la escuela, en su apariencia física, en la posición social o en la adquisición de una casa que se destaque bien de las otras.

Las lentes deformantes del esquema de perfeccionismo se fijan en lo mal hecho, no en lo bien hecho. Cualquier defecto en su desempeño, cualquier pequeño error que haya cometido, será lo único en que usted piense, reprochándoselo. Su crítica será implacable.

Los perfeccionistas pueden considerar a cualquier otra persona con las mismas pautas exigentes que se aplican a sí mismos. Como resultado de ello, a menudo son críticos con los demás por lo que perciben como fallos, aun cuando esas personas hayan hecho un trabajo muy correcto o sencillamente consideren las cosas de otra manera. Esa mirada crítica puede posarse sobre cualquier situación, buscando siempre los defectos. La gente con este esquema a menudo desdibuja la fina línea que separa un criterio válido de una opinión; sus críticas le parecen tan correctas como pertinentes.

Uno de los signos del esquema de perfeccionismo es la constante sensación de presión, de que uno tiene que seguir exigiéndose continuamente para hacer más o para mejorar. Otro es la angustia continua a propósito del poco tiempo que hay para hacer todo uno mismo. Otro más: el horror ante actividades como trabajar en un gimnasio, que convierte lo que en otro caso podría ser placentero en un escenario de tensión. El perfeccionismo aleja la alegría de la vida: puede que los perfeccionistas tengan fantasías sobre el día futuro en el que, finalmente, puedan disfrutar de la vida, pero mientras tanto aplazan las gratificaciones.

Si siente que el esquema del perfeccionismo se aplica a su caso, la atención consciente puede ayudar a que desafíe los patrones distorsionados de pensamiento y la crítica voz interior que le reprocha y guía ese patrón, y que le permita dominarse antes de volver a exigirse a sí mismo demasiado. Usted debe darse cuenta de que bajar sus exigencias para ser más razonable le significará un alivio, dejándole tiempo para que satisfaga otras necesidades de su vida. Desafiar sus hábitos perfeccionistas puede dar a su vida un equilibrio más saludable, permitiéndole tener tiempo para disfrutar los placeres sencillos.

Superioridad

Este patrón emocional se centra en la cuestión de aceptar los límites de la vida. Es típica de este patrón la confesión de un paciente: «No soporto el límite de velocidad en la carretera; siento que debería poder ir tan rápido como quisiera. Si un conductor más lento se pone delante de mí y no puedo adelantarlo, me siento muy irritado. El otro día iba por una carretera de dos carriles y quedé detrás de un viejo que iba en un sedán enorme, conduciendo exactamente a ochenta kilómetros por hora, el límite permitido. Me puse furioso. Le toqué la bocina, le hice señales con las luces, intenté adelantarlo incluso en una curva con una doble línea continua. Lo único que pensaba era que no podía perder tiempo detrás de ese viejo. Me volvía loco que no me dejara paso.»

La gente con el esquema de superioridad se siente especial; tan especial que tiene derecho a hacer todo lo que desee. Su lema es: «Las reglas no son para mí.» La gente que se siente superior ve la vida a través de lentes deformantes que la sitúa por encima de cualquiera. Las leyes, las reglas y las convenciones sociales existen únicamente para los otros, no para ellos.

Los que padecen este esquema parecen olvidar la carga injusta que su actitud impone a otros; tienen muy poca empatía o interés por aquellos de quienes se aprovechan. La persona con el esquema de superioridad aparca alegremente en el sitio reservado para los minusválidos, se servirá sin medida en una comida en la que apenas hay suficiente para los demás o estará enajenada esperando que su pareja complazca todos sus deseos sin hacerse cargo de ninguno de los de ella.

Una causa obvia de esta actitud: haber sido malcriado en la infancia, haber sido tratado como un «principito». Los niños criados en familias de gran riqueza, con sirvientes a su disposición y con todos los beneficios que puede traer el dinero, pueden llegar a pensar que son merecedores de tal tratamiento especial en las distintas situaciones de la vida. Esto también puede ocurrir en el caso de los niños —ricos o no— cuyos padres no les hayan impuesto límites, dándoles todo lo que querían cuando lo deseaban, castigándolos raramente o permitiéndoles, por ejemplo, no ayudar en las tareas domésticas. De adultas, esas personas pueden parecer impulsivas, infantiles o egoístas.

Otra de las causas del patrón de superioridad deriva de la misma raíz que el esquema de la desvalorización: padres cuyo amor parece condicionado a que el niño tenga cierta cualidad —belleza, habilidad teatral, logros deportivos o académicos—, en lugar de quererlo tal como es. Tales niños pueden aprender a engreírse a través de sus propios logros, exagerando sus méritos para parecer «especiales», y pedir un tratamiento especial acorde. Debajo de todo eso, sin embargo, subyace todavía una sensación de incomodidad, incluso de vergüenza, que ellos esconden detrás de un orgullo narcisista.

Una tercera causa de este patrón puede ser una reacción a haber sido privado de atención y cariño —o de bienes materiales— en la infancia. Esas personas se sienten tan vejadas por haber sido tratadas injustamente en su infancia que parecen sentir que, de adultas, el mundo las debe recompensar; que les corresponde más de lo debido como compensación por haber tenido tan poco cuando eran niños.

La sensación de ser «especial» en el núcleo del esquema de superioridad debería distinguirse de la saludable confianza que engendran la capacidad y la habilidad genuinas. Tal orgullo fundado permite que la gente se arriesgue y que fuerce sus límites para alcanzar metas y logros todavía más exigentes. Sin embargo, el esquema de superioridad lleva a la gente a exagerar sus logros y habilidades, a menudo para sustentar un subyacente sentimiento de incapacidad; así genera un falso orgullo basado en una sensación culpable a propósito de las verdaderas capacidades de uno. Una confusión básica en aquellos que padecen el patrón de superioridad es confundir la fatuidad con la confianza bien fundada.

Una de las características del patrón de superioridad es la consecuencia de sentirse especial: la irritación cuando alguien les dice «No» o pone límites a una solicitud. Otras son la falta de autodisciplina o la indulgencia con los propios impulsos, gratificando los deseos sin medir las consecuencias; por ejemplo, derrochar hasta la quiebra, pidiendo prestado incluso a los amigos y a la familia más de lo que posiblemente puedan devolver. La incapacidad de postergar las gratificaciones con el objeto de lograr las metas puede llevar a estar por debajo de las expectativas, mientras que ceder a los impulsos crea una vida completamente caótica; un signo podría ser una casa que nunca se limpia, donde las cosas se apilan hasta el infinito.

La gente que sufre este esquema de manera típica es ciega a sus impactos negativos sobre otras personas. Esa gente espera que el mundo la trate de modo especial y, por lo tanto, se sorprende e irrita cuando alguien le objeta ir más allá de los límites. Las personas afectadas por el esquema solo lo sufren cuando las consecuencias de sus acciones llegan a su casa: una cita en el juzgado por infracciones de tráfico impagadas, perder un trabajo por no haber cumplido con las expectativas que se tenían de ellas o una esposa que amenaza con el divorcio porque no se presta ninguna atención a sus necesidades. En síntesis, los costes del esquema se vuelven demasiado grandes para ignorarlos.

Si le parece que el patrón de superioridad se aplica a su caso, la atención consciente puede ayudarlo a aprender a distinguir los impulsos que hay en usted y a dominarse antes de que vuelva a superar los límites apropiados. También puede ayudarle a conectarse con los sentimientos profundos que guían este esquema, de manera tal que pueda manejarlos más directamente. Un cambio que particularmente ayuda a liberarse del dominio del esquema de superioridad: empezar a ser consciente de los impactos negativos de sus acciones sobre la gente que le rodea y ponerse en su lugar para entender cómo se sienten esas personas. Otro cambio crucial es asumir más responsabilidad en sus obligaciones, en sus hábitos impulsivos, o en su costumbre de ir más allá de los límites y dejar de actuar de manera que sobrepase los límites normales.

LOS ESQUEMAS SE AGRUPAN

Aunque describir los esquemas uno a uno ayuda a verlos con claridad, en la vida a menudo aparecen juntos: los esquemas se agrupan. Por ejemplo, los problemas de Natalie en su matrimonio siempre giraron en torno de la misma dinámica: ella sentía que su marido no prestaba atención a sus necesidades, aunque ella insistía en que hacía las cosas de acuerdo con la manera en que él quería que se hicieran. Por su parte, Natalie se descubría cediendo, tratando de ser la esposa «perfecta», afanándose para estar segura de que los niños fueran buenos cuando él andaba por ahí, haciendo todo lo posible para agradarle. Ella odiaba la situación, pero estaba motivada por un temor apremiante: si todo no era como debía ser, él la abandonaría.

Cuando trabajé con Natalie, descubrimos un grupo de esquemas que actuaban juntos para plasmar su patrón: carencia, abandono y sometimiento. El esquema de carencia condujo a Natalie a ser la que se hiciera cargo de las necesidades de su esposo, impidiéndole a él saber que se sentía abandonada en su matrimonio. Su esquema de abandono le causaba tal terror ante la posibilidad de que él fuera a dejarla que desembocó en el patrón de sometimiento: ella hacía mucho más de lo que él parecía querer para asegurarse su continua presencia. Por ejemplo, ella se empeñaba tremendamente para estar más que segura de que sus hijos no hicieran nada que pudiera enfadar a su esposo. El resultado: un matrimonio sin problemas, al menos en la superficie. Pero debajo de esa fachada, una esposa profundamente infeliz y resentida.

Pocas personas —si es que las hay— padecen nada más que un esquema; en general tenemos varios. Y aunque por necesidad los describí separadamente, muy a menudo aparecen juntos, como en el caso de Natalie. Algunos pueden dispararse fundamentalmente en un dominio de la vida, como las relaciones cercanas, mientras que no aparecen en otras facetas de la vida, por ejemplo, en el trabajo.

Los esquemas pueden interactuar a medida que se desarrollan. Un esquema que se adquirió a edad muy temprana puede hacer que el niño sea más susceptible a ciertos esquemas de desarrollo más tardío. Los niños que, por ejemplo, crecen con el esquema de desvalorización pueden tener la necesidad de probarse a sí mismos, lo que puede conducirlos al perfeccionismo. La excelencia que se esfuerzan en lograr los perfeccionistas puede ser un camino para comprar el cariño o la atención de los padres; traer a casa cartillas llenas de sobresalientes, o ganar competiciones deportivas es un esfuerzo desesperado por obtener un poco de estima de los padres que han hecho que el niño se sintiera básicamente defectuoso.

Otro ejemplo: el esquema de superioridad puede surgir como una manera de combatir la carencia o la defectuosidad. Este esquema, en el caso de una niña, la determina a que sienta que debe ser bella; o en el de un niño, un músico de primera, o cualquier otra cosa especial para ser amado. Con origen en la carencia, el esquema de superioridad nace como el sentimiento de que el mundo nos debe un tratamiento especial; lo merecemos porque hemos sufrido tiempos difíciles para lograrlo. Con las raíces de la defectuosidad, la superioridad puede convertirse en un modo de compensar excesivamente una profunda sensación de vergüenza.

LOS ESQUEMAS SON RECONOCIBLES

Sean cuales sean sus orígenes o su modo de manifestarse, cada esquema tiene su «impronta» única de disparadores y reacciones típicos. Esto significa que cada esquema puede ser reconocido por las situaciones que lo disparan, los sentimientos y pensamientos automáticos que el disparador evoca y las reacciones habituales que lo acompañan.

Por ejemplo, una mujer describió en un taller la situación disparadora del patrón de carencia: «Cuando mi novio se despide, me dice lo ocupado que estará en las próximas semanas, pero no menciona que le gustaría verme de nuevo.»

Sus pensamientos inmediatos: «Me está evitando. No le importo. Mis necesidades no importan.»

Sus sensaciones: está profundamente herida, con una insinuación de tristeza de fondo.

Su reacción automática: esconder su herida con un frío distanciamiento, como si dijera: «Está bien; no me importa nada.» Por lo tanto responde actuando con su novio de manera muy fría.

El problema con las reacciones del esquema, por supuesto, es que son contraproducentes. El novio advierte su repentina frialdad y pregunta: «¿Por qué siempre te pones rara cuando me despido?» Ella lo libera de su sensación de incomodidad diciendo: «No pasa nada. Estoy bien. Que tengas una buena semana.» Al hacer eso, también descarta lo que —si no estuviera siendo controlada por el esquema— podría haber sido una oportunidad para hablar sobre su reacción y cambiar el patrón para mejor.

Mi paciente recuerda: «En mi familia, cualquier expresión de emoción fuerte era desaprobada como "exhibición dramática". Aprendí a esconder esos sentimientos y a expresarme con una lógica fría; decir a una persona que estoy enfadada con ella me resulta aterrador. Siento que seré completamente rechazada o —peor aún— ignorada. El pensamiento de fondo que tengo en esos momentos es: "Mi destino es no ser oída, entonces, ¿para qué preocuparme en expresar mis necesidades? De todos modos, no serán satisfechas."»

Y, desde luego, la convicción «Mis necesidades no serán satisfechas» es el credo del patrón de carencia.

UNA PAUSA PARA MEDITAR

Si al leer estas descripciones de esquemas negativos de adaptación ha visto patrones que reconoce como propios, tal vez quiera hacer una pausa para reflexionar sobre los sentimientos con los que se ha conectado. Estos patrones están cargados emocionalmente; comprenden nuestras necesidades, miedos, esperanzas y desilusiones más apremiantes. Pensar sobre ellos inevitablemente nos conmociona.

Justo en este momento es cuando más nos inclinamos a decir «No importa...», distrayéndonos luego con algo que tengamos a mano. Pero si usted tiene la disposición, este es el momento justo para prestar atención a sus emociones, y no ceder a las distracciones.

Si, por ejemplo, en usted repercute el esquema de carencia, simplemente leer sobre el mismo puede hacerle sentir un poco triste o, quizá, furioso. El esquema de vulnerabilidad podría traerle a la mente cosas a las que usted teme. O leer sobre el esquema de exclusión podría hacer que empezara a pensar sobre las veces en las que se sintió ajeno. Una de las razones para que así sea subyace en la manera en que funcionan los esquemas. Cualquier cosa que nos recuerde nuestros esquemas, aunque solo sea superficialmente, tiende a prepararnos para esos hábitos emocionales profundos, trayéndonos el regusto de los sentimientos que los acompañan.

Es bueno que sea así, porque la cura comienza abriéndonos a los sentimientos que han estado manteniendo los patrones en su lugar. Es necesario tener valor para enfrentar los sentimientos que se esconden detrás de los hábitos emocionales, una fuerza de espíritu que será su aliada para quitar poder a esos tenaces patrones.

La cura de los esquemas comienza con una mirada resuelta a nosotros mismos, por más difícil que esta sea. Necesitamos experimentar el dolor o el miedo emocionales que subyacen, aunque no sea más que para darnos cuenta de que podemos sobrevivir si nos permitimos entrar en ese territorio prohibido del corazón. Acceder a los sentimientos subterráneos que encierran los patrones del esquema puede ser profundamente reparador, como la célula inmune que neutraliza el virus que causa una enfermedad. Neutralizar los sentimientos subyacentes de un esquema reduce lo que, de otra manera, le proporciona un poder tan apremiante en la mente.

A menudo, al oír por primera vez las descripciones de los esquemas, la reacción de la gente es: «¡Dios mío! ¡Los tengo casi todos!» Podemos sentirnos abrumados. Pero, por más que muchos de esos patrones puedan presentarse de vez en cuando en nuestra vida, algunos predominan más que otros: algunos son para nosotros problemas de primer orden; otros, solo ocasionales. Es aconsejable concentrarse en trabajar con un solo esquema por vez, a pesar de que, frecuentemente, se superponen y aparecen juntos.

Aunque puede que usted los tenga todos, le conviene ir despacio para no cargarse demasiado de una sola vez, lo cual puede confundirlo. Las intervenciones para un esquema pueden ser muy diferentes de las intervenciones para otro. Conocer el mapa de los esquemas puede brindarle un marco conceptual útil para ordenar lo que ocurre. Pero no trate de hacer todo de una vez (¡un peligro real para quienes padecen el patrón de perfeccionismo y terminan llevando su orientación incluso al trabajo sobre los esquemas!).

Cuando nos abrimos a nuestros patrones de esquemas, antes de apresurarnos a cambiar nuestras reacciones, es importante entrar en empatía con la parte de nosotros mismos que siente tan potentemente las emociones que se disparan en el interior. Primero, necesitamos comprometernos con la parte de nosotros que aloja la actitud del esquema. Como veremos en el Capítulo 11, podemos cultivar un poderoso diálogo entre la voz del esquema y la parte de nosotros que está en contacto con la sabiduría innata de la atención consciente.

Nuestros esquemas nos protegen de lo que podrían ser sentimientos abrumadores e insoportables. Han sido estrategias: mecanismos de supervivencia que nos permitieron adaptarnos a las adversidades. En el momento de nuestra vida en que fueron aprendidos, tuvieron cierto sentido emocional. Pero más tarde pagamos un precio, en la medida en que seguimos viviendo la vida guiados por las reglas de creencias, sentimientos y reacciones autodestructivas y distorsionantes.

Nuestros recelos ante esos sentimientos nos mantienen escapándonos de ellos, impidiéndonos enfrentar los esquemas completa y honestamente. Pero una vez que dejamos que esos sentimientos acudan libremente y nos rendimos al hecho de su presencia, el temor que sentimos se desvanece. Vemos que podemos sobrevivirlos indemnes; que el miedo al abandono y la ira acumulada por la dominación, después de todo, no nos abruman. Puede que ni siquiera sean tan aterradores como pensamos que eran. De hecho, permitiéndonos sentir esas emociones reprimidas, recuperamos una parte enterrada de nosotros; sentimos una conexión más genuina con nosotros mismos.

LA LATA DE GUSANOS

El camino para la curación emocional, entonces, implica una constante resolución y una honestidad inflexible para con nosotros mismos. Empezamos por advertir en qué lugares de nuestra vida hemos mantenido vivos esos patrones emocionales, y comenzamos a salir de nuestra propia complacencia. A medida que desafiamos nuestro antiguo condicionamiento, la antigua percepción de nosotros mismos, comenzamos a reafirmarnos en quiénes somos.

En algún momento es esperable que quiera salir corriendo. Es un poco como cuando se abre una lata de gusanos, o quizá de orugas: es posible que quiera volver a meterlos en la lata. Pero, a medida que siga este sendero, también tendrá atisbos de sentirse más libre, o una conexión más directa con su vida y con la gente que hay en ella. Y, una vez que esa libertad y autenticidad mayores toman impulso, se hace más difícil retroceder.

Es como si un volcán interior hubiera entrado en erupción y, a pesar del peligro, celebráramos la liberación. El dolor derivado de la verdad es mucho mejor que el dolor del autoengaño. A medida que nos adentramos en el proceso, en algún momento tendemos a pasar por una desazón natural por abandonar las identidades, los hábitos familiares y las formas de ser antiguas. Con el tiempo, esa lata de orugas se dispersa, encerrándose en capullos protectores mientras se desprenden de sus anteriores encarnaciones e identidades. Desatando las membranas de nuestros patrones de esquema, nosotros también emergemos de nuestro capullo, sintiéndonos más ligeros y más vivos, como si, metafóricamente, nos hubieran crecido alas.

Cuando la gente lleva a cabo esta investigación consciente, a menudo descubre una confianza creciente en su propia sabiduría. Algunos describen esta circunstancia como si se estuvieran familiarizando con un ser sabio al que pueden recurrir para que los guíe interiormente. Aprenden a confiar cada vez más en esa voz intuitiva y sabia.

Como me dijo un paciente: «Cuando enfrento intensamente las emociones problemáticas, cuando puedo apartarme, es como si mi organismo supiera exactamente qué debe hacer: cómo llorar, cómo liberar los sentimientos dolorosos. Todo esto ocurre muy naturalmente, como si el proceso tuviera vida propia. Puedo desentenderme de controlar todo y dejar que el proceso sanador ocurra por sí mismo.»

El significado original de la palabra «emoción» proviene del verbo latino *emovere*, que significa «movimiento hacia el exterior». La emoción implica movimiento. Yo experimenté ese movimiento de la emoción durante un conmovedor concierto del legendario músico de blues Buddy Guy.

El sonido del blues hace que una se sienta como en su propia casa con los sentimientos: profundamente apasionada, profundamente dolida, lo que sea. Todos los sentimientos parecen bienvenidos en este abrazo del alma, con la despreocupada actitud «Que entre; podemos manejarlo». Los sentimientos se tienen; no se aferran. El espíritu del blues permite que los sentimientos nos conmuevan de una forma que nos abre al reino sensual de la emoción.

La atención consciente puede ser como ese abrazo del alma, conectándonos íntimamente con nuestros sentidos más puros y con nuestros sentimientos más tiernos. No evaluándolos, no rechazándolos o aferrándonos a ellos; apenas sintiéndolos naturalmente y dejándolos que nos conmuevan, abrazados por una conciencia empática.

aprenda a reconocer sus improntas. Identifíquelas y llegue a conocerlas.

Dado que cada esquema tiene distintos elementos identificatorios, partes del patrón que vienen una y otra vez, familiarizarse con esas partes de nuestros esquemas nos proporciona una poderosa herramienta para descubrir cuándo somos objeto de un ataque de esquema. Podemos usar esa familiaridad como si fuera un apunte para nosotros mismos de que el esquema se ha vuelto a activar.

Si, por ejemplo, podemos reconocer las siguientes frases: «Oh, estoy volviendo a tener esas sensaciones» o «Aquí vienen mis pensamientos de siempre», tenemos la libertad de despertarnos del trance del esquema. Pero ese mismo reconocimiento puede incrementarse con atención consciente, la capacidad de observar nuestra experiencia sin ser arrastrados por ella.

Para identificar los esquemas se puede empezar sencillamente familiarizándonos con los signos más frecuentes con que llegan a nuestra vida. Una manera de hacerlo es llevar un diario de esquemas durante una o dos semanas (o tal vez más tiempo), anotando claves para los esquemas que pueden estar operando cuando usted se siente de alguna manera molesto; particularmente las veces en que, retrospectivamente, usted sospecha que está sobreactuando. La verificación de que la reacción no cayó bien puede llegar más tarde, cuando usted reflexione sobre lo que ocurrió: «No pudo evitar la demora. ¿Por qué me sentí tan herida y furiosa?» A veces, hablar sobre tales reacciones exageradas con un buen oyente o reflexionar sobre ellas escribiendo en un diario o sencillamente rumiarlas mentalmente, ayuda a que uno se alivie (a «calentar» los sentimientos).

Trate de rastrear todas las partes del patrón que pueda identificar fácilmente. Cada elemento de un esquema puede ser una clave:

1. Primero, pregúntese si siguió un patrón negativo en su manera de reaccionar. ¿Funcionó la interacción resultante, o sus pensamientos distorsionados, sus sentimientos intensos y sus reacciones exageradas lo dejaron molesto? Esta es una distinción importante, una señal general para usted de que está en juego un esquema en lugar de una respuesta más útil.

2. ¿Cuál fue el disparador? Por ejemplo, ¿fue sentirse excluido de un grupo en el trabajo, o ajeno en una fiesta? Esos son signos del esquema de exclusión social. Cada esquema tiene disparadores únicos, por lo que la situación que lo pone de relieve constituye otra clave para saber de qué esquema podría tratarse.

3. ¿Cuáles fueron sus sensaciones? Cada esquema tiene su propia sensación emocional distintiva. Por ejemplo, el fracaso puede disparar la sensación de vergüenza; la vulnerabilidad desata un torrente de miedos horribles; la dominación, resentimiento o furia. Identificando sus reacciones viscerales, usted puede identificar de qué esquema puede tratarse.

4. ¿Cuáles fueron sus pensamientos? Por ejemplo, ¿se descubrió a sí mismo preocupándose incesantemente de que tenía una enfermedad grave como neumonía, cuando en realidad se trataba de un ligero resfriado? Eso significa el patrón de la vulnerabilidad.

5. ¿Qué hizo? Como los pensamientos y las sensaciones, las acciones que usted emprende cuando se activa un esquema pueden ser tan automáticas como habituales. Si usted se descubre permaneciendo al margen y evitando hacer contacto en una fiesta, eso bien podría ser un signo del esquema de exclusión social.

6. ¿Cuáles podrían ser los orígenes? ¿Hay alguna resonancia en relación con experiencias que haya tenido en la infancia? Por ejemplo, su intensa cólera cuando su pareja llega tarde a una cita y no lo llama puede recordarle momentos de su infancia en que un padre no fue fiable o no se presentó, lo que es típico del esquema de carencia.

Comience a trazar el mapa de los esquemas que se le aparecen más a menudo durante una semana. Conserve a mano un diario o una libreta para tomar nota de cada uno de esos elementos; así podrá empezar a reconocer sus signos exagerados cuando estos se presentan.

7

Cómo funcionan los esquemas

Hay una vieja historia que habla de un joven que siempre oía hablar de Zumbach, un sastre maravilloso, cuyos trajes podían hacer que cualquiera pareciera apuesto y con clase. Un día, el muchacho fue a la tienda de Zumbach y encargó al sastre que le hiciera un traje. Así, Zumbach le tomó las medidas y le dijo que volviera en una semana. Una semana después el joven volvió entusiasmado para recoger su traje. Zumbach, con gran ceremonia, sacó el traje y pidió al muchacho que se lo probara. El traje era maravilloso, excepto que una manga parecía más larga que la otra, que los botones estaban corridos respecto de los ojales y que los pantalones parecían demasiado cortos. Naturalmente, el cliente se quejó. Zumbach, profundamente ofendido, dijo indignado: «No se trata del traje; el problema está en su manera de llevarlo. Si usted dobla el codo izquierdo un poco, las mangas quedan perfectas. Y si se inclina hacia delante y levanta el hombro izquierdo, los botones se abrochan muy bien. Luego, si dobla apenas las rodillas, verá que los pantalones le van justos.» El cliente hizo lo que Zumbach le decía y hete aquí que el traje le quedó como un guante, ¡era estupendo!

Como el traje de Zumbach, los esquemas distorsionan nuestras percepciones y alteran nuestras respuestas para encajar en su retorcida versión de la realidad. Nos convencen de que las cosas son realmente así. Definen nuestra propia visión de quiénes tenemos que ser y de lo que resulta aceptable. En síntesis, nos impiden desplegar nuestra flexibilidad, creatividad, alegría y compasión naturales, confinando nuestra vida dentro de las arbitrarias líneas de pensamiento, sentimiento y reacción que ellos nos trazan. Los esquemas nos proporcionan una única manera de ver las cosas, de pensarlas y sentirlas, y un modo habitual de reaccionar ante ellas. Y esa reacción no solo confirma lo que el esquema nos dice acerca de las cosas, sino que limita drásticamente nuestras opciones. Es como ese ejercicio en el que se pide a la gente que conecte nueve puntos dispuestos en tres líneas paralelas, sirviéndose de solo cuatro líneas sin levantar jamás el lápiz del papel. Mientras trabajemos suponiendo que no podremos ir más allá de la zona marcada por los puntos nunca podremos ver la solución; esta exige que las líneas salgan del cuadrado que forman los puntos.

Ocurre lo mismo con los esquemas: nos impiden ampliar nuestra perspectiva y dar respuestas flexibles. Nos confinan dentro de estrechos caminos de pensamiento en relación con los problemas que enfrentamos; algo así como un traje de Zumbach para la psique.

La alquimia emocional impone un aprendizaje de los esquemas; de hecho, los talleres que doy están pensados para incrementar las percepciones de la gente y su comprensión conceptual sobre cómo operan los esquemas y cómo comenzar a trabajar con ellos. Hay un viejo dicho: «Conócete a ti mismo.» En la medida en que deseemos liberarnos de esas prisiones mentales, comprenderlas en profundidad constituye un primer paso.

VISIÓN ESTRECHA

Si alguna vez presenció una competición de patinaje sobre hielo quizá haya observado un ejemplo clásico de la realidad creada por el esquema de perfeccionismo. Al ver a una patinadora de categoría mundial, es probable que se quede completamente en vilo. Usted sabe que ella supera sus límites, que se entrena durante horas y horas para que los movimientos sean perfectos. Usted siente un temor reverente ante la confianza y la graciosa precisión de sus evoluciones y está sorprendido de lo que el cuerpo humano es capaz de lograr.

Entonces, en el momento fascinante en que se dispone a hacer la figura del triple *lutz*, usted se sorprende al ver que ella pierde el equilibrio y rueda sobre el hielo. Rápidamente, se levanta y continúa patinando, entregándose de lleno al resto de su interpretación. Pero, al final, el aplauso es tibio y ella parece deprimida.

Escucha al locutor deportivo que comenta sus errores con un tono que mezcla la pena con la crítica. La televisión vuelve a pasar la caída a cámara lenta, mientras el comentarista subraya punto por punto la manera en que ella fracasó y no logró la perfección que todos esperábamos; en cierta forma, ella nos defraudó. Usted observa que la patinadora retiene sus lágrimas mientras patina; la desilusión que ella siente es palpable. Nadie —y mucho menos ella— considera el 98 por ciento de su actuación, que fue maravillosa; la atención se centra enteramente en ese momento de fracaso.

Ella se desmorona al lado de su entrenador, mientras se anuncia la calificación de los jurados. Usted desea que alguien venga y elogie el resto de la actuación de la patinadora, hacerle saber que, en su mayor parte, estuvo espléndida; asegurarle que, a pesar de ese único error, el suyo no es un fracaso terrible en la vida. Pero para ella no hay perdón, ninguna perspectiva ulterior. Quiere huir, esconderse. Usted siente que ese momento va a obsesionarla durante mucho tiempo.

Este triste escenario capta el universo claustrofóbico creado cada vez que un esquema se apodera de la mente. El resultado se emparenta con el de un estado de posesión, que dicta nuestra experiencia en ese instante. Puesto que los esquemas guían nuestra percepción de los acontecimientos, convirtiéndose en parte de nuestra lente sobre la realidad, tienen el poder de elegir aquello a que prestamos atención y lo que ignoramos, sin que seamos conscientes del papel que cumplen. La manera en que nos presentan la realidad aparenta ser «realmente» la que es. El sencillo error se exagera enormemente en la mente de la perfeccionista, que se olvida de la excelencia de su actuación.

Cuando somos víctimas de un esquema, fácilmente nos descubrimos ciegos al papel que aquel cumple en los repetidos desastres de nuestra vida. La realidad del esquema define lo que percibimos y lo que recordamos, pero nos mantiene ajenos al hecho de que el esquema mismo opera sobre nuestra mente. Por lo tanto, consideramos el problema «fuera» de nuestra mente, antes que dentro de ella.

Estar bajo la sujeción de un esquema puede parecerse a lo que le ocurría al hombre que, en la anécdota ficticia, se quejaba a su terapeuta: «Acaban de echarme del trabajo por quinta vez en los últimos años. Mi matrimonio está a un paso del colapso y ya me divorcié cinco veces. Por favor, ayúdeme a comprender algo: ¿Por qué hay tanta gente complicada en el mundo?»

HÁBITOS MENTALES ABSURDOS

Magritte, el pintor surrealista, comentó una vez: «En cuanto al misterio y el enigma en mi pintura, diría que constituyen la mejor prueba de mi ruptura con los hábitos mentales absurdos que generalmente ocupan el lugar de un sentimiento auténtico de existencia.»

Los esquemas negativos de adaptación seguramente encajan en lo que Magritte llama «hábitos mentales absurdos»; estos nos impiden experimentar el instante de manera inmediata y directa. Las distorsiones que imponen a nuestra percepción, según parece, dan vida al esquema, impidiéndonos registrar y responder a las cosas por lo que en realidad son. Y eso, a su vez, nos quita espontaneidad y flexibilidad. En lugar de ello, estamos atrapados en el hábito, reaccionando a algunos patrones preestablecidos de ver y de actuar. Esos hábitos impuestos nos impiden la experiencia directa de lo que realmente ocurre en el instante, la presencia genuina que Magritte llamó «un sentimiento auténtico de existencia».

Hay varias distorsiones mentales y de la percepción que son típicas de los esquemas activos en la mente. Algunos ejemplos:

PERCEPCIÓN SELECTIVA. Ver las cosas solo de una manera, mientras se desecha toda evidencia de lo contrario. En el caso de un estudiante afectado por el patrón de perfeccionismo a quien le va bien en un examen, pero recibe un comentario negativo mínimo, su mente quedará fijada a ese comentario crítico e ignorará por completo el resto.

SOBREGENERALIZACIÓN. Un acontecimiento sencillo significa un patrón perpetuo. Las claves de esta distorsión se encuentran en el empleo de palabras como «siempre» o «nunca». Alguien afectado por el esquema de fracaso, que sea superado en una promoción porque algún otro tiene mejores calificaciones, se dirá: «Nunca tuve éxito en nada.»

LEER LA MENTE. Se endilga al otro los peores pensamientos para justificar lo que hizo, y esas explicaciones arbitrarias son tomadas como si se hubiese probado que son ciertas. Tómese a una mujer con el esquema de abandono que termina esperando y esperando en un restaurante a una amiga que llega tarde. Mientras está ahí sentada, empieza a suponer que esa demora significa que su amiga la va a dejar plantada, y comenzará a revisar las cosas que dijo o hizo que pudieran haber hecho que la amiga quiera terminar la relación.

APRESURARSE A LAS CONCLUSIONES. Se cree que las peores conclusiones son las correctas, aunque no haya prueba real de ello. Por ejemplo, en el instante en que alguien que sufre el patrón de exclusión social entra en una fiesta, pensará inmediatamente: «Nadie aquí quiere hablar conmigo. Este no es mi lugar.»

EXAGERACIÓN. Un hecho trivial se convierte en una catástrofe. Por ejemplo, alguien con el patrón de vulnerabilidad notará los primeros síntomas de un dolor de garganta y, repentinamente, se convencerá de que una neumonía amenaza su vida.

Nuestros esquemas condimentan las experiencias brutales de nuestra vida con su pasión particular; determinan qué implicaciones emocionales leemos en los hechos y, por lo tanto, cómo nos sentimos ante tal información.

Para el esquema, la «verdad» reposa en las implicaciones emocionales que este percibe en una sencilla afirmación como las contenidas en una frase o un pensamiento, y en las horribles predicciones, expectativas, atribuciones y suposiciones que nos lleva a encontrar allí ocultas.

Los esquemas se disparan por realidades simbólicas. En este sentido, el esquema opera más como un poema que como una frase declarativa. El significado de una frase es relativamente directo y transmite algún asunto específico. Pero, a diferencia de la frase, el poema no puede ser entendido en términos de los significados literales de las palabras: su sentido se halla en su significación simbólica, en las implicaciones emocionales de las palabras y en la asociación libre de estas.

Como los poemas, los esquemas siguen cierta lógica irracional, algo ligado a la manera de pensar infantil que Freud llamó «proceso primario». Allí, los hechos son maleables y la realidad puede ser distorsionada para encajar en diferentes maneras de ver las cosas, exactamente como en un sueño.

Las implicaciones que leemos en los hechos desnudos de un instante dependen de los mapas de experiencia específicos que nuestra historia personal ha moldeado. Tómese la frase «No aprobé el examen». Como afirmación, su sentido es simple. Pero las implicaciones emocionales, especialmente en el caso de una persona propensa al esquema de fracaso, pueden ser muy amplias; algo así como un poema que podría comenzar de este modo:

No aprobé el examen.
Fracaso.
Fracaso en todo.

Este cuasipoema podría sintetizar bien el pensamiento central del esquema de fracaso. Podría continuar así: «Siempre fracaso. Nunca tengo éxito. No tengo lo que se necesita...» Este mapa mental podría muy bien incluir que uno no solo es incompetente, sino también inútil. Así, el hecho —no aprobar un examen— adquiere los horribles y sombríos significados del «poema» de más arriba.

El esquema de fracaso, según hemos visto, se construye típicamente sobre experiencias tempranas de fracaso o sobre pullas dolorosas que, en ambos casos, se repiten. En contraste, en el caso de alguien que tenga una historia personal en la que haya superado reveses y posea un sentido de competencia más fuerte, el mapa mental correspondiente podría ser más optimista. Las implicaciones que se leen en el mismo hecho —no aprobar un examen— podrían ser: «La próxima vez voy a estudiar más y me irá mejor» (con la suposición implícita subyacente: «Puedo tener éxito.»). Y en lugar de una sensación devastadora de desvalorización y depresión, la persona podría sentirse esperanzada. Así es como los esquemas determinan el impacto de los acontecimientos sobre nuestra vida.

LA ANATOMÍA DE UN ATAQUE DE ESQUEMA

«Una vez tuve un novio a quien había conocido en el trabajo; ambos trabajábamos para la misma compañía —contó Teresa en un taller—. Al cabo de varios meses, rompimos y los dos empezamos a salir con otras personas. Dos meses después de habernos separado, yendo al trabajo, una mañana lo vi entrar en el parking; junto a él, en el coche, había una mujer. Me sentí herida y furiosa. Pensé: "Durmieron juntos. ¡Lo hizo para molestarme!" Me sentí absolutamente traicionada, aunque habíamos roto y yo había empezado a salir con otro hombre. Así que estallé justo enfrente de su coche y, asegurándome de que él no pudiera hacer nada más que verme furiosa, entré taconeando al edificio y cerré de un portazo... Días más tarde descubrí que ellos dos no estaban juntos; él había ayudado a alguien del trabajo cuyo coche se había averiado en el camino y necesitaba llegar a la oficina.»

Quizá cualquiera se habría sentido al menos un poco molesto al ver a un examante con otra persona. Pero la reacción de Teresa fue más allá de los celos ordinarios: había estallado con furia. Al analizar sus propios esquemas, Teresa vio que ese exceso de rabia tenía su origen en un fuerte miedo al abandono que provenía, en gran parte, de su infancia, cuando su padre las había abandonado, a ella y a su madre, para irse con otra mujer. La herida y la ira resultantes que Teresa arrastraba se dispararon por la repetición simbólica que su exnovio llevó a cabo de ese trauma infantil.

Cuando nos vemos, como Teresa, arrastrados por sentimientos tan sobrecogedores —ya sean rabia, dolor, miedo o tristeza—, los centros emocionales del cerebro se han impuesto sobre el cerebro más racional y pensante. Esta última parte del cerebro debería haber dicho a Teresa que considerase otras posibilidades antes de explotar de rabia.

Reacciones tan exageradas son ataques de esquema, explosiones emocionales disparadas por nuestros esquemas. El signo indicador de un ataque de esquema lo constituye la reacción exagerada, que es muy rápida, muy fuerte y muy poco apropiada, y que, vista más de cerca, tiene un significado simbólico que dispara el esquema. En una fiesta, por ejemplo, puede que nos aislemos al margen de los otros invitados como reacción al tono de voz frío de alguien. Este dispara nuestro esquema de exclusión: ese tono frío simboliza el rechazo social que tememos, inundando nuestra mente con la idea de que nadie querrá hablar con nosotros y con las consiguientes sensaciones angustiantes.

Para Teresa, el disparador simbólico de su ataque fue ver a su exnovio con otra mujer, un eco emocional del abandono que ella sufrió cuando era niña, cuando su padre se marchó. Un ataque de esquema manifestado en el escándalo de Teresa se origina en una parte del cerebro que posee enorme poder: los centros emocionales.

Las emociones cumplen una función capital en la supervivencia: son una forma de que el cerebro se asegure de que damos una respuesta instantánea que podría rescatarnos de alguna amenaza. El plan del cerebro da a nuestras emociones el poder de hacerse cargo de nosotros en un instante si los centros emocionales perciben una emergencia, independientemente de que se trate de un peligro físico real o uno simbólico.

EL DEPÓSITO DE LOS ESQUEMAS

El disparador anatómico del ataque de esquema es la estructura antes mencionada, que está situada en el centro emocional y recibe el nombre de amígdala. Esta guarda la clave para entender cómo, en un instante, alguien como Teresa hace algo que luego lamenta. La amígdala actúa como el centro de almacenamiento del cerebro para nuestros recuerdos emocionales negativos; algo así como un vasto archivo de los momentos electrizantes, aterradores y coléricos de nuestra vida. Cada ocasión en la que hemos sido arrebatados por la ira o la angustia, en que fuimos agobiados por la tristeza, desgarrados por el dolor, deja su huella en la amígdala.

Presumiblemente, esto incluye aquellos momentos emocionalmente cargados a través de los años en los que nuestros hábitos emocionales han sido moldeados. Junto a cada una de esas huellas emocionales, la amígdala almacena obedientemente cualquier reacción que aprendimos en tales momentos, ya se trate de quedar paralizados de miedo, estallar de rabia o desconectarnos y distraernos. En síntesis, la amígdala actúa como un almacén de esquemas, allí donde guardamos el repertorio de hábitos emocionales negativos.

Nuestros recuerdos de trastornos pretéritos —y lo que aprendimos a hacer en tales circunstancias— actúan como un radar emocional que examina todo lo que experimentamos. Cuando hay un conflicto aparente entre algo que ocurre ahora y algo que sucedió en nuestro pasado que fue emocionalmente angustiante —«¡Me rechaza y abandona, exactamente como hizo mi padre cuando abandonó la familia y se marchó con otra mujer!»—, el conflicto dispara cualquier reacción que hayamos aprendido para enfrentar ese acontecimiento anterior. El resultado: un ataque de esquema.

En esos momentos, la amígdala recurre a cualquier respuesta anterior que encuentre familiar; algo así como cuando las computadoras actúan por defecto. La amígdala busca una respuesta rápida y recurre a cualquier cosa que tenga a mano. La amígdala privilegia una manera de responder —sea cual sea el hábito que haya aprendido a través de incontables repeticiones—, por lo que sigue fácilmente el guion bien ensayado del esquema.

Para el caso, si la pareja romántica de alguien no llama cuando dijo que lo haría, el esquema de la desconfianza compele a quien espera a la furia por lo que percibe como una «traición». Tal costumbre cerebral ha sido tan bien aprendida que hay pocas posibilidades una vez que comienza el ataque de esquema: interpretamos la misma respuesta una y otra vez, aunque podamos advertir racionalmente que no tiene sentido.

EL DEFECTO DE DISEÑO

Hay un callejón neural —un largo enlace de una neurona— entre los tálamos, que es por donde entra al cerebro todo lo que vemos y oímos, y la amígdala, que es donde se esconden nuestros recuerdos emocionales. Pero en esta distribución hay un problema: el circuito con la amígdala solo maneja una pequeña porción de la información que llega al cerebro, lo que equivale a la imagen movida de una película fuera de foco. Solo alrededor del cinco por ciento o menos de la señal que llega de los sentidos atraviesa ese atajo desde los tálamos hasta la amígdala; todo el resto va hasta el neocórtex —el cerebro pensante—, donde tiene lugar un análisis más sistemático.

La amígdala realiza sus juicios instantáneos sobre la base de una imagen borrosa y velada de las cosas, mientras una imagen mucho más clara alcanza los centros del neocórtex. Este es más cuidadoso que la amígdala en sus conclusiones; por lo tanto, produce una respuesta más medida y exacta.

La amígdala alcanza sus conclusiones mucho más rápido en términos de tiempo cerebral que los circuitos más racionales del cerebro pensante. De hecho, este juicio emocional instantáneo puede realizarse antes de que el cerebro pensante tenga tiempo para darse cuenta de lo que ocurre.

Ahí es donde empieza el problema. La amígdala basa sus reacciones en una imagen más movida que la que recibe el cerebro pensante, y lo hace a la velocidad de la luz. Esto tiene que haber funcionado bastante bien durante la mayor parte de la evolución, cuando había tantas amenazas reales y físicas. Pero, en la vida moderna, seguimos respondiendo a amenazas simbólicas —como la visión que disparó la herida de Teresa respecto del abandono— con la misma intensidad, como si se tratara de verdaderos peligros físicos.

Este defecto de diseño en nuestra arquitectura neural trae aparejado que una decisión instantánea, basada en una imagen borrosa, puede llevar fácilmente a un ataque de esquema. Una respuesta cerebral que funcionó tan bien en la antigüedad hoy en día puede conducir al desastre: ante la «amenaza» de un exnovio que llega al trabajo con otra mujer, Teresa reacciona exageradamente, con toda la velocidad y la fuerza que necesitamos para esquivar un coche acelerado.

CEBADURA DEL ESQUEMA

Cuando la amígdala se dispara, inunda al cuerpo con las hormonas del estrés, que lo preparan para una emergencia. Estas hormonas son de dos tipos: una variedad proporciona al cuerpo una rápida e intensa descarga de energía; suficiente, por ejemplo, para luchar o para correr, antiguas respuestas de supervivencia que, durante la evolución, dieron resultado. El otro tipo de hormonas se secreta gradualmente en el cuerpo, aumentando su sensibilidad general ante los acontecimientos y alertándonos de cualquier peligro que pueda sobrevenir.

Esas respuestas biológicas implican que las pequeñas crisis diarias de estrés producen progresivamente mayores niveles de hormonas de estrés. Para ser más clara, cuando sucede algo que, de algún modo, actúa como resonante de un esquema que usted padece —por ejemplo, ver un programa de televisión sobre la relación de una madre dominante con su hija que se asemeja mucho al de su propio ambiente de infancia—, eso puede «cebar» su propio esquema de sometimiento. Usted se vuelve hipersensible a los acontecimientos de ese día que puedan parecer posibilidades de sometimiento.

Los esquemas pueden permanecer cebados durante horas, mientras las hormonas del estrés se manifiestan en nuestro interior. Y puesto que un esquema cebado nos vuelve más susceptibles a una mayor reactividad del esquema, el proceso puede retroalimentarse, manteniéndose durante días o semanas en la medida en que un acontecimiento tras otro continúe actuando sobre nuestra sensibilidad. De hecho, la cebadura puede ser la manera en que la mayor parte del tiempo experimentamos los esquemas, no a través de un ataque de esquema completo, sino como una sordina sutil y progresiva a lo largo del día.

La cebadura del esquema, a su vez, nos lleva a cualquier estrategia de copiado que favorezcamos para ese esquema. Si hemos aprendido a compensar excesivamente el sometimiento, entonces puede que nos volvamos mandones y dominantes; si hemos aprendido un acercamiento evasivo, nos volvemos más sumisos.

Las hormonas que ceban nuestro cerebro para que permanezca siempre vigilante nos hacen biológicamente más sensibles y reactivos. Nos hacemos más sensibles a ver los momentos difíciles a través de las lentes del esquema y, por lo tanto, también a sentirlos como trastornos en lugar de considerarlos apenas como algo más que debemos resolver ese día. Nuestros esquemas son como un disparador, listo para soltar su carga sobre cualquier blanco que tenga a mano.

Cuando el cerebro se vuelve hipervigilante, las lentes a través de las cuales examina nuestro mundo ponen a nuestros esquemas en la cima de la jerarquía. El «momento culminante» de un ataque de esquema comienza mucho más abajo: estamos listos para abalanzarnos sobre alguien por algo que, si estuviéramos en un estado mental más satisfactorio, pasaría desapercibido. Y mientras el esquema sigue cebado, somos más proclives a desempeñar una vez más nuestras maneras familiares de relacionarnos con el esquema.

Los estudios del cerebro muestran que una amígdala muy activa —o «caliente»— perjudica nuestra capacidad de «desconectar» las emociones y los pensamientos negativos. Por lo cual, si ya nos hemos sentido molestos por algo y más tarde nos acomete el ataque de esquema, nos resulta todavía más difícil de detener.

Una amígdala caliente inunda el cuerpo con altos niveles de cortisol, la hormona liberada por el cerebro para guiar las respuestas de emergencia del cuerpo. Esta hormona empeora todavía más las cosas. La estructura cerebral que equipara nuestras acciones con la situación y que asegura que lo que hacemos es lo que corresponde se llama hipocampo. Ocurre que la descarga de cortisol que se dio durante el torbellino de una emoción negativa como la de un ataque de esquema altera el hipocampo.

Recordemos que la inadecuación es una de las marcas del ataque de esquema. La exclusión social, por ejemplo, hace que la gente sea exageradamente tímida cuando está en grupo; el esquema del abandono lleva a la ira ante signos de ser dejado que son solo simbólicos. Por lo que sabemos sobre el cerebro, parece que cuanto más molestos estamos aun antes de que se dispare el esquema, es tanto más probable que el ataque de esquema siguiente sea inadecuado: la reacción equivocada con la persona equivocada en el momento equivocado.

LOS YOES MÚLTIPLES

El poder de los esquemas para dictar la realidad se equipara a una noción de la psicología budista clásica, que afirma que sea cual sea el estado mental que domina la mente en un momento dado, moldea la forma en que percibimos y reaccionamos ante cualquier cosa que ocurra. Cuando estos estados mentales cambian, ocurre lo mismo con las percepciones y con las reacciones.

En cierto sentido, esos cambios nos convierten en una persona diferente, según el estado emocional que domine nuestra mente en un momento determinado. Esta visión de los numerosos «yo» que pueblan la mente se ajusta al pensamiento reciente de la moderna teoría de la personalidad y de la ciencia cognitiva. En lugar de ver la personalidad como una serie fija de tendencias, la psicología moderna tiende a considerar el problema de que lo que somos cambia radicalmente de un momento a otro y de contexto en contexto (aunque la coexistencia de estas realidades diferentes no nos libera de la responsabilidad de lo que hacemos).

En cierto sentido, cada emoción es su propio contexto. Cuando sentimos una emoción fuerte como la ira o el miedo, el acento está puesto en la atención y en la memoria. Recordamos o fijamos la atención más fácilmente sobre aquello que encaje en la emoción del momento. Un esquema puede ser visto como un miniyó, una constelación de sentimientos, pensamientos, recuerdos y propensiones a actuar que definen nuestra realidad en ese momento.

A veces los esquemas me recuerdan aquella famosa escena en la película *Alien*, en la que un monstruo con boca de piraña irrumpe desde el estómago de uno de los miembros de la tripulación espacial. Los esquemas son casi como seres vivos en el interior de nuestra mente. Como parásitos alienígenas, luchan para sobrevivir (la mayor parte de las veces, con bastante éxito).

Esos hábitos emocionales tienen vida propia. Aunque tratemos de que no nos afecten, nos eluden y entran en escena a pesar de nuestras mejores intenciones. En cierto sentido, las deformaciones que los esquemas imponen sobre la realidad y sobre nuestra vida emocional les aseguran que van a sobrevivir.

La táctica de supervivencia de los esquemas puede verse en la manera en que las mismas reacciones que los esquemas nos dictan producen resultados que justifican las propias creencias distorsionadas de los esquemas. Actúan como una especie de profecía que contiene su propio cumplimiento, una teoría de trabajo o una suposición a propósito de nosotros mismos, a propósito de otra gente y de lo que creemos es la naturaleza inevitable de nuestras relaciones con los demás.

Alguien que, por ejemplo, padezca el esquema de la desconfianza se acercará a los demás creyendo que «No se puede confiar en nadie»; por lo tanto, actuará cautelosamente, con la suspicacia a flor de piel, reaccionando ante cualquier signo de que alguien lo pueda traicionar. La cautela de alguien que cree que no se puede confiar en los demás hace que los otros se sientan incómodos y, por lo tanto, menos predispuestos a ser cálidos y abiertos. La desconfianza a la que se ven sometidos impide que la relación pueda estrecharse.

Los esquemas también tienen poder de supervivencia porque, de alguna manera primitiva, parecen trabajar para nosotros. Es necesario recordar que aprendimos los esquemas como formas de responder a situaciones de la vida que nos resultaron turbadoras. Se trata de tácticas para hacernos sentir mejor o para protegernos de sentirnos espantosamente, o nuestra respuesta de supervivencia ante una situación incierta.

Nuestros esquemas se han convertido en algo tan acostumbrado precisamente porque sirven a una función emocional que, al menos en parte, es útil. Por ejemplo, el esquema de vulnerabilidad tiene una meta desesperada: asegurar que no tendrá lugar alguna calamidad temida. Preocuparse, desde luego, puede ser algo positivo para la adaptación, particularmente cuando nos lleva a estar bien preparados frente a un peligro potencial. Pero a este esquema lo guía una especie de pensamiento mágico, como si al preocuparse y obsesionarse por una catástrofe temida, la persona que lo sufre estuviese haciendo algo para impedir que esta ocurra. Esta creencia casi supersticiosa lleva a que se cumpla una y otra vez con el mismo ritual de preocupación exagerada, a pesar de que la misma socave su tranquilidad espiritual y la de la gente que está alrededor de la persona afectada.

Una paciente que padecía este esquema me dijo que sabía que sus constantes aprensiones molestaban a todo el mundo, pero que no le parecía que pudiera evitarlas: «Si alguien de mi familia o mi novio se van de viaje, la preocupación de que algo malo les pueda suceder me enferma; tengo horribles fantasías de que alguien irrumpa en su cuarto de hotel o algo peor. Y tengo que llamarlos —aun cuando sepa que ya es demasiado tarde para llamar— para asegurarme de que están bien.»

Paradójicamente, dado que el esquema de vulnerabilidad la impele a preocuparse exageradamente sobre situaciones que en realidad son benignas, su comportamiento parece beneficiarla. El pensamiento mágico funciona así: dado que cumplí con mi ritual de preocuparme, no pasó nada malo; todo el mundo está a salvo y, otra vez, me siento aliviada. Es como si su trabajo suplementario de preocuparse tuviera algún poder protector.

A pesar de su falta de lógica, la secuencia constantemente repetida en la mente, por la cual preocuparse en exceso parece llevar a un alivio emocional, refuerza poderosamente el hábito. Tales refuerzos y repeticiones continuas hacen que los esquemas como el de la vulnerabilidad sean hábitos mentales particularmente tenaces y difíciles de cambiar. Sin embargo, podemos cambiarlos con las herramientas adecuadas de la conciencia.

¿Y AHORA QUÉ HAGO?

Una conocida mía tenía un patrón que la frustraba: se sentía atraída por hombres egoístas y ausentes que siempre le hacían sentirse negada y olvidada. Una y otra vez, ella se sentía atraída por alguien, iniciaba una relación y se topaba —una vez más— con la misma decepción.

Un día le pregunté si pensaba que podía existir alguna conexión entre su tendencia a sentirse atraída por ese tipo de hombre y su continua preocupación en torno a su frío y distante padre.

Su respuesta fue: «¿Podemos cambiar de tema?»

Pero luego de hablar un poco más, finalmente confesó: «Sé que hay una relación. Simplemente no sé qué hacer al respecto.»

Muchos sentimos de vez en cuando esa frustración. Nos damos cuenta de que algo no está bien en nuestra vida e incluso somos capaces de darnos cuenta de la relación que hay entre lo que no está funcionando ahora y el patrón continuo que nos condicionó en los primeros años de vida. Para llegar a este punto son necesarias mucha conciencia y percepción. Pero entonces, viene la pregunta: «¿Y ahora qué?»

En principio, muchas veces, la gente desea no haber abierto su «lata de gusanos» emocional. Como me dijo recientemente un amigo: «Sé que tengo temas emocionales no resueltos. Solo que prefiero dejarlos enterrados dentro y hacer como que no están ahí.»

Su sensación, aunque conmovedora, es muy común.

En la cumbre de mi trabajo con mis esquemas, yo me he sentido igual al tener que enfrentar un disparador de esquema. Incluso después de años de hacer un trabajo interior con mis propios hábitos emocionales, había un voz que me recordaba una frase de Laurel y Hardy, cuando un aturdido Stan decía a su amigo: «En buen lío me metiste, Oli.»

Pero, por otro lado, hay momentos de libertad emocional que nos dan la esperanza de que la gente ya no nos trate de manera injusta o de que podemos satisfacer nuestras necesidades cuando buscamos cariño, o no tenemos que vivir con miedo a las catástrofes o de sentirnos abandonados. Momentos que nos muestran el camino para salir de los condicionamientos que se incrustaron en nuestros modelos nucleares a propósito de nosotros mismos y de la gente que forma parte de nuestra vida.

En esos momentos, podemos sentir la alegría y el alivio de una ruptura con la inexorable garra de los condicionamientos, de la fuerza conductora que hay detrás de mucho de lo que creemos y de nuestros actos. Tales momentos hacen que nos demos cuenta de que no estamos atrapados por los patrones que nos hacen sentir tan congelados.

Pero primero, antes de poder ser libres, necesitamos reconocer las maneras en que estamos atrapados. Por supuesto, es crucial que no nos detengamos aquí, en ese lugar de desesperanza, y antes bien, que consideremos ese sufrimiento de nuestra vida como el resultado de hábitos aprendidos. Y entonces, ver qué podemos elegir y no dejar que continúe la tiranía de estos hábitos.

Al entender la mecánica y el mapa de los patrones de esquema y al darnos cuenta de cómo irrumpen en nuestras vidas y relaciones, nos permitimos poder ser conscientes de ellos y hacer cambios reales y duraderos para mejor. Esto requiere tiempo y esfuerzo; no se arregla rápido. Pero nuestros hábitos emocionales son como cualquier otro hábito: pueden ser llevados al nivel de la conciencia y cambiados.

CUATRO VERDADES NOBLES Y LOS ESQUEMAS

Cuando alguien está en las garras de un esquema, podemos simplemente decir «Oh, eso es solo tu esquema de carencia otra vez en acción». Comprensiblemente, la gente considera esta categorización como una desvalorización de sus sentimientos. Antes de proceder con un intento de cambio, primero es necesaria la empatía.

Como terapeuta —e incluso en mi propio trabajo interior—, aprendí que primero es importante entender la manera en que la persona interpreta y experimenta una situación y poder sentir empatía por su realidad simbólica. Una vez que la parte de la persona que se identifica con ese esquema siente la empatía, es posible que el individuo pueda comenzar a abrirse a otras perspectivas. Eso incluye empezar a ver cómo la lente de los esquemas distorsiona sus percepciones y reacciones.

Este trabajo puede comenzar, entonces, por ponerse en contacto con los sentimientos subyacentes que fueron encerrados dentro de los patrones de unos esquemas y expresarlos. Eso se lleva a cabo mediante una empatía consciente: quedarse con esos sentimientos sin intentar cambiarlos. A medida que experimentamos esos sentimientos profundos, con frecuencia y de manera espontánea, comenzamos a descubrir relaciones entre ciertos recuerdos de los orígenes del esquema y nuestras respuestas y sensaciones de hoy. Se pueden producir nuevas percepciones, nuevas formas de ver viejos hábitos o diferentes perspectivas que desafían nuestras viejas suposiciones.

El proceso de trabajar con nuestras emociones comprende un sentido orgánico, recuerdos desenmarañados, sentimientos, patrones de tensión mantenida físicamente, bloques de energía.

Las percepciones tienen su propio tiempo natural, que varía de persona a persona.

Una vez que tenemos la disposición de entrar en empatía con nuestros esquemas de sentimientos, hay menos motivación para ser demasiado racional o para comprometerse en un distanciamiento emocional. No se trata de que necesitemos permanecer solamente a nivel de los sentimientos, pero es importante que no les ofrezcamos resistencia ni que los evitemos.

Una parte de nosotros sabe que el esquema no funciona o no tiene sentido, pero puede que no estemos totalmente preparados para actuar basándonos en esa percepción. Mediante la empatía es más probable que veamos las distorsiones de manera desnuda. La conciencia nos permite estar presentes junto a viejos sentimientos y patrones, y no ser tan influidos o definidos por ellos.

Entonces podemos explorar más libremente todas las dimensiones que tiene el relacionarnos con nuestra vida emocional: desde un punto de vista cognitivo, emocional, conductual y espiritual. A veces, en nuestra vida, volver a crear un armazón cognitivo o investigar y desafiar los patrones de pensamiento es muy útil. En otras ocasiones, comportarse intencionadamente de una manera diferente y nueva es muy reparador. Para la mayoría de nosotros una expresión física o el acceso y liberación de emociones en bloques físicos se nos ofrece como un vehículo efectivo. Y algunos de nosotros podemos vernos llevados a experiencias emocionales reparadoras, tanto internamente como a través de nuestras relaciones. Finalmente, hay practicantes espirituales devotos que prefieren disolver las emociones mediante la práctica consciente.

Cualquiera que sea nuestra tendencia natural, cualquiera que sea la manera que mejor se adecue a nosotros, es importante que hagamos este trabajo interior por nosotros mismos, permaneciendo en contacto, cada uno a su modo, con el motivo que nos lleva a librarnos de esos patrones implacables.

El budismo distingue entre muchas variedades de sufrimiento. Los esquemas caen dentro de la categoría de sufrimiento debido a nuestros condicionamientos y hábitos aprendidos. En el núcleo de las enseñanzas budistas están las que se llaman «las Cuatro Nobles Verdades», que describen la manera en que experimentamos nuestro sufrimiento y el modo en que este puede terminar. En cada nivel relativo, los budistas aplican los pasos de la alquimia emocional.

La primera de esas Verdades consiste simplemente en reconocer nuestro sufrimiento, que es lo que hacemos al reconocer nuestros esquemas. Los últimos capítulos subrayaron esto por medio del reconocimiento de la verdad de nuestro esquema de sufrimiento.

Una vez que se reconocen los esquemas y que estos reciben nuestra empatía, podemos empezar a trabajar para cambiarlos. Ver qué mantiene nuestros patrones habituales en su lugar es análogo a la Segunda Noble Verdad, la causa de nuestro sufrimiento.

La Tercera Verdad consiste en que podemos liberarnos del sufrimiento, que es lo que hacemos a medida que empezamos a ser conscientes de nuestros esquemas y empezamos a desafiarlos. Y la Cuarta Verdad, los detalles del camino para comenzar a liberarnos del sufrimiento causado por nuestros patrones emocionales, es el tema del resto de este libro.

TERCERA PARTE

UNA TERAPIA CONSCIENTE

8

Los muchos usos de la atención consciente

Sabiduría, libre de las nubes de los dos velos oscuros
Pura y brillando resplandeciente como el sol
Despertándonos del sueño de nuestras emociones
turbadoras y de las cadenas del hábito mental
Disipando la oscuridad de no saber.

Estos versos de una antigua plegaria tibetana son una continua inspiración. Esta descripción del poder de la sabiduría para acercar a la mente una claridad trascendente describe perfectamente la manera en que la atención consciente puede ayudarnos a desembarazarnos de la oscuridad creada por nuestros esquemas. La palabra «oscuridad» se presenta frecuentemente en los textos budistas para referir aquello que distorsiona, bloquea o desvía nuestra percepción. Desde la perspectiva budista, la oscuridad toma la forma de pensamientos o emociones. La atención consciente nos ayuda a cultivar una conciencia refinada, que detecta las sutilezas de los patrones emocionales y cognitivos, los cuales, de otro modo, fácilmente pasaríamos por alto entre las distracciones diarias de nuestra vida. Esto nos permite distinguir entre distorsión y realidad, entre lo que las cosas parecen ser y lo que son en realidad.

En los próximos capítulos veremos la manera en que la integración de la atención consciente con el entramado conceptual y con las intervenciones de la terapia de esquemas trabajan para aclarar la oscuridad creada por nuestros hábitos emocionales negativos de adaptación. La mente posee un inmenso poder tanto para oscurecerse a sí misma con reacciones emocionales habituales como para brillar a través de esa oscuridad hasta lograr su abierta claridad natural. Esta integración me llegó muy naturalmente hace años, cuando realizaba prácticas de terapia de esquemas. Por ese entonces, participaba también en retiros intensivos de atención consciente. A medida que empecé a integrar esos dos sistemas en mi práctica terapéutica —y en mi propio trabajo interior—, me sorprendió la manera en que esos dos acercamientos a la oscuridad dentro de nosotros se superponían y trabajaban juntos tan bien, complementándose y potenciándose.

La terapia de esquemas se centra en cuatro dominios: los pensamientos, las emociones, las acciones y las relaciones. La alquimia emocional aplica la atención consciente para aclarar la oscuridad tanto en los dominios cognitivos y emocionales de la mente como en los otros dominios del comportamiento y de las relaciones personales. La atención consciente tiene aplicaciones específicas en esos cuatro aspectos, como veremos en los capítulos dedicados a cada uno de ellos.

Cada persona es diferente. En mi práctica terapéutica, antes que imponer una estructura uniforme o camino al que todos tienen que avenirse, concilio lo que siento que la persona tiene que trabajar y respondo de manera acorde. Algunas personas son más naturalmente sensibles al flujo de sus emociones y, por lo tanto, deciden trabajar más intensamente sobre ese dominio; para otras, resulta más adecuado desafiar los pensamientos. Otras todavía sienten que cambiar un hábito negativo de adaptación clave o trabajar en el campo de las relaciones es el mejor centro de atención para sus esfuerzos.

Pero sea cual sea el aspecto que parezca más relevante primero, este trabajo incorpora a todos puesto que opera según una cadena de conexiones. Por ejemplo, centrarse sobre los pensamientos distorsionados que tipifican un esquema sin ocuparse también de las emociones elementales que alimentan el patrón es solo una parte de la tarea; dejar de establecer una empatía con los sentimientos del esquema y, por lo tanto, tratar de «arreglar» las cosas demasiado pronto puede dar como resultado un cambio artificial.

Las acciones son pensamientos y sentimientos puestos al descubierto. Cuando se trata de cambiar los comportamientos habituales que los esquemas nos llevan a repetir una y otra vez a lo largo de nuestra vida, la terapia de esquemas busca aflojar el yugo del hábito y proporcionarnos más flexibilidad y libertad de movimientos en nuestra forma de respuesta. Cuanto más repetimos una respuesta habitual, tanto más fuerte se hace y tanto más tenderemos a transitar automáticamente ese camino de nuevo.

La alquimia emocional es terapia de esquemas conscientemente acentuada. Cuando se trata de romper la cadena del hábito, la atención consciente ofrece una herramienta preferencial. Si usted puede ver un hábito emocional mediante la atención consciente, con conciencia neutral y clara, será capaz de empezar a desafiarlo aunque el hábito haya comenzado a formar parte de usted debido a su poder. Desafiar los hábitos emocionales con atención consciente, en el momento mismo en que usted está empezando a «perder», ofrece el modo más efectivo para trabajar con esos poderosos hábitos emocionales.

Para una de mis primeras pacientes, la atención consciente se convirtió en un medio para poner en cortocircuito sus ataques de pánico. La primera vez que recurrió a mí tenía los síntomas clásicos del ataque de pánico. Repentinamente empezaba a tener miedos sobrecogedores de que ocurriera algo catastrófico: su angustia hacía que recibiera demasiado oxígeno al respirar y eso la llevaba a tener vívidos temores de no ser capaz de respirar y, por lo tanto, de sofocarse, o de pensar que su corazón se detendría. Su tendencia habitual a la catástrofe hacía que sus temores rápidamente se incrementaran en una espiral de pánico.

Pero una vez que hubo practicado la atención consciente un tiempo, aprendió a aplicar una conciencia atenta a los momentos en que advertía el comienzo de sus síntomas. Luego, pudo ver cómo su mente exageraba el peligro convirtiéndolo en una catástrofe. Pero en lugar de abandonarse al impulso de la catástrofe creada por el pánico, empleaba esos mismos pen-

samientos y sentimientos como señal para centrarse sencillamente en la observación de su respiración. Al principio, esto
la hacía sentirse un poco más angustiada. Pero después de alguna práctica, descubrió que, en realidad, la ayudaba a calmarse y la dejaba pensar con más claridad; incluso podía desafiar
sus pensamientos de temor en lugar de dejar que estos se apo-
derasen de su mente. Empezó a decirse que, en realidad, estaba
a salvo a pesar de sus temores, o que su respiración dificultosa
era solo un signo temporal de angustia, no una señal de que
fuera a ahogarse.

Estar en el presente antes que perderse en pensamientos angustiantes es un antídoto consciente contra el pánico. La conciencia atenta de mi paciente redujo su espiral de pánico: en
lugar del torrente de pensamientos atemorizantes y miedos apo-
yados unos en los otros, fue logrando calmarse y, por lo tanto,
impidió los accesos de pánico. Con el tiempo, incluso fue capaz
de dejar de tomar los medicamentos que se le habían dado para
aliviar los síntomas, y sus ataques de pánico cesaron.

Cuando observamos los hábitos emocionales con atención
consciente, poco a poco logramos estar menos definidos por
ellos y volvernos más capaces de desembarazarnos de sus lentes
distorsionantes sobre la vida. Gradualmente, a medida que esos
patrones pierden su poder, empezamos a ver las cosas de manera más equilibrada, permitiéndonos una respuesta más flexible
en lugar de una reacción automática única e invariable.

MOMENTOS DE ATENCIÓN CONSCIENTE

La atención consciente cambia nuestra relación con los momentos en los que nos sentimos más molestos y angustiados. En
lugar de verlos bajo una luz puramente negativa, si llevamos la
atención consciente a ellos, podemos ver las posibilidades de
cambio que ofrecen. Como dijo el difunto maestro tibetano
Chogyam Trungpa, experto en psicología budista: «Cuando
aparecen los problemas, en lugar de verlos solo como amenazas,
hay que transformarlos en situaciones de aprendizaje, oportu-

nidades para descubrir más cosas a propósito de la mente de uno y seguir el propio camino.»

Al practicar la atención consciente, sus efectos en la vida pueden presentarse de muchas maneras diferentes. A veces puede ser respondiendo a algo que nos irrita de manera diferente, sin sentirnos molestos; a veces significa ponerse en contacto con un sentimiento que habríamos ignorado antes y prestar más atención a los mensajes que encierra. A veces nos ofrece mayor empatía para con alguien o para con nosotros mismos. En otras ocasiones, puede que proporcione una percepción a propósito de las razones por las cuales tenemos una reacción emocional o por las que las reacciones ante un patrón profundo nos hacen sentir menos abrumados. Los efectos específicos de la atención consciente en una persona dada y en un momento determinado son únicas.

La atención consciente puede ser llevada a cualquier experiencia, incluidas nuestras emociones más confusas. Una paciente me dijo: «Desde que empecé a practicar la atención consciente, me doy más cuenta de las cosas; me tomo el tiempo para escuchar a alguien, cuando antes quizá me sentía demasiado ocupada, impaciente o abrumada para tomarme tiempo.» Ella descubrió que esta posición más atenta creaba una diferencia palpable en tres relaciones muy diferentes: con su socio en el trabajo, con su marido y con su hija adolescente. En el trabajo, un comercio que dirigía con su socio, descubrió una marcada disminución en el número de veces en que ella y su socio tenían discusiones. Con su marido, advirtió que parecía más interesado en las preocupaciones que ella tenía, porque ella estaba más entregada a él. Y con su hija, supo que las cosas habían cambiado cuando un día le dijo: «Sabes, mamá; ahora es mucho más fácil hablar contigo sobre lo que me pasa.»

Otra paciente estaba atormentada por la angustia de la actuación, una batalla constante dado que las actuaciones en el escenario eran esenciales en su carrera. Cuando estaba por salir a escena, e incluso en la mitad de una interpretación, se sentía obsesionada pensando que el público estaba criticándola y consideraba horrible su actuación.

Al cabo de algún tiempo de terapia, fue capaz de emplear la atención consciente para tener más conciencia de esos pensamientos cuando aparecían y para ver cómo esos miedos la estaban controlando. Así que, antes de salir al escenario, se ponía atenta, haciéndose cargo de esos pensamientos autocríticos a medida que estos empezaban su asedio habitual, y los desafiaba. Por ejemplo, se recordaba a sí misma: «No me defino por lo que piensa el público.» Empleaba una pausa consciente para hablar consigo misma a través de sus temores, de manera tal que podía poner su energía en la expresión creativa de la música en lugar de quedarse preocupada por lo que la gente pudiera estar pensando de ella.

Otra me dijo: «Los sentimientos no causan tanto miedo cuando una deja de evitarlos.» Ella había advertido que emplear la práctica de la atención consciente le permitía enfrentar el dolor y la tristeza que sentía en sus relaciones clave —con su madre, con algunos amigos— y aceptarlo. Descubrió que, a medida que investigaba esos sentimientos y que comenzaba a detectar los patrones interiores que los disparaban, estaba empezando a ser menos reactiva en esas relaciones.

Cada uno de esos cambios fue el resultado de que las personas se tomaran su tiempo para la atención consciente. Cada vez que usted despierta a aquello que hace automáticamente —cada vez que usted puede llevar lo que está haciendo más claramente a la conciencia—, usted es consciente. La atención consciente nos ayuda para tales «despertares» cuando más los necesitamos: en las situaciones de la vida, cuando nuestras reacciones emocionales están llenas de oscilaciones.

Como me dijo una paciente: «A veces estoy trabajando en una situación que usualmente me habría desencadenado una explosión de ira y, en lugar de reaccionar así, veo lo que me está ocurriendo, lo que se está construyendo en mi interior. Soy consciente de una llama interior, pero no dejo que se encienda. Estoy comenzando a ver que no debo dejar que continúe controlándome.»

La atención consciente nos permite atrapar los esquemas cuando estos empiezan a apoderarse de nosotros. Nuestra normal precipitación hace que los hábitos emocionales entren en acción sin que notemos qué está ocurriendo; nuestra mente está en otra parte. Pero una conciencia atenta en tales momentos disminuye la velocidad de la mente para que podamos ver más claramente lo que sucede y, por lo tanto, tener más opciones, no precipitarnos a ofrecer una respuesta automática. Como me dijo una paciente: «La atención consciente es como un paracaídas: disminuye la velocidad de las cosas, de manera tal que una puede advertirlas mejor.»

Cuando vemos un estado mental con más claridad, nuestra relación con él cambia. Si somos conscientes de un estado reactivo —el enfado, por ejemplo—, nuestra perspectiva de él es fresca: podemos experimentar los sentimientos de cólera plenamente en el cuerpo y la mente, antes que ser sencillamente arrastrados por esas oleadas de ira. Podemos ser conscientes de los sentimientos y dejarlos pasar; podemos ser más capaces de permanecer con nuestras emociones y estados mentales tal cual son, sin resistirnos a las sensaciones desagradables y sin tratar de prolongar aquellas que nos agraden. En lugar de ser arrastrados por una emoción y, en consecuencia, reaccionar automáticamente como hemos hecho cientos de veces antes cuando nos hemos sentido así, tenemos una opción: con nuestra respuesta podemos ser creativos.

Hay muchas maneras de aplicar la atención consciente a nuestras emociones turbadoras; cualquiera de los tres niveles de diferente intensidad de la atención consciente pueden ser sacados a la luz, de acuerdo con la tenacidad y la fuerza de los sentimientos. En *El poder de la atención consciente*, Nyanaponika Thera ofrece una regla empírica para ser conscientes de nuestra turbulencia interior de intensidades variables: ponga el menor esfuerzo en hacer frente a un sentimiento perturbador, que este hará el trabajo.

Un toque leve, sin demasiado énfasis o atención en los detalles, puede ser todo lo que necesitamos para mantener a raya un disturbio emocional suave para así poder ocuparnos de otras cosas. En lugar de involucrarnos en una «conversación» mental con los pensamientos o sentimientos perturbadores, a veces puede bastar una breve toma de conciencia, apenas un reconocimiento como un signo interior.

Ese breve toque de atención consciente puede aclarar nuestra mente si la perturbación no es muy turbulenta, si el esquema está solo ligeramente activado, si está perdiendo influencia sobre nosotros o si nuestros poderes de atención son fuertes. Si es así, limitarnos solo a notar la perturbación puede ser suficiente para desalojarla de la mente.

La atención consciente fortalece nuestra habilidad para escuchar los susurros de los sentimientos y pensamientos subterráneos que enturbian las profundidades. La atención consciente nos ayuda a detectar y capturar los pensamientos automáticos, los cuales, si se les permite continuar su camino, propiciarán un ataque de esquema. Por ejemplo, el disparador del esquema de exclusión social es algo así como «Nunca perteneceré a un grupo, siempre seré un marginal.» El del esquema de sometimiento, «Me siento controlado». Estos pensamientos actúan de manera invisible, lejos de nuestra conciencia, y disparan un ataque de esquema completo. Pero si, con estos pensamientos habituales, logramos utilizar un radar de atención consciente y, con él, traerlos a nuestra conciencia antes de que se inicie el ataque, entonces podemos desafiarlos y abortarlo. Esto nos permite recordar el esquema de vulnerabilidad antes de dejar que los pensamientos y miedos del esquema nos controlen.

Una vez que están bajo la clara luz de la conciencia y contrastados con la evidencia que hay en contrario, estos pensamientos demuestran ser notoriamente débiles. Por ejemplo, recordar episodios tranquilizadores de momentos en los que el retraso de alguien no estaba relacionado con una relación difícil o de momentos en que encontramos extraños en una fiesta con los cuales nos sentimos completamente a gusto puede, a veces, ser suficiente para derrotar aquellos pensamientos de abandono o exclusión que son disparadores de esquemas. Por supuesto, ser consciente de algo no necesariamente significa que uno tiene la claridad necesaria para ver qué está pasando. La cuestión es poder permanecer junto a la propia experiencia, de una manera abierta y positiva. Así, no importa qué esté pasando y cómo cambie, estaremos presentes con una mirada sostenida.

Si nuestra atención consciente tiene el poder suficiente para continuar, a pesar de que rocemos estos sentimientos y pensamientos escondidos —dice Nyanaponika—, a veces puede «revelar qué pobres y débiles son en realidad», como las ilusiones del Mago de Oz. Una vez que miramos detrás de la cortina que los oculta a nuestros ojos, podemos comenzar a cuestionar las suposiciones vacilantes y los hábitos emocionales reflejos que han dado tanto poder a nuestros esquemas. Nuestros miedos se encogen y toman proporciones manejables; incluso pueden desaparecer.

LA ATENCIÓN CONSCIENTE SOSTENIDA

Pero si un esquema surge con mayor fortaleza y persisten los sentimientos perturbadores, entonces necesitamos reunir la correspondiente y persistente atención consciente. Y con mucha frecuencia, particularmente en el inicio de este proceso, esos sentimientos persisten. Entonces la atención consciente necesita ser sostenida y a cada ola de perturbación debe oponérsele la correspondiente calma e incluso atención. Si podemos persistir, una atención consciente firme, determinada y sostenida puede hacer que la intensidad de la emoción se disipe, como un fuego al que le falta aire.

En este nivel de atención consciente, el método de «nombrar» —esto es, de identificar con una palabra la naturaleza de la perturbación— puede ayudar. Por ejemplo, si usted se siente herido debido a que se disparó su esquema de abandono, puede repetir mental y suavemente una palabra (por ejemplo «miedo» o «pérdida» o «abandono») que le ayude a darse cuenta de lo que está pasando, y no continuar cayendo en ese sentimiento. Cada vez que usted sienta esos sentimientos perturbadores, a medida que ellos se apacigüen, usted repetirá esa frase mentalmente, no como un mantra en el cual debe centrarse, sino con ecuanimidad, como una forma de reconocimiento.

Miriam, una de mis pacientes, que también es una entusiasta practicante de la atención consciente, estaba en un retiro con el maestro Joseph Goldstein. En una de sus charlas, él había relacionado nuestras reacciones habituales con el brazo de una gramola que gira y escoge un disco automáticamente, pasándolo una y otra vez. Alegremente sugirió que, cuando los meditadores observan que su mente entra en tales actos habituales, simplemente den un nombre a ese hábito, algo así como «B3», el tipo de código de selección de una gramola.

«Una mañana —me contó más tarde Miriam— traté de hacer eso con mis pensamientos matinales habituales. Son esos pensamientos esquemáticos que surgen después de que me despierto: "No puedo hacer esto", "Me siento superada", "Me odio". Entonces puse un nombre a cada uno: "M1", "M2" y "M3" por "matinales". De esta forma puedo observar fácilmente el curso habitual de pensamientos que corre por mi mente, sin tomarlos seriamente en cuenta o sin verme atrapada por ellos.»

A medida que nos vamos familiarizando con la persecución de esos patrones emocionales habituales, podemos delinear una cadena de pensamientos asociativos, usando la atención consciente para perseguir e identificar el momento en que el pensamiento surgió en nuestra conciencia y luego nos conquistó para que creamos en él. Pero con la atención consciente esos pensamientos pueden ser vistos como «sensaciones de la mente».

La tranquilidad y la práctica de la concentración también valen para calmar los esquemas activos y sus turbulentas emociones. Cuando una situación de la vida, que puede ser disparadora de esquemas, perturba el equilibrio mental, desatando fuertes reacciones y sentimientos, puede ser bastante útil calmar la mente y neutralizar esos sentimientos con, por ejemplo, la meditación focalizada en torno a la respiración.

El método de la concentración induce a la calma. Nos ayuda a sentirnos más centrados y también libera nuestra atención del empuje gravitacional de la reacción producida por un esquema.

Después de conquistar más ecuanimidad y concentración, podemos seguir con una investigación consciente de los sentimientos y del estado mental que tenemos, entendiendo de una manera más sutil cómo trabaja el esquema cuando se activa.

Si esta aplicación de la atención consciente no es suficiente y esos sentimientos perturbadores continúan creciendo, se necesita entonces una posición más activa: hay que volver la atención hacia los pensamientos y sentimientos que potencian el esquema. La atención consciente, junto con los métodos de la terapia de esquemas, ordenan un enérgico desafío a los pensamientos que disparan los sentimientos perturbadores.

La atención consciente nos ayuda a distinguir entre la distorsión y la realidad, y así poder ver claramente los pensamientos distorsionados, los mitos personales y los patrones emocionales que nos enredan. Podemos entonces trabajar directamente con esos pensamientos para liberarnos de ellos. En este tercer nivel, el uso de la atención consciente se separa de la práctica tradicional de la meditación en la cual la atención no es dirigida, sino que permanece como un monitor atento a lo que surja naturalmente. Aquí usamos una investigación conceptual del patrón.

Esto puede tomar la forma de, por ejemplo, quedarse con una pregunta como: «¿Qué puedo aprender a partir de esto?» o «¿Qué pensamientos se esconden detrás de estos sentimientos?» o «¿Qué esquema está activo ahora, con qué lente deformante estoy mirando las cosas?»

ESQUEMAS DE INVESTIGACIÓN

Existen dos dimensiones de la atención consciente. El aspecto tranquilizador puede ayudarnos a calmar las emociones perturbadoras de un ataque de esquema, mientras que la naturaleza investigadora dispara percepciones. Las dos dimensiones se pueden usar de manera conjunta.

Por ejemplo, Carolyn, una profesora, estaba mirando las descripciones de los cursos —incluido el suyo— en el catálogo de la universidad, cuando su esquema de perfeccionismo se disparó en una espiral de autocrítica negativa: «Los cursos de los otros profesores parecen tan coherentes... Ellos están más organizados y son más profesionales que yo. Sus cursos parecen mucho más interesantes. Nadie querrá venir al mío.»

Cuando más tarde me lo contó, le dije: «Puedes tomar cualquiera de estos dos enfoques. El calmo consistiría en que, cuando se presente el primer pensamiento autocrítico, te dijeras: "Sé que soy vulnerable al juzgarme a mí misma y al compararme negativamente cuando leo catálogos como este." Luego, deja de lado el catálogo y concéntrate en otra cosa o simplemente en tu respiración hasta que abandones esos pensamientos y te calmes. También puedes recurrir al enfoque investigador y trabajar conscientemente con la reacción emocional de juzgarte y compararte cuando esta se te presente. Advierte, con una conciencia atenta, de qué manera te está afectando —sin seguir enganchada en la reacción o en su "argumento"— y considera que se trata de una oportunidad para aprender.»

Investigar los esquemas de esta manera puede llevar a una mayor precisión en su comprensión. Entre las percepciones psicológicas que permite esta atención sostenida están la comprensión de cuáles son los disparadores del esquema, de los patrones emocionales que lo acompañan o que lo mantienen en su lugar, o los recuerdos a propósito de los primeros acontecimientos de la vida que formaron o dieron nacimiento al esquema.

Por esta forma de investigación del esquema, usted se involucra más en la historia que hay detrás de un estado emocional que cuando practica meditación. Pero esta extensión de la investigación consciente de la vida puede ayudar a mantener una conciencia más clara a propósito de situaciones que, de otra manera, podrían ser perturbadoras.

Como terapeuta, durante la sesión me descubro muy a menudo tratando de mantener a la gente centrada y atenta a las emociones y patrones que necesitan ser investigados para que se produzca la curación. Pero también recalco a mis pacientes la necesidad de que cultiven la conciencia por su propia cuenta cada vez que sientan una emoción fuerte, manteniendo la aten-

ción hasta que el estado emocional llegue a su término naturalmente.

Si usted está siguiendo cualquier tipo de psicoterapia, la conciencia sostenida complementará el trabajo que lleva a cabo con
su terapeuta por varias razones. En primer lugar, convertirse en
un observador diligente de lo que experimenta entre las sesiones
de terapia le permite aprovechar más plenamente la sesión misma, llevando a ella las mejores «muestras» de aquello que usted
debe enfrentar cada día. En segundo lugar, la atención consciente prolonga el alcance de la sesión de terapia, permitiéndole aplicar espontáneamente las percepciones de la terapia en la vida
cotidiana.

LA REFLEXIÓN SENSATA

Otro proceso extremadamente útil de la investigación consciente se llama «reflexión sensata». Achan Amaro, quien practicó durante muchos años en los monasterios de la selva tailan-
desa, lo describe en los siguientes términos: «Comience
realizando alguna práctica de concentración durante un rato
para centrar la atención, de manera que no se pierda en divagaciones. Luego, cuando encuentre algo que quiera investigar,
cambie a un modo investigador y deje que eso "aparezca" en
su mente, en su conciencia. Deje que la mente investigue de
manera reflexiva, sin pensar en la cuestión que investiga. Cuando se descubra perdido en divagaciones, vuelva un rato a la
respiración para volver a concentrarse. Luego, abandone nuevamente en la conciencia lo que quiere investigar, obteniendo
un sentido de manera más intuitiva (cualquier percepción que
surja a propósito de aquello sobre lo que está reflexionando).
Esto es muy útil para trabajar con los patrones habituales, para
traerlos a la mente y reflexionar sensatamente sobre ellos cuando no se está en el tráfago de la vida, que es cuando ellos están
activos. Usted necesita reflexionar sobre ellos cuando tiene una
calidad de conciencia más atenta e investigadora. De otra forma, los patrones habituales siguen actuando una y otra vez,

hasta que usted los haga más conscientes y rompa la cadena del patrón habitual.»

La reflexión sensata puede darse a diferentes niveles. A veces es más conceptual, meditada; en otras ocasiones se basa más en una práctica profunda de la cual emerge un sentido más intuitivo. Una de mis pacientes me contó sobre su experiencia con este tipo de enfoque.

«Cuando esta mañana empecé a meditar, inmediatamente noté la agitación de mi mente. Había muchas cuestiones vagas que reclamaban mi atención, cuestiones a las cuales había estado aferrada durante algunos días. Había tenido otra pelea con mi madre, que me critica constantemente y me había hecho estallar, tanto que le colgué el teléfono. Mi conciencia estaba distraída continuamente, queriendo sacar alguna conclusión de lo que había pasado, aunque no fuera posible cambiar las cosas.

»Al cabo de cierto tiempo, puesta a la práctica, la agitación mental se calmó, a medida que la claridad empezó a emerger y mi mente, a aquietarse. Fue casi como bucear en un estanque de conciencia clara. Después de un rato, reflexioné sobre algunas de esas mismas cuestiones que habían estado preocupándome: ¿Por qué soy tan vulnerable a las críticas de mi madre? ¿Qué puedo hacer para cambiar ese patrón?

»Pero entonces sentí una perspectiva más amplia que hizo que todo pareciera más abarcable, más aceptable. Conecté lo que había pasado con lo que había estado pensando sobre mis esquemas de perfeccionismo y desvalorización. Pude ver que había reaccionado de la misma manera en que lo había hecho siempre cada vez que ella me había humillado. Pude sentir que volvía a ponerme tensa cuando pensaba en aquello y a sentirme molesta otra vez. Así que dediqué un rato a la meditación.

»Entonces, cuando empecé a sentirme más centrada, reflexioné de nuevo. Sentí, probablemente por primera vez, que no tenía que reaccionar de la misma manera ante mi madre. Que ahora había en mí algo que podía contenerme, que podía responderle con algo que no fuera un contraataque y que, en lugar de empeorar todavía más las cosas, podía ser la que bajara los decibelios.»

Al meditar, si cultivamos una conciencia atenta, quizá descubramos que dentro de nosotros hay una fuente de percepciones que posee un modo de transformar los estados emocionales. La mente puede estar aferrada a algún problema o, sencillamente, perdida en la confusión.

Luego, a veces puede tener lugar un proceso de transformación, en el cual aquello que no se advierte o comprende puede asentarse en un conocimiento más intuitivo. Las cualidades más sensatas de la conciencia atenta empiezan a estar disponibles para nosotros. Hay claridad, concentración y calma. La intuición y la confianza nos conectan a esa parte de nosotros que puede dar sentido a la confusión.

Por el contrario, la agitación y el miedo causados por nuestros esquemas —y el impulso habitual a resistir la experiencia del sufrimiento— se originan en nuestra pérdida de contacto con el estanque consciente de la sensatez. Dejamos que el esquema defina nuestra experiencia. Pero si aplicamos una reflexión sensata, contamos con un medio para ayudar a entender la experiencia bajo una nueva luz.

EL PODER DE LA PRÁCTICA

Para que la atención consciente funcione, necesitamos hacer esfuerzos para trabajar y fortalecer esa capacidad. Esto significa, esencialmente, desarrollar una práctica de meditación regular y, si fuera posible, hacer un retiro. Es necesario recordar que meditar significa volver a entrenar nuestros hábitos de atención más básicos.

Mientras la mente común puede distraerse muy fácilmente —y, de hecho, eso sucede continuamente—, la atención consciente fortalece el músculo de la concentración para que podamos mantenernos centrados. Mientras que la atención tiende a ir de una cosa a otra, permaneciendo sobre la superficie de las cosas, la atención consciente cultiva la capacidad de mantener una conciencia investigadora, que va más profundamente dentro de nuestra experiencia.

Para ser capaces de aplicar esas cualidades en nuestros esquemas, necesitamos practicar meditación de atención consciente en los próximos años de la vida. Como cualquier nueva habilidad, es necesario practicarla una y otra vez para alcanzar un nivel significativo de dominio. Con la meditación, la práctica regular puede ser cada vez más fácil, porque es placentera en sí misma, un oasis de tiempo apacible con nosotros mismos en medio del frenesí de la vida.

Recuerdo que un hombre vino a verme después de un taller. «Puede que no me recuerde —me dijo—, pero un amigo me trajo hace años a un taller que usted dio sobre meditación para principiantes. En ese entonces, yo era adicto a las drogas. Pero ya no; ahora soy adicto a la meditación.» La meditación, desde luego, es una adicción positiva, como un ejercicio regular: algo que ofrece beneficios positivos y que usted realiza regularmente porque le gusta hacerlo.

LA ATENCIÓN CONSCIENTE DURANTE LOS ATAQUES DE ESQUEMA

Aunque la atención consciente tiene lugar más fácilmente en esos momentos tranquilos en los que tenemos un humor contemplativo, tiene mucha utilidad cuando se produce un ataque de esquema. Es una de las razones por las que la atención consciente necesita la práctica diaria: podemos contar con ella cuando más la necesitamos, en aquellos momentos en los que actuamos irreflexivamente. Una paciente describió una pausa consciente y unas cuantas respiraciones como un medio para estar más presente, para ser más perspicaz y para estar emocionalmente disponible cuando su hija estaba en medio de un ataque de depresión.

El desafío consiste en mantener un nivel de ecuanimidad al mismo tiempo que sentimos el trastorno, o inmediatamente después del pico de perturbación, de manera que se pueda reunir alguna atención consciente. Asimismo, mantener la atención en una emoción intensa puede significar que el sentimiento se intensifique un momento antes de que se esfume o cambie. Pero, aunque el sentimiento no «se vaya», la atención consciente puede hacer que lo veamos con más transparencia.

Si, por ejemplo, se presenta la ira, la actitud consciente para ese sentimiento es sencillamente observarlo sin dejarse atrapar por él; sin identificarse completamente con las sensaciones de cólera y con pensamientos como «¡Te odio!», sino teniendo también la conciencia simultánea de que «Lo que estoy sintiendo es ira». La idea no es suprimir tales sentimientos ni actuar contra ellos, sino simplemente ser consciente de ellos.

La atención consciente se centra en el proceso de conciencia, sin quedar atrapada en la satisfacción de la conciencia. Advierte, por ejemplo, el sentimiento de ira, pero no se ve arrastrada por los detalles específicos o por la satisfacción de la ira. Si usted empezara a perderse en las razones por las que está enfadado —pensamientos como «¡No soporto que me haga eso!»—, entonces deja de ser consciente; en ese caso usted se identifica con el sentimiento de ira, en lugar de sencillamente advertirlo.

Por otro lado, la atención consciente no es represión. Usted quiere permitirse experimentar plenamente la cólera, notar los pensamientos que llegan a su mente, las sensaciones en su cuerpo, el impulso a actuar o las acciones que descubre que realiza. Puede que, por ejemplo, note rigidez en el intestino, o que los músculos del brazo se ponen tensos como si fuera a golpear a alguien o cerrar el puño y la mente repleta de pensamientos indignados.

En síntesis, usted experimenta la ira plenamente, con tanta exactitud como pueda. Si actúa respondiendo a lo que provoca la ira, lo hará muy conscientemente; esto hará que su respuesta sea más adecuada. Ser consciente de la experiencia de la ira permite cambiar la relación ante el mismo sentimiento de ira, haciendo que usted sea más plenamente consciente de lo que ocurre. Usted puede expresar tanto sus sentimientos sobre la causa de la ira como ser atentamente consciente al mismo tiempo, pero esa reacción es diferente de la del tipo habitual, que consiste en representar inconscientemente la ira.

Si usted es muy consciente, es más capaz de hacer lo que

Aristóteles señalaba como muy difícil: «Estar enfadado con la persona que corresponde, de la manera que corresponde, en el momento que corresponde y por la razón que corresponde.»

DESCUBRIR LO QUE ESTÁ POR PASAR

En nuestra vida, muy a menudo somos conscientes de que hemos tenido un ataque de esquema solo después de que toda la secuencia ha tenido lugar; si es que lo notamos. Pensamos retrospectivamente y nos damos cuenta de que «Oh, volví a hacer eso». Pero la atención consciente nos ofrece un medio para advertir los ataques de esquema cuando estos están por producirse en nuestro interior; con suerte, antes de que lleguemos al punto de repetir nuestra respuesta habitual otra vez. La atención consciente es la clave: cuanto más poderosa sea nuestra conciencia, tanto más capaces seremos de advertir que el ataque está por producirse, en lugar de hacerlo mucho después de que este haya pasado.

Una paciente me contó su vuelta al trabajo después de haber estado ausente en un retiro de atención consciente: «Desde que volví a casa después del retiro, ha sido muy útil ser consciente del carácter de mis reacciones en la vida. Tenía que volver a trabajar al día siguiente, y era muy consciente de lo activa que estaba mi mente. Trataba de seguir estando consciente del carácter de aquellas reacciones.

»Hay una mujer con la que trabajo que es particularmente molesta: se mete en las conversaciones, se lo pasa quejándose interminablemente y da opiniones sobre todo. Normalmente, eso me habría llevado a enfadarme y a ser cortante con ella. Luego, me habría puesto de mal humor durante horas.

»Pero esta vez fui consciente. Al oírla decir cosas con las que no estaba de acuerdo, vi que mi mente, como de costumbre, empezaba a cerrarse alrededor de un pensamiento crítico. Así que me acordé de que tenía que ser consciente de los sentimientos desagradables que acompañaban a esos pensamientos. Mientras seguía siendo consciente de esos desagradables sentimientos de antipatía, vi cómo se iban disolviendo en la nada, dando lugar a la agradable sensación de no sentirme tan fácilmente molesta por las experiencias desagradables. Vivir la vida con más ecuanimidad es un alivio.»

En esa pausa consciente, mi paciente fue capaz de alejarse lo bastante de su respuesta habitual para llevar claridad y ecuanimidad a lo que, de otra manera, podría haber sido una andanada mental de críticas. Bastó un momento de atención consciente.

La atención consciente lleva la capacidad cerebral de conciencia de uno mismo a los sentimientos e impulsos no elaborados del centro emocional. Por lo general, cuando somos arrastrados por una emoción, los pensamientos y sentimientos nos llevan a actuar sin que pensemos en lo que estamos por hacer; nos limitamos a reaccionar.

Pero la atención consciente nos permite llevar una conciencia precisa a todo el proceso emocional; una conciencia que establece distinciones entre los pensamientos, los sentimientos y el impulso de actuar. La capacidad incrementada de advertir el momento de intención —el movimiento mental que tiene lugar al principio de ese cuarto de segundo mágico antes de que actuemos— nos da más opciones.

La atención consciente nos da libertad en ese instante de elección crítico. Si logramos alcanzar conscientemente ese momento, podemos, por ejemplo, quedarnos con las sensaciones despertadas por los sentimientos y pensamientos coléricos, siguiéndolas hasta que se desvanezcan o hasta que pierdan su influencia sobre nosotros, en lugar de dejar que dicten lo que hacemos. O podemos elegir una respuesta alternativa; quizá expresar y declarar claramente nuestras necesidades en vez de reaccionar con un estallido airado.

Una conciencia más refinada de nosotros mismos implica que podemos notar el impulso antes de que reaccionemos, y así decidir más rápidamente no seguir el impulso a la acción. El principio fundamental: cuanto antes podamos entender qué está pasando en el curso de un ataque de esquema, tanto más capaces somos de reducir la secuencia completa.

Si podemos comenzar a advertir una sensación demasiado

familiar en el cuerpo, o esos pensamientos igualmente familiares —señales de que el esquema ha empezado a activarse—, entonces podemos tener más opciones a propósito de lo que haremos a continuación. Cuanto más sutil sea el nivel en el cual podamos advertir el comienzo de un ataque de esquema, tanto mejor. La atención consciente nos ofrece ese radar interior sensible.

COMPRENSIONES SUTILES

La actividad del esquema no siempre anuncia tan ruidosamente su llegada. Muy a menudo, mucho antes de que el ataque se apodere de nosotros, hay un período calmo de preparación, en el que el esquema ha seguido cebándose, pero acecha en el fondo de la conciencia. O puede que el esquema siga cebándose días o semanas y explotar solo ocasionalmente como ataque de esquema completo.

Los signos de que un esquema se ha cebado traen consigo los pensamientos típicos que acompañan al patrón, muchos de los sentimientos asociados que este activa o los impulsos típicos de reaccionar de acuerdo con lo que dicta el esquema.

La fricción con el ataque de esquema que se incuba en el interior del individuo puede desembocar en un episodio prolongado de cebadura de esquema. Dado que el esquema cebado nos sensibiliza a la menor insinuación de los acontecimientos que actúan como disparadores, los momentos que en otro caso habrían pasado desapercibidos, ahora se convierten en minidisparadores, que mantienen cebado el esquema.

Por ejemplo, si usted se encuentra con alguien que a menudo le dispara un esquema —digamos, el de la desconfianza—, por más inocente que sea la interacción, ese encuentro podría hacer que su esquema comenzara a cebarse. Usted, por ejemplo, podría descubrir que se vuelve cauto a propósito de las razones de la gente porque el temor a que le pidan algo sin devolverle nada se desplaza al primer plano de su mente. Podría entonces comenzar a interpretar la falta de agradecimiento de alguien en relación con su amabilidad como un signo de que los demás solo quieren cosas de usted, sin que haya reciprocidad, lo cual es un pensamiento típico del esquema de la desconfianza.

Cuando un esquema se ceba de esa manera, puede convertirse en un humor subyacente y sostenido por sí mismo que teñirá el modo en que usted perciba a la gente, con una sutileza tal que difícilmente usted lo note. Sin embargo, la facilidad con que los pensamientos relacionados con ese esquema llegarán a su mente, podrá constituir un signo del mismo.

Aprender lo específico del mecanismo de nuestros esquemas puede ser extremadamente clarificador y ofrecernos pistas útiles para desentrañar qué está sucediendo en realidad. Por ejemplo, si usted padece el esquema de carencia, puede que descubra que incluso una ligera distracción —digamos, una compañera de trabajo que se olvida de traerle el café que usted le pidió cuando ella salió—, ceba un poco el esquema. Usted podría descubrir que sus pensamientos vagan hacia otras veces en que los amigos o la familia lo abandonaron o a incidentes en los que ellos ignoraron sus necesidades o sentimientos. O podría sentir un dejo de dolor, de tristeza, o sentirse molesto por la distracción de su compañera.

Todas estas reacciones son típicas del esquema. Tan calladas que pueden pasar desapercibidas muy fácilmente. A veces, las reacciones de esquema son tan sutiles que lo único que sabemos es que «nos sentimos raros» a propósito de algo, pero sin darnos cuenta del porqué. Pero volvernos atentos a esas sutiles señales abre la posibilidad de detectar la actividad de un esquema que, de otra forma, podría escapar a nuestro radar y, por lo tanto, volver a controlar nuevamente nuestras reacciones.

ATENCIÓN CONSCIENTE DE UN ESQUEMA CEBADO

Estas sensaciones y reacciones sutiles a menudo se convierten en un humor duradero, en una reacción que puede crear un filtro sesgado y moroso en nuestra conciencia, empañando nuestra percepción. Llevar a esos humores inducidos por el esquema una conciencia atenta más precisa puede servirnos para ver qué es lo que guía a esos sentimientos y a los pensamientos que los acompañan.

Tomemos el caso de mi paciente Kimberley, cuyo esquema de carencia se había cebado. Al principio, lo único que ella notaba era lo que interpretaba como «mal humor». Cuando prestó más atención, fue consciente de una sensación de pesadez en el pecho y el vientre. Al seguir observando su reacción con atención consciente, advirtió que en su mente había un predominio de patrones familiares de pensamiento asociados con la carencia. Por ejemplo, después de recibir el mensaje de una amiga que la había llamado para pedirle un favor, tuvo un pensamiento automático: «¿Por qué siempre me llama cuando necesita algo?» Junto con ese pensamiento tuvo una sensación subyacente de resentimiento. Prestando más atención, Kimberley advirtió que esta sensación iba acompañada de tristeza.

Por lo tanto, Kimberley se preguntó con simpatía: «¿Te sientes mal por algo, no?» Descubrió que las lágrimas le rodaban por las mejillas. Recordó una desilusión reciente causada por un viejo amigo a quien no había visto durante años, que la llamó inesperadamente para pedirle un préstamo. Ese, advirtió, había sido el incidente que había cebado su esquema, disparando su mal humor.

Ponerse en contacto con todas las sutiles maneras en que nos vemos afectados cuando el esquema se ceba puede desatar el proceso a través del cual nos liberamos de esa densa niebla de malos humores. Darse cuenta de lo que le estaba sucediendo permitió a Kimberley encontrar un antídoto para su situación. Ya no se sintió inútil ni atrapada por el mal humor, sino capaz de tomar distancia para que esa situación terminara.

En su caso, hubo dos enfoques que la ayudaron. Uno fue sencillamente ser consciente de su humor y de sus causas subyacentes. El acto de atención consciente le proporcionó algún alivio inmediatamente. Y Kimberley llamó a un amigo cariñoso y comprensivo para hablar con él sobre sus sentimientos. La combinación de ambas circunstancias —una interna y otra externa— rompieron la sujeción al esquema.

Como veremos en los próximos capítulos, la atención consciente tiene una cualidad particular para ofrecer a cada uno de los cuatro aspectos del trabajo de esquema: los pensamientos, las emociones, el comportamiento habitual y las relaciones. A pesar de la necesidad de describirlos uno a uno, cuando se presenta el verdadero trabajo de alquimia emocional, operan simultáneamente a lo largo de carriles paralelos. Y, en cierta forma, los límites entre ellos son artificiales. El trabajo emocional, por ejemplo, también implica ocuparse de los pensamientos que guían un esquema.

Tómese, por ejemplo, la manera en que Kimberly, en otra ocasión, trabajó de distinto modo con su esquema de carencia emocional. En el nivel cognitivo, a menudo suponía que los demás la privaban de algo intencionadamente, o sentía que debían leerle la mente y saber qué necesitaba ella sin que ella tuviera necesidad de decir nada. Al llevar la atención consciente a sus pensamientos, Kimberly la empleaba como un vigilante radar interior. Cuando descubría que la afectaba un pensamiento de esquema —como «A nadie le importan mis necesidades»—, hacía una pausa lo suficientemente larga como para empezar a desafiar ese pensamiento, en lugar de dejar que este continuase controlándola o definiendo su realidad.

La carencia arrastra una gran carga emocional y, por lo tanto, Kimberly a menudo descubría que sentía una enorme tristeza o tenía estallidos de furia, sin saber realmente por qué. Allí la atención consciente desempeñaba varios papeles. Cuando llegaba el momento de ordenar ese tumulto de sentimientos confusos, ella practicaba la atención consciente sostenida. Esto la ayudaba a detectar los signos que delataban el esquema de carencia que se escondía en su interior. Y en esos momentos, cuando aquellas sensaciones empezaban a salir a la luz pero ella se distraía concentrándose en otra cosa, era capaz de utilizar la atención consciente para conectarse con las sensaciones dolorosas, a pesar del impulso de negarlas.

En el centro de este esquema se hallan la tristeza y la indignación que alimentan a la carencia. Para Kimberly, conectarse con esas sensaciones con atención consciente fue un paso útil para permitirles que se marcharan. Ella empleaba un diario para reflexionar sobre esos sentimientos y sus orígenes infantiles. A veces mantenía un «diálogo interior» con la niña despojada congelada en los patrones del esquema, simpatizando con aquellos sentimientos y reconociendo las razones por las cuales alguna vez le parecieron apropiados. La conciencia atenta puede ser como una presencia consoladora y reconfortante; Kimberly fue capaz de reservar una presencia atenta para sus sentimientos dolorosos. Esa presencia actuó como una especie de reemplazo simbólico de la que tanto había anhelado de niña.

A veces Kimberly descubría que se sentía resentida y apartada de otras personas —particularmente de su esposo, de su madre y de sus amigos más íntimos— pero, nuevamente, sin saber exactamente por qué. Cuando se presenta tal comportamiento habitual alentado por el esquema, la atención consciente puede intervenir para ayudarnos a encauzar la secuencia por la cual los pensamientos y las emociones suscitados por el esquema nos llevan a seguir un patrón negativo —o al menos, poco apropiado— de adaptación. A medida que Kimberly se hizo consciente de los pensamientos y sentimientos que hacían que se apartara y se pusiera nuevamente de mal humor, descubrió que tenía una posibilidad de responder de manera diferente, cambiando para mejor lo que había hecho. En lugar de suponer airadamente que sus necesidades eran ignoradas de nuevo y, por lo tanto, de apartarse, comenzó a expresar a sus más íntimos lo que sentía que necesitaba de ellos.

Entonces tuvo una oportunidad de trabajar sobre sus relaciones más próximas para que estas fueran satisfactorias. Ella había sido siempre quien había cuidado esas relaciones, dispuesta en toda oportunidad a ocuparse de las necesidades de los otros, pero nunca poniéndose ella misma en primer plano. Así que se encaminó activamente a cambiar esos patrones de interacción habituales, volviendo a emplear la atención consciente para discernir cuándo estaba a punto de caer en sus hábitos de esquema. Con su marido, también interesado por el trabajo de esquema, comenzó a considerar aquellos momentos en los que tenían conflictos como una oportunidad para que, después de que las cosas se calmasen, pudieran desandar lo andado y ver qué esquemas habían desencadenado el conflicto. Y había dos amigas que sencillamente no parecían poder cambiar, las cuales, sin embargo, se arrogaban siempre ser quienes debían satisfacer sus propias necesidades, sin proceder recíprocamente con Kimberly. Cansada de esas relaciones, Kimberly mantuvo menor contacto con ellas y puso más energía en aquellas amigas que fueran capaces de ser tan generosas y atentas como ella lo era.

En consecuencia, cuando se considera un esquema determinado, la alquimia emocional avanza por varios caminos. En muchos o en la mayoría de ellos, la atención consciente opera como una aliada, complementando la terapia de esquema, como veremos en los capítulos siguientes.

Si usted desea trabajar para liberarse de una reacción de esquema

Trate de llevar atención consciente a las emociones fuertes.

1. Advierta cuándo está teniendo una reacción emocional inadecuada. Los signos comunes de la misma incluyen reacciones exageradas —como la furia intensa ante el menor desaire— y una tristeza profunda cuando alguien se marcha. O puede que se trate de una emoción que no encaja con la situación, como el dolor en lugar de la ira, o incluso la ausencia de emoción —quedar en blanco—, cuando la mayoría de la gente se sentiría angustiada o furiosa.

2. Esté atento. Puede que note que usted reacciona de manera poco apropiada en el calor mismo de la reacción, o solo algún tiempo después (minutos, horas o incluso días más tarde) de que los sentimientos hayan llegado a su nivel máximo. Por supuesto que es mejor ser consciente en algún momento de la reacción y emplear esa concien-

cia de la reacción exagerada como clave para ser consciente. A medida que su atención consciente se fortalezca, usted será capaz de advertir más tempranamente la reacción.

3. Advierta lo que siente. Típicamente, hay una mezcla de emociones, algunas más visibles que otras. Puede que, por ejemplo, la ira sea la emoción más obvia, pero detecte la mezcla de dolor y tristeza que hay detrás de la ira.

4. Advierta lo que piensa. Durante una reacción exagerada hay diferentes niveles de pensamiento. En el nivel obvio están aquellos pensamientos específicos del momento, que alimentan su reacción emocional. Más sutiles son los pensamientos de fondo que disparan a estos otros: «¡No puede tratarme así!» expresa la justa indignación por ser tratado injustamente, lo que, a su vez, alienta una respuesta airada. Las reacciones emocionales de todo tipo extremadamente fuertes son a menudo una clave de que lo que ha ocurrido entraña para usted algún significado simbólico más profundo y de que la intensidad de su reacción se origina en la realidad simbólica antes que en lo que verdaderamente ha ocurrido. Sus pensamientos automáticos giran en torno de la realidad simbólica, interpretando lo que sucede desde esa perspectiva.

5. Sea consciente de sus acciones o impulsos. Nuevamente, diferentes niveles. Están las maneras obvias en las que usted se comporta (lo que usted hizo y dijo, el tono con que lo dijo). Y hay un nivel más sutil (por ejemplo, los impulsos que tuvo y que no siguió).

6. Note cómo cambia su reacción. Los seis pasos toman nota de cómo ser consciente de las reacciones exageradas, le permiten ablandar su patrón de reacción cerrado y habitual y cambiarlo por respuestas que sean más acomodables o positivas. Note qué reacciones habituales comienzan a presentarse; empápese de ellas mientras se mantiene abierto a cualquier experiencia. Fíjese de qué manera se transforman sus reacciones cuando permite

que surjan los impulsos, pensamientos y emociones antiguos y familiares, sin dejar que vuelvan a controlarlo de nuevo.

La alquimia consciente de la ira

Como ejemplo, considere de qué manera este enfoque puede transformar la ira.

Ante todo pregúntese si la ira es inadecuada. A veces hay situaciones en la vida —como ser tratados injustamente o ver que alguien es culpado por una injusticia— en las que la ira es legítima y adecuada. Pero, la mayoría de las veces, nuestra ira se despierta por el significado simbólico de una interacción; la manera en que el esquema nos lleva a interpretar lo que está ocurriendo. En esos casos la ira es inevitablemente una reacción exagerada.

Podemos aprender a usar tales momentos de enojo como parte de la alquimia emocional. Cuando estamos furiosos, podemos preguntarnos:

¿Qué alimenta esta ira? ¿Cuál fue el disparador? ¿Lo que alguien dijo o, por ejemplo, el tono de voz en que lo dijo?

¿Cuáles son los pensamientos que se precipitan en mi mente? ¿Qué me diré para justificar mi ira? La ira tiende a producir un impulso, alimentándose de esos pensamientos que nos justifican, llevándonos a creer que no hay otra salida que estallar como un volcán.

Alguna vez, cuando esté por estallar, haga este experimento:

Quédese quieto y experimente su estado de ira; no se deje arrastrar, manténgase en aquello que le produce enojo, pero tome un poco de distancia interior respecto de sus pensamientos, de manera que pueda observarlos como tales.

Limítese a vivir la experiencia, sin pensar en ella. Sea consciente de lo que está pasando en su mente y en su cuerpo, sin quedar atrapado en más pensamientos sobre la experiencia.

Sencillamente, sea consciente de su experiencia, con conciencia no selectiva. O, si le parece difícil mantener una postura atenta, puede que la anotación mental le ayude. ¿Se siente agitado? Anote «agitación». ¿Se siente tenso? Anote «tensión». ¿Siente que su pulso está acelerado o que tiene taquicardia? Limítese a anotarlo.

¿Qué otra cosa observa?

Quizá haya alguna claridad de propósitos que subyace en su respuesta airada... Quizá las fuerzas interiores estén trabajando, colándose en el calor de la furia. Si es así, ¿cómo se podría usar el calor de ese instante —una fuerza alquímica interna— como una oportunidad?

Quizá haya otros sentimientos que usted encubre junto con la ira, como un sentimiento de tristeza al ser tratado injustamente. Si es así, deje que se fundan al calor de la conciencia atenta.

O quizá haya sensaciones físicas inflamadas por el humeante calor de la ira. Si es así, deje que la agradable calidad de la atención consciente esté alerta a las sensaciones físicas y a la manera en que estas cambian.

O tal vez se le presenten con más claridad una percepción o un mensaje que hagan posible un cambio o que despierten una sensación de claridad y confianza: el descubrimiento de un camino que usted podría tomar para tener una acción firme que remedie la causa de la ira, pero con mayor conciencia y menos reactividad.

Pase lo que pase, en tanto usted siga consciente de la ira, se despierta alguna posibilidad para transformarla.

9

Romper la cadena

En Nueva Inglaterra hay un proverbio: «Si no le gusta el clima, espere cinco minutos.» Yo quería cabalgar con Bodhi, mi caballo, pero, por una u otra razón, lo había estado posponiendo. Pero una brillante mañana de primavera muy temprano, uno de los primeros pensamientos que tuve al despertarme fue: «¡Hoy voy a cabalgar!» Bajé a desayunar, medité y luego me senté cómodamente en el jardín de invierno, con las puertas abiertas al día primaveral, disfrutando con la suavidad del aire y los rayos de sol cálidos y dorados que se filtraban entre las plantas.

Me descubrí reflexionando sobre lo que los budistas llaman «la Cadena del Origen Dependiente», que es la manera en la que los pensamientos y deseos nos conducen a la acción. Advertí lo fácil que era ser arrastrada por lo agradable del clima y cómo eso me había llevado a desear estar al aire libre, experimentando el día, cabalgando. Entonces pasó una nube gris y tapó el sol un rato. No era una de esas nubes deshilachadas que apenas se notan, sino el tipo de nubarrón cargado y oscuro que tan a menudo se acerca furtivamente y se cierne sobre el bosque, justo cuando lo que una quiere es un día cálido y soleado. Con la aparición de esa nube agorera, advertí un cambio radical en el campo del deseo. A medida que tomaba conciencia del descenso de la temperatura del aire, repentinamente húmedo y frío, y de que oía el susurro del viento que se levantaba, advertí la agitación de una sensación desagradable y descubrí que en mi mente se instalaba cierta resistencia: «Quizá se está poniendo demasiado frío para cabalgar», «Quizá llueva y se moje la silla», «De todas maneras, esta mañana debería ponerme a escribir». Luego, las nubes grises empezaron a disiparse; los cálidos rayos de luz se derramaron entre las plantas, haciéndolas revivir. Entonces, volví a pensar y me imaginé aquellos mismos rayos calentándome la espalda y mi caballo al trote, disfrutando la mágica exhibición de los pimpollos de la primavera. Así fue como volví a mi primer pensamiento: «Es un día perfecto para cabalgar.» Y corrí a ponerme las botas.

El círculo de la vida funciona de esa manera. Esa estrecha conexión entre la sensación, el deseo y la acción es lo que nos mantiene encadenados al ciclo del condicionamiento. Sin la menor advertencia de cómo fue que llegamos ahí, salimos, actuando según lo que dicta un pensamiento veloz, una insinuación dictada por una sensación de agrado o de desagrado.

La repetición de un hábito emocional de autoderrota tiene un coste obvio. Una de las brillantes percepciones del Buda fue que los eslabones de la cadena entre sensación, deseo y acción ofrecen un camino para liberarse de la interminable rueda del hábito y del condicionamiento; una especie de puerta escondida a la libertad.

ROMPER LA CADENA DEL HÁBITO

En el corazón de la psicología budista se encuentra la Cadena del Origen Dependiente. Este análisis de la mente mesurado y sensato formula un principio simple: de qué manera nuestros patrones habituales cobran forma y se refuerzan. Y guarda el secreto de lo que tenemos que hacer para liberarnos de los hábitos destructivos.

La Cadena describe las secuencias más básicas de causa y efecto en la mente, de manera tal que ofrece notables paralelos con la moderna ciencia cognitiva. Los primeros eslabones de la Cadena se producen cuando los sentidos entran en contacto con algo; una visión, un sonido, un gusto. Un eslabón lleva al otro:

la percepción entra en contacto, lo que a su vez lleva a la sensación. Cuando nuestras sensaciones son agradables, dan lugar a más deseo, y luego, a perseverar en la experiencia. Por perseverar somos guiados a la acción; por lo general, la búsqueda de más placer o su anverso: la cesación del dolor.

El monje budista Achan Amaro describe cómo una sensación puede convertirse en un deseo —«un ansia egoísta»— y, entonces, cómo ese deseo lleva a que nos aferremos a él o a que perseveremos y, por lo tanto, a la acción: «Si se despierta un interés, la mente se cierra sobre él: vemos algo que nos produce la sensación de que "eso es bello"; luego, el ojo es atraído por eso y dice: "No me molestaría tener algo así"; después, la concentración va más lejos, al deseo: "Bueno, realmente me gustaría tener eso; es una cosa verdaderamente hermosa." Luego viene la decisión de actuar en consecuencia: "Bueno, nadie me mira..."

»Entonces —dice Amaro—, llega el estremecimiento de tener lo que uno desea, lo cual lleva al "punto sin retorno", en el que por ejemplo advertimos: "Dios mío, eso que me llevé no era mío", pero ya no hay vuelta atrás. Una vez que esa situación se ha producido, tenemos que vivir con ella durante toda la vida, con todo lo que eso acarrea; incluso si se trata de pena, tristeza y desesperación.»

A partir de sus estudios sobre cómo trabaja la mente, los científicos cognitivos detallan la misma secuencia: la sensación lleva al conocimiento —al pensamiento sobre lo que sentimos— y al sentimiento, que es nuestra reacción emocional ante el conocimiento. A su vez, esos pensamientos y sentimientos se traducen en intenciones y en planes de acción.

La neurociencia, en sus análisis sobre la manera en que el cerebro procesa información, ofrece un paralelismo a otro nivel. Según el mismo, cada vez que sentimos algo, esa información va inmediatamente del ojo o el oído a los tálamos, una estación de relevo que traduce ondas físicas en bruto al lenguaje del cerebro. Desde allí, la información es desviada al neocórtex —el cerebro pensante— y a la amígdala, el almacén de los recuerdos emocionales negativos, es decir, las cosas a las que tememos. Si la amígdala reconoce un estímulo emocionalmente potente similar a algo con lo que en el pasado hemos tenido reacciones fuertes, libera un flujo de emoción y la acción correspondiente.

Nuestros esquemas constituyen un sistema de filtros —como los sistemas de seguridad que hay que atravesar en los aeropuertos— por los cuales debe pasar todo lo que nos ocurre. Esos patrones emocionales espían nuestra vida, siempre alertas a todo lo que les pertenece, cualquier cosa que recuerde el foco de su temor o de su furia, o de los acontecimientos que les dieron forma. Si el esquema encuentra algo, inmediatamente dispara cualquiera de las reacciones que aprendimos: somos presa del temor o de la furia, queremos escapar, luchar o quedamos paralizados, tenemos pensamientos terroríficos sobre nuestra inutilidad o la injusticia con que se nos trata. Sea cual sea el hábito emocional, vuelve a aparecer una y otra vez.

La amígdala actúa como un depósito de nuestro repertorio de hábitos emocionales negativos, incluidos los esquemas. Todos los intensos miedos al abandono y al rechazo, la desvalorización o el fracaso acechan como demonios ocultos, listos para aparecerse y atacar en el momento preciso.

DISPARADORES DE ESQUEMA

A lo largo de la evolución, los circuitos de la amígdala han sido cruciales en la supervivencia frente al peligro, disparando reacciones instantáneas que aumentan las posibilidades de eludir la amenaza. Incluso hoy en día el diseño del cerebro ceba la amígdala para que reaccione como si se le presentase un peligro, aunque la evidencia del mismo sea mínima. El principio que opera señala que «es mejor estar a salvo que lamentarse».

Pero eso puede hacer que nos lamentemos en otro sentido: la amígdala convierte a los esquemas en disparadores, siempre listos para lanzarnos a reacciones emocionales en campos a veces cuestionables. Una reacción de esquema puede ser disparada aun por estímulos leves; cualquier cosa, incluso sutilmente simbólica de lo que el esquema percibe como una amenaza, puede producir una avalancha de desórdenes. Por ejemplo, una paciente me cuenta que cada vez que los ronquidos de su marido la mantienen despierta por la noche, se pone furiosa; los ronquidos disparan su esquema de carencia. «Siento como si a él no le importara mi necesidad de un sueño reparador. Sé racionalmente que él no puede hacer nada, sin embargo no importa. Siento que se olvida de mis necesidades.»

Al esquema no le importa que la reacción de mi paciente sea ilógica. Es necesario recordar que la lógica del cerebro emocional funciona por medio de reglas que Freud llamó «proceso primario»; vale decir, una mera semejanza o similitud simbólica da a dos cosas la misma identidad; algo así como un holograma, en la que la parte más pequeña vale por el todo. Esto significa que una situación incluso vagamente evocadora de aquella que creó el hábito emocional puede actuar como un disparador.

Por ejemplo, hace algunos años fui llamada para integrar un jurado en un juicio. Al llenar el formulario correspondiente, encontré esta pregunta: «¿Existe alguna razón por la que piense que no le corresponde ser jurado?» Respondí por escrito que, tiempo atrás, un amigo mío había sido arrestado injustamente, lo que me llevó a cuestionar la imparcialidad de la justicia penal.

Diez minutos después, me llamaron; también a otras personas. El oficial judicial nos dijo: «Pueden marcharse.»

Mi reacción fue una curiosa mezcla de alivio y paranoia. Racionalmente, sabía que probablemente había sido elegida al azar para que me marchara a mi casa. Pero sentía que había sido excluida; me roía la sensación de que había sido juzgada como «no merecedora» de integrar un jurado por mi respuesta. Comencé a recordar las frecuentes mudanzas de cuando era chica y la frecuente sensación de ser la nueva en la clase, sintiéndome excluida, no encajando. Cuando abandoné el cuarto de elección de jurados, era otra vez la nueva, la que anhelaba ser elegida en los círculos sociales de esos niños que se conocían hacía años.

Nuestros hábitos emocionales se solidifican por la repetición de una secuencia dada: de la sensación al sentimiento, de este al deseo y de ahí a la acción. Las sensaciones desagradables que sentimos al dispararse un esquema —digamos, el miedo al abandono cuando alguien que nos importa parece apartarse o rechazarnos— nos llevan, por el deseo de sentirnos bien, a tratar de calmar nuestros miedos mediante maniobras de represalia como nuestra propia retirada preventiva.

En la psicología budista, tal hábito se entiende en términos de una secuencia de causa-efecto: un estímulo (el rechazo) dispara un sentimiento específico (el miedo) que, a su vez, dispara una acción dada (la retirada). La ciencia cognitiva entiende el hábito aproximadamente en los mismos términos. Desde la perspectiva de la neurociencia, el hábito emocional se almacena en la amígdala y sus extensiones, en una red de circuitos, donde se hace cada vez más fuerte cuanto más se repite.

La fuerza de tales hábitos crea una especie de inercia mental; los términos clásicos son «letargo y pereza». Cuanto más fuerte se vuelve el hábito, menos podemos salir de esas conductas. El cerebro toma el camino más corto, siguiendo la misma secuencia de sensación a sentimiento y de esta a la acción, una y otra vez, dejándonos prisioneros de nuestra propia mente e incapaces de liberarnos.

Pero la Cadena también guarda la clave para liberarnos del hábito. La misma puede ser hallada en el eslabón que conecta sentimiento y acción: cómo reaccionamos emocionalmente a lo que experimentamos y qué hacemos después. Ese instante es fundamental: nos proporciona un punto de elección crucial.

«En una sesión tuve un pensamiento, me dijo una de mis pacientes. Sentía un desencuentro con mi novio; tenía la fuerte sensación de que algo había cambiado y amenazaba nuestra relación. Él había estado de viaje y no habíamos estado mucho en contacto. Inmediatamente después de ese duro pensamiento, mis miedos al abandono se apoderaron de mí.

»Me limité a advertir esa oleada de emoción. Se despertaron

sensaciones tristes: miedo y tristeza por la pérdida. Decidí permanecer con esos sentimientos. Pronto, llegaron las lágrimas y las dejé fluir. Luego las sensaciones empezaron a apaciguarse.

»Cuando acabó mi meditación, retorné a mis tareas cotidianas y, algo más tarde, volvieron el miedo y la tristeza. Nuevamente me limité a quedarme con esas sensaciones y con los pensamientos sobre la probable separación y mi posible soledad. Decidí que necesitaba aceptar lo que estuviera ocurriendo en mi interior, aunque fuese triste.

»Decidí que necesitaba romper con mi costumbre mental y hacer algo vigorizante, así que me dediqué un tiempo a hacer exigentes ejercicios; luego, limpié mi oficina. Mientras lo hacía, sentí una oleada de energía en mi interior. Al cabo de un breve lapso, sentí una sutil liberación de esa tristeza de fondo que experimentaba; pude advertir que el esquema se aflojaba. Me sentí algo aliviada de la pesadumbre en mi corazón.

»Ya no estaba tan preocupada por nuestra relación. Era capaz de aceptar lo que fuera a pasar con ella. Pude ver que actuar a partir de mi miedo, como generalmente había hecho, hacía que me aferrara a mi novio con demasiada angustia, algo que, yo lo sabía, lo ponía incómodo. De hecho, hacía que se apartara de mí. Es mucho mejor dejar las cosas como son, sin aferrarme angustiosamente a él.

»Me di cuenta de que nuestra relación es algo así como esas velas que habían puesto en el pastel de cumpleaños de un amigo: por más que se la soplase, la vela volvía a encenderse. Sabía íntimamente que la relación con mi novio era de ese tipo: aunque hubiera períodos en los que la conexión parecía débil, después se fortalecía nuevamente.»

La capacidad de mi paciente para permanecer consciente de sus miedos, limitándose a observar cómo su patrón de abandono se desplegaba y luego se desvanecía, ejemplifica el punto de inflexión en la Cadena del Origen Dependiente. Ahí se halla la elección más importante: actuar según nuestros impulsos y emociones o limitarnos a observar los pensamientos y las sensaciones mientras bullen y se disuelven.

Aunque decidamos actuar —tratar de aferrarnos cuando

tememos el abandono—, es mejor esperar hasta que pase la necesidad desesperada. Entonces tenemos mayores opciones y actuamos con mayor flexibilidad. Y si podemos permanecer con esas sensaciones sin actuar de acuerdo con ellas, debilitamos más el vínculo entre el sentimiento y el impulso de actuar.

EL CUARTO DE SEGUNDO MÁGICO

El neurocirujano Benjamin Libet hizo un gran descubrimiento que apunta al poder de ruptura de la cadena y sugiere por qué la atención consciente puede ser un método tan poderoso para llevar inteligencia a nuestra vida emocional. Dado que el cerebro no posee terminaciones nerviosas —y, por lo tanto, no siente dolor— y puesto que los neurocirujanos necesitan estar seguros de que no se han extraviado inadvertidamente en la zona equivocada durante una operación del cerebro, los pacientes no reciben anestesia total sino que permanecen despiertos y conscientes. Esto permite que el cirujano pida respuestas —hablar, mover una parte del cuerpo— que le ayudan a asegurarse de que todo está bien.

Aprovechando esta desacostumbrada oportunidad, el doctor Libet realizó un experimento sencillo: pedía a los pacientes que movieran un dedo. Utilizaba un ingenioso reloj que dividía el tiempo en milésimas de segundo, permitiendo que los pacientes notaran el tiempo con una precisión extraordinaria. De ese modo, ellos podían informar el momento preciso en que eran conscientes de la necesidad de mover el dedo.

Mientras tanto, el doctor Libet también controlaba la actividad eléctrica en la parte del cerebro del paciente que regula el movimiento del dedo. Eso le permitía ver cuándo el cerebro realmente comenzaba la actividad que culminaba en el movimiento. En síntesis, esto permitió al doctor Libet separar el momento de intención de movimiento, del momento de conciencia de esa intención, del momento de la acción real.

Todo eso permitió el notable descubrimiento de que la parte del cerebro que regula el movimiento comenzaba su actividad un cuarto de segundo antes de que la gente fuera consciente de la intención de mover el dedo. En otras palabras, el cerebro comienza a activar el impulso antes de que asome en nuestra conciencia la intención de hacer ese mismo movimiento.

Libet descubrió que, una vez que la persona es consciente de la intención de movimiento, hay otro cuarto de segundo antes de que el movimiento comience. Esta demora es de capital importancia: se trata del momento en el que tenemos la posibilidad de acompañar el impulso o de negarlo. La voluntad, podría decirse, reside allí, en ese cuarto de segundo. Ese retraso nos ofrece la oportunidad de romper la cadena, en lugar de seguir ciegamente el impulso.

En una secuencia automática e inconsciente, el impulso a actuar fluye hacia la acción sin ninguna consideración consciente de si queremos seguir o no. En la base de cada emoción se encuentra la urgencia por actuar; el impulso es inherente a la emoción. Y, la mayor parte de las veces, esos impulsos emocionales tienen lugar sin un instante de reflexión: sentimos y actuamos en concordancia, sin detenernos a pensar en ello. La ira se traduce en desorden; el miedo, en alejamiento; el dolor, en lágrimas.

Aquí es donde la atención consciente puede ser tan emocionalmente liberadora: lleva una conciencia activa a nuestros patrones emocionales automáticos, interponiendo una conciencia reflexiva entre el impulso emocional y la acción. Y eso rompe la cadena del hábito emocional.

EL PODER DE NO ACTUAR

La atención consciente nos ofrece un modo de acceder a esa separación entre la intención y la acción y de usar el poder de veto para romper la cadena del hábito. Lo que ordinariamente es una cadena invisible de secuencias automáticas que nos empujan hacia delante en la vida llega al filtro de la conciencia, dándonos repentinamente un instante de elección donde antes no lo había. No tenemos que seguir con el impulso de actuar: podemos decir «No».

El ejemplo más elemental de la forma en que la atención consciente nos da el poder de no actuar siguiendo el impulso es la picazón: si no pensamos en ella, nos rascamos automáticamente. Pero si nos hacemos conscientes del impulso mismo antes de actuar en consecuencia, entonces tenemos la opción de no rascarnos; y si, por ejemplo, tenemos una erupción causada por una hiedra irritante, la decisión de no rascarse es la opción acertada. Lo mismo ocurre con las emociones.

Si somos capaces de notar los impulsos producidos por nuestros miedos —al abandono y a la desconexión, a la no pertenencia, a la catástrofe—, tenemos la misma opción de no actuar por su influencia. Sacando la atención consciente a la luz, somos capaces de notar el primer pensamiento automático que subyace detrás del impulso de actuar. Y eso nos da la libertad de romper la cadena de reacciones no pensadas en ese mismo instante.

La atención consciente traslada nuestra atención de su estado de inmersión en una reacción emocional —digamos, la ira— a la conciencia de la relación entre nuestro estado mental y lo que este percibe. Antes que estar perdidos en la ira y en todos los pensamientos y sensación que la acompañan, podemos ver que «lo que sentimos es ira».

Si abandonamos el contexto —la cuestión específica que nos ha hecho enfadar y lo que vamos a hacer a propósito de esa situación— y expandimos nuestra conciencia para abarcar todo el proceso de la ira, podemos advertir que «eso es la ira». Podemos notar los pensamientos que la acompañan, podemos hacer una observación detallada de la mezcla de sensaciones variadas que englobamos en la gran categoría «ira», y podemos sentir los impulsos que se manifiestan en nuestro cuerpo para actuar (el apretar los puños, las arrugas en el entrecejo, la tensión en la garganta).

Pero no tenemos que reaccionar influidos por la ira; ahora contamos con la libertad de reaccionar o no. A pesar de que no hay que reaccionar por la ira, tampoco hay que suprimirla. Esto es muy distinto de la supresión o de la represión, en las que no se quiere saber (o no se permite saber) que se está furioso.

Con la atención consciente, la ira llega firmemente a la conciencia. Se sabe que uno «está realmente enfadado». Incluso puede sentir que quiere gritar a alguien; en consecuencia también nota una tensión en la garganta como si quisiera gritar, y advierte los pensamientos rencorosos que fluyen por la mente. En otras palabras, se experimenta la ira tan completa y meticulosamente como es posible, con mucho detalle (lo contrario de la represión).

Usted no suprime la ira, pero tampoco actúa influido por ella. Ahora tiene la libertad de dar a la situación una respuesta más adecuada. Quizá necesite expresarse enérgica y firmemente para puntualizar una injusticia o para pedir que sea tratado con justicia o consideración. Pero si lo hace con atención consciente, en lugar de apresurarse a hacerlo con furia, su respuesta será igualmente más efectiva. Usted es más capaz de corregir la situación o de ayudarse a ser oído, o a llegar a una resolución que realmente busca, en lugar de disparar un misil emocional a la otra persona.

Usted puede hacer de la ira una energía constructiva a partir de una emoción destructiva. Como le oí decir una vez al Dalai Lama, cuando transformamos la ira de manera constructiva, lo que nos queda es la claridad sobre lo que necesitamos que se haga y una intensa energía para cumplir esas metas.

EL CAMBIO CONSCIENTE

Cada vez que una reacción ante una situación emocionalmente cargada surge de un hábito profundamente arraigado, reduce la libertad de elegir en el momento. A pesar de que esa reacción habitual se nos haya presentado esencialmente autodestructiva, proporcionándonos exactamente lo opuesto de lo que deseábamos, estamos condenados a repetirla, a menos que podamos advertir en qué momento está por apoderarse de nosotros y por dictarnos una vez más cómo tenemos que comportarnos. Ese es el poder de cambiar a una conciencia atenta.

Con esa conciencia dejamos simplemente que los pensamientos y las sensaciones vengan y vayan naturalmente, mientras los observamos con una atención constante. Ni reaccionamos ante esos pensamientos y sensaciones ni los juzgamos: sencillamente observamos con ecuanimidad. Esta conciencia observadora cambia nuestra relación con esos pensamientos y sensaciones; no nos atrapan ni se combinan; más bien somos sus testigos.

Por ejemplo, Lauren tenía tendencia a sentir temores de ser abandonada, una reacción que podía ser disparada por el más leve signo de que su novio estaba perdiendo interés en ella. Una llamada telefónica no devuelta podía conducirla a un paroxismo de intrincadas situaciones imaginarias que giraban alrededor de su abandono: a que él tenía un *affaire*, a que él ya no la encontraba atractiva, a que se había aburrido de ella. Aunque no había el menor atisbo de que tales cosas sucedieran.

Una vez que su miedo a la ruptura se disparaba, Lauren se veía agobiada por la temible convicción de que estaba siendo abandonada. Virtualmente, no importaba que no tuviera una razón verdadera para creerlo: su angustia era excesiva.

Un día en el que ella estaba en una de esas crisis internas demasiado familiares, ambas hablamos. Obviamente, Lauren estaba agitada. La invité a que llevara su atención a las sensaciones que sentía.

Lauren me informó de que tenía en su cuerpo un sudor frío y temblores muy desagradables. «Tengo una fuerte sensación de miedo que parece estar alimentando los temblores. Me cuesta mantener la atención en ella, mi mente se distrae con otras cosas.»

La insté a que permaneciera con esas sensaciones, a que dejase que su atención descansara allí y que remontara las agitadas olas de las sensaciones.

«Mi conciencia quiere hacerse a un lado; se siente como si estuviera siendo pulverizada por oleadas de intensidad...»

Pero manteniendo su conciencia constante, Lauren empezó a permanecer con las oleadas de sensaciones, como una pequeña barca que se eleva y se sacude al ritmo del agua que se mueve debajo de él. Su cuerpo y su mente empezaron a experimentar una sensación cálida, a medida que ella comenzó a sentir cierta comodidad que la misma conciencia constante le proporcionaba. Con esa sensación de comodidad, el calor se desparramó por su vientre, calmando las oleadas de temor y agitación. Su respiración se calmó; su miedo se disolvió.

Junto con ese cambio en sus sensaciones físicas, llegó un cambio mental. Antes que tener miedo a ser abandonada, su pensamiento espontáneo fue «¡Estoy libre!» Con eso, se le apareció un pensamiento conexo: «No hay problema si me deja. Voy a estar bien.»

Lauren me contó que después ella experimentó una tranquilizadora sensación de estar conectada con su interior y que esa sensación se amplió más allá del sentido restrictivo del abandono que sus miedos le habían dictado. A medida que sus temores —y la rigidez de su cuerpo— se disipaban, tuvo una nueva sensación de sí misma. ¿A qué temer? ¿Quién era la que tenía miedo hacía unos instantes? ¿Adónde se habían ido esos pensamientos preocupantes de desconexión y abandono?

La atención consciente tiene esa enorme capacidad de liberarnos de las limitaciones impuestas por nosotros mismos, por nuestros miedos y pensamientos. Esa libertad que se produce mediante la atención consciente no se da en un primer momento. Se necesita cultivar la habilidad mental de sostener una atención no oscilante sobre el espectro total de sentimientos, tanto los placenteros como los no placenteros. Lauren estuvo practicando esa atención consciente durante muchos meses antes de aplicarla con éxito a su miedo al abandono. Esforzarnos en cultivar la atención consciente nos da acceso a un conjunto de cualidades mentales notablemente beneficiosas.

ACORTAR LAS REACCIONES HABITUALES

En un sentido, una reacción emocional habitual es similar a una comezón. Y una comezón es un microcosmos de deseo. Intente esto alguna vez: cuando se le presente algún deseo, no actúe buscando su satisfacción, sino que conscientemente estudie la tendencia a reaccionar a ese deseo y a satisfacerlo. Simplemente, sea consciente de ese deseo. Como una comezón, los deseos eventualmente desaparecen.

Usted puede hacer lo mismo al examinar las motivaciones ocultas que hay detrás de algo que queremos. Mire de qué lugar proviene ese deseo. Sea consciente de esa motivación. Note, por ejemplo, si se origina en su perseverancia o en su desinterés; es decir, note si es algo que usted quiere para usted mismo o algo que usted quiere hacer principalmente por el bienestar de algún otro. Sea consciente, también, de cualquier situación incómoda o molesta que pueda surgir debido a que usted no está actuando según ese deseo. Permítase sentirse bien si no obtiene lo que quiere.

Mientras usted permanece junto a este deseo, con esta actitud de ecuanimidad, fíjese cómo cambia la naturaleza de ese deseo. ¿Se hace más fuerte? ¿Más débil? ¿Hay alguna sensación de desinterés, de que está bien si usted no lo obtiene? ¿Sigue queriendo eso que pensaba que quería?

Luego permítase actuar de manera acorde con ese deseo. Si lo hace, permanezca en un estado de conciencia durante toda esa acción. Frecuentemente, cuando es observado de manera consciente, el deseo cambia o se desvanece. No tiene la misma fuerza o no existe el placer que pensábamos encontrar cuando el deseo tenía su fuerza original. El sentido de aprehender algo se hace más débil a medida que se incrementa la levedad. Podemos ver fácilmente la naturaleza del deseo y podemos darnos cuenta de que hay pocos deseos que requieren que pasemos a la acción.

La misma estrategia se aplica en el momento en que manejamos los impulsos que nos llevan a reaccionar cuando se disparan los esquemas. Una vez, mientras una paciente estaba en un retiro meditativo, una de sus amigas, que también estaba en ese retiro, hizo algo que a mi paciente le pareció muy desconsiderado. Ese acto de desconsideración se produjo después de que mi paciente había tenido una atención para con su amiga.

Esa paciente estuvo algún tiempo en ese retiro, por lo que pudo ser capaz de aplicar la cualidad de la atención consciente a esa sensación, muy familiar, que le evocó el incidente: la sensación de que nadie se preocupaba por sus necesidades y de que ella debía dejarlas de lado para satisfacer las necesidades de los demás.

Su mente, después de semanas de atención consciente intensa, tenía la capacidad de flotar y de ser flexible. Inmediatamente dirigió su atención a la reacción que ella comenzaba a tener, observándola meticulosamente. Sentía su corazón acongojado y cierta tristeza, seguida por la sensación de sentirse herida y decepcionada. Entonces sobrevino un pensamiento —«Nadie se preocupa por mí»—, acompañado por un furioso impulso de herir a su amiga, ignorándola. Ella permaneció un largo rato con esa mezcla de reacciones y sentimientos y se sorprendió cuando comenzó a llorar debido a ese sentimiento tan familiar de tristeza y de abandono.

Luego, la sensación desapareció. La tristeza, la decepción, el sentirse lastimada. Todo terminó, como había sucedido otras veces. Pero esa vez, ella no dejó que sus reacciones la controlasen. Utilizó la atención consciente para romper la cadena pensamiento-sentimiento-impulso. Y al romper ese encadenamiento sucedió algo nuevo.

No pasó por la habitual ronda de amargura, lástima de sí misma y tristeza que usualmente surgía cuando se disparaba su esquema de abandono. En cambio, ahora que ella había sido capaz de abortar su reacción, había más espacio en su mente para considerar otras posibilidades.

Su siguiente pensamiento fue caritativo: tal vez mi amiga no era consciente de lo que estaba haciendo o no había querido herir mis sentimientos.

Desde el inicio hasta el final, solo le tomó unos minutos disolver su reacción total. Esta es la forma precisa en que la conciencia puede abortar esas reacciones emocionales habituales, aun cuando son tan fuertes. Si hay varios sentimientos fuertes que nos impulsan a actuar, no debemos permitirnos sentirlos de manera directa, sino que debemos permanecer con ellos, en vez de actuar. Si hacemos eso, estos sentimientos cambian. La clave es concentrarse en ellos completamente, sin evitarlos ni resistirse a ellos, sin aferrarse a ellos ni identificarse con ellos. Solo estar con ellos, sin juicios ni culpa.

El corte directo o limpio de la cadena del hábito no se producirá inmediatamente. Mi cliente estuvo en un retiro intensivo, reforzando en alto grado su atención consciente. Pero en la medida en que podamos tomar una postura de atención consciente mientras padecemos la reacción a un esquema, seremos capaces de debilitar el poder que estos tienen sobre nosotros.

Esa pausa entre el impulso y la acción nos ofrece una forma de romper la cadena de hábitos condicionados. Como dijo Achan Amaro: «Si podemos vivir en el nivel del sentimiento, donde respondemos de manera consciente al placer y al dolor, a la atracción y al rechazo, sin actuar en base al deseo, entonces podremos vivir de una manera armoniosa y plena.»

Elegir la libertad

En general, cuando tenemos algún intenso sentimiento perturbador sobre algo, especialmente cuando la perturbación es desproporcionada respecto de lo que está pasando, es una señal de que un hábito emocional ciego —más probablemente un esquema— se está disparando. Esos sentimientos representan una instancia de elección. Podemos dejar que la reacción nos gane o poner una atención más completa sobre lo que está pasando, estando incluso más en contacto con la incomodidad o con los sentimientos dolorosos o desesperados subyacentes.

Pero si en vez de examinar el sentimiento con atención consciente actuamos según sus dictados, lo que hacemos es reforzar el esquema. Eso le estuvo sucediendo a Lauren, una paciente que se sentía obsesivamente atraída por hombres que a veces eran cálidos y amistosos, pero luego se refugiaban en una fría reserva emocional. Cuando sentía que se retraían, Lauren era invadida por el pánico y se dejaba llevar por una frenética búsqueda de lo que ella había hecho para alejarlos, tratando de encontrar la manera de volver a conectarse con ellos. Su frenesí podía desatarse a partir de algo tan aparentemente trivial como una llamada telefónica del novio que sonaba demasiado formal.

Pero, como le dije a Lauren, sus intentos frenéticos por sentir nuevamente la conexión que temía estar perdiendo era una manera de evitar sentir aquellos dolorosos temores del abandono. El mismo hecho de que sus sensaciones fueran tan intensas significaba que había un esquema en juego. Pero Lauren, por su desesperada fijación de tratar de salvar y componer la relación (que, probablemente, solo estaba «en peligro» en su propia mente), se distraía, evitando enterarse de qué era lo que estaba involucrado en ese patrón emocional.

Tales momentos de intensidad son una oportunidad para aprender y para liberar esa misma intensidad. Si usted decide confrontar el hábito emocional —ser más atento a la mezcla de pensamientos y sensaciones incómodas, en lugar de dejar que sencillamente estos lo empujen a la acción—, sobreviene una progresión que termina con las sensaciones, inundándolo con ellas en lugar de controlarlo. Al principio, cuando usted dirige su conciencia a la experiencia misma, las sensaciones tienden a volverse todavía más intensas e incómodas. Pero si usted se queda con ellas, gradualmente disminuyen, volviéndose más tolerables. Luego, si usted mantiene el foco constante y se asienta en él, mientras la mente atraviesa sus cambios, a menudo de la confusión surge una percepción psicológica de la naturaleza del esquema. Cuando Lauren lo hizo, se dio, por ejemplo, cuenta de que giraba alrededor de amistades —tanto en el caso de los hombres como en el de las mujeres— mezquinas y frías, y eso disparaba una y otra vez su esquema. Al revisar sus relaciones clave —una serie de novios que había tenido, varias de sus amistades más íntimas—, advirtió que todas ellas compartían la distancia emocional que ella siempre había sentido en su propia madre.

Después de esa percepción, el próximo paso de Lauren fue cambiar sus respuestas a esas relaciones: no solo calmar sus reacciones emocionales, sino también tratar de cambiar la manera en que los otros la trataban. Una vez que dejó de estar sujeta a sus sensaciones de carencia, resolvió, por ejemplo, expresar sus necesidades de conexión emocional. Y en lugar de hacerlo de manera cargante, trató de ser sutil, incluso jovial.

A medida que establecemos estas conexiones a propósito del

esquema —por qué tiene tan poderosa influencia sobre nosotros y qué podemos hacer al respecto—, esas percepciones tienden a disminuir el poder de su influjo. Es como si el esquema supiera que ya no tenemos tanto miedo de sentirlo y, en consecuencia, gradualmente perdiera su fuerza y desapareciera de nuestra mente (y de nuestra vida). La próxima vez que aparece, ya tenemos más familiaridad con él, advertimos qué está ocurriendo realmente y podemos ver con más claridad cómo actúa en nuestra vida.

Sabemos que no tenemos que temer experimentar todas las fuerzas que lo acompañan, que no tenemos que creer en los pensamientos que vienen con él y que no tenemos que desempeñar nuevamente el papel al que nos empuja. No tenemos miedo de enfrentar todo eso porque ya lo hicimos antes y ahora nos sentimos más fuertes; el esquema es más transparente y tenemos más claridad, incluso más sabiduría, a propósito de nuestra vida emocional.

Si usted quiere romper la cadena del hábito

Trate de sintonizar el cuarto de segundo mágico, la demora entre la intención y la acción, refinando la conciencia de manera que pueda dirigir una atenta precisión a la conciencia de sus intenciones. Una forma de cultivar esa precisión atenta consiste en una observación sutil del proceso de movimientos en la práctica de la caminata consciente.

Esto puede hacerse empleando las mismas instrucciones de la caminata consciente que hay al final del Capítulo 3, pero con un cambio importante: lleve la atención consciente al momento de la intención. Antes de cada paso la mente crea la intención para realizar el movimiento. La atención consciente de la intención implica llevar ese momento —el cuarto de segundo— a la conciencia.

Siga las instrucciones para la caminata consciente. Pero al levantar, mover o apoyar cada pie, tome conciencia del momento de intención antes de que el movimiento se realice. Por ejemplo, cuando usted llegue a un recodo del sendero ponga toda su atención en la intención de girar; luego, después de girar, en llevar su pie hacia delante. Cuando pare, advierta su intención de parar.

Puede practicar esta experiencia muy directa de observar la intención en cualquier otra situación, incluso con sus reacciones emocionales. Trate de practicar durante el día para ver cuántos momentos de intención puede captar en ese cuarto de segundo antes de la acción.

Por ejemplo, si alguien hace algo que le molesta, antes de ofrecer una respuesta abierta, haga una pausa y lleve conciencia a sus intenciones. Note que su impulso —lo que tiene ganas de hacer— es, por ejemplo, responder brusca o airadamente.

Cuando haga la pausa, considere otras respuestas que podría dar; quizá una comunicación más directa sobre lo que usted preferiría que el otro hiciera de manera diferente.

Resulta sorprendente lo rápido que el cerebro puede procesar (es mucho lo que entra en un cuarto de segundo). A medida que practique eso, el espacio antes de la intención puede ser más amplio. Como me dijo una persona que lo practicó: «¡Nunca me había dado cuenta de que tenía tanto tiempo en ese cuarto de segundo antes de reaccionar!» Otro dijo: «¡Estoy ganando más cuartos de segundo en mi vida!»

10

Cambio de hábitos

Una paciente me contó que en uno de sus parques favoritos, en un sendero de tierra, había algunas flores muy delicadas y hermosas. Tiempo después, cuando volvió a ese parque, al caminar por ese sendero vio que había sido cubierto con hormigón. Su corazón se estremeció al ver el cemento en lugar de aquellas flores llenas de gracia. Pero al año siguiente, mientras recorría ese mismo sendero, notó que de una fisura en el hormigón salían minúsculos pimpollos. Ver que esas «tiernas cabezas de intención» —según su terminología— eran más fuertes que la densa dureza del cemento la conmovió.

Cambiar los esquemas es así. Las tiernas cabezas de nuestra intención son una fuerza poderosa que, con esfuerzo sostenido, se abren paso a través de la densa solidez de nuestros esquemas. El proceso de cambio comienza con un acto de intención, haciendo algo diferente, algo que altera el viejo hábito. Como ejemplo, quizá quiera probar esto: apoye este libro en algún sitio de manera que pueda seguir leyendo pero sin tener que sostenerlo con las manos. Bien. Ahora cruce los brazos como lo haría naturalmente. ¿Siente la comodidad, no? Ahora, vuelva a cruzar los brazos en el otro sentido; vale decir, ponga arriba el brazo que generalmente pone abajo. Así es como se siente cambiar un esquema. Al principio, tenemos una sensación de torpeza y de poca familiaridad. Pero si continúa repitiendo el nuevo hábito, gradualmente este empieza a resultarnos más familiar y cómodo: somos más nosotros.

La palabra «meditación» en tibetano tiene en su origen un verbo que significa «familiarizarse con», dice el maestro Chagdud Tulku. «Nos familiarizamos con otras formas de ser.» Cada vez que tratamos de cambiar un patrón habitual, el nuevo hábito al principio nos parece extraño. Pero cuanto más nos «familiarizamos» con él —cuanto más lo usemos—, tanto más natural lo sentiremos. Lo mismo ocurre con los hábitos emocionales. Con la repetición, incluso lo que solía molestarnos puede convertirse en algo con lo que podemos vivir. Una mujer caribeña me contaba que ya no está preocupada por los huracanes que cada año azotaban las islas desde su niñez. «¿No tiene miedo?», le pregunté. «No es eso; son tan frecuentes que una se acostumbra», me contestó sonriendo. «Una se limita a cerrar todas las ventanas y a decirse: "Está bien, pase lo que pase, hay que dejar que suceda."»

Su actitud de preparación realista frente a una emergencia y su aceptación interior de lo inevitable reflejan lo que equivale a un remedio para el miedo típico del esquema de vulnerabilidad. Ese esquema incrementa la percepción del peligro, exagerando cualquier indicio de amenaza; por lo tanto, esas borrascas menores se convierten en la mente en grandes huracanes. Pero aquella mujer comprendía las cosas de manera opuesta: puede que venga un peligro real; una hace todo lo que pueda para prepararse —cerrar todas las ventanas—, pero una vez que se hizo todo lo posible, hay que relajarse y ver qué pasa realmente.

Como reza el dicho, ella era capaz de cambiar las cosas que podía cambiar y de aceptar aquellas que no; tenía la sabiduría de conocer la diferencia. En el caso del patrón de vulnerabilidad, ese dicho ofrece una corrección para la percepción distorsionada de las lentes del esquema, que producen pánico sobre todo, incluido aquello que no puede ser cambiado. La gente que padece este esquema necesita aprender una lección básica del arte de la navegación a vela: para ir adonde uno quiere es necesario encontrar el equilibrio entre someterse al viento y controlar las velas.

Cada esquema tiene sus antídotos, maneras de pensar, sentir o actuar reparadoras que compensan los hábitos negativos de adaptación que el esquema perpetúa. Podemos cambiar los hábitos en cualquiera de estos cuatro niveles: los pensamientos, las emociones, las respuestas y las relaciones.

84.000 ANTÍDOTOS

La noción de aplicar antídotos tiene una historia larguísima; la psicología budista hace mucho que maneja la idea de que podemos desafiar y cambiar de manera activa los patrones emocionales negativos o «emociones aflictivas», como a veces suele traducirse el término sánscrito. Una formulación budista clásica sostiene que hay 84.000 emociones aflictivas. Pero el budismo nos asegura que también hay 84.000 antídotos para ellas.

Una de las principales estrategias consiste en cultivar un estado mental que se oponga a la emoción aflictiva. El principio básico: un estado mental positivo tiende a eliminar o a suprimir la correspondiente emoción aflictiva; donde existe una, la otra no puede existir al mismo tiempo. Cada emoción aflictiva tiene su correlato positivo que puede suplantarla de manera saludable. La ira, por ejemplo, puede ser mitigada reflexionando sobre la benevolencia; la arrogancia, reflexionando sobre la humildad; la ecuanimidad ofrece un antídoto contra la agitación, así como sobre otras emociones perturbadoras.

El budismo mide el bienestar según el grado en que la mente es dominada por las emociones aflictivas o por las positivas, que sirven como antídotos de las primeras. Cultivar la atención consciente ha sido la principal herramienta para alterar ese equilibrio de estados mentales saludables y perjudiciales; la atención consciente es el antídoto universal.

El Dalai Lama señala que otro antídoto general para la zozobra es preocuparnos por los demás, a pesar de nuestros propios problemas. Según dice: «El espacio de la conciencia es pequeño y nuestro dolor, exagerado. Pero en el momento en que uno piensa en ayudar a los demás, la mente se expande y nuestros problemas parecen menores.»

El ideal de la salud mental en la psicología budista: todas las emociones aflictivas se reemplazan con emociones saludables, una señal de gran progreso espiritual. En esa transformación, las cualidades de la atención consciente reemplazan, por un lado, a la codicia y, por otro, al rechazo, permitiendo una apertura serena a cualquier cosa que se presente en la conciencia.

Desde una perspectiva budista, usar tales antídotos no son respuestas absolutas, más bien son relativamente efectivas, ya que transforman los estados negativos en positivos. El despliegue de la percepción a través de la investigación consciente es lo que realmente nos libera de la sujeción de esos hábitos firmes. El antídoto fundamental es, por supuesto, la completa libertad espiritual: la liberación. Pero incluso entre aquellos de nosotros para quienes esa es una meta lejana, queda el aprieto de tener que enfrentar el dolor creado en la vida por las emociones aflictivas y por los hábitos emocionales.

En tanto estas emociones aflictivas nos hacen sufrir, es necesario aplicar antídotos. Tanto el budismo como la terapia de esquemas usan antídotos como una forma de neutralizar los hábitos emocionales negativos. Los pasos que describe el Dalai Lama para aplicar estos antídotos a las emociones aflictivas son muy parecidos a los que funcionan con los esquemas. El primero es el uso de la atención consciente para sacar a la luz la emoción aflictiva. El segundo paso consiste en aplicar un antídoto, una alternativa positiva al hábito mental de la emoción aflictiva.

Estos pasos fueron los mismos que siguió, en los primeros días de la psicología moderna, el norteamericano William James, uno de sus fundadores. Él notó que actuar frente a un hábito negativo era darle más vida: «Todos sabemos cómo se incrementa el pánico con la huida y cómo, si se da lugar al síntoma de la ira, se incrementan esas pasiones —escribió James—. Cuando nos encontramos poseídos por la ira, resulta evidente la manera en que somos "llevados por nosotros mismos" a un paroxismo de estallidos repetidos.»

James se dio cuenta de que el antídoto para cambiar los patrones emocionales de un temperamento muy tempestuoso era llevar a la práctica una alternativa mejor: «Al rehusarse a expresar una pasión, esta muere. Cuente hasta diez antes de liberar su rabia y luego le parecerá ridículo haberla sentido.»

Esencialmente, James estaba describiendo una estrategia semejante al principio de la psicología budista de actuar intencionadamente de una forma opuesta a los hábitos mentales negativos. Su receta para el cambio: «Si queremos triunfar sobre las tendencias emocionales no deseables que subyacen dentro de nosotros mismos, debemos, en primera instancia, asiduamente y con sangre fría, pasar a través de los movimientos implicados en las disposiciones contrarias, que son las que preferimos cultivar.»

CONVERTIR LA CONCIENCIA EN UN HÁBITO

Al principio de mi trabajo de terapeuta, Moshe Feldenkrais, pionero del trabajo corporal, me enseñó una idea práctica a propósito de un método apto para el cambio de hábitos emocionales. Su forma de trabajar se basaba en el movimiento físico. Muchas de sus ideas más brillantes se habían originado en su lucha por recuperar el control de su propio cuerpo, luego de haber quedado paralítico por la polio. Si bien mi aprendizaje sobre el trabajo de Feldenkrais —al que él llamó «conciencia de movimiento»— fue limitado, su sistema tuvo un efecto profundo sobre mi modo de pensar el trabajo con los esquemas.

Feldenkrais planteó que las formas habituales en que se mueve el cuerpo se alojan en el córtex motor, la parte del cerebro que controla el movimiento. La mayoría de nosotros tenemos algunos hábitos referidos a la manera en que sostenemos o movemos el cuerpo que limitan nuestro potencial o incluso nos causan dolor. Feldenkrais creía que, para poder alcanzar plenamente ese potencial, había que romper las rutinas del hábito. Y decía que eso implicaba cambios en el córtex motor, capaces de generar nuevos patrones neuromusculares que maximizaran nuestra habilidad en el uso del cuerpo, en vez de limitarla.

Planteó que, al hacer esto, se podían modificar otros hábitos, como los emocionales. Feldenkrais creía que, al realizar cambios en la corteza, se producían cambios en el condicionamiento habitual controlado por otras partes del cerebro. «Lo único permanente en nuestra conducta —solía decir Moshe— es la creencia de que nunca cambia.»

Su actitud respecto del cambio de hábitos era nueva y alentadora: se puede hacer mucho, si nos permitimos pasar por encima de los juegos mentales familiares y las rutinas con las que vivimos nuestra vidas; así podemos acceder a un abanico de posibilidades más amplio. Feldenkrais anticipó lo que luego confirmó la neurociencia: la existencia de la «plasticidad neural», que el cerebro es «plástico» y se modifica continuamente en respuesta a las experiencias que le dan forma.

Pero esa reformulación del cerebro requiere esfuerzo. Como al aprender a cruzar los brazos de una forma distinta de la habitual, cambiar nuestros hábitos emocionales es incómodo al principio, aunque solo sea porque implica una nueva forma de hacer las cosas, poco familiar e incluso extraña. Pero si usted repite el nuevo hábito una y otra vez, la incomodidad desaparece y el nuevo hábito comienza a volverse cómodo y familiar.

Dado que el cerebro tiene que vencer la necesidad de seguir los poderosos caminos familiares del viejo hábito, necesitamos trabajar dura y largamente para cambiar los hábitos emocionales. Cuanto más fuerte es el hábito aprendido originalmente, tanto más esfuerzo requiere cambiarlo. Los esquemas negativos de adaptación están entre los hábitos más fuertes. Se necesita un esfuerzo sostenido para construir alternativas más débiles y menos familiares y llevarlas hasta el punto en que se conviertan en nuestra elección espontánea.

Pero, al cambiar un hábito, la gente se frena demasiado rápido y no logra llegar al estadio de la incomodidad no familiar. No siento que sea «yo»; me siento antinatural. Entonces regresamos al hábito familiar, porque se percibe más natural, incluso después de darnos cuenta de que no nos sirve. Esto es lo que nos mantiene atados a los hábitos emocionales con tanta frecuencia.

Pero si estamos preparados para superar ese período de falta de familiaridad —no limitándonos a esperarlo, sino determinándonos a superarlo—, podemos cambiar la respuesta automática del cerebro respecto del nuevo hábito mejorado. Entender la naturaleza del hábito nos permite saber qué esperar en el camino.

CAMBIO INTENCIONADO

Feldenkrais se dio cuenta de que un sencillo ejercicio podía convertirse en una poderosa herramienta para romper los condicionamientos habituales. Primero, debemos llevar más conciencia a las actividades más nimias de la vida cotidiana, esas que ejecutamos de manera tan automática que no les prestamos atención y no pensamos en ellas. Luego, intencionadamente, cambiar la secuencia habitual en una nueva dirección.

Si usted siempre se limpia los dientes y abre el botiquín con la mano derecha, intente hacerlo con la izquierda. Si conduce hasta el trabajo o la escuela siguiendo la misma ruta cada día, modifíquela intencionadamente, explorando diferentes calles y territorios poco familiares.

Esto suena simple, casi inocuo. Pero cuando tratamos de hacer algo muy familiar de una manera nueva, liberamos una conciencia fresca. Las rutinas oscuras y automáticas se convierten en una oportunidad para un pequeño despertar. En este sentido, romper con los condicionamientos habituales, sin importar lo triviales que puedan parecer, puede traer aparejado un cambio en nuestra conciencia, inspirando una actitud más fresca como la de la mente del que se está iniciando, del que mira las cosas por primera vez. Y esa mirada fresca nos da la oportunidad de hacer las cosas de manera distinta.

El mismo principio se aplica a los hábitos mentales. Tener una conciencia fresca sobre los hábitos mentales nos puede dar un nuevo grado de libertad. Como dijo una gerontóloga que conozco, uno de los problemas más grandes que tiene la gente de edad es la «psicoesclerosis»; es decir, el endurecimiento de las actitudes.

Aunque Feldenkrais propuso su estrategia para el cambio de hábitos hace unas décadas, algunos descubrimientos recientes de la psicología cognitiva apoyan sus ideas. Uno de los descubrimientos más importantes se refiere a los hábitos. Como hemos visto, una vez que el cerebro maneja un hábito, el ciclo total de su ejecución ocurre fuera de nuestra conciencia. Esta secuencia de acciones automáticas y no conscientes sucede cada vez que actuamos de la misma manera y repetidamente en una situación para poder concretar una meta dada. Una vez que el hábito fue domesticado, solo se necesita que veamos, escuchemos o aun pensemos fugazmente en algo que pueda estimularlo para que se desarrolle la secuencia completa.

En el caso de los hábitos benignos —como hacerse una taza de café cada mañana— no hay problema. Solo se necesita ir a la cocina y el cerebro y el cuerpo ejecutarán los movimientos necesarios, como ágiles sirvientes, para hacer el café, sin que usted tenga que prestar la menor atención.

Pero cuando se disparan los hábitos emocionales, los resultados no siempre son benignos. E incluso cuando surge la clave correcta —por ejemplo, un tono de voz discordante que nos hace recordar la forma en que nuestros padres nos reprendían—, podemos encontrarnos reaccionando de manera exagerada, insensatamente, tal vez con una réplica irritada, sin tener ninguna elección consciente de la respuesta que damos.

Y cuanto más respondemos en la vieja forma, tanto más poderosos se hacen los esquemas. Con frecuencia, no nos damos cuenta de que los estamos repitiendo, lo cual constituye una dificultad. Como observa el monje Achan Amaro, los hábitos dolorosos se perpetúan «porque no entendemos el patrón y entonces nos encontramos persiguiendo lo mismo nuevamente».

Debido a que los esquemas son hábitos que operan fuera de nuestra conciencia, cuando intentamos cambiarlos nos encontramos perdidos. La dificultad para cambiar los esquemas reside en que esos hábitos emocionales se desarrollan y se disparan por claves que, en su mayor parte, quedan registradas en la mente fuera de toda conciencia.

Puesto que esos hábitos se hacen cada vez más fuertes a medida que los repetimos; su fortaleza implica que los vamos a repetir una y otra vez, como sonámbulos, inconscientes de lo que hacen. Bajo el hechizo del esquema, somos inconscientes del punto de elección, el momento en que comenzamos a seguir la misma respuesta habitual. Los esquemas impiden la posibilidad de que, al vérnoslas con el mismo momento, podamos elegir un camino alternativo. La gran protección de los hábitos reside en su naturaleza automática e inconsciente: no nos damos cuenta de que estamos repitiendo el mismo hábito una vez más.

Pero la atención consciente puede colocar esa repetición no pensada en términos conscientes, y ahí tenemos una posibilidad real de elección de la forma de reaccionar en un momento dado. Al llevar a cabo una elección intencionada para hacer las cosas de manera diferente, en vez de repetir el mismo viejo hábito una vez más, podemos comenzar a debilitar el poder que tiene el hábito sobre nosotros y ser más libres. El antídoto comienza entonces por colocar este proceso en un plano consciente; esto es, ser conscientes donde antes habíamos estado abstraídos.

Colocar un hábito automático en un plano consciente es un paso crucial. En tanto nuestros hábitos emocionales permanezcan fuera de la conciencia, no podemos hacer demasiado. Pero una vez que nos damos cuenta de lo que está pasando realmente —¡otra vez este esquema!— podemos dar los pasos que siguen para cambiar lo que sucede después.

DOS PASOS SENCILLOS

A partir de la investigación sobre el cambio de los hábitos mentales y emocionales automáticos, se ha vuelto claro qué pasos exactos hay que seguir. La estrategia es simple: una vez que nos damos cuenta de que el hábito ha comenzado a desplegarse, cambiar intencionadamente la respuesta que este nos suscita. Esta estrategia reconoce que los disparadores de hábitos —que son mucho más difíciles de cambiar que nuestra respuesta— tienen el poder inevitable de iniciar la secuencia automática. Pero, una vez que somos conscientes de que la secuencia ha comenzado, podemos, consciente e intencionalmente, iniciar una respuesta diferente y más constructiva.

Digamos que, por ejemplo, los miedos que usted siente a la exclusión social se disparan automáticamente en el primer día de un nuevo trabajo, cuando usted se encuentra con la gente con la que trabajará. Su respuesta esquemática automática podría ser sentirse incómodo y ansioso, decirse «Nadie está interesado en hablar conmigo» y permanecer solo en su cubículo. Pero si puede darse cuenta de que está comenzando a tener esa misma y vieja reacción, puede actuar para cambiar el resultado, resolviendo acercarse a una de las personas que no conoce, presentarse y comenzar una conversación. Y hacerlo, a pesar de su ansiedad.

El poder de esta sencilla estrategia fue demostrado en experimentos sobre el cambio de estereotipos negativos que se hicieron en Alemania, una nación en la que históricamente los estereotipos han tenido consecuencias catastróficas. Un estereotipo, por supuesto, representa un hábito mental. Un estereotipo malicioso incluye típicamente pensamientos de desaprobación del grupo elegido como blanco, asociado con una sensación desagradable y propensión a reaccionar con hostilidad.

Los psicólogos alemanes contaban con gente que trataba de cambiar un estereotipo específico desafiando expresamente su respuesta habitual. Por ejemplo, para desafiar sus estereotipos negativos a propósito de la gente mayor, los voluntarios se resolvieron a pensar: «Cada vez que vea a una persona mayor voy a decirme: "¡No caigas en el estereotipo!"»

Al cabo de apenas algunas semanas de realizar este sencillo esfuerzo, hubo un cambio notable en sus actitudes anteriormente hostiles: sus sensaciones negativas automáticas ya no estaban activadas ante la visión de los viejos. Mientras que los voluntarios antes podrían haber evitado el contacto con la gente mayor, ahora se sentían más libres para entablar con ellos una relación amigable. La intervención consciente sobre un hábito automático los había liberado de su costumbre mental.

Para luchar contra la vuelta al viejo hábito de beber, los miembros de Alcohólicos Anónimos han usado durante años una estrategia similar. Cada vez que ellos notan atisbos de la tentación de beber, en lugar de actuar en consecuencia, alteran intencionadamente su antigua respuesta: en lugar de servirse una copa, llaman a un amigo de A.A. para hablar sobre eso. En un plano más trivial, empleamos la misma estrategia cuando, mientras hacemos dieta, vamos a un restaurante y pedimos tarta de queso, para corregirnos inmediatamente y encargar, en su lugar, un plato de frutas.

En todas estas instancias el hábito anterior fue puesto de relieve cuando comenzaba a ponerse en funcionamiento y se le dio una dirección nueva y mejor. Consideremos la manera en que Miriam, una de mis pacientes, usó esta estrategia para cambiar reacciones inútiles ante su marido, que le eran dictadas por su esquema de vulnerabilidad. Cada vez que él tenía que viajar por negocios —algo bastante frecuente—, ella se veía obsesionada por miedos de que algo malo le pudiera pasar a él. Como primer paso, usó la atención consciente para poner una útil distancia entre su conciencia y sus sentimientos turbulentos. Se sorprendía a sí misma cuando, por centésima vez, estaba por caer en la misma rutina familiar, una especie de paso mental obligado: pensar nuevamente en circunstancias peligrosas de algún tipo de desastre que le ocurrían a su esposo (particularmente, cuando él se demoraba en llamarla por la noche mientras estaba en la carretera). Esos temores la llevaban a airadas recriminaciones cada vez que él tardaba en llamarla.

Al llevar atención consciente a esos momentos, ella fue capaz de tomar distancia suficiente y preguntarse: «¿Quiero que esto ocurra de verdad?» Y eso le dio la posibilidad de responderse «No». Abrir un espacio mental le dio la opción. En lugar de recriminar a su marido, ella pudo preguntarle tranquilamente por qué la llamaba tan tarde y pedirle que la próxima vez que la llamase fuera más considerado.

Se trata de una estrategia simple, pero de profundos efectos. Hay dos pasos para cambiar cualquier hábito inconsciente, incluidos los esquemas:

1. Ser consciente de que el hábito se ha disparado.
2. Intencionadamente, hacer algo que cambie la respuesta habitual.

Esa simple estrategia quizá ofrezca el punto de apoyo más poderoso para debilitar el poder de los esquemas negativos de adaptación de nuestra vida. Consideremos la fría fórmula que resume el esquema dominante de un paciente a quien el psicólogo Lester Luborsky llama Mr. Howard:

«Quiero lealtad y cariño de alguien.

»Espero que la otra persona va a negarme la fidelidad y el cariño.

»Respondo sintiéndome rechazado, enfureciéndome y poniéndome muy nervioso, y culpándome a mí mismo.»

Mr. Howard era uno de los pacientes cuyos esquemas han sido analizados con gran detalle por el equipo de investigación de Luborsky. A medida que Mr. Howard y los otros siguieron una terapia hasta concluirla, Luborsky trazó con exacta precisión los cambios de sus esquemas.

Cuando la terapia era exitosa, en cada persona se veían dos tipos de cambios: por un lado, se aflojaba la influencia de los esquemas en su vida; por otro, el guion del esquema cambiaba para mejor su resultado típico. Para Mr. Howard, eso significó, entonces, que con mayor frecuencia era capaz de entrar en relaciones más satisfactorias. En estas, en lugar del antiguo rechazo, mezclado con perturbaciones y el odio a sí mismo que en su día había sido lo único que podía esperar de las relaciones, ahora sentía la lealtad y el cariño de la otra persona.

Las cosas mejoraron. Pero, como en el caso de Mr. Howard, lo que no cambiaba para los pacientes era el deseo o la necesidad básica que tanta urgencia e importancia tenía para ellos. Las mejoras se daban en sus propias reacciones y en las respuestas que obtenían de la otra gente. En el caso de Mr. Howard, la mayoría de su energía emocional seguía centrada en su necesidad de lealtad y cariño; pero ahora había aprendido a satisfacer esa necesidad: había dominado una nueva manera de reaccionar ante los mismos pensamientos y sentimientos anteriores.

El ingrediente oculto de esta transformación era la conciencia. A medida que la terapia familiarizó más a Mr. Howard con su esquema, comenzó a reconocer mucho mejor los signos de que este estaba influyendo sobre alguna relación. Pudo darse cuenta, por ejemplo, de que estaba viendo a través de lentes que distorsionaban, que lo hacían interpretar mal lo que alguien le decía, leyendo rechazo y frialdad donde no los había. Pudo incluso ver el humor de su cantilena: «¡Otra vez lo mismo!» Y eso le permitió romper la cadena.

En síntesis, al llevar conciencia a nuestros esquemas, podemos cambiar su línea argumental. Los miedos y los deseos básicos que guían a los ataques de esquema no cambian fácilmente —si es que alguna vez cambian—, pero nuestras reacciones y respuestas pueden hacerlo. Y eso permite que nuestras reacciones esquemáticas tengan resultados más satisfactorios.

ROMPER Y CAMBIAR

Llevar esos hábitos invisibles a la conciencia es, entonces, un primer paso para cambiar su resultado. Mi paciente Jake había atravesado un doloroso divorcio, en el cual la custodia de sus tres hijas era el tema principal. El arreglo de custodia compartida de Jake implicó que las vería solo los fines de semana. Esa nueva relación con sus hijas, en la cual las veía apenas unos pocos días cada semana, desató su esquema de desvalorización: se volvió inseguro sobre si ellas todavía lo querrían o no.

Esto, a su vez, hizo que Jake estuviese siempre dispuesto a consentir los caprichos y los pedidos de ellas. Abandonó los límites que había defendido antes de su divorcio. Por ejemplo, cuando antes había sido estricto acerca de no dejarles comer demasiados dulces, ahora, durante los días que ellas pasaban en su casa, las dejaba comer tantos caramelos y beber tanta gaseosa como quisieran. Una de ellas lo llamó y le preguntó si podía llevar a una amiga para pasar el fin de semana con ellos o si podía ir al cine, y él dijo inmediatamente: «Sí, mi amor», aunque sabía que eso les quitaba tiempo para pasar juntos padre e hija.

Cuando Jake tomó conciencia de que su esquema de desvalorización estaba llevándolo a su fácil aquiescencia, resolvió cambiar el patrón. Como una ayuda para volverse consciente, escribió un recordatorio que pegó al lado del teléfono: «Para. Piénsalo. Háblalo. Luego, decide.» Ese sencillo recordatorio le ayudó a romper el patrón del inmediato «Sí» y a dar respuestas más medidas.

UN RECORDATORIO OPORTUNO

A veces los pacientes tomarán notas o se harán recordatorios —como el de Jake— para ayudarse a recordar cómo actuar de manera diferente en el instante que reconozcan que están bajo el influjo del esquema. Esa técnica fue usada por Miriam, otra paciente, en su intento de establecer límites con su madre infantil y enajenada consigo misma. Su madre tenía una larga historia de ignorar los deseos y necesidades de Miriam y de realizar constantes demandas. Ahora Miriam enfrentaba un momento difícil: estaba por tener un hijo y lo último que quería era tener a su madre cerca durante la primera semana. Su madre, por supuesto, suponía que sería bienvenida. Miriam sabía que tenía que llamarla para decirle que no fuera porque, en realidad, ella y su marido querían tener tiempo para estar solos con su hijo recién nacido antes que recibir visitantes, incluida la madre de Miriam.

Miriam, imaginando como de costumbre los deseos de su madre, puso sus propios deseos en primer plano, sabiendo que no sería fácil decírselo. Ya se sentía vulnerable a causa del embarazo. Por lo tanto, se dio ánimos para llamar y enfrentar los comentarios y quejas que inevitablemente la harían sentir culpable.

Para ayudarse a hacer la llamada, Miriam se apuntaló con recordatorios de desafíos puntuales a sus pensamientos esquemáticos. Estos se le habían presentado antes, durante la terapia, y ella los había apuntado en una libreta. Puso la página delante de ella, de manera que pudiera consultarla durante la llamada. Una vez que la realizó y que las quejas comenzaron a sucederse, Miriam pudo ver que tenía una entre tres opciones para reaccionar: enfadarse, sentirse culpable o permanecer neutral.

Miró su libreta y leyó: «No querer nada de ella. No rendirse a la culpa. Recordar lo que se necesita.» El recordatorio le permitió cambiar su ánimo a un estado neutral y ser clara y firme, a pesar de las exigencias de su madre.

En consecuencia, cuando su madre, con su mejor tono de voz para hacerle sentir culpable, le dijo: «Yo tengo que ver cómo nace mi nieto», Miriam fue capaz de poner límites. Le dijo que durante el nacimiento solo quería tener a su marido al lado, y que ambos necesitaban algunas semanas juntos con el bebé antes de que su madre fuera a visitarlos.

ANTÍDOTOS DE LA ACCIÓN

Una forma potente de antídoto consiste en poner en práctica lo opuesto de una tendencia esquemática. Mi paciente Jake me contaba lo deprimido que se sentía. Sufría muchas perturbaciones, y esa circunstancia hacía que su novia se sintiera atacada. Empezó a mostrarse impaciente con él y a enfadarse; ella misma tenía sus propios problemas y muy pocos recursos emocionales para brindar a Jake. Eso hizo que él comenzara a sentirse abrumado: se sentía profundamente abatido; también sentía que en esa relación no tenía derecho a sentirse de tal modo, que él no debería «ser un problema».

Ese, de hecho, fue el mensaje que recibió de niño. Su madre estaba bastante abrumada; él no quería agregarle más problemas. Se suponía que debía hacerlo y, en consecuencia, él se guardaba lo que le pasaba en su interior. Efectivamente, el mensaje que recibió fue: «Si no tienes ninguna necesidad, puedes formar parte de esta familia.» Como niño, solo era aceptado bajo ciertas condiciones: que no tuviera problemas.

Cuando Jake descubrió la verdadera razón del dolor que sentía, lloró un rato. Pero cuando sus lágrimas cesaron y su rostro se descongestionó, dijo: «Recientemente he estado tratando intencionadamente de ser un problema. Si alguien me ofrece algo, aunque solo sea por cortesía o aunque no lo necesite, voy a decir que sí.»

Luego, mientras nos reíamos juntos de eso, apreciando la imaginativa aplicación de los antídotos de la acción, le pregunté si quería que le anotara nuestra próxima cita en una tarjeta.

Al principio dijo: «No, voy a recordarla.» Después se detuvo y me dijo: «Sí, anótemela... de hecho, ¡me gustaría que me diera dos tarjetas!»

RECETAR UNA RUPTURA EN EL PATRÓN

Para los síntomas de los esquemas, hay un remedio que consiste en encontrar nuevas maneras de hacer las cosas. Por supuesto, el antiguo hábito —el patrón del esquema— será muy poderoso. Cambiar ese patrón requiere un esfuerzo intencionado; la nueva reacción tiene que ser ensayada y practicada una y otra vez, si se quiere que haya una diferencia real cuando más se la necesita; vale decir, en los momentos en que el esquema se dispara.

Y, claro, al principio, la nueva respuesta parecerá difícil y poco familiar. Razón de más para ser consciente de la planificación de la respuesta e incluso para practicarla mentalmente.

En una sesión de un taller sobre la ruptura de patrones de esquema, había dos mujeres que querían cambiar sus hábitos. Entre todos trabajamos para ayudarlas a que pensaran en las estrategias de ruptura de hábito que podían aplicar.

Una mujer dijo: «Soy una perfeccionista. Sé que heredé eso de mi padre; él era hipercrítico con todos. En el trabajo soy encargada y, cada vez que veo a la gente haciendo cosas con incompetencia, me pongo muy impaciente y me irrito. Aún peor: cada vez que camino por la calle, hago lo mismo. Si alguien se interpone en mi camino cuando estoy corriendo para llegar al metro, pienso: "¡Imbécil!" Si un taxista baja por una calle que está congestionada, voy a enfadarme. Siento que todos hacen cosas estúpidas intencionadamente para frustrarme. Estoy siempre furiosa; para mí, es una sensación muy desagradable.»

A medida que lo hablamos, ella empezó a ver la distinción entre la utilidad de sus altos parámetros —en el trabajo, cuando podía dar a la gente el apoyo necesario para que mejorasen en su desempeño— y la inutilidad de sus exigencias; cuando dejaba que los problemas inevitables de la vida la perturbasen. En consecuencia, pensamos que necesitaba un doble antídoto: advertir el momento en que empezaba a tener esos pensamientos enojosos e irritantes y revisarlos, concediéndole a la gente el beneficio de la duda. En otras palabras, ese hombre que se cruzaba en la entrada del metro tenía sus propias razones para estar ahí, no lo hacía intencionadamente para arruinarle el día; el taxista no podía controlar la cantidad de tráfico que había en la calle.

En el caso de la otra mujer, el problema era el sometimiento. Dijo: «La otra noche salí con mi novio. Durante toda la semana había tenido ganas de ir con él a una discoteca para bailar. Pero él me llevó a otra parte, a un café en donde había un guitarrista. Era una música horrible y lo pasé muy mal. Pero no dije nada; me guardé la ira.

»Toda mi vida fue así —agregó—. Empezó con mi hermano mayor, quien prácticamente me crio. Yo solía hacer todo lo que él me decía. Ahora, tengo la sensación de que no puedo hacer lo que quiero; tengo que recibir la autorización de alguien. Quería levantarme y marcharme del café, e irme a la discoteca sin mi novio. Pero soy demasiado buena como para hacer una maldad.»

En su caso, la opinión del grupo fue unánime e inmediata. Bromeando, le dijeron: «Haz algo malo.»

En otras palabras, en su caso —como en el de mi paciente Jake— se le recomendó que hiciera valer sus propias necesidades. El antídoto para su sometimiento consistía en «darse humos» —la manera risueña que el grupo halló para decirlo— para así hacer valer sus propias necesidades cuando se dejaba llevar nuevamente por algo que no quería hacer, para hablar y decir cómo se sentía respecto de lo que no quería hacer y para expresar lo que quería. Está claro que esa valorización tenía que alcanzar un equilibrio tomando a los otros en consideración (el grupo no le daba licencia para que avasallara sin miramientos a los demás).

Dejé en claro que, para que esos antídotos funcionasen, ambas mujeres tenían que hacer un esfuerzo deliberado. Esas respuestas nuevas, inevitablemente, al principio eran difíciles y poco naturales. Por eso es útil que ensayemos mentalmente la nueva respuesta o, incluso, que la practiquemos con alguien antes de que llegue el momento en que necesitemos aplicarla. Y el cerebro cambia incluso con el ensayo mental.

Durante ese proceso, podemos usar la atención consciente para permanecer calmados y tener claridad, de manera que podamos practicar el nuevo comportamiento. Sea cual sea el antídoto de la acción para nuestro antiguo patrón habitual, por un tiempo este nos parecerá extraño. Por supuesto, al principio, en particular cuando la sintamos poco natural, seremos naturalmente conscientes de esa nueva forma de reaccionar. Pero, si podemos simplemente tener conciencia de esas sensaciones sin juzgar antes de dejar que esa dificultad inicial nos desaliente, existe una gran posibilidad de que dejemos que el nuevo comportamiento, finalmente, se instale en nosotros.

Descubrir las señales débiles

La atención consciente actúa como un radar decisivo para cambiar nuestras respuestas automáticas ante el esquema, alertándonos sobre el hecho de que este ha sido excitado. Eso abre la indiscutible ventana que nos permite el cambio en la forma de reaccionar.

Esta atención consciente sutil se puso en funcionamiento en el caso de Lauren, una de mis pacientes, cuyo esquema de carencia tenía dos caras: por un lado, ella era extremadamente considerada y amable, sensible cuando los demás necesitaban un gesto cariñoso. Esa consideración refleja las cualidades positivas del esquema de carencia. Pero, cuando este está desequilibrado, esa misma propensión puede convertirse en un afán exagerado y negativo por la preocupación.

Como me decía: «Soy muy consciente de mis problemas de límites y de la manera en que puedo dejar demasiado fácilmente de lado algo que necesito hacer, para satisfacer las exigencias y los deseos imperiosos de otros. Por lo tanto, había estado planeando reservarme un día con mi socio —diseñamos páginas web— para dedicarme a un proyecto importante que tenía una fecha de entrega próxima. Decidimos encontrarnos un domingo para que no nos molestaran las llamadas telefónicas.

»Unos días antes, había dicho a una amiga que mi socio y yo la consultaríamos sobre sus propias ideas de diseño de página web. Ella había oído que, supuestamente, su división en una compañía de software estaba a punto de ser fusionada y se sentía un poco desesperada, tratando de generar dinero extra a través de un proyecto propio.

»Entonces, la noche anterior al encuentro que había planificado con mi socio, recibí un e-mail de mi amiga, diciéndome que quería tener una comida de trabajo con nosotros; debía irse de la ciudad al día siguiente y tenía prisa por encontrarse con nosotros antes del viaje. Mi reacción ante su e-mail fue la de querer apoyarla, pero yo estaba tratando de proteger ese día para centrarme en mi proyecto. Así que le mandé un e-mail, diciéndole: "Dejemos abierta la posibilidad de un almuerzo. Mi socio acaba de volver de un largo viaje y estamos muy apremiados con nuestra entrega. Pero quizá podamos terminar nuestro trabajo y encontrarnos después."»

Lauren dijo: «Cuando envié el e-mail, advertí que me sentía culpable; de alguna manera, tenía la sensación de que debía disculparme por no dedicar mi tiempo inmediatamente para ella, por tener mis propias prioridades y necesidades. Y me sentí progresivamente molesta, una sensación de que tenía que darme prisa con mi propio trabajo para poder ocuparme del de ella.»

Para Lauren, esas sensaciones y pensamientos de fondo fueron una débil clave de que sus esquemas de carencia y de sometimiento emocionales estaban activos. Esa misma noche, esa clave se le confirmó cuando, a las 3 de la mañana, estaba completamente despierta. «Estaba acostada, pensando una y otra vez en ese e-mail. Había algo que no me cuadraba. Detecté que en mis pensamientos había un resentimiento sordo por la posibilidad de que mi amiga llamase para ir a comer con ella justo en la mitad de nuestro trabajo. Me sentí intrigada: ¿por qué me incomodaba su apuro? ¿Por qué me irritaba?»

Dado que de todas maneras no podía dormirse, Lauren se levantó y meditó mientras caminaba de un lado a otro en su dormitorio, consciente de su agitación mental y de las sensaciones corporales de desasosiego que experimentaba. «Entonces caí en la cuenta: cuando le escribí a mi amiga: "Dejemos abierta la posibilidad de comer contigo", no había puesto mis propios límites. Le había dejado una puerta abierta para que sus necesidades tuvieran prioridad sobre las mías.»

Así, en mitad de la noche, Lauren volvió a conectarse con su amiga y vio que ella todavía no había leído el e-mail que le había enviado. Apretó «no mandar», un comando que le permitió reescribir el e-mail antes de volverlo a enviar. Lauren eliminó la frase sobre la comida. En su lugar, puso claramente: «Sería un gusto verte, pero no estamos disponibles hasta el fin de la tarde o hasta la noche, según cuándo terminemos.»

Y, como me dijo Lauren: «Tan pronto como apreté la tecla de "enviar" mi nuevo mensaje, sentí un gran alivio: mis límites estaban intactos y dejaba perfectamente en claro que podría estar disponible para ayudarla, pero solo cuando hubiera terminado mi trabajo. Me sentí en paz conmigo misma. Había estado inquieta y revolviéndome durante horas, pero después de mandar el e-mail me dormí inmediatamente.»

Lauren se las había arreglado para sorprender en acción sus esquemas de carencia y de sometimiento y hacer algo positivo para que su respuesta fuera más positiva. Establecer los límites que necesitaba representaba un aprendizaje importante, opuesto a su hábito de ignorar sus propias y genuinas necesidades para satisfacer los deseos ajenos. Lauren, esa vez, lo hizo bien, comunicando claramente lo que podía hacer y tapando el agujero que ese «Dejemos abierta esa posibilidad» representaba para sus límites.

Y eso fue posible gracias a su capacidad de leer las débiles señales que decían que sus esquemas se habían vuelto a disparar.

Esta capacidad de cambiar nuestros hábitos emocionales más básicos da testimonio del notable hecho de que podemos reeducar el cerebro emocional. Como una vez dijo Gandhi: «Nuestra grandeza como seres humanos radica no tanto en que somos capaces de rehacer el mundo... sino en que somos capaces de rehacernos a nosotros mismos.»

Si usted quiere aplicar los dos pasos
para cambiar un esquema

Investigue su patrón de esquema para identificar sus elementos clave, de manera que pueda descubrir mejor cuándo comienza a construirse el ataque de esquema.

Ese es el comienzo de un proceso de cambio de dos pasos. El análisis de los patrones del esquema es muy clarificador y ayuda a la atención consciente, permitiéndole que reconozca los primeros signos de alerta respecto del esquema que se ha disparado. Estos le indican que tiene una oportunidad para hacer algo diferente (de cambiar la respuesta).

Luego, dados sus pensamientos, sensaciones y comportamientos automáticos, piense en las maneras de hacerlos cambiar de dirección en el instante: busque un antídoto o, mejor, busque varias opciones nuevas para usted mismo.

En síntesis, cada vez que advierta que el esquema se dispara, sea consciente de ello y ponga en práctica alguno de los siguientes antídotos:

1. Apenas detecte un ataque de esquema, dé intencionadamente por lo menos una respuesta positiva que bloquee alguna parte del patrón usual.

2. Desafíe sus pensamientos automáticos. Sométase a una prueba de realidad: ¿está tomando en cuenta toda la información disponible? ¿Hay algo que usted ignora o que está en juego que cuestione la validez de esas presunciones? ¿Puede recordar otras veces en las que la misma serie de pensamientos resultó infundada? O, si puede, pregunte a alguien cuyo punto de vista usted valore, si está siendo realista.

3. Antes de dejar que un humor molesto le dicte cómo actuar, tome medidas para remediarlo. Trate de cambiar a un estado más atento, que le permita advertir sus senti-

mientos en lugar de ser arrastrado por ellos. ¿Puede alejarse literalmente de lo que le inquieta, dando un paseo o tomando distancia respecto de una situación? ¿Puede retroceder mentalmente, respirando profundamente o meditando con calma sobre su respiración, aunque solo sea unos instantes?

4. Haga algo constructivo que le permita mejorar el argumento del esquema; como cuando Lauren cambió el mensaje del e-mail. Busque maneras positivas de responder que se opongan a sus antiguos hábitos de esquema.

5. Practique una respuesta más positiva en cada ocasión. Cada vez que se encuentre en mitad de un ataque de esquema, o que esté a punto de tenerlo, busque un cambio positivo que pueda hacer en sus pensamientos, sensaciones o reacciones.

11

Trabajar con las emociones

Una noche estaba cuidando a una cansada niña de seis meses. Sus encías, inflamadas por la salida de los dientes, la fastidiaban. Estaba frustrada, dormida y protestaba por su incomodidad. Entonces, repentinamente, lanzó un alarido. Al principio, me espanté; no sabía qué quería. Luego, tratando de ponerme en su lugar y demostrándole lo mucho que me preocupaba, le pregunté cariñosamente qué estaba tratando de decirme. Inmediatamente se calló y, con una mirada seria, empezó a hacerme la lista de sus quejas, una tras otra, en una jerigonza claramente articulada, sabiendo que yo, de alguna manera, la entendería. Fue la empatía la que le permitió expresar de manera tranquila lo que había sentido que tenía que gritar un minuto antes.

La empatía no solo hace que los bebés se sientan lo suficientemente seguros para expresarse: es un mensaje tierno que nos damos unos a otros cada vez que estamos lo bastante preocupados como para prestar al otro toda nuestra atención. La empatía es un reflejo. Esa misma atención consoladora es un don que también nos brindamos a nosotros mismos cuando estamos retorciéndonos en la incomodidad de nuestros esquemas. Podemos prestar atención a nuestra interioridad y, con una cálida sensibilidad, preguntarnos: «¿Qué necesitas exactamente ahora?» Al fin y al cabo, detrás de los esquemas que guían nuestros hábitos emocionales hay sentimientos tiernos que necesitan cuidado y compasión. Muy por debajo de la desvalorización y de la carencia se esconde un depósito de profunda tristeza; por debajo de la desconfianza y del sometimiento, una cólera laten-te; por debajo de la vulnerabilidad, la exclusión social y el aban-dono, el miedo. Una angustiante inseguridad guía tanto al per-feccionismo como al fracaso. Y en el meollo de la superioridad a menudo se esconde la vergüenza. Pero nuestros hábitos esque-máticos —las estrategias que aprendimos para enfrentarnos con esos sentimientos— tienden a aislarnos de las intensas emocio-nes enterradas debajo de ellos. La atención consciente nos pro-porciona un medio de escarbar, de conectarnos con las emocio-nes no elaboradas de las que nos protege el esquema.

EVITACIÓN DEL ESQUEMA

Al principio, tenemos que vencer la tendencia natural a evitar conectarnos con los sentimientos dolorosos que guían nuestros esquemas. Estos últimos son evasivos; la mente tiende natural-mente a evitar prestar mucha atención a esas zonas de torbellino emocional. Esta tendencia a apartar la mirada directa de esos há-bitos emocionales se llama «evitación del esquema».

Las emociones fuertes son mensajes del inconsciente. En-tender por qué es tan intensa la emoción a menudo produce una importante percepción en nuestra psique. A pesar de que mucha gente adopta la posición de que es más fácil no tener esos senti-mientos perturbadores, eliminarlos cuando surgen. Clausurar su recorrido demora hacer frente a lo que realmente ocurre.

Por ejemplo, quien padezca el esquema del abandono puede irse cerrando a medida que se acerca a alguien y sus pensamien-tos esquemáticos —del tipo «No quiero que vuelvan a abando-narme»— pueden cebarse. Pero es importante que esa persona no deje que las cosas terminen ahí, permitiendo que la presun-ción del esquema se vuelva a reforzar.

Enfrentar el miedo, en lugar de eliminarlo con el reflejo es-quemático de la retirada, permite una investigación posterior: «Si soy consciente de mi vulnerabilidad a ser abandonado, quizá pue-da ver eso más como un patrón de creencia y de reacciones emo-cionales, pero no necesariamente como la verdad permanente.»

Puede que se presenten estos pensamientos: «¿Por qué preocuparme? ¿Para qué abrirme si existe aunque solo sea una posibilidad de que puedan hacerme daño?»

Pero la oportunidad de cuestionar y comprobar esa suposición depende de que seamos capaces de permanecer con las emociones dolorosas conectadas a eso. Solo entonces podemos avanzar y comprobar las suposiciones que tenemos; por ejemplo, abrirse a alguien y ver si, de hecho, se presenta el temido abandono.

Los pacientes a veces preguntan: «¿Qué pasa si no me doy cuenta de que estoy evitando un sentimiento?» Un modo de investigarlo consiste en preguntarse: «¿Soy sincero conmigo mismo?» La atención consciente es una introspección honesta, que nos ayuda a ver las cosas tal como son en realidad.

«En la vida, continuamente se presentan problemas de todas las formas y tamaños —dice Jon Kabat-Zinn—. El desafío aquí consiste en enfrentarlos con espíritu inquisitivo, con atención consciente. Esto significaría preguntarse: "¿Qué es ese pensamiento, ese sentimiento, ese dilema? ¿Cómo lo enfrentaré?" O también: "¿Estoy dispuesto a enfrentarlo o al menos reconocerlo?"»

Tal investigación puede llevar nuestros pensamientos al nivel del sentimiento. Cuando reflexionamos conscientemente sobre ellos, los hacemos más accesibles a una comprensión experimental.

Dado que la atención consciente nos brinda atención con ecuanimidad, esto nos permite entrar en esa zona prohibida de emoción dolorosa que se oculta debajo del esquema. Permanecer conscientemente junto a nuestros sentimientos nos permite penetrar en esa zona prohibida, alcanzar la fuente emocional del esquema y, por lo tanto, liberar los sentimientos acumulados.

EL ANTÍDOTO

La atención consciente ofrece un antídoto efectivo para la evitación del esquema. Por ejemplo, Miriam, una de mis pacientes, tenía una torturada relación con su madre. Se sentía criticada por ella y, al mismo tiempo, extremadamente responsable por la felicidad de su madre. Esa carga le hacía sentirse resentida. En una sesión, Miriam se puso muy molesta por esa relación.

«Mi madre sufre mucho», dijo Miriam, dominada por la culpa.

«¿Acaso es posible que su madre sufra menos de lo que usted piensa y se queje demasiado?», pregunté.

«Sí —dijo Miriam—. Pero yo me tomo muy a pecho sus quejas.»

«¿Por qué cree que su madre se queja tanto con usted?»

«Para tenerme cerca», dijo Miriam.

Su respuesta me sorprendió: «¿Cerca?»

Después de una pausa, Miriam volvió a considerarlo: «Es su manera de controlarme.»

«Eso parece acertado —le dije—. Pero ¿le parece que su madre realmente la conoce?»

Esa pregunta tocó un punto sensible. Miriam sintió una oleada de furia: «No, ella no me conoce. Esa es la manera perfecta de decirlo.» La energía en bruto que había en su voz señaló que detrás de ella se escondía un esquema.

En ese punto, sin embargo, Miriam empezó a cambiar de tema, a hablar de algo completamente diferente. La volví a llevar a la cuestión —y a sus sentimientos— que ella ahora trataba de evitar, preguntándole si podía tratar de permanecer con sus sensaciones a propósito de lo que había dicho, que en realidad su madre no la conocía.

Luego de una larguísima pausa, dijo: «Me siento triste, realmente triste.» De sus ojos manaron las lágrimas.

«Puedo imaginarme lo mucho que eso debe de entristecerla. ¿Es capaz de abrirse a la tristeza y a las razones de ella? Si tiene ganas de llorar, permítase hacerlo; permítase explorar completamente esos sentimientos, sin desplazarlos.»

Esa táctica aplica atención consciente a un esquema activado: ponerse en contacto con los sentimientos, los pensamientos y la historia que conduce a ellos, e incluso con la resistencia misma a experimentar los sentimientos.

A veces, la parte más difícil al trabajar con un esquema consiste en vencer la resistencia a los sentimientos. Dado que esos hábitos emocionales se refugian o tapan sentimientos dolorosos, tendemos a juzgar que concentrarnos en ellos es difícil; la mente trata de llevarnos a algo menos perturbador. Al principio, Miriam aludió brevemente a la tristeza que sentía por lo poco que su madre la conocía, e inmediatamente empezó a cambiar de tema, como un modo de rehuir su tristeza.

A menudo, cuando empezamos a centrarnos en un esquema, nuestra atención tiende a dispersarse. Como Miriam, descubrimos que nos distrae algo que tenemos a mano, algún otro pensamiento, cualquier otro pensamiento. De esa manera, no tenemos que acercarnos al dolor. Hacemos lo equivalente a abandonar la meditación apenas nos empieza a doler la rodilla: inmediatamente desviamos la atención a otra parte para distraernos del dolor emocional.

La atención consciente combate la evitación del esquema mediante la atención sostenida por lo que sentimos, a pesar de que esos sentimientos sean incómodos. En lugar de eliminar las emociones antes de que nos hayamos conectado realmente con ellas, podemos dejar que sigan su curso.

EL CAMBIO EMOCIONAL DETRÁS DE LOS ESQUEMAS

«Mi vecino me vuelve loca, tal como lo haría mi madre —se quejaba Miriam el otro día—. Siempre está criticando; de él se desprende energía negativa, siempre. Después de discutir con él, me paso días enteros criticándome. ¿Qué puedo hacer?»

Hablamos sobre varias estrategias que ella podría emplear. En la meditación budista, hay varios métodos para trabajar con emociones perturbadoras. Uno consiste en abandonar la emoción; otro, en transformarla. Desde un punto de vista espiritual ventajoso —así como desde un punto de vista psicológico—, cerrarse a nuestros sentimientos obstruye la saludable apertura de la mente y el corazón, clausurándonos también las percepciones potenciales que ofrece la emoción.

Para Miriam, abandonar podría haber significado evitar a su vecino o tratar de mantener sus interacciones en un nivel superficial y distante. Pero decidió que la próxima vez que su molesto vecino la alterase, encararía un método transformador y se sumergiría en la densidad de sus reacciones esquemáticas con una conciencia más intensa e investigaría las emociones subyacentes disparadas por él, que tanto se parecía a su madre.

Cuando investigó su reacción esquemática, se dio cuenta de que esta conectaba la relación que tenía con su madre con la reacción que le despertaba su vecino.

Al principio, Miriam había decidido que el problema era el vecino. Se había lanzado a elaborar estrategias sobre la mejor manera de tratar con él: ¿Debería evitarlo? ¿Enfrentarlo?

A medida que siguió explorando, advirtió que lo que en él la desquiciaba era su actitud hipercrítica, la cual reconoció como muy similar a la de su madre. Miriam había pensado que mudarse a más de mil kilómetros de las incansables críticas de su madre sería suficiente. Pero ahora veía que sus temores de ser criticada se habían instalado en la casa vecina, e incluso todavía más cerca: en su propia mente.

Miriam vio que la cuestión no se refería solo a su vecino, sino a un patrón mucho más amplio que regía su vida. Y entonces se dio cuenta de que podía emplear las reacciones que su vecino le disparaba para acceder a los sentimientos que subyacían en su esquema. Por lo tanto, aplicó la atención consciente, encauzando las emociones conectadas con su reacción ante el vecino. Al hacerlo, sintió profunda ira y mucho resentimiento; toda una vida de furia por haber sido víctima del abuso emocional de su madre.

Descubrió dos métodos para emplear esa cólera. A veces, ser consciente de esos sentimientos sencillamente la liberaba de quedar fijada en ellos. Permanecía conectada a la experiencia en bruto de sus sentimientos de furia —las pulsaciones en su cuerpo, la agitación de su mente— con atención consciente. Aunque perturbada, no era arrastrada por los pensamientos mismos, ni por juicios o reflexiones.

Pero algunas veces, cuando experimentaba una sensación de

furia particularmente intensa, se inclinaba por una técnica gestáltica, que consistía en golpear una almohada mientras expresaba la furia contra su madre. Pero, incluso en esas ocasiones, volvía a la atención consciente, prolongando esas sesiones de liberación emocional con meditación para permitir que su mente se apaciguara y clarificar más su entendimiento.

Una vez que hizo eso, Miriam ya no se sintió inútil frente a su vecino; una vez que comprendió qué había detrás de su reacción, esta ya no se apoderó de ella con tanta fuerza. Y cuando sentía que esos antiguos sentimientos la estaban perturbando, podía concentrarse en su propio miedo a ser juzgada, una valiosa oportunidad en la exploración interna de sus patrones emocionales.

El método investigador empleado por Miriam nos permite ver los disparadores emocionales como un medio útil para acceder a la carga emocional que hay detrás de los esquemas. Miriam usó los momentos en que su vecino le disparó su esquema como oportunidades para explorar los profundos sentimientos de ira que subyacían a la sensación de ser criticada.

Esa actitud pone las reacciones esquemáticas bajo una nueva perspectiva: esas reacciones se convierten en oportunidades de transformación a través del descubrimiento, con percepciones que nos esperan bajo la superficie. Cuando vemos los patrones reactivos como una oportunidad para entender el funcionamiento de nuestra mente, esas emociones muy intensas que antes quisimos evitar se transforman en puertas de acceso para una comprensión más profunda. Como dijo Tulku Thondup: «Si llevamos la conciencia a los problemas, en ellos mismos encontramos la clave de su solución.»

ORDENAR

Cuando la gente llega a la terapia, a menudo ya sabe que algo anda mal o que hay algún desequilibrio, que algo en su vida no funciona bien. No siempre sabe de qué se trata, pero esas personas tienen la motivación para conectarse con su sufrimiento y sus causas. Pero no siempre les resulta clara la manera de encontrar un camino a través de la confusión y el desorden.

La práctica de la atención consciente produce un sentido interior de conocimiento que puede ser de inmensa utilidad para ordenar el confuso tumulto de nuestras emociones. Cuando ese foco de conciencia es orientado hacia el caos emocional de nuestra vida, o a los patrones de pensamiento distorsionado de nuestra mente, el reconocimiento de sus causas ocultas se puede enfocar con mayor claridad. Tener un marco conceptual, como el modelo del esquema, puede ayudar a clarificar más el proceso.

Es común para quienes meditan buscar un lugar despejado para apaciguar la mente. Pero la atención misma, aun cuando esté dirigida hacia el ofuscamiento mental, ofrece un refugio fiable. Cuando podemos relajarnos de la tendencia a aferrarnos a una explicación exacta y limitarnos a estar presentes en lo que pase sin tratar de alterarlo, podemos sacar a la luz un conocimiento más profundo, más intuitivo. Eso, en sí mismo, cambia nuestra reacción y nuestra perspectiva.

Hay muchas maneras de emplear ese conocimiento intuitivo al servicio de la alquimia emocional. Cada vez que somos arrastrados por un estado emocional intenso —como la ira o la tristeza—, podemos llevar a ellos atención consciente para ordenar nuestra confusión y descubrir qué podría estar pasando en realidad. Una vez que tenemos alguna familiaridad con nuestros esquemas, podemos concentrarnos con mayor precisión: ¿cuál fue el disparador esta vez? ¿Cuáles los pensamientos, las sensaciones, el impulso a reaccionar?

A medida que progresamos en nuestro trabajo sobre los esquemas, esos momentos de confusión emocional tendrán un significado enteramente nuevo: una oportunidad para sondear más profundamente nuestros hábitos emocionales. La alternativa para evitar la incomodidad emocional de nuestros esquemas consiste en usar el sufrimiento emocional como una guía, una señal de que está ocurriendo algo significativo que necesita ser entendido; investigar con atención consciente y permanecer abiertos a la experiencia, particularmente cuando esta es incómoda.

Hay dos métodos que aquí resultan particularmente útiles. Uno es la reflexión sensata, que consiste en alternar períodos de reflexión sobre el episodio emocional, «dejándolo caer» en el espacio calmo y claro de la atención consciente para permitir que emerjan las percepciones. El otro es la conciencia sostenida, que lleva la ecuanimidad de la atención consciente al episodio mismo mientras este dura, o al dilatado período durante el cual el esquema sigue cebándose, volviéndonos así menos reactivos y más capaces de investigar nuestros pensamientos y sentimientos con mayor claridad.

Primero, desde luego, necesitamos enfrentar el hecho de que el esquema se ha activado; que sentimos esa comezón familiar. La tendencia a evitar el esquema puede dificultar el reconocimiento de las señales capaces de conducir a las percepciones emocionales, o permitir que el sentimiento se libere a sí mismo naturalmente.

Mi paciente Jake usualmente se olvidaba de su esquema y, sin embargo, este se apoderaba de él, una y otra vez, sin que Jake se diese cuenta de ello. Jake, divorciado, con tres hijas cuya custodia compartía, era capaz de abandonar todo y a cualquiera —incluida su novia— para hacer cualquier cosa que sus hijas quisieran. A su novia no la incomodaba que Jake fuera un buen padre, pero estaba ocurriendo algo más que la ponía a la vez triste y furiosa.

Al principio, Jake estaba perplejo: parecía que su novia se molestaba por nada. Pero luego empleó el método de reflexión sensata, manteniendo la atención en el patrón hasta que logró penetrar en un significado más profundo escondido debajo del mismo. A medida que Jake reflexionaba sobre su patrón, vio que de alguna manera estaba tratando de comprar el amor de sus hijas consintiéndoles cada capricho. Se dio cuenta de que estaba siendo arrastrado por el temor irracional a que, si no daba a sus hijas cualquier cosa que quisieran, ellas no lo querrían.

Cuando se dio cuenta de eso, repentinamente sintió una gran tristeza interior; su tristeza creció hasta convertirse en una pena constante. Al principio, Jake no tenía idea de dónde venía la tristeza y la pena. Lo alenté a que sencillamente conviviese con la tristeza, conscientemente, y a que usara el método de la reflexión sensata para encontrar un sentido intuitivo de su significado. A medida que Jake exploró su tristeza con atención consciente, tuvo una visión de su infancia: recordó una vez, en cuarto grado, en la que desesperadamente quiso caer bien a un compañero. Su necesidad de aceptación había sido tan grande que, mientras iba a la escuela, había gastado todo el dinero de la semana comprando caramelos y goma de mascar para su compañero; un soborno. Y reconoció la misma desesperación de querer complacer a sus propias hijas.

Ese reconocimiento produjo una intensificación de su tristeza; ahora Jake lloraba, sollozando en silencio. Entre lágrimas, me contó con qué otra cosa se había puesto en contacto: con una sensación que tenía desde la infancia de que siempre tenía que ser un «chico bueno» para ganar el amor y la aprobación de sus padres, el amor y la aprobación de todo el mundo. Recordó vívidamente las miradas de disgusto, e incluso de desdén, que le lanzaban sus padres cuando él hacía algo que les desagradaba y lo miserable que se había sentido en esas ocasiones. Llegó a pensar que nunca podría ser él mismo; siempre estaba tratando de complacer a los demás para asegurarse de que les caería bien.

Esa letanía de asociaciones y recuerdos se produjo lentamente, mientras Jake reflexionaba sobre su tristeza y sus causas. Jake dejó la sesión sintiendo todavía la tristeza que había detrás de su patrón de desvalorización. Finalmente, se había conectado con el depósito más profundo de emoción, el depósito de pena que sus reacciones esquemáticas le habían impedido experimentar.

RESISTIR AL SUFRIMIENTO

Dado que los esquemas nos protegen de vivir emociones subyacentes más profundas que nos parecen intensamente perturbadoras, alcanzar las capas de sentimientos existentes detrás de un esquema es como pelar una cebolla. Puede que el miedo esté más cerca de la superficie —por ejemplo, en el esquema de abandono—, pero debajo del miedo a menudo hay una capa de tristeza y después otra, posiblemente de ira.

Sin embargo, los esquemas hacen que nos comportemos, que pensemos y que experimentemos de acuerdo con conductas que nos impiden acercarnos a esos depósitos subterráneos de sentimientos atormentados. El esquema de vulnerabilidad, por ejemplo, nos protege de las sensaciones intensas de pánico, haciendo que nos centremos en pensamientos repetitivos, casi obsesivos, sobre lo que puede salir mal y sobre lo que podríamos hacer para prevenir el peligro. El regateo neurótico: al ocupar la mente con pensamientos preocupantes y con una angustia morigerada, no nos hundimos en el pánico más profundo y aborrecible que hay debajo de ellos. Preocuparse se transforma en una especie de ritual mágico, que nos defiende de peores miedos. En el caso de quienes padecen ataques de pánico, el esquema de vulnerabilidad ya no los «protege» del miedo apremiante y mórbido de que están a punto de morir, sino que más bien aumenta la intensidad del mismo.

En el caso del abandono, el regateo emocional sigue el siguiente argumento: aferrándome a la gente que temo perder, o evitando acercarme demasiado, evito el miedo y la desesperación más profundos de quedarme solo. Y en cuanto al sometimiento: rindiéndome a la otra persona, evito enfrentar la furia explosiva que engendra mi sometimiento.

La carencia emocional impulsa a las personas a que, en vez de declarar sus propias necesidades, hagan de guardianes y, por lo tanto, a no sentir toda la fuerza de la ira o de la tristeza que subyacen profundamente en su interior. En el caso del aislamiento social, el reflejo a esconderse de la gente o del centro de atención mitiga el miedo o el daño que podría acarrear el desaire temido. En cuanto a la desvalorización, mantenerse a distancia previene contra la tristeza o el miedo de ser rechazado. (Si usted se pregunta sobre cómo percibir los tonos que subyacen en otros esquemas, busque su descripción en los Capítulos 5 y 6.)

Está claro que cuestionar los pensamientos habituales y cambiar nuestros hábitos esquemáticos reflejos son medidas importantes en la curación de los esquemas. Y esos remedios pueden tener lugar más fácilmente que la cura en el nivel emocional. Pero si estamos dispuestos a liberarnos todavía más del dominio de los esquemas, entonces liberar los sentimientos encerrados que los guían representa un paso esencial, como abrir una infección con una lanceta para acelerar su curación.

Mi paciente Lauren empleó la reflexión sensata para conectarse con sus sentimientos ocultos mientras luchaba contra el esquema de abandono. Una de sus mejores amigas se enfadó con ella después de que Lauren tuvo la candidez de alertarla de que el novio de su amiga parecía demasiado narcisista. La amiga se puso furiosa con Lauren y se negó a hablarle durante semanas; aunque varios meses más tarde, después de que la amiga de Lauren rompió el compromiso, aquella le agradeció su sinceridad.

El airado distanciamiento de una de sus mejores amigas disparó con toda su fuerza el esquema de abandono de Lauren. Durante días y días, Lauren se hundió en el miedo, inundada de recuerdos de todas las veces que sus aristocráticos padres la habían dejado durante largos períodos con una sucesión de niñeras antes de enviarla finalmente a un internado. Aquellos recuerdos le trajeron oleadas de enorme tristeza y una intensa compasión por la pequeña que había quedado tan aturdida por esas deserciones. Generalmente, el esquema de Lauren la habría llevado a desesperados intentos de restablecer la conexión con su amiga, un modo de calmar sus temores de ser abandonada. Pero esa vez Lauren empleó el método de la reflexión sensata para permanecer con sus sentimientos que con tanta fuerza se agitaban en su interior y, por su cuenta, se permitió sentir el miedo, la tristeza y los pensamientos perturbadores. Cuando estos empezaban a ser abrumadores, se centraba deliberadamente en una serena meditación sobre su respiración.

Volver a la respiración es como cambiar a un modo neutral;

puede ser como estar en un lugar seguro, incluso en medio de un torbellino emocional. Entonces, después de centrarse un poco, Lauren volvía al sentimiento con más investigación consciente. En ese proceso, llegó a construir una comprensión conceptual, deducida del modelo de esquema —consciente de la dinámica que había detrás de su abandono— y se sumergió directa y sostenidamente en el depósito de sus sentimientos. Sentía la emoción y luego volvía a la respiración, tratando de no perderse ni en los remolinos del sentimiento ni en el influjo de un análisis puramente racional. Luego, como dijo el monje Amaro, «dejaba caer» sus reflexiones sobre el esquema dentro de ese espacio consciente.

Mientras lo hacía, tuvo una serie de percepciones, estableciendo conexiones que antes no había hecho. Los vínculos entre su tristeza de niña dejada por sus padres, sus mayores miedos —de que eso volvería a ocurrir no una vez, sino siempre— y sus reacciones ante el distanciamiento de su mejor amiga se hicieron cada vez más claros.

En ese punto se echó a llorar incontrolablemente: lloró por aquella niña, afligida por la pérdida que había sentido. La intensidad de su pena la asustó pero, en lugar de distraerse o de tratar de hacer algo, por ejemplo volver a conectarse con su amiga —lo que habría aplacado el esquema—, siguió entregándose a sus sentimientos. Se sumergió en la profunda aflicción que había estado escondiendo todos esos años. Eso le permitió un cambio muy profundo en su trabajo interior, para lograr la liberación de los miedos que había detrás de su patrón de abandono.

Entonces más tarde me dijo: «Después de enfrentar esos miedos intensos de ser abandonada, me di cuenta de que si perdía a esa amiga no sería tan terrible. Estaría bien sin ella. No necesito que esos miedos me sigan controlando.»

Como Lauren descubrió, la atención consciente puede ayudar a atravesar las defensas que nos impiden advertir los sentimientos ocultos que hacen poderosos a los esquemas que operan en nuestra vida. Lauren descubrió que volver un rato a la meditación sobre la respiración, cuando sus temores al abandono se hacían muy intensos, tenía un efecto apaciguador. Luego, cuando se sintió lista para abrirse conscientemente a sus miedos, comprobó que su conciencia era más poderosa que ellos.

Finalmente, se sumergió en el depósito oculto de sus sentimientos: los miedos al abandono, descubriendo que, al fin y al cabo, no eran tan terroríficos. Y eso le dio más valor.

CONECTARSE CON LOS ORÍGENES DEL ESQUEMA

Una vez que Lauren se hubo conectado con sus miedos fundamentales, hubo un nuevo paso. La animé a que la próxima vez que ese esquema se activase se permitiera permanecer con los miedos a perder la relación, pero sin dejar que el frenesí la llevara a reaccionar. Cuando un episodio con su insensible y distante novio disparó esos mismos sentimientos, Lauren se concentró en ellos, sin hacer nada para tratar de ahuyentarlos. Nuevamente se descubrió invadida por una inmensa tristeza. Tuvo otra serie de vívidos recuerdos de su infancia; esta vez, a propósito de su madre, una alcohólica que a veces podía ser cálida y cariñosa, pero que repentinamente se volvía fría y distante. Y cuando su madre se comportaba de esa manera, esa pequeña sentía la misma tristeza que la que experimentaba la Lauren adulta.

Y mientras hacía eso, Lauren se dio cuenta de que giraba alrededor de amistades con personas —tanto hombres como mujeres— que eran poco generosas y frías, y eso disparaba una y otra vez su esquema.

Reconocer que una y otra vez somos atrapados por un patrón semejante y dejar que pase puede conllevar un breve instante de despertar —«Ah; así que está pasando eso»—, mientras reconocemos el patrón. Y en tales momentos de reconocimiento, puede haber un incremento espontáneo de comprensión y piedad por nosotros mismos, que nos vuelva menos propensos a reaccionar a partir de nuestros miedos al esquema.

Si usted puede reconocer las raíces emocionales de su esquema y siente qué parte de usted todavía se identifica con el niño que aprendió a sentir de esa forma, puede tener más empatía por su esquema. Ese reconocimiento le permite sentirse menos identificado con sus patrones emocionales, menos confinado por ellos, porque le permite ver claramente que usted no es eso, que esa no es su verdadera naturaleza, sino más bien el resultado de un condicionamiento repetido y arraigado en su vida infantil que usted está representando. Pero como durante todos esos años lo sintió como si eso fuera «usted», no pudo verlo objetivamente.

Sacar a la luz de la conciencia los sentimientos dolorosos, tantos años encerrados dentro de nuestras estrategias de supervivencia, puede liberarnos del torbellino del hábito emocional. El resultado puede consistir en más percepción sobre la manera en que opera la mente y en más compasión para esa parte de nosotros que ha sido atrapada por el esquema. Esta instancia de percepción y compasión nos permite tomar la necesaria distancia para entrar en un diálogo interior más empático.

NUESTRA SABIDURÍA INNATA

Este trabajo implica desarrollar un conocimiento intuitivo, una sabiduría interior. Si nos sentimos fuera de contacto con esa sabiduría interior, la atención consciente proporciona una manera de desarrollar esa conexión interna. Algunos interesantes descubrimientos científicos sugieren la manera en que eso podría tener lugar.

La amígdala, el lugar del cerebro donde tienen origen nuestras principales emociones perturbadoras, está cerca del hipocampo, que nos ayuda a recordar lo que sabemos a propósito de una situación, incluidas las respuestas correspondientes para hacer frente a ella. Cada vez que tenemos una reacción negativa con alguien, esa respuesta refleja una conversación entre la amígdala y el hipocampo; pero lo que se dicen exactamente permanece fuera del alcance de nuestra conciencia.

Hay muchos otros centros en el cerebro que almacenan aspectos de nuestros recuerdos y conocimiento de lo que nos ocurrió y de lo que hemos aprendido. Cuando enfrentamos una

decisión en la vida o estamos atrapados en una cuestión perturbadora, muy rápidamente el cerebro saca a la luz todos los recuerdos e informaciones relevantes —muchos de ellos, almacenados más allá del alcance de la conciencia— y nos ofrece una
respuesta.

Pero esta no nos llega bajo la forma de un pensamiento
racional del tipo «Esto es lo que debería hacer, y estos son los
pros y los contras implícitos en la acción». En lugar de ello, el
cerebro nos da una respuesta que es una sensación de lo que
está bien y lo que está mal en esa situación. En otras palabras,
la respuesta se presenta bajo la forma de un sentido emocional
de certeza, no como un pensamiento racional. Tenemos una
percepción intuitiva.

Si no logramos sintonizar ese sentido interior, o si no confiamos en nuestra percepción, entonces nos alejamos de la sabiduría potencial que podemos extraer de esa situación. Dado el
ritmo acelerado en el que vivimos o la confusión producida por
sensaciones turbulentas, a menudo experimentamos demasiada
estática interna para sintonizar esa señal más débil. Pero la atención consciente nos proporciona un modo de sintonizar esas
débiles sensaciones y, por lo tanto, para oír la serena voz de la
sabiduría interior. Ese conocimiento intuitivo muy a menudo
empieza presentándose como una sensación tranquila. El significado de esa sensación —puesta en palabras— nos llega algo
después, con atención y reflexión continuas.

El acceso a los recuerdos

El monje Nyanoponika observa que la práctica de la atención consciente fortalece la intuición. Un campo para aplicar
esta intuición es el rastreo de los patrones sutiles que conectan
significativamente los episodios de nuestra vida. La atención
consciente agudiza nuestro dispositivo cognitivo, por lo que,
por ejemplo, las percepciones son más claras. Lo mismo ocurre
con la memoria. Muy a menudo, al realizar largos retiros de
atención consciente, la gente descubre que accede a recuerdos

que habían permanecido dormidos durante décadas. Los recuerdos a que se accede durante la práctica de la atención consciente pueden tener una calidad especial: «La intensidad, la claridad y la riqueza de los recuerdos ofrece una mayor accesibilidad y proporciona un suelo fértil para el crecimiento de la intuición», escribe Nyanaponika en *El poder de la atención consciente*. «Las recopilaciones de ese tipo tendrán un carácter más orgánico que el recuerdo de hechos vagos y aislados, y entrarán más fácilmente en nuevos patrones de sentido y trascendencia.»

Volver a conectarnos ahora con esos recuerdos —en su mayoría, de la infancia— nos permite entender qué pasó desde un punto de vista maduro. Y una vez que logramos esa comprensión, podemos alcanzar el próximo paso de la terapia de esquemas, gracias a un diálogo más empático con la parte de nuestra mente ligada al punto de vista infantil.

Al sumergirse en los sentimientos que rodeaban su esquema de abandono, mi paciente Alexa tuvo un recuerdo fundamental. Recordó que, cuando era pequeña, su padre se había ausentado de su vida durante muchos años. Luego, en cierto momento, volvió a integrarse en la familia. Pero era volátil, impredecible y propenso a tener fuertes cambios de humor y estallidos de furia. De niña, Alexa a menudo le tenía miedo.

Pero él la quería y deseaba estar presente como padre. Alexa me dijo: «Se podría pensar que era amable de su parte. Pero para mí, a los doce años, no era tan sencillo.»

Alexa tuvo un recuerdo poderoso de un momento crítico en su relación: «Un día, caminaba por un parque con mi padre, sintiéndome incómoda y confusa. Él tomó una medalla de san Francisco que siempre llevaba como amuleto y me la dio. Quizá no fue el momento indicado; no sé. Pero recuerdo haber cogido la medalla y arrojarla al suelo.» Por un instante, Alexa hizo una pausa y, mientras me contaba lo que seguía, sus ojos se llenaron de lágrimas: «Mi padre la dejó allí y se marchó.»

Después de eso, Alexa y su padre se distanciaron; al cabo de algunos años, él murió. Muchos años más tarde, Alexa retornó al lugar del parque donde había arrojado la medalla. No porque pensara que volvería a hallarla, sino para revivir la angustia y la culpa que sentía por no haber aceptado el significativo regalo de su padre. No poseía nada de él; ahora echaba de menos la medalla de su padre. Durante años sufrió el remordimiento. ¿Por qué había reaccionado tan impetuosamente? Excepto ese, en su vida no había grandes remordimientos.

A medida que ahora, como parte de su investigación de esquema, exploraba ese recuerdo, sentía visceralmente en su interior a la niña de doce años. Le sucedió de manera repentina: oyó internamente una voz compasiva que decía a esa niña interior: «Por supuesto, estabas enfadada con él; tenías una buena razón. Te había abandonado. No había estado a tu lado durante años y, cuando finalmente lo hizo, sus estallidos de violencia te aterraban.»

En ese momento, se desvanecieron años de remordimiento. Alexa deseó que hubiera podido ser diferente la relación entre ambos, deseó haber podido estar más abierta al amor de su padre. Y deseaba todavía haber podido conservar esa medalla como símbolo de su conexión, por más frágil que esta hubiese sido. Pero ahora comprendía las razones de sus reacciones cuando tenía doce años. Ahora todo tenía sentido.

La nueva visita de Alexa a ese recuerdo tan cargado ilustra cumplidamente lo importante que es entender los significados más profundos y simbólicos de los acontecimientos que pueden haber quedado encerrados durante años en nuestros corazones. Aquel instante de reacción impulsiva resonó a lo largo de toda su vida. Pero revivir ese instante impulsivo también le permitió sentir empatía por la niña de doce años que ella había sido. Establecer esas conexiones a veces puede liberar sentimientos largo tiempo reprimidos y abrirnos a la compasión por la forma en que actuamos en el pasado.

COMPENETRARSE CON EL ESQUEMA

Una vez que nos ponemos en contacto con el depósito de sentimientos profundos que guían al esquema y nos sumergimos en él lo suficiente como para encontrar sus orígenes, debemos dar otro paso. Podemos brindar nuestra empatía como adultos solícitos a esa parte de nosotros que todavía piensa o siente como la niña o el niño que empezó a tener esas reacciones esquemáticas.

Eran las vacaciones de Navidad, y Lauren se sentía un poco deprimida, como de costumbre. «Sé que las vacaciones activan mi esquema de carencia», me dijo.

Desde una perspectiva objetiva, parecía que las vacaciones estaban siendo buenas para ella. Había pasado la Navidad en una reunión de amigos íntimos y de familia. Pero una de sus amigas más próximas, a quien ella había enviado un regalo especialmente considerado, ese año no había regalado nada a Lauren y ni siquiera le había agradecido el que había recibido. Por su parte, otra amiga no había devuelto a Lauren la llamada telefónica de las fiestas, algo normal entre ellas. Pequeñas cuestiones en el esquema más amplio de las fiestas de fin de año; sin embargo, la mente de Lauren había quedado atrapada en ellas.

«Sé que no es racional —me dijo—. Pero no me parece correcto limitarse a decirme: "Sabes que eres más vulnerable a la sensación de carencia cuando llegan las fiestas. Tómate un descanso." Hacerlo me hace sentir todavía más carente. Siento que en la relación con la amiga que nunca me agradeció no hay reciprocidad. Y la que nunca me devuelve las llamadas me frustra porque jamás toma la iniciativa para mantenernos en contacto; especialmente porque le hablé de eso muchas veces. Parece como si lo hiciera intencionadamente.»

Para alguien que no sufra la sensibilidad esquemática que Lauren padece, tales circunstancias menores podrían pasar inadvertidas sin provocarle reacción alguna. Pero en el caso de Lauren, que mira con las lentes de la carencia, se ven exageradamente.

Lauren continuó: «Pero si no puedo fiarme de la gente, al menos debería ser capaz de cuidarme yo misma.» Para tener calma y claridad, Lauren decidió quedarse un rato sentada en silencio con sus sentimientos y luego prestar atención a sus sensaciones y ver qué imagen se presentaba en su mente. En su terapia había comenzado a establecer un diálogo interior entre su niña herida y su adulta protectora.

Lauren me dijo: «Me vi como una niña de, tal vez, unos cinco años. Daba vueltas y buscaba a alguien que me prestase atención, alguien con quien conectarme. Esa pequeña dice: "Todos están muy ocupados, muy ensimismados y distraídos por sus propios problemas. No puedo encontrar a nadie que se quede a mi lado." La niña trata de portarse muy bien y de ser cariñosa, pero nadie parece notarla.»

«¿Qué debería entender esa niña? —le pregunté—. Si usted fuera una cuidadora, alguien muy protector que pudiera estar allí con esa niñita, ¿qué le diría?»

La respuesta de Lauren fue inmediata: «Le diría: "Estás buscando el amor de gente que no puede darte lo que necesitas."»

«¿Y cómo sigue la conversación?»

Lauren continuó con una voz triste, casi desesperada: «La niña responde: "Pero ellos son mi familia; se supone que me quieren." La voz protectora le dice: "Pero ellos están muy ocupados con ellos mismos, ellos tienen demasiadas carencias. No pueden darse cuenta de nada, excepto de sus propias necesidades. Trata de relacionarte con gente a quien le intereses." Entonces, la niña busca algún lugar tranquilo para esconderse y ser ella misma; para ser invisible, para no tener necesidades. Ese es su hábito cuando a nadie parece importarle. Pero entonces recuerda lo que le dijo la voz protectora: que hay gente a quien le interesa y que esa gente la quiere. Ella había estado buscando a la gente equivocada.»

Luego, con una nueva energía que le hizo elevar el tono de voz, Lauren agregó: «Por lo tanto, la niña va a buscar a esas personas con quienes ya se siente estrechamente ligada.»

UN DIÁLOGO INTERIOR

Esta clase de diálogo interior, una conversación con el esquema personificado por la niña o el niño que acaban de aprender ese hábito emocional particular, ofrece una experiencia reparadora desde el interior. No es un método recomendable para todo el mundo, pero, en algún punto de su trabajo emocional, resultó útil a mucha gente.

Cuando Lauren estaba con su niña interior, encontró un camino para conectarse con esa parte de sí misma que albergaba las necesidades emocionales fundamentales de su esquema de carencia: esa criatura interior congelada necesitaba ser oída y comprendida. Lauren podía convivir con esa tristeza, pero impidiendo que el esquema —personificado en esa niña— se congelara alrededor de sus necesidades insatisfechas y retrocediera hasta el solitario aislamiento familiar, donde no quería o no se atrevía a ser una molestia para nadie.

La voz protectora de la Lauren más madura y razonable recordó a la niña que había gente con quien era posible relacionarse. Pero ella necesitaba aprender a buscar el amor allí donde se lo dieran espontáneamente, en lugar de dedicarse únicamente a aquellas personas que estaban tan ensimismadas consigo mismas y sus propias necesidades que no podían preocuparse por ella; que es, por supuesto, donde el esquema se ve obligado a buscar la satisfacción de las necesidades.

Esa respuesta más positiva, en sintonía con el dolor y la tristeza de la niña, fue muy reparadora. Hubo un diálogo entre esa pequeña interior herida que personificó el patrón y la voz interior de la adulta protectora que representa lo que el esquema anhela. Esa relación interna puede disimular hasta cierto grado la deficiencia inicial que guía el esquema o, al menos, puede volver a educarlo, de manera que aprendamos una nueva respuesta.

Al menos metafóricamente, hay una criatura interior, una parte de nosotros, que sigue sintiéndose como un niño. Ese «niño interior herido» describe la realidad del esquema encerrada en la amígdala. La relación reparadora y saludable con un padre interior maduro y protector constituye un modo de describir una respuesta consciente.

El diálogo entre ellos se convierte en una parte de la completa restauración de las conexiones neurales que acompañan la sanación del esquema. Es como si, en un nivel muy profundo, estuviésemos creándonos nuevos padres, estableciendo nuevas conexiones entre el cerebro emocional y el racional, creando los hábitos de respuesta saludables que no adquirimos en la infancia. Nosotros mismos podemos empeñarnos en este diálogo interior reparador. Si este método interior de creación de nuevos padres ocurre durante la terapia, el primer diálogo puede producirse entre el terapeuta, que actúa como la voz protectora, y el paciente, que da voz al niño que representa la realidad del esquema, como en el juego de rol. Esto puede facilitar las cosas para que el paciente acceda al «niño» del esquema, de manera que en ese punto pueda trabajar con la técnica de diálogo de creación de padres por su propia cuenta, dando voz por sí mismo a ambas partes, exactamente como hizo Lauren.

En cierto sentido, el niño atrapado por el esquema es como cualquier otro: necesita atención, sus necesidades deben ser satisfechas. Como dijo uno de mis pacientes: «A veces me siento como un niño dentro de una vida adulta.» Eso ayuda a tener un modo de comprobar las necesidades emocionales. A pesar de que no siempre podamos detener lo que estamos haciendo para prestar completa atención a esas necesidades, deberíamos escuchar esas voces interiores y responder a ellas. Deberíamos mostrar empatía interna a esos sentimientos, asegurándonos de no reprenderlos o reprimirlos, como cuando hablamos a un pequeño herido. Después de establecer empatía con el niño interior, podemos abrirnos más a oír una intervención racional, desafiando las presunciones de las que nos aferramos. En esa interacción, el «niño» puede madurar en cuestión de instantes.

LIBERACIÓN

En todas partes del orden natural se encuentra el ciclo de creación bajo presión y liberación. El cuerpo fabrica células asesinas y las libera para luchar contra una infección; las placas tectónicas colisionan, creando una inmensa presión liberada en temblores de tierra; las tormentas se originan en los pesados nubarrones, que liberan su pesada carga de humedad con la lluvia.

Ese proceso natural de liberación tiene un paralelo en la dimensión psicológica. A menudo, las personas que han realizado un trabajo emocional intenso alcanzan cierta disposición para liberarse a través de la estimulación sobre la manera dolorosa en que un patrón emocional se manifiesta en su vida. Pueden ver la manera en que sus creencias profundamente asentadas en los pensamientos subyacentes, los sentimientos que las mantienen en su sitio y las reacciones que fluyen de ellos mantienen todo en su lugar. Sin embargo, el dolor que causa el patrón es demasiado familiar y, finalmente, demasiado grande para seguir tolerándolo.

Una paciente me contó que pasó por una sesión de llanto catártico cuando tal presión se hizo intensa. Me dijo que, al advertir que sus padres emocionalmente carentes nunca satisfacían sus necesidades, se había puesto en contacto con un inmenso dolor y una gran tristeza. Estos crecieron tanto y tan intensamente que no había otra alternativa que aceptarlos. Se descubrió llorando y sollozando, boqueando por aire como una niña que tiene un berrinche de llanto. Le duró un buen rato y, paulatinamente, se fue calmando. Más tarde, sintió que ya no le quedaba pesar alguno; había experimentado un profundo abandono de la pena que, desde entonces, nunca más volvió.

No todo el mundo pasa por ese proceso, pero cuando alcanzamos ese punto en el que ya no somos capaces de seguir viviendo bajo el poder de creencias distorsionadas, puede darse un despliegue semejante y la consiguiente liberación emocional (a menudo, más de una vez). Esta tiene cualidades similares que las de la liberación de presión en la naturaleza, mientras el cuerpo y la mente se ponen de acuerdo para darle cauce a la tristeza que liberará el dolor emocional. Permitir a la mente que se deje llevar y permitir al cuerpo que se entregue a la liberación, como si una fuerza interior supiera cómo liberar el dolor —por ejemplo, el llanto intenso por el que pasó mi paciente—, puede ser tremendamente liberador.

Resulta beneficioso dejar que tal liberación ocurra de la manera en que quiera hacerlo, completamente natural. Ver a alguien que atraviesa ese proceso de liberación puede ser como observar un parto o a alguien mientras se está muriendo: hay la sensación de que opera un impulso inevitable, de dejarse llevar por la gran corriente de la fuerza natural.

EL PESAR CONSCIENTE

En la naturaleza, la lluvia se produce cuando las gotas de agua de las nubes se vuelven demasiado grandes y pesadas para seguir suspendidas en el aire. La lluvia es la liberación de la naturaleza. De la misma manera, la liberación del llanto es una maravillosa capacidad del organismo humano. Las lágrimas pueden ayudarnos a liberarnos de las heridas emocionales.

Al mismo tiempo, un principio psicológico sostiene que tenemos un mecanismo protector y creador que nos protege de las emociones desatadas que podrían resultarnos demasiado agobiantes. La investigación con gente que hace el duelo por la muerte de sus seres queridos, por ejemplo, muestra que, de ordinario, después de tales pérdidas, las personas atraviesan períodos de intenso pesar y tristeza que alternan con períodos en los que no están particularmente inmersos en el pesar. Es como si algo en su interior les proporcionara la dosis exacta de tristeza tolerable y luego retrocediera para darles tiempo de reponerse antes de la llegada de la nueva ola de pesar.

Algo así parece ocurrir típicamente cuando nos abrimos a los esquemas. Curiosamente, a medida que empezamos a rendirnos a los patrones asociados con el esquema, o cuando revisamos los orígenes primeros del esquema y volvemos a evaluar los episodios de nuestra vida, hay una sensación de pérdida. Empezamos a abandonar nuestros modos de ser familiares. Una antigua parte de nosotros mismos se muere, y eso conduce a la pesadumbre.

Ahondar en los detalles de un esquema parece poner en acción este proceso. Larry Rosenberg, maestro de meditación perceptiva, lo dijo claramente: «La verdadera percepción significa ver las cosas tal como son en realidad, no como queremos que sean. Llegar a esa aceptación es el trabajo del duelo.»

Poner de lado las lentes del esquema, ver más claramente, significa abandonar la antigua manera de definirnos y mirar el mundo. Lo que rendimos son nuestros hábitos negativos de adaptación, la manera desesperada de aferrarnos a la realidad y a las reacciones del esquema.

Cuando mi paciente Jake se puso en contacto con su esquema de desvalorización, descubrió que este había modelado buena parte de su identidad básica y de su permanencia en el mundo. Demasiado ansioso por complacer, siempre tratando de ser la persona que él pensaba que los otros querían, Jake vivió en un «falso yo», una parte de sí mismo experimentada como una fachada. Pero, según dijo con desesperación, ni siquiera estaba seguro de quién seguía siendo, si no era la persona que siempre estaba complaciendo a los otros.

No saber quiénes somos es una experiencia común cuando empezamos a cuestionar las creencias esquemáticas. Los hábitos emocionales son maneras familiares de definirnos a nosotros mismos y, por lo tanto, desmantelar esa sensación del yo —aunque sea un yo distorsionado y doloroso— puede ser, durante cierto tiempo, perturbadora.

Por supuesto, ver lo que necesitamos dejar salir y vencer verdaderamente esos hábitos no es lo mismo, sino más bien dos pasos del proceso. Primero necesitamos tener claro de qué manera nuestros esquemas no trabajan por nosotros y así crearnos la resolución para cambiar esos hábitos. El paso siguiente es hacer realmente el trabajo de cambio, de abandono de los antiguos modos.

A medida que lo hacemos, dejamos atrás una parte de nosotros. Esto significa que, en cierto nivel, tenemos que aceptar esa pérdida. Estamos presenciando una pequeña muerte: la de las creencias centrales, la de cierta imagen de nosotros mismos, la de las esperanzas o miedos equivocados, la de los hábitos familiares o de las suposiciones reconfortantes. Para dejar que esos hábitos profundos y esas queridas formas de vernos a nosotros mismos se vayan, necesitamos hacer un duelo. Cuando sufrimos el dolor real es menos probable que volvamos a evitar el dolor que surge del miedo, el tipo de miedo que nos llevó a nuestras reacciones esquemáticas.

«Entonces —dice Rosenberg—, la percepción y el duelo van de la mano. No podemos entregar lo que no entendemos. Tenemos que conocer ese algo, antes de dejarlo partir.»

EL PODER DE ABRIRSE

Los médicos de la Universidad de Stanford decidieron crear un grupo de apoyo para las mujeres que padecían cáncer de mama avanzado. En ese estadio de cáncer había poco que los médicos pudieran hacer para salvarlas. Ya se había intentado todo y ahora era solo una cuestión de tiempo. Esas mujeres sentían que el grupo era el único lugar donde no tenían que esconder los sentimientos. Con sus amigos y familiares existían siempre barreras. Con frecuencia, sus seres queridos tenían tal temor de hablar del cáncer que esas mujeres no podían decir cómo se sentían. Pero con otras mujeres que enfrentaban la misma dura realidad eran capaces de llorar, de enfadarse contra esa injusticia, eran capaces de abrirse completamente a sus sentimientos. Y también tenían la libertad de cuidar de las otras, de apoyarlas emocionalmente o de abrazarlas cuando lloraban.

Para sorpresa de los médicos que habían formado el grupo, este tenía un efecto curativo muy poderoso. Las mujeres que estaban en él vivían el doble que otras pacientes con un estadio de cáncer similar y que también habían recibido tratamiento médico convencional pero no estaban en el grupo: un promedio de 37 meses para quienes estaban en el grupo frente a 19 para las otras.

Hay una palabra muy importante que no existe en inglés. Es el equivalente de *antarayame*, una palabra hindi que significa «conocedor del corazón»: alguien que puede ver claramente cada rincón de nuestro mundo interior y nos acepta tal como somos. La calidad de sentirse conocido y comprendido profundamente es una fuerza curativa muy poderosa. En palabras del Dalai Lama: «Uno de los deseos humanos más profundos es que nos conozcan y nos comprendan.»

Aquellos que trabajan con un psicoterapeuta capaz, uno que

les transmita confianza y simpatía, pueden experimentar la sensación de ser profundamente comprendidos y aceptados. El terapeuta puede constituirse en un espejo para el paciente, creando una contención segura en la que el paciente se sienta seguro para abrirse, para ser visto y para recibir su propio reflejo con aceptación. Ese es un modo en el que la terapia puede servir para la función de crear padres, dando al paciente la atención fiable y cariñosa que puede no haber recibido durante la infancia. O, en la seguridad de esa relación, un paciente puede usar métodos expresivos o gestálticos para ponerse más poderosamente en contacto con los sentimientos que hay detrás del esquema para liberarlos.

La sensación de ser conocido y aceptado también puede provenir de los amigos. Todos nosotros, en alguno u otro punto, sentimos algún tipo de sufrimiento. A veces la conexión sucede alrededor de las formas cotidianas del sufrimiento —la pérdida de un ser querido, una contrariedad—, llevándonos hacia otros que comparten nuestra circunstancia. La empatía surge naturalmente de un corazón dolorido; es un gran don que podemos compartir.

En mis talleres he visto ese tipo de apoyo cuando la gente explora sus esquemas de manera conjunta. Eso puede ser muy unificador. En cierto momento de la exploración de sí misma, una mujer, medio bromeando, dijo: «Siento que estoy un poco chiflada.»

Entonces pregunté: «¿Cuántos de los presentes sienten que están un poco chiflados?»

Todas las manos se levantaron, incluida la mía.

El poder curador del apoyo empático es cierto; también para las heridas emocionales, aun cuando la fuente de la empatía seamos nosotros mismos. Se hizo un experimento en el que varias personas escribieron en un diario privado sus pensamientos y sensaciones sobre la experiencia más traumática de su vida —o incluso sobre alguna preocupación acuciante— durante alrededor de quince minutos cada día a lo largo de unos cinco días.

Solo el haberse sacado de encima esas sensaciones tuvo efectos sorprendentemente beneficiosos. Su salud mejoró; tuvieron menos enfermedades durante los siguientes seis meses. Hubo una relación notable entre las sensaciones que expresaron y su salud: cuanto más turbulentas eran las emociones puestas por escrito, tanto más incrementaron su inmunidad.

Los mayores beneficios fueron para la gente que, en sus primeros escritos, expresó los sentimientos más fuertes, como la tristeza profunda y el dolor, o la ira intensa y la frustración. Al principio dieron voz a su dolor emocional. Pero luego, a lo largo de los próximos días, sus escritos mostraron que estaban reflexionando sobre el significado de los acontecimientos que les habían producido tanta perturbación; fueron capaces de encontrar un patrón o un significado.

Esa es la progresión que creo que ocurre naturalmente en este trabajo, cuando damos voz a los esquemas.

Si usted quiere dar voz a las sensaciones conectadas con un esquema

Trate de escribir sobre los pensamientos y sensaciones que lo aguijonean observando el esquema o los esquemas que le parecen más relevantes en usted. No es necesario que invierta mucho tiempo en la escritura; apenas diez o veinte minutos de corrido, o cada vez que un pensamiento o una sensación apremiantes se le presenten y tenga ocasión de anotarlos en su diario.

1. No censure sus pensamientos. Sea completamente franco y diga las cosas que no diría a nadie. Recuerde: ese diario es solo para usted. Cuanto más honesto sea con usted mismo, tanto mejor. Esta es su oportunidad de decir cualquier cosa que quiera decirle a alguien y que, por sentirse inhibido, no dijo. Póngalo todo en su diario.

2. Escriba en cualquier momento y en cualquier lugar donde surja la inspiración y donde tenga la libertad de hacerlo. No sienta que debe hacerlo todos los días, pero mantenga el impulso de escribir cuando se sienta con-

mocionado. Puede que lo ayude tener un lugar en particular donde se sienta seguro y sin distracciones, e intimidad cuando se ponga a escribir.

3. Escriba tanto sobre los hechos objetivos como sobre sus sensaciones a propósito de ellos. Cuando sus emociones se aviven, déjelas salir, volcando todo al papel. Asocie libremente; deje que salga todo.

4. No se preocupe por cómo suena o cómo se ve. Nadie lo está evaluando, no debe preocuparse por la ortografía, la gramática ni nada de eso: es solo para su lectura. Si empieza un bloc, vuelva a escribir cualquier cosa que haya escrito antes.

5. Consérvelo para usted mismo. No escriba pensando en otros a quienes quiera mostrar eso alguna vez; si lo hace, comenzará a tachar pensando en la lectura ajena o tratando de justificar lo que dice ante otros.

6. Siga escribiendo durante varios días o semanas, e incluso meses, si le parece que es útil. Sus pensamientos, sensaciones y percepciones van a cambiar en la medida que usted ahonde más profundamente en el trabajo con sus esquemas. Llevar un diario también le ayudará a orientar lo que está haciendo.

7. Cuando recuerde los acontecimientos de su infancia que parezcan haberle dado forma a su esquema, considere escribir una carta —que no precisa mandar— a la gente o a la persona más involucrada en ellos. Podría tratarse de un padre muy abstraído que le hizo sentir emocionalmente carente, o un grupo de compañeros de la escuela que le hicieron sentir excluido. En la carta, exprese sus sentimientos sobre el comportamiento que tuvieron. Luego, adjúntela a su diario. Ese puede ser un modo extremadamente efectivo para dar al «niño» congelado que hay en el centro del esquema un modo de expresar sus sentimientos, desilusiones y necesidades.

Si va a embarcarse en este viaje interior, hay otra razón para que lleve un diario. Si empieza pronto, este se convierte en una forma de rastreo de su progreso a lo largo de esa senda: los pensamientos, las sensaciones y las reacciones que los acompañan y que tan a menudo tienen lugar, disparando sus esquemas más perturbadores.

Escribir en el diario le dará un lugar para alentar sus percepciones sobre las fuentes y orígenes de su esquema, para las situaciones que lo disparan y para reunir poco a poco las partes que integran la imagen completa de sus emociones, pensamientos y reacciones típicas.

El diario también es una forma de reflexionar tanto sobre sus sentimientos más profundos a propósito de los temas relevantes de su vida como sobre las primeras experiencias que parecen haber conformado el esquema. Y esto le proporciona la oportunidad de expresar su sensación sin tener que enfrentarse con la gente.

Al cabo de varios meses de hacer este trabajo, su diario le ayudará a rastrear los cambios en los pensamientos y sensaciones que experimenta, en su manera de reaccionar. Si su trabajo con los esquemas está teniendo efecto, notará una disminución gradual en la cantidad de veces que, durante una semana o mes dados, usted tiene ataques de esquema, o una disminución de su intensidad o del tiempo que duran cuando se disparan.

12

No tiene por qué creer en lo que piensa

Cuando yo era pequeña, mi abuela tenía un maravilloso armario oriental antiguo en su sala de estar. En la parte delantera tenía una imagen tallada y pintada de una mujer vestida con kimono que bajaba por un sendero desde una pagoda y llevaba una sombrilla. A lo lejos, en una ventana de lo que parecía ser una casa de té japonesa, había un hombre de barba vestido con kimono que la observaba. La escena era completamente exótica: una mirada atrayente y maravillosa a un paisaje extranjero. Todo en ella era fascinante: los edificios, la gente, sus ropas, los troncos retorcidos de los árboles, las enormes flores.

De adolescente soñaba con esa escena durante horas; ese es un recuerdo agradable y vívido de las visitas a la casa de mi abuela. Me he preguntado si ese armario fue la semilla de los viajes que hice en mi vida: de mis estancias en Asia; de mi aprendizaje de la ceremonia del té y del arreglo floral japoneses y de las danzas de la India; de mi interés por las prácticas espirituales asiáticas. Cuando mi abuela murió, mi madre, sabiendo lo mucho que me gustaba el armario, sugirió a los otros miembros de la familia que me lo dieran. Pero ellos decidieron que los muebles de mi abuela debían ser vendidos y que el producto de la venta debía integrar la herencia.

El armario era apenas una de las muchas piezas de mobiliario de su herencia, parte de los muchos detalles que había que arreglar. Pero una vez que expresé interés en él, el armario adquirió una mística especial. Un pariente que no le había prestado especial atención hasta entonces, repentinamente se convenció de que era extremadamente valioso. Por lo tanto, decidimos que una tasadora certificada examinara el armario y determinase su valor, para que yo lo pagara. Dos familiares previeron que tendría mucho valor y que sería un activo esencial de la herencia. Mientras mis parientes discutían, el precio se elevaba: ¡una fina antigüedad asiática como esa podría valer cien mil dólares o más! Finalmente, llegó el día en que la tasadora examinó el armario. Su conclusión fue que no era asiático, sino una imitación estadounidense —una «japonería», según dijo—, y tampoco era muy antiguo. Además, agregó que la pintura se estaba picando y que el enchapado se estaba descascarillando. Su tasación: ¡como mucho, podría valer unos trescientos dólares!

La visión que mi familia tenía de ese humilde armario era muy parecida a la que provocan los pensamientos distorsionados que guían los esquemas. ¡Es tan fácil ver algo como lo quieren nuestros deseos y luego convencernos de que nuestras suposiciones son verdaderas! Lo que nos falta es la realidad correctiva de la tasadora.

El poder que tienen los esquemas para imponer su realidad en nuestra percepción, para recrear nuestro mundo en sus propios términos, tiene base en una función del cerebro. La amígdala, el centro de las emociones, tiene largas extensiones en la mayor parte del neocórtex, el área donde se analizan las señales captadas por nuestros sentidos. Cuando la amígdala está «caliente» —por ejemplo, durante un ataque de esquema—, esas extensiones están más activas, influyendo sobre la manera en que el neocórtex analiza lo que percibimos, sobre la forma de interpretar lo que vemos o escuchamos y sobre nuestro modo de pensar.

Eso provoca distorsiones en la manera en que el cerebro interpreta lo que vemos, haciendo que haya más probabilidades de que se le aplique una interpretación emocionalmente cargada antes que una más realista. A medida que la amígdala se calienta con una actividad intensa, en nuestro campo de atención se destacan los pensamientos emocionalmente cargados.

Eso explica el modo por el cual, de manera tan poderosa, nuestros esquemas dan forma a lo que las cosas parecen, casi como si nos hechizaran.

El budismo tibetano se refiere a esos pensamientos distorsionados como «oscurecimientos cognitivos», una variedad de afección mental muy fuerte y una causa básica de sufrimiento psicológico. Afortunadamente, aunque no podamos controlar las circunstancias que llevan a esos pensamientos, tenemos la habilidad de liberar la mente de su poder.

Romper el hechizo

Sarah tenía una relación comprensiblemente ambivalente con su exmarido. Ellos atravesaron distintas etapas, compartiendo la custodia de sus hijos y, tras una ruptura tumultuosa, gradualmente se reencontraron en calidad de amigos.

Antes del divorcio, a medida que ella y su marido se iban distanciando, Sarah había supuesto que él era muy crítico respecto de muchas cosas que la concernían. Mientras que él era perseverante en las cosas que hacía, ella era impulsiva y se arrojaba espontáneamente a nuevos intereses, como aprender a pintar con acuarela o tomar clases de psicología para, después de un tiempo, dedicarse a otra cosa. Sarah estaba segura de que él desaprobaba ese patrón caótico de caprichos.

Pero un día, mucho después de haberse divorciado, mientras caminaban, ella decidió preguntarle sobre el tema. Después de todo, no tenía nada que perder. Entonces le dijo que siempre había supuesto que él tenía esa opinión sobre ella.

Para su sorpresa su respuesta fue: «Eso es algo que siempre me gustó de ti.»

Cuando estamos bajo el poder de nuestros esquemas, suponemos que nuestras creencias distorsionadas son la verdad. Pero si desafiamos esos pensamientos que van con los esquemas, la atención consciente puede actuar como un tasador interior, trayéndonos una perspectiva no sesgada. Eso nos permite considerar de una manera nueva nuestras suposiciones escondidas y, entonces, cuestionarlas en vez de simplemente dejar que guíen nuestras percepciones.

Los pensamientos no tienen más poder que el que les damos. Cuestionar los hábitos mentales y cuestionar los supuestos que los justifican fue siempre un pilar de la terapia cognitiva. El primer paso de este desafío es observar cuidadosamente nuestros esquemas y ser más conscientes de la manera en que se disparan en la vida y de la forma en que lo hacen los pensamientos, los sentimientos y las reacciones reflejas habituales que los acompañan.

Al traer los detalles de un esquema a la conciencia, ganamos una mejor perspectiva sobre lo que pasa, y esto nos permite una mejor elección de la forma en que vamos a responder. Si podemos reconocer el esquema cuando se activa, entonces lo podemos cuestionar en alguno de los siguientes niveles: el cognitivo (los pensamientos y la manera en que interpretamos una situación), el emocional (los sentimientos que esos pensamientos despiertan) y el de las conductas (los actos a los que esos pensamientos y sentimientos llevan).

Hemos explorado aquello que la atención consciente puede aportar al trabajar con las emociones de un esquema y lo que puede aportar para cambiar nuestras reacciones habituales. En este capítulo exploraremos la forma en que la atención consciente puede ayudarnos a cuestionar los pensamientos producidos por los esquemas.

REENCUADRE EMPÁTICO

Pero primero, un recordatorio acerca de la empatía. Cuando trabajamos con los esquemas negativos de adaptación, resulta especialmente importante apoyar la realidad emocional, aunque desafiemos nuestros pensamientos habituales.

Muchos de nuestros hábitos esquemáticos de pensamiento y sentimiento fueron aprendidos en los primeros momentos de la vida, antes de que desarrolláramos las habilidades racionales pensantes adultas. Eso hace especialmente importante que podamos relacionar nuestra realidad esquemática de un modo que esos hábitos puedan entenderlo: utilizando la realidad preverbal de nuestros primeros sentimientos.

Antes de que pueda ocurrir un cambio racional, se debe dar un paso esencial que consiste en entrar en empatía con el esquema. Como vimos en el Capítulo 7, a medida que abrimos las dolorosas verdades que se encuentran incrustadas en el esquema y comenzamos a dejarlas salir, ese proceso empático en ocasiones puede llevar a un período de dolor. El trabajo emocional se da de manera paralela con el esfuerzo racional de cuestionar los pensamientos y las suposiciones del esquema.

Cada vez que sintonizamos con los pensamientos de un esquema es muy útil entrar en empatía con los sentimientos que los acompañan. Esa empatía puede tomar la forma de un asentimiento mental que reconozca los sentimientos que se esconden detrás del esquema, una rápida nota mental como «abandono» o «exclusión» o un proceso de pensamiento más articulado como «por supuesto, ahora estoy angustiado: mi miedo al abandono me hace suponer que voy a ser abandonado».

Una vez que usted se conectó al esquema con empatía, es importante seguir con los próximos pasos tendentes a cambiar esos hábitos emocionales tenaces. Pero si nos ponemos muy racionales demasiado pronto, el niño que se aloja en nuestro esquema puede no sentir esa empatía con su realidad emocional y por lo tanto puede «rebelarse». Si brindamos cuidado y sensibilidad a nuestras heridas emocionales, entonces responderán más rápidamente a la medicina del trabajo emocional, particularmente al trabajo racional de cuestionar los supuestos distorsionados que las alimentan. Pero sin empatía, esos desafíos puramente racionales pueden convertirse en algo así como cubrir una herida infectada con una tirita sin tratar la herida.

QUÉ NOS PREOCUPA

Epícteto —filósofo griego del siglo I— escribió: «No son las cosas las que nos preocupan, sino nuestros pensamientos sobre esas cosas.» La sabiduría tradicional del mundo antiguo reconocía el poder de los pensamientos para hacernos miserables y los momentos de percepción que podían remediar esa miseria. Los maestros budistas hace tiempo que obligan a la gente a examinar y a cuestionar en su vida los pensamientos y supuestos que los guiaron de manera equivocada a acciones que luego lamentaron.

Esas recetas antiguas para el trabajo interior están incluidas, por ejemplo, en algunas de las sugerencias del Dalai Lama; ofrecen pasos prácticos para tratar con las emociones que nos afligen.

Una es poder darse cuenta claramente de las razones por las cuales una emoción resulta destructiva. En otras palabras, retroceder lo suficiente como para ver cómo esa reacción puede incluir su derrota. Otra consiste en examinar los supuestos infundados o distorsionados que dan lugar a la emoción. Darse cuenta de que esos pensamientos son solo proyecciones de la mente ayuda a contrarrestar las emociones molestas que aquellos provocan.

El Dalai Lama recomienda un método decisivo para enfrentar esto: la atención consciente. Nos dice: «Cultiva la atención consciente desde el principio. Sin ella, las aflicciones tienen carta blanca.» Y una vez que toman cuerpo y reúnen fuerza, se hace muy difícil ir contra ellas. Pero con la atención consciente podemos parar el desarrollo de esas emociones que nos afligen y evitar que se transformen en una erupción total. Adquirir el hábito de sostener la atención consciente en nuestro confuso pensamiento, con tanta frecuencia como sea posible, proporciona una vacuna de amplio espectro contra los disturbios emocionales.

La atención consciente nos provee de una lente para indagar los pensamientos automáticos que silenciosamente disparan nuestros esquemas. Como dice Nyanaponika, la atención consciente «identifica y busca la trama del tejido cerrado de nuestros hábitos. Ordena cuidadosamente las justificaciones subsecuentes de los impulsos apasionados y los supuestos motivos de nuestros prejuicios... los hábitos mentales ya no se producen sin cuestionamientos».

El condicionamiento emocional puede dar lugar a una visión del túnel, la sensación de estar atrapados en un espacio cerrado e incómodo, casi claustrofóbico, construido a partir de pensamientos, supuestos y creencias repetitivas. La atención consciente ofrece un espacio en la mente que ilumina esa oscuridad y expande nuestra visión más allá de esos límites, creando un espacio de claridad alrededor de los pensamientos y las reacciones compulsivas.

La atención consciente nos da un espacio para respirar que nos aleja de los patrones de pensamientos distorsionados y automáticos, para poder volver a percibirlos de manera más clara y ponerlos en una perspectiva más real. Esa espaciosa claridad nos permite investigar las reacciones para así poder abrir los sentimientos y los pensamientos que se relacionan con ellas y adquirir una nueva percepción de los esquemas que les dan su poder. Allí donde antes solo existía la pesadez desesperanzada de la repetición compulsiva, esa claridad nos trae la posibilidad de la libertad.

Por ejemplo, la lente del esquema de carencia emocional lleva a la mente a interpretaciones como esta: «Mira, en realidad yo no le import.o. Pero la atención consciente le permite ver esa lente, le permite ver que esos pensamientos están deformados por el esquema en vez de limitar su realidad a la que muestra el esquema.

LA ATENCIÓN CONSCIENTE DE PENSAMIENTOS

«Cuando esté practicando Zazen —recomienda el maestro zen Suzuki Roshi— no trate de detener su pensamiento. Si algo se le presenta en la mente, deje que entre y deje que se vaya... Parece que ese algo viene del exterior de su mente, pero en realidad se trata solo de olas mentales; si las olas no lo molestan, poco a poco calmarán.»

Como hemos visto en las instrucciones para la atención consciente, los pensamientos en sí mismos son uno de los objetos clásicos de atención de esta práctica. Uno de los métodos

—la anotación mental, en el cual etiquetamos los pensamientos familiares como tales, sin ser compelidos a ellos— es bastante útil para trabajar con los esquemas. Anotar mentalmente nos proporciona una manera de encauzar los pensamientos habituales del esquema; en lugar de acompañar esos pensamientos, nos proporciona una manera de tomar distancia mental respecto de ellos y de reconocerlos por lo que son: hábitos mentales. Podemos decirnos «exclusión» o «desconfianza» o cualquier otro esquema que los pensamientos representen. Eso nos ofrece un ancla mental para resistir las mareas de esos pensamientos y nos ayuda a determinar en qué medida puede ser activo el esquema.

El maestro de atención consciente Joseph Goldstein señala que una de las razones por la que es tan importante prestar atención a nuestros pensamientos radica en que, «si no somos conscientes de los pensamientos cuando estos se producen, resulta difícil desarrollar percepción» dentro de ellos.

Meditar sobre los pensamientos —ser consciente de ellos— es algo bastante sencillo. Según lo define Goldstein, significa «cuando se producen los pensamientos, sencillamente ser conscientes de que la mente está pensando, sin involucrarse con el contenido: no abandonarse a la asociación, no analizar el pensamiento y la razón por la que se produjo, sino meramente ser consciente del momento particular en el que el acto de "pensar" está teniendo lugar». Si no logramos hacer eso —ver nuestros pensamientos como tales—, estos se convierten en los filtros inconscientes de la percepción.

A pesar de que estas instrucciones se refieren a la práctica de la meditación, ofrecen una manera para cultivar y fortalecer un hábito de la mente que resulta invalorable para trabajar con los esquemas: la capacidad de salir del pensamiento que se ha apoderado de nuestra mente, para verlo sencillamente como otro pensamiento.

Uno de los objetivos de la práctica budista es ayudarnos a saber cuándo la mente es engañada por pensamientos distorsionados y cuándo estamos viendo con claridad. Ese acto de atención consciente es el primer paso para ser capaces de cuestionar ese pensamiento, en lugar de dejarlo definir por nuestra realidad en ese instante. Si los dejamos, los pensamientos que se producen durante un esquema distorsionan nuestra realidad. Tomar distancia de ellos a través de la atención consciente nos brinda la libertad de cuestionarlos y, por lo tanto, de ser menos controlados por ellos.

CUESTIONAR LA SUPOSICIÓN

Una vez que usted ha usado la atención consciente para atrapar al esquema en acción, puede darse cuenta de los pensamientos automáticos que lo fortalecen y cuestionarlos. Si persiste en esa táctica, con el tiempo los pensamientos pierden mucho del poder que tienen; especialmente cuando usted advierte que no tiene por qué creer en esas ideas guiadas por el esquema.

Una de mis pacientes, Kathy, música profesional, vino con un «contrapensamiento» de uso múltiple para su esquema de perfeccionismo y para su constante autocrítica. Kathy lo llama su «antídoto universal contra los pensamientos automáticos». Estos son los pensamientos iniciales y resbaladizos que definen al esquema, los que ceban el resto de la corriente de sensaciones y de pensamientos reforzadores del ataque de esquema.

El pensamiento automático y el antídoto de Kathy comienzan con un escenario típico que disparará el esquema; a partir de eso seguirán así:

Estoy sentada entre el público, oyendo a un gran músico que acaba de practicar durante seis horas para su interpretación... las mismas seis horas que yo pasé haciendo la sopa para mis visitas.

Mi pensamiento automático se presenta así: «¿Qué estoy haciendo con mi vida, preparando sopa cuando debería estar practicando durante seis horas como esa persona?»

Y el músico, que realiza la interpretación después de una sesión de práctica de seis horas, piensa: «Debería ser como ese gran músico que esta noche toca en el Carnegie Hall; él solo necesita tres horas de práctica.»

Y el músico del Carnegie Hall piensa: «Odio esto; tengo que tener una vida.»

Ese antídoto para los pensamientos perfeccionistas de Kathy capta el espíritu juguetón que ella a menudo es capaz de llevar a su trabajo. El humor —ser capaz de llevar despreocupación a nuestros esquemas— es en sí mismo un modo poderoso para dar un nuevo marco a esos pesados pensamientos. El humor autocrítico de Woody Allen a menudo tiene ese efecto; todos podemos identificarnos con el disparatado absurdo de su neurosis. Hipocondríaco notable, uno de los esquemas que lo hicieron famoso es su vulnerabilidad. Allen dijo una vez: «La frase más maravillosa en inglés no es "te quiero", sino "es benigno".»

COMPARACIONES ÚTILES

Kathy me contó que una vez oyó a una mujer tocar extremadamente bien y que esa interpretación la había fascinado. En lugar de que su voz interior estableciera una comparación criticándola, Kathy estaba genuinamente feliz por esa mujer. Pero la mujer, después de tocar, comenzó a llorar y a decir: «Lamento mucho que hayáis tenido que escuchar eso; ha sido horrible.»

Kathy no podía creer que la mujer fuera tan autocrítica después de la excelente interpretación. Eso la ayudó a ver su propio esquema de perfeccionismo con mayor claridad.

Las comparaciones pueden ser útiles para contrarrestar los pensamientos esquemáticos, particularmente en el caso del perfeccionismo. Hay dos modos de compararse con los demás: uno nos hace sentir mejor; otro nos hace sentir peor. Los pensamientos automáticos, desafortunadamente, van en la dirección de los que nos hacen sentir mal.

Las comparaciones hacia arriba —aquellas en las que uno se compara con alguien que es mucho mejor— pueden llevarnos a denostarnos, a acusarnos e, incluso, a culparnos. Los pacientes médicos que constantemente piensan en ellos mismos solo en comparación con gente que está bien tienden a deprimirse por su estado. Ese es el efecto que los pensamientos degradantes de Kathy tienen sobre ella: «Nunca seré una intérprete tan buena.»

Las comparaciones hacia abajo —aquellas en las que alguien ve cómo vence a otro que es mucho peor que él— permiten que veamos lo buenos que somos en relación a cómo podrían ser las cosas; nos alientan un poco. Por ejemplo, cuando los pacientes con enfermedades serias piensan en alguien que tiene una enfermedad más avanzada, terminan sintiéndose un poco mejor. Al fin y al cabo, advierten, las cosas podrían ser peores.

Al cuestionar su pensamiento crítico con contrapensamientos, Kathy descubre lo mucho que disfruta de la vida y la manera en que la pesada rutina de los músicos de primer nivel puede privarlos de placeres tan simples como preparar una deliciosa sopa para sus amigos. Al hacer eso, ella transforma una comparación hacia arriba, «Nunca seré tan buena como ella», en una comparación hacia abajo, «Al menos, tengo una vida».

CONTRAPENSAMIENTOS

Estaba hablando con Jake —un paciente que tiene un fuerte esquema de carencia emocional— a propósito de la empatía que la gente con su patrón puede tener y de lo naturalmente atentas que son esas personas: «Uno de los aspectos positivos de la carencia consiste en que uno aprende a ser muy protector. Uno siente que le falta algo cuando la protección se sale de su equilibrio y nunca se satisfacen las propias necesidades. Proteger a los demás puede resultar muy curativo; también, una forma de protegernos a nosotros mismos y no sentirnos desvalidos.»

La noción de que hay más que suficiente alrededor de uno desafía de manera directa el pensamiento emocionalmente empobrecido del esquema de carencia, que señala que no habrá nunca suficiente cuidado alrededor. De la misma manera en que miramos un espécimen de laboratorio bajo el microscopio, cuando examinamos los pensamientos que fortalecen al esquema su irracionalidad se vuelve obvia.

La próxima vez que nos cruce por la mente un pensamiento esquemático no será necesario buscar demasiado profundamente para darnos cuenta de lo absurdo que es. Pero nos ayuda mucho el haber ensayado mentalmente los desafíos que podrían plantear a ese esquema, de forma tal de poder tenerlos al alcance de la mano cuando más se necesiten; es decir, cuando se está por desarrollar un ataque de esquema, o cuando ya estamos bajo el influjo de uno.

Así como cada esquema da lugar a pensamientos típicos, hay contrapensamientos específicos que se oponen a ellos. Si tenemos preparados estos contrapensamientos en la mente, resultará más fácil cuestionarlos.

No creer en nuestros pensamientos

Siempre sugiero a mis pacientes que dialoguen internamente con sus esquemas, que hablen con esos pensamientos en vez de quedarse pasivamente ante ellos o en vez de aceptarlos en sus términos, como si las cosas fueran realmente así. Por ejemplo, en el caso de una de mis pacientes, cuando le surgía el pensamiento «Soy un fracaso, nada de lo que hice alguna vez sirvió para algo», ella recordaba las veces en que había tenido éxito y las cosas le habían salido bien, un recuerdo que minaba la validez de la visión que le proponía su esquema.

El diálogo interior socrático exige cierta cantidad de atención consciente: estar activo y mentalmente alerta, con el radar interior sintonizado para detectar y cuestionar tales pensamientos en lugar de simplemente dejarlos correr. Ese radar depende de una perspectiva reflexiva especial llamada «metacognición», que es la habilidad de tomar distancia y darse cuenta de la naturaleza de los pensamientos, en vez de simplemente pensarlos.

Al aplicar el poder de observación de la atención consciente, debemos recordar que, como dijo la terapeuta Marsha Linehan, hay que «tomar distancia dentro y no fuera de uno mismo para observar. Observar no es disociarse», sino experimentarnos a nosotros mismos, aunque desde cierta distancia. La observación consciente de los pensamientos implica relacionarse con los pensamientos, pero no perderse en ellos ni tampoco rehuirlos.

La atención consciente nos permite crear una distancia mental de los pensamientos suficiente para verlos como tales. Esa posición interior simplemente cambia la perspectiva sobre nuestros pensamientos, dejándonos ver que los pensamientos son solo pensamientos y no la realidad. Y con esa percepción podemos darnos cuenta de que no necesariamente debemos creer en nuestros pensamientos.

Esa consciencia es liberadora. Nos permite alejarnos de las que, de otra forma, hubiesen sido nociones apremiantes. Los viejos hábitos mentales del tipo «Soy inútil, no hay esperanza, mi vida es fútil» pueden seguir y seguir, pero si nos situamos en una posición consciente, podemos reconocerlos como meros pensamientos, viéndolos como surcos gastados en la mente: «Oh, otra vez esos pensamientos.» Si los reconocemos por lo que son, rompemos su tiranía mental. El reconocimiento consciente arrincona lo que en otras circunstancias podría convertirse en un ciclo espiralado que, yendo hacia abajo, nos sumergiría en la confusión del esquema.

En resumen, la atención consciente no solo nos hace más conscientes de nuestros pensamientos, sino que también nos permite redirigir el proceso y, así, no vernos compelidos a seguir esos surcos gastados. Muchos de mis pacientes descubrieron que, en esos momentos, era muy efectivo emprender un diálogo interior activo con sus esquemas, como si estos fueran niños pequeños y ellos el «padre interior».

Por ejemplo, un paciente se dio cuenta de que su esquema de privación le había disparado el hábito de comer, lo que le había hecho aumentar de peso. Entonces decidió ponerse a dieta y hablar con su esquema cuando estaba padeciendo uno de esos momentos en que se le disparaba su ansia de comida. Cuando se hallaba en esos momentos, hablaba a su esquema diciéndole: «No te estoy quitando nada si no como ese helado.»

La otra forma en que la atención consciente quita poder a los pensamientos esquemáticos tiene que ver con la naturaleza misma de la atención. Los pensamientos guiados por los esquemas se hacen más fuertes cuando nos preocupan, ocupando el frente y el centro del escenario de nuestra mente, donde nos colman con su drama angustiante o con las trompetas de la desesperación. Pero la atención consciente lleva esos pensamientos a un lado del escenario de la mente, reduciéndolos a actores secundarios y convirtiendo sus gritos en meros susurros.

COMPASIÓN COLÉRICA

Aquellas deidades del arte tibetano que tienen una mirada terrible representan el espíritu de la «compasión colérica»: una actitud batalladora inflexible contra las fuerzas de la ignorancia. La compasión, en esta pelea, está en su meta: liberar a la gente de su ignorancia espiritual.

Si cuestionar nuestros pensamientos puede resultar bastante pobre —tan frío y poco emocional—, el proceso se pone interesante cuando la gente se siente harta de esas voces machaconas. El acto de cuestionar los esquemas puede llenar de compasión colérica al espíritu del guerrero.

Para Olivia, la compasión colérica era un grito de guerra. El enemigo de Olivia era su perfeccionismo y sus opresivos pensamientos autocríticos. Su lucha interna contra esos pensamientos constituía su cruzada interior. En el proceso de preparación para la batalla, ella afilaba sus armas mentales, los contrapensamientos que iba a desatar para vencer la opresiva voz de su crítica interior.

Me escribió una nota:

Es tiempo de pelear contra esa serpiente venenosa que se alojó dentro de mí.

Cuando me diga que me sienta culpable, le diré: «No, no me voy a sentir culpable. No hay razón para que me sienta culpable.»

Cuando me diga que no valgo nada, le diré: «No, soy valiosa y me quieren incondicionalmente.»

Cuando me diga que soy incompetente, le diré: «Déjame en paz. No me atosigues. Vete de mi vida.»

Cuando me diga que nunca concreté nada, le diré: «Estás tratando de que yo crea esas mentiras con tu voz insidiosa y sibilante. Tú eres la odiosa, la miserable, la incompetente y la repugnante. Ahora, ¡vete!»

Me estoy arrancando esto del sistema. No me importa cuánto tiempo me lleve. Pero estoy furiosa.

Su pasión la volvía más determinada a captar esos pensamientos a medida que comenzaban a surgir en su mente e inmediatamente los contraatacaba con un antídoto.

RECONOCER LO VALIOSO

Cuando desafiamos los esquemas de adaptación, necesitamos separar la parte positiva de la negativa. En la medida en que nuestras suposiciones o reacciones son realistas, no hay problema. Nuestro desafío se refiere únicamente para lo que no funcione. De algún modo, según vimos en el Capítulo 5, los esquemas son intentos parcialmente positivos para satisfacer nuestras necesidades. Son respuestas semipositivas, soluciones parciales que pueden llevarnos tanto en direcciones positivas como negativas.

Recuerdo la manera en que una paciente afectada por un marcado perfeccionismo cargó demasiado las tintas. Durante mucho tiempo había pensado en adoptar un niño. Pero no a cualquier niño: a modo de prueba llevó a su casa a un adolescente muy perturbado proveniente de una institución. El muchacho era colérico e impulsivo. Destruyó algunas de las más valiosas posesiones de mi paciente. En la escuela se peleó tanto que fue expulsado; incluso tuvo problemas con la policía. Mi paciente era una madre soltera que trabajaba; las nuevas exigencias le resultaron agobiantes. Tenía problemas de salud —hipertensión y asma— que con todo eso empeoraron.

Adoptar a un niño era bueno en sí mismo: un acto compasivo que también le serviría para protegerse. Pero sus inexorables exigencias —la voz interior de su perfeccionismo— le decían que no era suficiente lo que hacía, a menos que se hiciera cargo del más complicado y exigente de todos. Ella pensó que la suya era una decisión honesta, cuando, de hecho, se estaba haciendo cargo de mucho, compelida por su esquema.

Sin embargo, esos patrones no siempre son negativos. El perfeccionismo puede ayudar a motivar a la gente para que lleve a cabo su trabajo en un nivel alto. El peligro es cuando ese esquema conduce a las personas en direcciones que desequilibran su vida, como en el caso de mi paciente, que estaba poniendo su vida en peligro. Cuando se desafía un esquema, necesitamos, por ejemplo, preguntarnos de qué manera este podría desequilibrar nuestra vida, si puede llegar a distorsionar nuestras percepciones y cómo nos sentimos respecto de las cosas y de las elecciones o respuestas que llevamos a cabo.

LLEVAR ATENCIÓN CONSCIENTE A LA DEPRESIÓN

«Soy un fracaso. Nada de lo que hice sirvió para nada. Fue inútil y siempre será inútil.» Estas ideas desalentadoras y otras como ellas componen el esquema de la depresión, una lente mental sobre la realidad que garantiza transformar cualquier día soleado en sombrío. Rumiar tales pensamientos una y otra vez, interminablemente, constituye una receta para la depresión.

Sin embargo, el poder de la atención consciente para cuestionar los pensamientos distorsionados ha sido dramáticamente demostrado en el tratamiento de gente con depresión crónica. John Teasdale, un científico cognitivo de la Universidad de Cambridge que también practica meditación, ha estado enseñando la atención consciente y el uso de la terapia cognitiva a grupos de pacientes en tratamiento por problemas de depresión. Lo que descubrió también incluye lecciones para trabajar con los esquemas negativos de adaptación.

Teasdale trabaja con los casos más difíciles: gente cuyas depresiones se suceden una y otra vez. En esos individuos, los pensamientos mismos pueden convertirse en disparadores de los esquemas que activan la depresión. Mientras que los primeros pocos episodios de depresión de una persona típicamente se disparan por un acontecimiento adverso de la vida como la pérdida de un amor, la pérdida de un trabajo o la muerte de un ser querido, en los episodios posteriores, los pensamientos negativos mismos se convierten progresivamente en disparadores para la caída en la depresión.

Teasdale descubrió que, entre aquellos que tienen una primera depresión aguda, alrededor del 50 por ciento de los casos se dispara a partir de un acontecimiento de la vida perturbador o traumático. En el caso de un segundo episodio fuerte de depresión, solo el 20 por ciento se dispara por un acontecimiento perturbador. Y en el caso de los terceros episodios, apenas el 10 por ciento tiene su origen en acontecimientos disparadores.

Teasdale sostiene que las circunstancias de la vida que provocan las depresiones causan menos recaídas que los pensamientos depresivos mismos, los cuales adquieren un poder creciente, que supera incluso las contrariedades y dificultades. Las recaídas pueden comenzar de manera sencilla: a raíz de un simple mal humor se reactivan los patrones de pensamiento que tipificaron episodios previos de depresión. Esos pensamientos, a su vez, disparan más sentimientos depresivos, en una espiral descendente.

Lo que para otros puede ser simplemente un ataque de tristeza, para aquellos que tienen un historial depresivo resulta especialmente peligroso, ya que esos sentimientos y pensamientos actuán como si fueran virus a los cuales son especialmente susceptibles. Esa gente es particularmente proclive a tener pensamientos que, si se les permite aparecer una y otra vez, pueden llevar a otra caída en la desesperación.

Los pensamientos mismos se convierten en disparadores de sentimientos depresivos. Por esta razón, la depresión ha sido llamada «desorden del pensamiento». La terapia cognitiva y la atención consciente ofrecen antídotos directos contra esos pensamientos capaces de alimentar la depresión.

EL ANTÍDOTO CONSCIENTE

La atención consciente alivia esa forma de la desesperación de dos maneras: nos permite percibir esos pensamientos como meras ideas, antes que como verdades abrumadoras, y hace que se destaquen menos en la mente.

El poder de la atención consciente para luchar contra los pensamientos negativos de adaptación tiene su base en la mecánica de la atención. Los numerosos surcos por los cuales corre la información en la mente son semejantes a las redes de autopistas paralelas que cruzan Estados Unidos. Esta red de carreteras permite que haya docenas de rutas diferentes para ir, por ejemplo, de Nueva York a San Francisco, aunque solo un puñado de supercarreteras son las más transitadas.

En la mente, de manera similar, los diferentes tipos de información corren a lo largo de una multitud de caminos interconectados. Por ejemplo, los rasgos básicos de lo que escuchamos —como el tono, el timbre y el volumen— corren a lo largo de un camino, mientras que el significado literal de esas palabras corre por otro. Asimismo, las implicaciones emocionales de esos significados corren por otro camino distinto.

La mayoría de esos caminos está fuera del escenario de nuestra atención. Teasdale señala que la capacidad de la mente para el procesamiento de la información que no requiere atención es infinita, pero que su capacidad de registrar lo que ocupa la consciencia en un momento dado es bastante restringida. Nuestra atención solo puede captar una sola corriente coherente de pensamiento en un momento dado.

Ese límite de nuestra atención apunta a la existencia de un «cuello de botella mental». Dentro de ese espacio estrecho, los pensamientos compiten para capturar el centro de nuestro escenario mental, como actores empujándose unos a otros para ocupar el centro del escenario.

Dado que solo un pensamiento puede ocupar el centro en un momento dado, si un pensamiento es el dominante, los demás se desvanecen. La atención consciente participa de esa competencia: cuando reflexionamos conscientemente sobre lo que ocurre en nuestra mente, ese acto ocupa toda la limitada capacidad de recursos de la atención.

Como observó el monje Nyanaponika, dado que la atención tiene una capacidad limitada, «si la clara luz de la atención consciente está presente, no hay lugar para un crepúsculo mental». Para la gente proclive a la depresión, entonces, la atención consciente se convierte en un tipo de vacuna contra los pensamientos más perniciosos. Pero esto también es verdad para cualquier tipo de pensamiento negativo de adaptación: la atención consciente llena la mayor parte de nuestra atención con otra cosa, por lo que esa cinta mental de repetición que activa nuestros esquemas queda fuera. Al ser conscientes, iniciamos un acto mental alternativo que entra en competencia con los pensamientos de cualquier esquema.

Detener el tren

La atención consciente ayuda a los pensamientos esquemáticos descarrilados, concentrando nuestra conciencia sobre el aquí y ahora, anotando sencillamente lo que experimentamos sin que quedemos atrapados en nuestros pensamientos o en las reacciones referidas a ellos. En contraste, el estado mental que se pierde en las reflexiones del esquema carece de juicio; es un tren de pensamientos que rueda y rueda, como si estuviera en piloto automático.

«Detened ese tren» es el título de una famosa canción de reggae. La atención consciente detiene el tren. Mientras la reflexión insensata nos lleva a perdernos en la niebla de la depresión, la atención consciente nos recuerda que no nos hundamos, sino más bien que seamos agudamente conscientes del hecho que hemos comenzado a perdernos y de la necesidad de volver al vívido presente.

Al mismo tiempo, la postura consciente nos permite tomar distancia del pensamiento y verlo solo como tal. En lugar de estar sumergidos en la idea de que «No sirvo para nada», podemos reconocer el significado de su presencia: vale decir, que estamos prisioneros de un «estado-mental-en-el-cual-me-veo-como-absolutamente-inútil».

Esa caracterización consciente de la autocrítica pesimista es un acto mental que compite con el pensamiento depresivo mismo por los magros recursos de la atención. Y ahora, lo que había sido un juicio peligroso —el pensamiento esquemático—, una vez confrontado con los lentes de la atención consciente, se transforma en un mero pensamiento. Ese acto simple descarrila el curso esquemático del tren del pensamiento. Hay dos pasos: use la atención consciente para localizar el pensamiento esquemático y, luego, desafíelo, despachando el tren del pensamiento en una dirección más positiva.

LA INOCULACIÓN DEL ESQUEMA

Teasdale dice que el objetivo de la atención consciente para tratar la depresión no debería ser la prevención de malos humores ocasionales, que forman parte de la vida. En lugar de ello, debería concentrarse en prevenir que esos humores negativos no prosperen para llegar a una depresión seria. Hay que dejar que los humores vengan y se vayan. Recibirlos cuando vienen es la parte fácil pero, ¿cómo asegurarse de que se fueron?

La respuesta radica en vaciar previamente los trenes de pensamientos que, de otra manera, llevan al valle de la depresión, o a la activación del esquema. Una de las estrategias para secuestrar esos trenes implica cambiar el curso de las vías mismas, de manera que lo que comienza como un pensamiento de curso esquemático se desvíe a un destino emocional diferente.

Ese redireccionamiento tiene lugar en la terapia cognitiva cuando a la gente se le enseña a cuestionar sus pensamientos. Usar la atención consciente para situar nuestros pensamientos esquemáticos y, luego, cuestionarlos allí mismo, cambiando su curso mientras corren a través de la mente. En el caso de una persona deprimida, esto significará ver los sombríos pensamientos acerca de la inutilidad de su difícil situación únicamente como el señalamiento de un mal humor pasajero normal; algo con lo que puede enfrentarse, en lugar de verdades peligrosas e irrefutables. Un pensamiento como «Estoy deprimida...», que de manera típica conduce a la conclusión «No soy buena», es reencauzado a «Estoy deprimida... Es normal que me suceda de vez en cuando».

Cuanto más se lleve a cabo ese formateo mental del curso de los pensamientos esquemáticos para neutralizarlos, habrá menos propensión a que se conviertan en ataques de esquema. Los mejores resultados tienen lugar cuando el individuo realiza sus tareas interiores una y otra vez, en todo tipo de situaciones y en toda clase de ocasiones, en muchas circunstancias diferentes. En otras palabras, cuanto más a menudo se practique esto, tanto mejores serán los efectos. El hábito mental que una vez conducía inexorablemente al ataque de esquema se transforma.

El poder de este método de inoculación contra la depresión se demostró en un estudio continuo realizado a lo largo de cinco años entre gente predispuesta a los episodios recurrentes de depresión, quienes fueron tratados empleando el método de atención consciente de Teasdale. La combinación persistente de atención consciente y de pensamientos opuestos a los del esquema llevó a la recuperación de la gente que era víctima de ataques de depresión. Pero aún más importante, aquellos que continuaron haciendo las tareas prescritas después de haberse recobrado, tuvieron muchas menos recurrencias a la depresión a medida que transcurrieron los años. Es lo mismo con cualquier tipo de esquema: cuanto más detenemos el tren de pensamientos que conduce al ataque de esquema, tanto menos a menudo tenemos que ocuparnos de detenerlo.

Una sesión diaria de meditación consciente desarrolla y fortalece precisamente el tipo de atención que se necesita aplicar cuando un pensamiento esquemático se presenta en la mente. El meditador consciente practica la estrategia de atención que brinda protección contra el ataque de esquema, sin tener que esperar que se presenten los pensamientos esquemáticos. En eso radica la gran capacidad que la atención consciente suma a la psicoterapia. Ofrece una oportunidad diaria para prepararse para el instante que, de otra forma, es impredecible, y que puede no tener lugar durante semanas o meses: la lucha con el ataque de esquema, como los pensamientos atemorizantes o airados de carencia emocional, o la tristeza de un episodio de depresión.

En el caso de la gente proclive a la depresión, esta habilidad la vuelve más capaz de enfrentar su próximo ataque de pensamientos depresivos con una reacción reparadora en un estadio temprano de su surgimiento; exactamente la prescripción para cortar de plano con todo el brote de tristeza. Y para trabajar con cualquier esquema negativo de adaptación, este radar de propósitos múltiples nos mantiene más despiertos ante el próximo momento en que esos hábitos emocionales estén siendo cebados, de manera que podamos desviar el tren secuestrado cuando se está preparando.

Pensamientos tempestuosos

El cielo estaba nublado y oscuro, estaba por desencadenarse una tormenta. Después de meditar, reflexionando sobre lo parecidos que eran los elementos interiores y exteriores del tiempo y mi estado de ánimo, me senté frente a mi escritorio.

Estaba esperando a alguien, como había arreglado, para que me ayudase a cumplir con una obligación que tenía, y esa persona todavía no había llegado. Yo la había ayudado cuando ella lo había necesitado; por eso, me sentía especialmente decepcionada de que no cumpliera conmigo. Se avecinaba una tormenta.

Pero entonces, el viento hizo una pausa, las nubes se abrieron y por entre ellas se filtraron algunos rayos de sol. De la misma forma, en mí, las densas nubes emocionales se abrieron para permitir el paso de un rayo de conciencia y se creó el espacio para una sabia reflexión: vi que podía elegir entre reaccionar bajo ese impulso de irritación y cólera o investigar las capas más profundas de mi estado de ánimo.

El viento se había calmado de manera considerable y los pájaros cantaban de nuevo, sin confirmar ya la esperada tormenta. La conciencia atenta que yo había puesto en mi estado de enfado comenzó a disolver la agitación mental que había estado construyéndose en mí, la que presagiaba una futura explosión. Comencé a explorar los pensamientos irritantes que me habían ganado y habían comenzado a acumular fuego en mi interior.

De manera habitual, suponemos que las nubes negras deben liberar su humedad en una tormenta, antes de que todo se aclare. Pero el cambio puede llegar bajo otra forma: vi que el suave viento desplazaba las nubes negras hacia el sur y eliminaba la amenaza de tormenta, ampliando el espacio del claro cielo azul.

Lo mismo pasa con nuestras tormentas interiores. Mientras yo reflexionaba sobre mis pensamientos acerca de sentirme decepcionada por alguien en quien yo confiaba, me di cuenta de que esos pensamientos a propósito de no sentirme cuidada eran los que habían aumentado mi irritación. Reconocí esos pensamientos como familiares, típicos de otros tiempos en que ese esquema se activaba.

Comencé a cuestionar mis propios pensamientos. Tal vez hubiera una buena razón para que ella no me ayudara esta vez. De cualquier forma, era una cosa menor. Lo que realmente me importaba era nuestra amistad.

Pero haberme tomado el tiempo para reflexionar en vez de reaccionar directamente permitió que mi mente se clarificara en vez de consumirse en pensamientos tormentosos o de quedar ahogada por la confusión. Podía actuar de una manera más sabia.

Si usted quiere cuestionar y cambiar sus pensamientos esquemáticos

Comience asumiendo que los tiene.

Paso uno: ser consciente. La atención consciente puede ayudarle a encontrar los signos de que un esquema fue activado, como un sentimiento de familiaridad o los pensamientos típicos de ese momento. Cuando usted se da cuenta de que se está preparando un ataque de esquema, haga una pausa mental y concéntrese en los pensamientos que circulan por su mente, en sus emociones y en las sensaciones de su cuerpo. Esas son las claves que le permitirán darse cuenta de que un esquema ha sido activado. Hacer una pausa y esperar a que la polvareda se asiente en su cabeza también le permitirá darse cuenta de si está reaccionando exageradamente respecto de ese momento; esto es, confirmar que un esquema se ha activado.

Paso dos: dese cuenta de que sus pensamientos esquemáticos son solo eso. Pueden tratarse de distorsiones. Recuerde: no tiene por qué creer en sus pensamientos.

Paso tres: desafíe esos pensamientos. Acuérdese de otras veces en que estos hayan sesgado o distorsionado las cosas. Recuerde lo que aprendió sobre la manera en que sus pensamientos esquemáticos corporizan suposiciones falsas y qué deben decirle los pensamientos correctivos. Acumule los indicios que le permitirán refutar esos pensamientos, tal vez, dialogando con otra persona que pueda tener una perspectiva más real sobre el asunto.

Paso cuatro: use un reencuadre empático para reconocer su realidad esquemática mientras pone en palabras una imagen más precisa de las cosas. El reencuadre empático le permite dar un grado de asentimiento a la forma en que el esquema ve el mundo mientras usted corrige esa percepción sesgada. Sea paciente, como lo sería con un niño pequeño que simplemente no entiende cómo son las cosas.

Por ejemplo, una de mis pacientes, una maestra de danza para niñas, se sentía especialmente mal cuando una alumna no quería ir a su clase. Se ponía muy autocrítica, tomando la decisión de la niña como un juicio sobre su ineptitud. Un día recibió una llamada de la madre de una alumna que iba a su clase, una que siempre se portaba mal. Esa madre le dijo que la niña no quería ir a su clase. Ese fue el disparador del esquema.

Paso uno: adquirió conciencia: «Medité —me dijo luego—, y observé cómo había reaccionado ante su comentario. Mis músculos se habían puesto duros y mi estómago tenso. Había sentido el miedo circulando por mi cuerpo mientras me imaginaba que otros padres comenzarían a verme como inepta y retirarían a sus hijas de mi clase. Me concentré en esas reacciones, mientras se construía ese sentimiento.»

Paso dos: reconocer los pensamientos esquemáticos. Reconoció esos signos como síntomas de su esquema de perfeccionismo, los pensamientos aterrorizadores al verse criticada por un trabajo que no era perfecto.

Paso tres: cuestionar esos pensamientos. Hizo una pausa y sometió a prueba conscientemente las suposiciones que se escondían detrás de esos pensamientos, preguntándose, en primer lugar, si había algo que ella pudiera haber hecho en su clase o algo en su estilo de enseñanza que necesitara mejorar, dándose cuenta de que eso podía ser una retroalimentación importante. Pero su reflexión la puso en contacto con los elogios que su clase obtenía por parte de otros padres. Entonces se dijo: «Voy a volver a la información original: este asunto no gira sobre mí. Esa niña es problemática. Tiene problemas con los grupos, no se lleva bien con las otras niñas. La madre entiende que su hija se porta mal. Que la niña no quiera venir a mi clase no tiene nada que ver conmigo.»

Paso cuatro: usar el reencuadre empático. Recordó: «Sé que me siento vulnerable cuando me critican y sé que esa sensibilidad tiene su origen en la manera en que mis padres me criticaban cuando era niña. Pero no necesito sentirme de esa forma. Esos pensamientos no son nada bueno.»

13

Relaciones

En el cuento *El rey león*, Simba, un cachorro de león, es preparado para que, un día, sea un rey orgulloso. Su noble padre, el rey León, lo instruye sobre el alto grado de interconexión entre las distintas formas de vida. En ese gran ciclo, todos los seres están interconectados de manera simbiótica, apoyándose unos a otros, como presa y predador: los leones se alimentan de las gacelas, pero cuando los leones mueren, ellos alimentan el pasto del cual se nutren las gacelas. Pero el padre de Simba muere asesinado por un tío malvado que usurpa el trono. Simba se escapa y se siente abandonado y solo. Es pequeño y muy joven para sobrevivir solo en la jungla. Se siente confundido y atemorizado por todo lo que ve. Angustiado por ese abrumador sentimiento de abandono, se siente indefenso y piensa, desesperado, que siempre estará solo. Pero, afortunadamente, encuentra dos amigos que lo protegen, un jabalí verrugoso y un roedor. Ellos le enseñan la manera de sobrevivir en la jungla, cumpliendo el papel de padres para él. Ya no se siente solo, tiene una familia sustituta. Se siente protegido y alimentado. De ellos obtiene más conexión con el ciclo de la vida, una sensibilidad que reinstala en su dominio, cuando recupera el trono y es el nuevo rey León.

Esta parábola puede leerse de muchas maneras. Yo veo en ese cuento una metáfora de la transformación del miedo en coraje, del sufrimiento en compasión, una metáfora de la manera en que se pueden transmutar las pasiones emocionales más profundas. Y en el nivel de los esquemas, la historia ofrece un ejemplo de cómo ciertas relaciones que aparecen más tardíamente en la vida pueden ser reparadoras de las heridas emocionales de un esquema como el del abandono.

Entonces, muchos esquemas nuestros surgen en el caldero de nuestras relaciones más cercanas, ya sea con una pareja romántica, un padre o hijo, amigos con los cuales lleguemos a tener una fuerte conexión emocional. Ese hecho hace que las relaciones tengan un doble filo en relación con los esquemas. Por un lado, pueden hacer que cada relación sea un campo de batalla emocional. Por el otro, las relaciones mismas ofrecen una oportunidad especial para permitirnos hacer el trabajo interior que nos liberará del poder de los esquemas.

Un beneficio adicional de romper la cadena del hábito dentro de nosotros mismos surge de la forma en que estos resuenan en todas nuestras relaciones. Cualquier relación es un sistema, una red de interacciones causales, de manera tal que los actos de una persona provocan una reacción determinada en otra persona. Los teóricos de sistemas y los terapeutas familiares nos dicen que una forma de alterar un sistema es cambiar el modo de funcionamiento de una de sus partes, lo que, a su vez, altera la reacción de las otras partes. Así, cambiarnos a nosotros nos ofrece una forma de poner nuestras relaciones fuera de los viejos surcos destructivos.

QUÍMICA DEL ESQUEMA

La gran paradoja de los esquemas es su poder de llevarnos a relaciones que los dispararán. Esta propensión por buscar a alguien que activará nuestros esquemas negativos de adaptación es especialmente fuerte en patrones como los de privación, abandono, desconfianza y desvalorización. Es más, a veces podemos tener la más intensa química romántica con alguien que pulsa esos botones emocionales. El amante más seductor tiene siempre una «huella dactilar emocional» similar a la del viejo patrón familiar del padre, que está en la raíz del esquema.

Los patrones son bien reconocibles. La gente que padece el esquema de privación se relaciona con amantes egoístas, narcisistas o distantes e incluso fríos. En cuanto a la gente que padece el esquema de abandono, la química frecuentemente se produce con gente que no está disponible o que no es fiable. El «abandono» de la pareja puede asumir la forma de vivir lejos o de realizar viajes constantes, de trabajar hasta altas horas de la noche o de mantener otra relación.

Los que padecen el esquema de sometimiento giran en torno a relaciones pasivas con parejas enérgicas, y entonces afirman sus propias necesidades, opiniones y formas de hacer las cosas. En el esquema de la desconfianza, la gente se siente atraída por parejas abusivas, que no merecen confianza, que son manipuladoras o déspotas, ya sea desde un punto de vista emocional, físico o sexual.

Y para aquellos que padecen el esquema de la desvalorización, una relación con alguien que es distante o que no está disponible evita la intimidad que puede llevar al descubrimiento del propio defecto. O a una relación con una pareja que es muy crítica o que lo rechaza ya que le provocará un sentimiento cómodo y familiar.

¿Por qué se producen esas relaciones químicas extrañas? Los esquemas llevan a algo similar a lo que Freud llamó «compulsión de repetición», circunstancia en que la gente recrea en sus relaciones adultas los patrones de la infancia que dieron forma al esquema. Hay muchas razones para que se produzca esta paradoja. Primero, esas relaciones dan una sensación de familiaridad, se sienten como «estar en casa», más allá del sufrimiento que producen. Se espera que esta vez la historia va a cambiar. Segundo, repiten las formas en que las personas aprenden a relacionarse en su niñez y así proporcionan seguridad.

Finalmente, siempre hay una esperanza de que esta vez las cosas sean diferentes y de que la relación será reparadora. La persona carente recibirá el cuidado y la atención que merece. La mujer de quien se ha abusado encontrará un hombre que sea fiable. O al menos, esa es la principal esperanza.

Desde luego, los terapeutas de parejas señalan que esto es precisamente lo que pasa en las relaciones saludables. Cada integrante de la pareja, en alguna medida, actúa de maneras que resultan reparadoras para los esquemas del otro. Así, si esas necesidades primitivas son satisfechas, la pasión de la química del esquema original puede apagarse hasta hacerse una luz difusa a medida que crecen el lazo del amor y la comprensión mutua. En una relación, entonces, hay un gran potencial para que cada integrante de la pareja ayude al otro a curar las heridas emocionales del pasado.

No es extraño entonces que los esquemas se hagan hiperactivos cuando se trata de las relaciones más íntimas. Dado que la mayoría de nosotros ponemos nuestros esquemas en las relaciones que mantenemos (de hecho, nos vemos llevados a una persona en particular, en parte porque él o ella son disparadores de uno o dos esquemas), esas relaciones son escenarios especialmente ricos para alterar nuestras reacciones esquemáticas.

Cuándo pueden y cuándo no pueden ser solucionadas las cosas

Cuando los esquemas se activan, es como si saliesen de un escondite para revelarse con el más vívido detalle. Si los miembros de la pareja están motivados y deseosos de trabajar, los momentos en que los esquemas se activan durante una relación pueden ser vistos como una oportunidad para tener acceso a los trabajos interiores de los esquemas; un acceso que, de otra forma, podría no estar disponible cuando los esquemas están escondidos y no han sido disparados.

Desde esta perspectiva, cierto grado de activación esquemática en las relaciones íntimas puede ser visto bajo una luz positiva. Pero todo depende de la manera en que usemos esos disparadores de esquema: ya sea con el objeto de investigar el esquema para cuestionarlo, o para reforzarlo desviándonos del esquema como tal y permitiendo que sus creencias distorsionadas nos dicten la manera de reaccionar. En el primer caso, se abre una puerta de gran libertad; en el segundo, simplemente se refuerzan y mantienen los patrones destructivos, conservándolos en su lugar.

Ciertos patrones de relación tienden a perpetuar los esquemas. Por ejemplo, cuando ambos integrantes de la relación tienen el mismo esquema y ninguno de ellos ha realizado ningún trabajo con sus patrones, entonces es muy difícil ver siquiera que el esquema se ha apoderado de ellos: ambos son arrastrados por el mismo pensamiento distorsionado.

Por ejemplo, ambos son proclives al patrón de la carencia emocional, y uno interpreta erróneamente algo que el otro hace, considerando que no le presta atención a sus propias necesidades. Ella puede retraerse herida o furiosa, de manera tal que dispare el mismo esquema de carencia en su pareja, que también se siente herido o furioso. Uno puede ponerse de mal humor; el otro, volverse exigente. Ambos comparten la falta de percepción —las lentes del esquema— y ninguno de ellos es capaz de ver siquiera que hay otra manera de reaccionar o de interpretar lo que está pasando.

Otro obstáculo común para liberar una relación de las batallas de esquema se produce cuando ninguno de los miembros de la pareja quiere hacer el esfuerzo de ser consciente, o cuando carecen de la motivación para cambiar. Los esquemas altamente complementarios —particularmente cuando uno de los dos se siente superior y el otro, sometido— pueden crear una sensación de interesada complacencia, una inercia que impida a cada uno de los integrantes de la pareja producir el cambio.

Entre la gente que sufrió abusos en la infancia, hay un caso especial que involucra a la profunda suspicacia prohijada por el esquema de la desconfianza. Cuando uno de los miembros de la pareja padece este esquema, la sensación de estar a salvo y seguro se convierte en un tema constante. Cuando la pareja se siente insegura, el compañero puede no saber qué hacer para crear la contención emocional que brinde la seguridad que haga posible el mutuo trabajo de esquema. En tales casos, se puede recurrir a la ayuda externa; ya sea la de un terapeuta especializado en tratar a la gente que sufrió abusos, o la de un grupo de apoyo apropiado. Huelga decir que, si en la pareja existe una situación de violencia, es esencial una intervención para terminar con ella antes de que se pueda empezar el trabajo de esquema.

EL TANGO DEL ESQUEMA

Cuando una pareja riñe, se produce una especie de tango de esquema, en el cual un ataque de esquema de uno de los miembros de la pareja puede dar lugar a un ataque recíproco en el otro. Muchos de los momentos emocionalmente cargados de una relación se producen porque los esquemas de uno de los integrantes de la misma han disparado las reacciones esquemáticas de su compañero. Esos momentos de crisis ofrecen una oportunidad en la que la angustia puede convertirse en una puerta abierta hacia el camino de la curación. Todo depende de lo que se haga en esos momentos.

Está claro que los esquemas no desaparecerán por completo; todavía se tendrán los pensamientos y sensaciones que aparecen cuando se dispara el esquema. Pero a medida que pase el tiempo, el trabajo aplicado dará por resultado que la intensidad de las reacciones esquemáticas disminuyan. Y aún más importante, usted podrá romper la cadena encontrando nuevas maneras de actuar cuando el esquema aparece.

Por ejemplo, mi paciente Janet necesitaba que su marido le prestara más atención. Sintiéndose especialmente necesitada, se volvió exigente, lo que hizo que su marido se alejara aún más. Ella se sentía frustrada, creyendo que el alejamiento de él se debía a que no se interesaba por ella.

Gradualmente, Janet fue capaz de investigar este patrón, que se repetía una y otra vez en la relación con su marido. A partir de las charlas que tuvieron, ella se dio cuenta de que Tim, su marido, estaba reaccionando de esa forma debido a su propio esquema. Él se había sentido muy controlado por unos padres dominantes desde sus primeros años y no quería ser controlado otra vez. Cuando ella se acercaba para llamarle la atención, él reaccionaba contra lo que interpretaba como un intento de control por parte de ella, sin darse cuenta de que sus necesidades la llevaban a actuar así. Pero ella había interpretado que su alejamiento se debía a que él no se interesaba por ella.

Entender esa dinámica le ayudó a no tomar la reacción de su marido como una cuestión personal. Entonces pudo dirigir su atención a la observación de sus propios esquemas en esta situación. Uno de ellos era el de carencia, el miedo a no tener nunca suficiente amor o atención. Entonces, cuando esos miedos comenzaban a dominarla y a hacerla exigente y cargante, ella comenzó a decirse: «Entiendo que me vuelvo particularmente vulnerable cuando siento que la gente no se preocupa por mis sentimientos. Tiendo a reaccionar exageradamente, tomando las cosas de manera muy personal.»

Al recordar eso, ella pudo desligarse de su reacción habitual y considerar una alternativa que le permitió comunicarse con su marido. Así, pudo decirle que ella era sensible a esa sensación de falta de interés suya que, entonces, la llevaba a ponerse exigente, y que ella se daba cuenta de que eso le hacía alejarse.

Janet logró decir a Tim: «Entiendo que tienes deseos de alejarte si sientes que alguien intenta controlarte. No es mi intención ser exigente o controladora; simplemente las necesidades de ese momento me ciegan. ¿Puedes ayudarme a encontrar una manera de decirte lo que siento, sin que te alejes o sin que sientas que quieres escapar?»

Después de eso, su marido entendió lo que había estado pasando entre ellos, comenzó a sentir más empatía por ella y recordó lo mucho que disfrutaba cuando se sentía cerca de ella. Estuvo de acuerdo en trabajar con ella sus propias reacciones y las reacciones contrarias que se daban entre ellos, cuando estas ocurrieran. Establecieron así un pacto mutuo de atención consciente. En una pareja bien dispuesta, ambos pueden trabajar juntos para identificar y desmantelar los esquemas que, de otra forma, pueden empañar cualquier relación.

La atención consciente puede convertirse en un acto interpersonal: podemos aplicar una conciencia atenta a las reacciones esquemáticas de alguien. Si una persona tiene cierto tipo de relación con otra en la que esto puede ser una parte natural de las cosas, entonces es posible duplicar la cantidad potencial de conciencia aplicada a sus propios esquemas.

Según me contó una de mis pacientes, sé que algunos de ellos lo hacen en sus propias relaciones. Ella estaba hablando con su marido acerca de una amiga cercana, con la cual sentía que se había producido un deterioro en su relación. Ella dijo: «Aun cuando me siento profundamente conectada con ella, me doy cuenta de que nuestra amistad puede terminar en cualquier momento.»

Su marido la miró con expresión asombrada y dijo con aire pensativo: «Ella es una vieja amiga tuya y si la relación que hay entre vosotras es tan profunda, me parece improbable que pueda terminar tan fácilmente.»

Como ellos podían comunicarse en función de la terminología de los esquemas, mi paciente, traviesamente, respondió: «Sí, pero la niña abandonada que llevo en mi interior necesita saber que puedo seguir sin ella en mi vida.»

Entonces él también reconoció el lenguaje de los esquemas y aceptó ese marco de referencia. Asintió, acordando con ella, y le dijo en plan de juguetona confabulación: «Es verdad, eso es exactamente lo que necesita la niña abandonada para entender que no debe tener esos miedos.»

Cuando uno está familiarizado con el dominio de la realidad de los esquemas, puede empatizar más fácilmente con lo que a alguien le está pasando, aun cuando no esté de acuerdo de manera racional. Puede ver cómo trabajan las creencias esquemáticas y, al mismo tiempo, se puede dar cuenta de qué necesita el esquema para cambiar. Eso no solo proporciona más comprensión, sino también más compasión y, a veces, un poco de humor.

Cuando una pareja tiene este entendimiento mutuo de la

manera en que los esquemas forman y sesgan sus reacciones, la relación puede convertirse en una poderosa arena para la alquimia emocional. Si el córtex simboliza la conciencia clara y la amígdala, la reacción que provocan los esquemas, cada integrante de la pareja puede aportar una atenta conciencia «cortical» al momento de insensatez del otro provocado por la amígdala.

En alguna medida las emociones no elaboradas surgen de alguna parte del cerebro, sin palabras. Ayudar a poner palabras a esas emociones, hablando con alguien en quien uno confíe, puede traer claridad. Es como si el córtex de la otra persona estuviese calmando a nuestra amígdala. Si uno de los miembros de la pareja está confundido respecto de una reacción emocional anormal, hablar de ello con el otro le permitirá clarificarla. Por otra parte, cuando un miembro de la pareja no lo percibe, el otro le puede ayudar, señalándole que ha comenzado una reacción esquemática; así podrá recuperarse más fácilmente.

Este enfoque tal vez sea más interesante en esos momentos en que ambos miembros de la pareja tienen un ataque de esquema; es decir, en medio de una discusión. En ese caso, el primer paso consiste en que por lo menos uno de los miembros de la pareja se serene, lo que puede hacerse, por ejemplo, alejándose físicamente un momento, hasta que los ánimos dejen de estar caldeados, antes de retomar la discusión. Cuando el calor del momento empieza a apaciguarse, uno u otro integrante de la pareja puede comenzar a cambiar el nivel de la discusión, yendo de la realidad del esquema —es decir, los términos que se utilizaron en la discusión— al nivel de la conciencia reflexiva, comenzando a preguntarse: «¿Qué está pasando en realidad?»

Hay que tener cuidado, por supuesto, de que el cambio de nivel no signifique otro asalto de la pelea: esto es, desacreditar la reacción de la pareja como esquemática y nada más. Decir algo como «Otra vez te está atacando el esquema de carencia» —especialmente si esa afirmación está motivada por su propio esquema—; eso simplemente disparará más reacciones esquemáticas.

En lugar de eso, la forma más útil de volver las cosas al nivel en que deben estar consiste en calmarse y en empatizar con los sentimientos de la pareja, aunque no se esté de acuerdo con su punto de vista. Entonces, cuando los dos se hayan calmado, se puede usar la discusión como material para una investigación mutua acerca de cuál fue el disparador de esos esquemas, por qué y de dónde proceden en cada uno de los miembros de la pareja.

Cuando hay que tratar con alguien que está en el punto más alto de su ataque de esquema, generalmente es una buena idea empatizar con el esquema; ¡y con la persona! Hay que reconocer la forma en que el esquema ve las cosas y los sentimientos que acompañan esa realidad. La empatía quita poder a los esquemas. Entonces, la otra persona puede comenzar a desconectarse del esquema y pensar más objetivamente.

Esa empatía de la relación puede tener un efecto reparador. Cuando la persona se encuentra atrapada en un esquema, está inmersa en la angustia de la realidad producida por el niño que está en el núcleo del esquema. Pero si se siente escuchada y cuidada, y si es aceptada, entonces advertirlo puede tener un efecto de creación de padres en el esquema. Si los miembros de la pareja pueden hacer eso como un hábito en tales momentos, pueden enriquecer su unión y lograr un efecto correctivo beneficioso en cada uno.

LA DISECCIÓN DE UNA RIÑA DE ESQUEMA

Cuando un hombre y una mujer acuden a un terapeuta de parejas en busca de ayuda, cada uno de ellos cuenta una historia bastante distinta respecto de lo que pasa. Un terapeuta avezado no creerá completamente ninguna de las dos historias. Mucho de lo que se esté diciendo, inevitablemente, estará distorsionado por las lentes esquemáticas de cada uno de los miembros de la pareja. La verdad probablemente esté en algún lugar intermedio, en el relato que reconoce la verdad de ambos puntos de vista.

Es como en esos experimentos de física en los que se usan dos tipos diferentes de instrumentos para medir la luz. El primero muestra que la luz viaja en ondas. El segundo muestra que viaja por medio de partículas discretas. La verdad está en algún lugar intermedio, en el informe que reconoce la verdad de ambos puntos de vista.

A través de los años en los que he estado trabajando con ese método terapéutico, mi marido y yo a menudo hemos usado esta investigación mutua para deconstruir las discusiones que hemos tenido; después de calmarnos, por supuesto. Al principio de nuestra relación, teníamos discusiones con bastante frecuencia, por lo general a propósito de las mismas cosas. A medida que pasó el tiempo, empleamos esa atención consciente mutua para entender qué esquemas estábamos activando.

Una vez que ambos aprendimos el modelo del esquema, usamos el período inmediatamente posterior a la riña —vale decir, cuando ya nos habíamos serenado un poco— para deconstruirla. La revisábamos con las lentes del esquema. Nos dimos cuenta de que, la mayor parte de las veces, cualquiera que hubiese sido el tema, ¡en el nivel del esquema solía haber alguna versión de los mismos esquemas actuando una y otra vez!

Por ejemplo, una vez mi marido y yo estábamos preparándonos para dar juntos un taller. Yo estaba ocupada con mis notas, cuando mi marido llegó armando alboroto e, interrumpiéndome, me dijo: «¡Hagámoslo de esta manera!» Y, acto seguido, comenzó a decirme cómo pensaba que deberíamos dar el taller.

Le dije con cierta frialdad: «Todavía no estoy lista.»

Él no me contestó; abandonó el cuarto.

En la superficie, no era realmente una riña. Pero por debajo había un microcosmos de danza de esquemas que habíamos visto una y otra vez, disparados por todo tipo de causas ostensibles. Cuando más tarde lo vimos, deconstruimos la conversación de nivel de esquemas de la siguiente manera:

Su «¡Hagámoslo de esta manera!» disparó el enfado en mí, a causa de mi esquema de sometimiento. Sentía que él no me dejaba hacer las cosas a mi modo e ignoraba mi necesidad de ese momento de dedicarme a estudiar y prepararme.

Mi «Todavía no estoy lista» disparó en él una pizca de desvalorización; ese esquema interpretó mi fría respuesta como un rechazo, que disparó en él la sensación de no ser apreciado. Su silencio y partida expresaron sus sentimientos heridos.

A medida que el tiempo fue transcurriendo y que los esquemas que disparan esas reacciones entre nosotros se nos han vuelto progresivamente claros, el número de riñas entre nosotros ha declinado enormemente, así como su intensidad y duración. En ese dominio, nos hemos vuelto menos quisquillosos; más capaces de advertir que esos hábitos emocionales comienzan a despertar en nuestra mente antes de dejarlos apoderarse de nosotros para instalar una querella permanente. Hemos sido capaces de volver a contextualizar los desacuerdos que, de ser apenas episodios desagradables a evitar, se han convertido en un descubrimiento mutuo fascinante de la manera en que interactúan los patrones distorsionados de pensamiento. Y hemos visto que la verdad está en algún lugar intermedio, en el relato que reconoce la verdad de ambos puntos de vista.

EL JUEGO DEL ESQUEMA

Mis dos caballos, Yeshe y Bodhi, pasan todo el día juntos. A pesar de que se adoran, como es natural entre los caballos, Yeshe es el miembro dominante en esa manada de dos y Bodhi, el seguidor sumiso. Yeshe pasa la mayor parte del día fastidiándolo y mordisqueándole las orejas cuando quiere que Bodhi se vaya. A veces me recuerdan a una pareja en la que uno de sus miembros se siente superior y el otro, sometido.

Pero, en la medida que los caballos puedan padecer algo parecido a los esquemas, me di cuenta de que Yeshe y Bodhi tienen una forma de solucionarlo: hacen como que pelean, parándose sobre las patas traseras, mostrándose los dientes, mordiéndose. Durante esas peleas ficticias, Bodhi se pone bastante duro, incluso agresivo con Yeshe, quien no parece resentirse por el hecho de ceder momentáneamente en el juego su lugar de caballo dominante.

Ese espíritu juguetón puede aplicarse cuando trabajamos con nuestras relaciones, aunque, desde luego, no en el momento de máxima tensión de un ataque de esquema. Pero el jugueteo puede servir especialmente cuando la persona ha comenzado a desligarse de sus patrones de interacción que estaban siendo guiados por un esquema. En la medida en que uno ya haya realizado con su pareja algún trabajo sobre los esquemas y que ambos sean cada vez más conscientes de los patrones que cada uno padece, la actitud alegre puede servir como antídoto contra la pesadez de los esquemas.

Puedo dar como ejemplo lo que ocurrió en mi matrimonio. Cuando iniciamos nuestra convivencia, mi marido padecía un perfeccionismo que lo mantenía encerrado en el escritorio de nuestra casa durante horas; muchas más de las que realmente necesitaba para trabajar. Como resultado de ello, en numerosas ocasiones yo me sentía olvidada: mi esquema de abandono me llevaba a preocuparme en demasía por esa puerta cerrada.

Cuando trabajamos sobre qué esquemas estaban siendo disparados en cada uno de nosotros ante esa situación, mi marido tuvo una revelación. Se dio cuenta de que no quería pasar todas esas horas innecesarias en su trabajo: su vida laboral estaba tan desequilibrada con los placeres de la vida, que se dio cuenta de que se estaba engañando a sí mismo.

Después de muchos años de trabajar con eso, un día en que él reflexionaba sobre cuáles podrían ser las raíces de ese patrón que lo compelía a pasar tantas horas de su vida trabajando, me contó una historia. Se acordaba de tener alrededor de cuatro años y de estar jugando al papá y la mamá con la niña que vivía enfrente de su casa. Ella «se quedaba» en la casa haciendo las tareas del hogar como cocinar y él «se iba» a trabajar (esto ocurrió durante la década de los años cincuenta).

Pero, como solo tenía cuatro años, mi marido no tenía la más remota idea de qué era eso de «trabajar». Entonces se iba a un rincón del salón donde estaban jugando, se ponía en cuclillas y decía «Trabajo, trabajo, trabajo», una y otra vez.

Para entonces, después de años de trabajar juntos con nuestros patrones esquemáticos, habíamos llegado al punto en el cual en nuestras conversaciones se hacía presente espontáneamente un espíritu juguetón. Por supuesto, ese juego tiene que darse junto con alguna sensibilidad y bastante sentido de la oportunidad, para que ninguno de los dos tome a la ligera los sentimientos del otro.

Pero ahora, a veces, cuando mi marido se queda trabajando hasta altas horas de la noche en lugar de estar disfrutando con otras cosas, me asomo a su despacho, lo veo serio y acodado sobre lo que está haciendo y yo, jugando, le digo: «Trabajo, trabajo, trabajo.»

Funciona siempre.

AMOR «DURO»:
EL TRABAJO CON LOS ESQUEMAS DE LOS AMIGOS

Un modelo estándar de compasión es un amor benevolente, compasivo y cuidadoso. Pero la compasión puede llegar bajo muchas formas. A veces, el amor «duro» es preferible al paquete convencional. Algunas tradiciones espirituales, como la del budismo tibetano y la del hinduismo, presentan representaciones coléricas de la compasión, que simbolizan el corte con las ataduras tenaces y las diversas formas de la ignorancia. Cuando la mente está tan oscurecida por el engaño de sí mismo que solo puede ver las cosas de manera distorsionada, el antídoto es la acción enérgica, que nos sacuda del sueño de la ignorancia.

Durante muchos años, el dolor que sentía Eliza debido a los patrones de relación adictivos le causaron una gran confusión. Ella había tenido una larga serie de relaciones fallidas con hombres. Cada uno de sus fracasos había sido desencadenado por sus esquemas de abandono y carencia. Su miedo a que un hombre la dejase la llevaba a ser tan absorbente y reactiva que, con frecuencia, su impulso por retenerlos hacía que ellos se alejaran. Cada vez que esto pasaba, ella se dejaba ganar por una letanía obsesiva de quejas, gimoteando por cada hombre que la había dejado y por cada decepción que había sufrido y que ella recitaba a quienquiera que quisiera escucharla. De hecho, con el paso de los años, sus conversaciones con amigos y con su familia giraban casi exclusivamente en torno a ese tema.

Durante años su círculo de seres queridos soportó esa tendencia porque la querían y se preocupaban por ella, y porque era evidente que ella necesitaba ser escuchada. Pero después de muchos años, dos de sus mejores amigas tuvieron una conversación y después le dijeron que no querían seguir escuchando sus interminables quejas. Le informaron de que no les parecía saludable que ella se consumiera en esa histeria que solo servía para reforzar la creencia —alimentada por sus hábitos emocionales más profundos— de que ella era una víctima indefensa.

La animaron entonces a examinar esas quejas y los sentimientos que las acompañaban, y a cuestionar su tendencia a ceder ante ellos. Desde entonces sus dos amigas más cercanas hicieron un pacto con Eliza: cada vez que hablaran con ella, le harían notar el momento en que comenzaba a caer en el viejo lloriqueo y en la queja. Por su parte, Eliza se había integrado entonces a un grupo de terapia, razón por la cual recibió muy bien esa propuesta, aunque, según confesó, la hacía sentir un poco abandonada y descuidada, ya que sus amigas no querían acompañarla en la necesidad de quejarse que ella tenía.

Al rechazar el hábito de Eliza, sus amigas estaban cuestionando sus patrones emocionales subyacentes de carencia emocional y abandono. Cuando aceptamos el hábito esquemático de alguien, lo que estamos haciendo es ser sus cómplices para mantener ese esquema. Podemos ayudar a la gente, cuestionando sus esquemas. Pero ese enfoque de amor «duro» exige cuidado y empatía. Es importante permanecer neutral ante lo que pensamos que es verdad en la otra persona, y decirle cómo vemos nosotros las cosas, usando un lenguaje condicional, no controlador; vale decir, empleando mucho los «posiblemente», los «tal vez» y los «puede ser». Si la persona afectada siente aunque no sea más que una pizca de ego de los otros o un intento de control ocultos tras la presunción de saber qué es mejor para ella, puede ponerse fácilmente a la defensiva, sentirse juzgada y herida o quedarse resentida.

Pero si nos aproximamos con humildad, con la actitud de «en realidad nadie sabe», pero haciéndole saber que tenemos las mejores intenciones en nuestro corazón, entonces, posiblemente, tal vez sea más receptiva. Y en el mejor de los casos, podemos encontrar un aliado en el espíritu guerrero que hay dentro de ella y saber que está agradecida con nosotros por ser «duros».

EMPATÍA CON LA PAREJA

Así como hicimos para nuestros propios esquemas, también podemos trazar un perfil de los esquemas de nuestra pareja. Del mismo modo, así como hemos hecho con nuestros propios ataques de esquema, podemos comenzar a registrar las veces en que nuestra pareja monta en cólera o tiene otra reacción emocional extrema. Podemos tratar de ver cuáles son los disparadores que preparan el ataque de esquema de nuestra pareja, intentar hacernos una idea de cómo ella o él comienzan a pensar y a sentir durante el punto crítico del ataque y observar cualquier hábito típico que desempeñe un papel durante el ataque.

Esa familiaridad más intensa tal vez haga que empaticemos más con los esquemas de nuestra pareja. La empatía no significa que estemos de acuerdo con el esquema ni que nos confabulemos con su visión de las cosas, sino más bien que cuestionemos sus suposiciones sobre la gente y el mundo. También nos permite ser más sensibles a las debilidades de los esquemas de otra gente y, así, lograr que sus esquemas se disparen menos frecuentemente.

La compasión convierte a la empatía en acción. Una vez que sabemos cuáles son los pensamientos y sentimientos que tipifican los esquemas de la otra persona, podemos usar esa comprensión empática para saber cómo proceder con ellos. Esto, por supuesto, es aplicable a cualquier relación donde tengamos ese tipo de percepción; es decir, no se limita solo a nuestra relación de pareja. Entender los patrones de los esquemas de otra persona puede ayudarnos a evitar actuar de forma que dispare esos esquemas.

Por ejemplo, si sabemos que una persona tiene estándares inflexibles, alabando sus logros cuando es apropiado, usted está dando a esa persona algo que ella no hace, o no de manera suficiente, por ella misma. Así, estamos cuestionando la voz interior de la autocrítica que continuamente la aguijonea para que se esfuerce cada vez más. Pero también podemos convertirnos en una voz, recomendándole encarecidamente que equilibre mejor los asuntos de su vida, oponiéndose a su perfeccionismo que la lleva a esforzarse demasiado. Y también hacerle saber que la aceptamos y apreciamos por lo que es y no por sus logros.

En el caso de alguien que padece un esquema de carencia, mostrarle que nos preocupamos por sus necesidades y por sus sentimientos, que hacemos un esfuerzo para tenerlo en cuenta, tiene un impacto positivo similar. De la misma manera, si la otra persona también padece el esquema de sometimiento, hay que tener cuidado de no darle órdenes diciéndole qué debe hacer y evitar el lenguaje que pueda hacerle sentir que está siendo controlado. Relativizar las cosas cuando le pedimos algo le hará sentir que tiene opciones. Por ejemplo, en vez de decir: «Esta noche vamos a ver esa película que acaban de estrenar», podemos decir: «Están dando una película nueva, ¿quieres que vayamos a verla?»

Parecen gestos pequeños, pero en términos de su impacto en los esquemas de la otra persona, son momentos reparadores. Le estamos dando la oportunidad de experimentar el mundo y a la gente de una manera diferente de la que le dictan sus esquemas. Así, cada momento ofrece una experiencia más, reforzando una visión alternativa. Así, uno contribuye a que pueda ver la manera en que las lentes deformantes del esquema pueden hacer parecer las cosas.

SER COMPASIVO CON EL ESQUEMA

Familiarizarse con los esquemas de la pareja, de la misma forma en que lo estamos con los propios, brinda muchos otros beneficios. Por un lado, poder entender que el ataque de enfado o de mal humor de la pareja significa que se le ha disparado un esquema particular puede ayudarnos a no tomar la reacción tan personalmente. No es uno mismo quien está en falta, sino el esquema. Esta conciencia puede ayudarnos a que, ante el estallido de nuestra pareja, no se disparen nuestros propios esquemas.

Existe un principio budista que sostiene que la conciencia lleva a la empatía y que la compasión es la expresión natural de la conciencia. Cuando se está trabajando con esquemas, esto significa que nuestra propia atención consciente, respecto de los esquemas de nuestra pareja, engendra empatía por ella. Darse cuenta de que lo que está pasando tiene que ver con los esquemas de nuestra pareja nos permite, por ejemplo, verla vulnerable, como un niño o una niña herida, antes que como un o una «imbécil» o considerarnos como el verdadero blanco de sus sentimientos. Cuando logramos tomar distancia respecto de la apariencia que tienen las cosas y nos damos cuenta de la manera en que el esquema las está viendo, podemos evitar considerar esa respuesta como algo personal y sentir no solo comprensión, sino también compasión.

Supongamos que nuestra pareja comienza a estar de mal humor, se pone distante y se aleja. Si padecemos el esquema de fracaso, ese alejamiento puede hacernos pensar que él o ella ya no tiene interés en nosotros. Pero si en ese momento podemos usar la atención consciente y, en vez de caer bajo el hechizo de algún esquema propio, reconocer lo que está pasando, podemos comenzar a sentir que poseemos la claridad suficiente para tener más empatía con nuestra pareja.

En esos momentos, la empatía puede permitirnos reconocer el patrón familiar y encontrar una respuesta más sana. Por ejemplo, saber que cuando nuestra pareja se aleja malhumorada es porque su esquema de carencia está actuando de nuevo, y que lo que realmente necesita es que le demostremos que nos preocupamos por él o ella. Y si somos capaces de tener un gesto de cariño, es muy posible que él o ella salga de su aislamiento.

Este enfoque —es decir, entender qué se esconde detrás de la reacción de alguien— puede ser útil en cualquier relación en la cual los ataques de esquema de la otra persona constituyan un problema: nuestros parientes políticos, hijos adultos, amigos o cualquier otro tipo de vínculo. Pero, como siempre han dicho los terapeutas especializados en relaciones, es particularmente poderoso cuando se trata de una relación de pareja.

Por ejemplo, uno de los ritmos naturales de la pareja gira en torno de la tensión entre la necesidad de intimidad y la de autonomía. Como hemos visto, muchos de los puntos centrales para ciertos esquemas —sobre todo los de carencia, abandono y desvalorización— giran en torno de la dimensión implicada en el grado de conexión. Si cada integrante de la pareja tiene su propia órbita en la cual se mueve para ser autónomo, y luego se une de nuevo al otro miembro, los integrantes de la pareja pueden tanto animar al otro miembro a satisfacer las necesidades individuales propias —y así enriquecer la relación—, como dejar que ese ciclo natural construya una sensación de separación.

Es importante entender que nuestra pareja puede necesitar «marcharse» de vez en cuando, especialmente si algunos de los esquemas de conexión están activos en nosotros mismos. Es bueno recordar una observación que hizo el terapeuta familiar Carl Whitaker: «Cuanto más pueda estar usted aparte, tanto más podrán estar juntos.» En el caso de alguien que sufre un esquema de desvalorización, le resulta importante saber que, aunque su pareja puede estar enfadada, continúa amándolo. En el caso de alguien que padece un esquema de abandono, resulta importante saber que una separación temporal no es una pérdida.

Advertir mutuamente los esquemas de cada uno señala la posibilidad de un crecimiento conjunto. Harville Hendrix, un terapeuta especializado en parejas, dice: «Cuando pueda ver a su pareja como una persona herida, usted comenzará un proceso que le permitirá tener una relación consciente.» Ese proceso requiere, sin embargo, que la pareja sea un lugar seguro para explorar sus esquemas, más que usar esa exploración para obtener munición para la próxima batalla.

Una herramienta extremadamente útil para la atención consciente interpersonal que requiere este proceso es lo que Hendrix llama «reflejo». Con el «reflejo», podemos asegurarnos escuchar y entender el punto de vista de nuestra pareja antes de dar el propio. Esto puede asumir la modalidad de escuchar y luego decir: «Escuché que decías que...» En síntesis, decimos a nuestra pareja, en sus propias palabras, lo que entendimos. Ponemos voz a nuestra empatía y damos a la pareja la posibilidad de verificar que realmente empatizamos con precisión o de que nos ayude a entender bien.

Pongamos por caso que nuestra pareja sufre el esquema de abandono y que cuando llegamos tarde del trabajo nos grita; el «reflejo» puede ser: «No llamé, y tú te molestaste porque pensaste que me había pasado algo; tuviste miedo.» Eso le permite confirmar cuál fue la circunstancia —no llamamos y nuestra pareja se molestó—, así como los sentimientos y pensamientos que tuvieron lugar a raíz de esos hechos. Esa empatía da validez a la realidad simbólica del esquema y hace más fácil pasar a limpio lo que ocurrió.

ROMPER LA CADENA EN LAS RELACIONES

Era Navidad y Whitney, una de mis pacientes, estaba lavando platos en el fregadero de la cocina, mientras su marido y sus hijos jugaban con los regalos. Whitney había preparado el desayuno, había limpiado, hecho la comida y ahora, después de todo eso, estaba limpiando. Había estado despierta hasta muy tarde en la Nochebuena, preparando todo y estaba en el límite de sus fuerzas; para ella era muy difícil seguir trabajando.

Mientras lavaba los platos, Whitney notó que empezaba a experimentar cierto resentimiento. Su mente comenzaba a fijarse en el hecho de que ella también quería tener algún momento de esparcimiento. «¿Por qué mi marido no me ayuda? Siento que se están aprovechando de mí.» En eso estaba.

Luego, hizo una pausa y se preguntó: «¿Te molesta, no?»

Otra voz en su interior respondió: «¡Sí!»

Entonces, a medida que investigaba sus propias reacciones, comenzó el diálogo interior. Cuando reflexionaba sobre el resentimiento que había en sus sentimientos y en sus pensamientos, descubrió la forma en que ella misma estaba creando un problema al reaccionar ante su resentimiento con pensamientos todavía más irritados, y cómo reaccionaba con un resentimiento aún más intenso ante esos nuevos pensamientos.

Whitney comprendió que lo que guiaba todo eso era una sensación de carencia, un sentimiento muy familiar al que ella era susceptible. También se dio cuenta de que su marido en realidad no sabía la manera en que ella se sentía y que si sencillamente se lo hacía saber y le pedía ayuda, él la ayudaría.

Con esa percepción, vio disolverse su resentimiento y lo dejó ir. Entonces tuvo conciencia del exceso de cansancio que sentía. Dejó de hacer lo que hacía y se permitió hacer saber a su esposo qué necesitaba en ese momento: estaba agotada, entonces se desplomó sobre el sofá e hizo una breve siesta.

Cuando se despertó, Whitney vio que la cocina estaba limpia y que el desorden navideño de la casa había desaparecido. Su marido se había dado cuenta solo (¡debe de ser uno en un millón!).

Ese sencillo incidente significó a Whitney haber llegado a un momento decisivo en sus problemas con los patrones de relación que su esquema de carencia tan a menudo le había creado: si se hubiera sentido abrumada, si hubiera sentido que se aprovechaban y abusaban de ella, si se hubiera puesto furiosa y resentida o de mal humor, su marido habría respondido con ira o se habría sentido a su vez herido.

Ahora, a medida que trabajaba sus reacciones esquemáticas, había sido gradualmente capaz de volverse consciente de ellas y de cambiar su respuesta usual: había comunicado a su marido qué necesitaba. Su marido, la mayoría de las veces, cuando Whitney era capaz de decirle lo que realmente necesitaba sin estallar contra él o sin tener ningún otro arranque emocional, respondía bien.

Pero Whitney había llevado su trabajo de esquema a un nuevo nivel. A medida que había visto crecer su resentimiento y detectado las reacciones y pensamientos que lo guiaban, pudo establecer una empatía por sí misma, desafiar sus suposiciones y observar cómo se disolvía el resentimiento. Y su marido, para entonces, había logrado sintonizar mejor con el tipo de situaciones que disparaban las reacciones de Whitney y era cada vez más capaz de tomar la responsabilidad espontáneamente, sin que ella tuviese que decírselo.

Había una gran distancia desde los días en que los sentimientos de carencia de Withney la llevaban a estallar contra su esposo y en los que él, a su vez, se ponía furioso.

Está claro que en nuestras relaciones existen problemas reales —no aquellos guiados por los esquemas— que inevitablemente se presentan. Pero en la medida en que cambiemos nuestras propias reacciones habituales, los hábitos de interacción que creamos entre nosotros pueden disolverse y otros, nuevos y más positivos, ocupan su lugar. Y podemos manejar los problemas inevitables menos acaloradamente y con más claridad.

A veces una persona puede realizar esto con su pareja directamente. Pero en otras ocasiones, es suficiente trabajar con la propia mente, viéndonoslas internamente con nuestras propias reacciones emocionales. También puede usarse una combinación de trabajo interno y trabajo de pareja, primero realizando el trabajo en la propia mente y, luego, directamente con nuestra pareja. Para ese entonces, las reacciones deberían haberse apaciguado un poco, de manera que se pueda pensar y reaccionar con más claridad.

Por supuesto, no todas las parejas están tan deseosas o motivadas y conscientes de las dinámicas perjudiciales en la relación. Si nuestra pareja es tan rígida que tiene poca conciencia o interés por este proceso, los patrones frustrantes seguirán presentes. Si nuestra pareja no va a trabajar con nosotros sobre esto, todavía es posible que hagamos nuestro trabajo interno y, de esa manera, cambie sus patrones de interacción; eso, en sí mismo, mejorará las cosas.

A menos que la relación sea destructiva, normalmente aliento a la gente a que haga sola el trabajo de esquema. Es posible que hacer el trabajo de esquema por nuestra propia cuenta beneficie la relación o —en el caso de que no funcione ni siquiera después de esos esfuerzos— nos ayude en una relación futura.

Cuando todavía estaba en la escuela, Mary fue repetidamente violada por un pariente. Finalmente se lo dijo a su madre, pero ella se limitó a encogerse de hombros. Comprensiblemente, uno de los resultados de esto fue que Mary comenzó a ver sus relaciones con los hombres a través de las lentes del esquema de desconfianza. Pero, paradójicamente, una vez adulta, parecían atraerla los hombres que tendían a ser violentos.

Esa perturbadora herencia del maltrato infantil ha sido largamente observada por quienes trabajan con los supervivientes a la violencia sexual. Por ejemplo, al buscar parejas románticas inclinadas a la violencia, quienes han sido víctimas de ella pueden abrigar la esperanza de tener una experiencia reparadora: ese deseo expresa que «al menos esta vez, habrá un final feliz». Como dice la canción, están buscando el amor en los lugares equivocados. Y claro, cuando en una relación hay violencia —o la amenaza de ella—, el remedio a veces incluye el abandono.

La esperanza de que «esta vez será diferente» es el deseo punzante que se esconde detrás del ciclo repetido de cualquier relación guiada por esquemas. En determinado nivel, la gente advierte que sus relaciones adultas pueden ofrecerles una experiencia emocional correctora, una que contenga el antídoto para el esquema mismo que los conduce a la relación.

En síntesis, a veces podemos ayudar a curar las heridas emocionales de la gente que más amamos en nuestra vida, siempre y cuando hagamos que nuestra relación con ellos sea reparadora. Y de la misma forma, ellos pueden ayudarnos a curar nuestras propias heridas.

Para crear una relación que podría convertirse en reparadora, no es necesario buscar a alguien que personifique el antídoto perfecto. Si nuestra pareja está dispuesta, podemos comenzar por hacer que la relación misma sea el escenario de una atención consciente mutuamente elevada, y aplicar luego esa conciencia a los esquemas que operan sobre cada uno de nosotros.

En la medida en que cada miembro de la pareja se vuelva consciente de las necesidades esquemáticas que guían al otro en la relación, es posible usar los signos que aparecen cuando un esquema muy familiar se ha vuelto a activar para manifestar el antídoto. Por ejemplo, si nuestra pareja se siente insegura y desvalorizada, podemos ser especialmente cariñosos; si nuestra pareja siente que sus necesidades no son tenidas en cuenta, podemos ser particularmente atentos. Tales gestos mínimos de comprensión y compasión pueden fortalecer las bases de la confianza y de la intimidad en la relación.

Si quiere aplicar atención consciente a su pareja

Trate de sacar a la luz los esquemas que hay detrás de sus discusiones.

La mayoría de las peleas simbolizan algún tema más importante. La furia del esquema no se dispara por llegar tarde o por no compartir las responsabilidades domésticas. Lo que da tanta intensidad emocional a la manera en que reaccionamos es la sensación de que nuestras necesidades no son consideradas o de que somos objeto de sometimiento.

Si usted y su pareja pueden armonizar con atención consciente y rastrear el esquema activado, ambos pueden emplear esas discusiones como una oportunidad para identificar y desarmar esos esquemas. Si usted hace esto más o menos regularmente, esos esquemas gradualmente irán perdiendo fuerza. La próxima vez, usted será más capaz de negociar con su pareja por los platos sucios o las cuentas.

La próxima vez que usted y su pareja tengan una riña, espere hasta que la situación se calme un poco, a que el calor del enfado se haya enfriado y pueda comenzar a pensar con más claridad sobre lo sucedido. Usted puede acelerar el proceso de «enfriamiento» saliendo un rato y realizando la práctica de meditación básica sobre la respiración.

Una vez que se sienta un poco más tranquilo, aplique el método de reflexión sensata, mientras alterna la práctica de la atención consciente con dejar que vuelvan los pensamientos y sentimientos de la riña. Pero esta vez, lleve la reflexión sensata a esos pensamientos y sentimientos: en lugar de dejar que se apoderen de usted —de manera que quede inmerso en la realidad que ellos crean—, obsérvelos con atención consciente. Si todavía sigue demasiado alterado, tómese algunos minutos para crear un espacio mental más sereno y claro mediante la respiración, empleando la práctica de la calma. Luego, cuando se sienta un poco más tranquilo, lleve su atención hacia sus sentimientos y pensamientos sobre la riña misma. Considérelos en tres niveles:

1. ¿Qué siente? Note en qué parte del cuerpo las sensaciones provocadas por sus emociones son más intensas: ¿un nudo en el estómago? ¿Le tiemblan las piernas y los brazos? ¿Hay tensión en el cuello y en los hombros? ¿Hay en juego una reacción en cadena de sus emociones? Por ejemplo, ¿el dolor dispara la furia? ¿Hay una mezcla de sentimientos? Por ejemplo, ¿no solo furia, sino también tristeza? ¿Le recuerdan esos sentimientos otras ocasiones en su vida en las que se haya sentido molesto de la misma manera? ¿Son un pista para encontrar un patrón emocional del que esa pelea forma parte?

2. ¿Qué piensa? No solo los pensamientos más obvios —la voz de su ira—, sino los pensamientos más sutiles que hay detrás de ellos y que alimentan ese enfado. Por ejemplo, ¿se está diciendo que «Ella nunca toma en cuenta mis sentimientos»? ¿Por qué ese acontecimiento en particular dispara esos pensamientos?

3. ¿Cuáles son sus reacciones? ¿Qué le llevan a hacer sus pensamientos y sentimientos? O ¿qué hizo?

Finalmente, poner todo esto junto, ¿le dio una pista sobre los esquemas subyacentes que cebaron la riña?

En caso afirmativo, entonces puede continuar con la próxima serie de pasos:

1. Vuelva a reunirse con su pareja y, esta vez, revise la riña desde la perspectiva de los esquemas que estuvieron en juego. Explique a su pareja de qué manera sus reacciones dispararon el esquema. Si puede, dé a su pareja una idea

de los orígenes de ese esquema en su vida y explíquele por qué ha aprendido a responder de esa manera ante el disparador. En otras palabras, haga que su pareja entienda por qué reaccionó de modo tan airado desde la perspectiva de la realidad de su esquema. Pero hágalo con empatía, tanto con su pareja como con su propio esquema.

2. Luego, puede volver a examinar las cuestiones específicas del tema de la pelea, dejando de lado la parte esquemática de su reacción y planteando las cosas con mayor claridad. También puede tener una idea de cómo hacer para evitar que en el futuro se dispare el esquema de su pareja, qué necesita ella realmente en esos momentos (por ejemplo, sentirse cuidado o cuidada), y qué hacer en el futuro cuando su propio esquema empiece a dispararse.

3. Si tiene necesidades conflictivas, trate de negociar para comprometerse ambos a hacer el esfuerzo de ser más sensibles y conscientes respecto de las necesidades de cada uno, y trabajen gradualmente para procurar un cambio en la manera que reacciona cada uno.

4. Cuando los mismos patrones se vuelvan a disparar, trate de tener un poco de paciencia. Toma tiempo cambiar esos patrones y, probablemente, tendrán más oportunidades para probar nuevas maneras de relacionarse y de comportarse el uno con el otro. Ese aprendizaje toma su tiempo.

14

El círculo de la vida

El restaurante estaba repleto y la familia de la mesa vecina hablaba en voz tan alta que yo a duras penas podía oír otra cosa que no fuera el drama que se estaba desarrollando entre unos padres y su hijo universitario, quien aparentemente estaba haciendo una visita de fin de semana.

El joven les estaba contando que se estaba interesando cada vez más en el teatro y que estaba muy contento de encontrar finalmente algo que le gustara tanto. El padre lo interrumpió, con un tono muy crítico, diciéndole: «Pero ¿qué pasa con tus calificaciones? He sabido que el hijo de los Williams sacó las mejores en Yale. Tú no lo hiciste tan bien.» Su hijo respondió: «Voy a trabajar en eso; ahora me siento muy atraído en esa dirección y quiero explorarla más.» «¿Y eso es todo lo que harás con tu vida? ¿Ir dando tumbos?», dijo el padre con el tono de quien lo tiene todo claro. La voz del joven cayó una octava: «No creo que esté dando tumbos. Y tengo muchos grandes amigos a quienes también les gusta el teatro. Disfrutamos trabajando juntos en proyectos creativos.» «Tus amigos no van a ninguna parte», respondió el padre con un tono de voz de absoluto disgusto. En ese momento, la madre habló por primera vez: «Fred...» Pero no dijo nada más y retornó a su papel pasivo. Era demasiado tarde. El hijo se levantó abruptamente de la mesa, tiró la servilleta sobre el plato y se marchó. Oí al padre, perplejo, que decía a la madre: «¿Qué le pasa?»

Nosotros ya habíamos pagado y nos levantamos para marcharnos; teníamos el corazón entristecido. Cuando bajábamos la escalera para salir del restaurante, pasamos al lado del hijo que estaba sentado allí, sosteniéndose la cabeza con las manos, con aire de inmensa frustración; golpeaba nerviosamente el suelo con el pie. Yo quería decirle algo que lo ayudase, cualquier cosa: «Ellos piensan que así te están ayudando; no se dan cuenta de que, al decirte esto de esa forma, te están alejando. Tal vez podrías decirles que te das cuenta de que ellos tratan de ayudarte, pero que no puedes tolerar la forma crítica en que te lo dicen; quizá si encontraran una forma diferente de decírtelo...» Pero pensé, ¿podía intervenir yo? Dudé mientras pasaba al lado de él y no dije nada. Pasó el momento. Aún hoy me pregunto qué habrá sido de ese joven.

Si lo que yo acerté a oír era un momento típico de interacción con sus padres, lo que estaba presenciando era la creación del esquema de fracaso en él.

LA CADENA INTERGENERACIONAL

Durante un encuentro con un grupo de psicoterapeutas, el Dalai Lama se interesó por escuchar el problema de la baja autoestima de los occidentales y el resentimiento que tienen contra sus padres. Esas nociones eran nuevas para él. No podía siquiera imaginar que la gente no se amara a sí misma ni a sus padres. Otra idea nueva para él era que, al menos en ciertas etapas de la terapia, podía ser útil animar y permitir que emergieran los sentimientos de cólera, como parte de un proceso curativo que terminaría en la compasión.

Él lo comprendió. Más tarde lo oí dando una charla en la que decía que, desde una perspectiva budista, la cólera era dañina, aunque reconocía que, en ciertos momentos, ponerse en contacto con los sentimientos coléricos, antes de ser capaces de disiparlos, podía tener una ventaja terapéutica. Por ejemplo, cuando se tiene una baja autoestima por haber padecido violencia en la infancia. Cuando alguien está en terapia «un poco de ira durante un rato, puede ser útil».

De todas maneras, en general, este es un punto en el que difieren el budismo y la psicoterapia occidental. Con todo, aunque reconocemos necesaria la ira terapéutica y selectiva, no es suficiente sentir resentimiento a partir de las heridas que nos infligieron cuando éramos niños y culpar a los padres. Eso puede ser útil hasta cierto punto, mientras exploramos los condicionamientos que modelaron nuestros hábitos emocionales. Pero también podemos empatizar con nuestros padres, con nuestros hermanos y con cualquier otro que esté involucrado en ese condicionamiento y darnos cuenta de que ellos estaban actuando así debido a sus propios condicionamientos, y que así fue generación tras generación.

Cuando nos damos cuenta de la cadena de condicionamientos y la ira desaparece —y si el momento es el adecuado—, eventualmente ese darse cuenta puede originar un sentimiento de compasión por nuestros padres u otros involucrados. Tomando como perspectiva esa cadena intergeneracional, uno se pregunta si realmente hay un lugar donde poner la culpa.

Pero al mirar el papel de nuestros padres en nuestros condicionamientos elaborados durante la niñez, podemos entender nuestras reacciones como hábitos aprendidos en el pasado y no como nuestra manera real de ser. Un esquema representa un resto anticuado de lo aprendido en la primera infancia. En otras palabras, recuérdese que «esta reacción que tengo sucede porque es la que aprendí entonces y no por lo que pasa ahora mismo».

ROMPER LA CADENA CON LOS PADRES

En un taller, una mujer se quejaba de la relación que tenía con su hija adulta. «Mi hija me ataca diciendo que la ignoro, que no la escucho —decía—. Me siento tan herida, siempre termino llorando. Ahora, cada vez que la veo, me atemorizo.»

Hablamos acerca de lo que estaba pasando, comenzando a ver los posibles esquemas que estaban en acción. La mujer dijo que sus lágrimas podían surgir de un patrón de desvalorización subyacente, siendo el rechazo de su hija el hecho que disparaba el ataque de esquema. Entonces pasamos a las quejas de su hija. Cuando le sugerí que las palabras de su hija parecían sintomáticas de un esquema de carencia emocional, la mujer estuvo de acuerdo. Después de un silencio pensativo, estalló en un asombrado: «¡Dios mío; mi hija tiene un esquema!»

Aquello fue una revelación para ella. Nunca se había dado cuenta de que el hábito de excluir a su hija y de parlotear sin prestar atención a lo que ella sentía o necesitaba podría haberla llevado a ese patrón emocional que ahora estallaba en un conflicto. Ella estaba anonadada.

Su reacción habla de una verdad importante: los padres (o cualquier persona en nuestra vida cuya conducta puede llevarnos a nuestros propios esquemas) generalmente no tienen la intención de hacernos daño. Con mucha frecuencia, simplemente, están poniendo en acción, de manera ciega, los patrones que aprendieron en sus primeros años.

Los esquemas se transmiten en las familias de generación en generación. Los padres los transmiten a las nuevas generaciones involuntariamente, como un gen social. La autoridad de un padre puede tenerlo tan absorto en lo suyo que cree carencia emocional en su hijo pequeño: esa carencia emocional puede llevar, una vez que el niño se convierte en padre, a un estilo muy solícito y demasiado generoso que, a su vez, lleva al autoritarismo en la próxima generación. La forma particular que toma el esquema depende, en parte, del estilo de copia que se elija; es decir, si se la evita o se acude a la excesiva compensación.

Una vez que nos damos cuenta de que nuestros padres también han sido víctimas de los esquemas, es posible que entendamos que no se los puede culpar. Esto no significa disculpar esos casos en que los padres quieren herir adrede a sus hijos. Pero, como dijo el Dalai Lama, el problema son las emociones que afligen a una persona, no la persona.

En cierta forma, poder romper con los esquemas que involucran a nuestros padres es lo que los psicólogos llaman «individuación»; es decir, el hecho de convertirse en una persona madura y autónoma. En la medida en que, aun como adultos, estamos inmersos en el nivel de los esquemas de nuestros padres, limitados por el dictado de los esquemas que internalizamos a partir de esos primeros patrones de relación, no nos hemos convertido en seres totalmente autónomos, particularmente en el nivel emocional. Una visión psicodinámica nos vería en un estadio de desarrollo detenido, con gran necesidad de una cura emocional que permita cerrar el abismo.

Algunos pacientes descubrieron que minimizar durante un tiempo el contacto con cierta persona clave en su vida —en general uno de los progenitores— les era muy útil. En ese tiempo ellos podían trabajar internamente su liberación de los patrones de esquemas que permanecían en sus interacciones. Tomar distancia de una persona con la cual uno está entrampado puede darnos tiempo para curar y volver a esa relación con más capacidad para ser nosotros mismos, de poder liberarnos de esos patrones.

Las relaciones que están seriamente limitadas por los esquemas tienen una inercia interna que resiste el cambio. Cuando en esa relación una de las personas comienza a actuar de manera diferente, puede disparar una reacción contraria en la otra persona. Pero no necesariamente ocurre que la otra persona no quiera cambiar. Son sus esquemas. Algunos quizá digan: «No puedes cambiar a la gente...» Y tal vez usted no pueda cambiar a la gente, pero sí puede cambiar sus patrones.

Los esquemas, en cierta forma, tienen vida propia. El trabajo de reparar los esquemas implica sacarles su fuerza vital. Como ya hemos visto, al cambiar nuestros patrones esquemáticos en una relación, hace falta cierto tiempo de ajuste antes de que podamos sentirnos cómodos con las nuevas formas de interacción, antes de que estemos libres de los viejos patrones dirigidos por los esquemas.

A medida que cambiamos nuestras respuestas esquemáticas, naturalmente, comenzamos a centrarnos en los patrones existentes en nuestras relaciones cercanas que no funcionan bien. Ahí, por supuesto, encontramos cierta resistencia: la otra persona, en general, no está de acuerdo con eso, particularmente cuando la cercanía de esa relación es en parte neurótica y está alimentada por las necesidades de los esquemas de cada uno. En esos casos, los esquemas son una piedra fundamental de la relación misma, una forma de mantener el vínculo.

En relaciones como esas, a medida que nosotros cambiamos, podemos sentir que la relación pierde intensidad. En la medida en que nuestros propios esquemas eran la base para ese vínculo emocional, la relación va a verse amenazada. Pero lo que realmente puede pasar es que esa intensa conexión que nosotros interpretábamos como cercanía, ya no nos resulte cómoda, porque podremos ver su base esquemática con más claridad.

CUANDO LA TERAPIA PUEDE SER REPARADORA

En psicoterapia, la relación del paciente con su terapeuta puede ser, en cierta forma, una nueva relación paternal. El psicoterapeuta aporta la experiencia de un «buen padre» (o, al menos, de un padre sustituto «lo suficientemente bueno»); crea así un escenario para rechazar nuestras viejas reacciones esquemáticas.

Por supuesto, hay muchas formas en las que un terapeuta —o, a veces, un maestro espiritual— puede ser una fuente de fortaleza, claridad, contacto emocional y guía, especialmente cuando no podemos ver las cosas claramente. Tener confianza en ese contacto es muy importante para la gente, especialmente cuando se da de una manera que nunca antes se ha experimentado en las primeras relaciones. Con un terapeuta es necesario que exista un sentido de contacto dependiente y de cuidado atento; eso, en cierto grado, puede reparar las heridas emocionales de la falta de una relación con esa calidad durante la niñez.

Cuando estos ingredientes están en su lugar, el terapeuta puede ser una fuente de contacto y cuidado que permite un nuevo aprendizaje reparador de lo que se puede esperar en una relación. También puede ser reparador cuando el terapeuta —o un maestro admirado— reconoce que la forma en que nos vemos a nosotros mismos tiene un significado real y debe ser tomada seriamente, tanto como puede serlo el que no nos vean en la forma tan negativa en que nos vemos a nosotros mismos.

CLARIFICAR LOS ESQUEMAS CON LOS PADRES

Cuando la mujer que asistió a mi taller se dio cuenta de que su hábito de no sintonizar con su hija había contribuido a crear su esquema de carencia, entonces fue capaz de comprender por qué su hija parecía enfadada con ella tan a menudo. Al explorar más profundamente los patrones de interacción entre ambas, llegó a la siguiente conclusión: «Mi hija siente que no la escucho ni la entiendo. No me debe extrañar que esté enfadada conmigo.»

Le pregunté si pensaba que era cierto que ella no escuchaba. Me contestó: «Sí. Ahora lo puedo ver con mayor claridad. Y para complicar todavía más nuestro problema de comunicación, a menudo me pongo demasiado a la defensiva cuando mi hija me expresa su enfado. Mis reacciones hacen que me resulte más difícil entender la dinámica que se da entre nosotras. Ahora que veo lo que sucede, voy a hacer el esfuerzo.»

Le pregunté si ella podría hacer algo más para cambiar el patrón que existía entre ambas. Lo pensó un rato y me dijo: «Sería más fácil si ella no se enfadara tanto. Su hostilidad me paraliza.»

Le sugerí que preguntara a su hija si podía tratar de comunicarle sus necesidades sin enfadarse ni atacarla.

En el caso de que la hija hubiese sentido que su madre la privaba de atención y de cariño, el solo hecho de que mi paciente pudiese hacer el esfuerzo, podría en sí mismo ser parcialmente reparador. Muy a menudo, al ordenar los esquemas, la gente supone que, en el pasado (e incluso en el presente), sus padres los hirieron intencionadamente.

A pesar de que por lo general eso es cierto en los casos de violencia o de negligencia extrema, la mayoría de las veces los padres ni siquiera son conscientes de la manera en que sus propias reacciones dan forma al esquema de sus hijos. En el supuesto caso de que adquieran esa conciencia, no saben qué hacer al respecto. Con la excepción de algunos casos graves, esto no significa necesariamente que no se esfuercen lo bastante para intentarlo, aunque seguramente algunos no están interesados en hacer el esfuerzo, o están demasiado a la defensiva, o muy absortos consigo mismos para preocuparse.

Si nuestros padres todavía están presentes en nuestra vida y si esos patrones de esquema todavía siguen definiendo la mayoría de nuestras interacciones, puede resultar útil tratar de trabajar sobre estas con ellos. Cada situación es única y posee sus propias posibilidades o limitaciones.

Pero si eso no parece posible, o incluso si es demasiado prematuro intentarlo, la curación todavía es posible. Trabajar directamente con los padres no es necesariamente un paso para cambiar los esquemas. El trabajo esencial es interno; implica romper con la cadena del hábito emocional.

Y al igual que con las parejas, si cambia uno solo de los involucrados de la relación, eso modifica inevitablemente las interacciones. Todas nuestras relaciones, incluidas las que tenemos con nuestros padres, constituyen sistemas en los que la forma en que una de las partes reacciona afecta a las otras.

UN IMPERMEABLE EMOCIONAL

Luego están las relaciones con los padres en las que los patrones de esquema están continuamente haciendo saltar chispas. La madre de Miriam, una de mis pacientes, había abusado emocionalmente de su hija cuando era pequeña. Pero la situación no había cambiado con los años; en las interacciones actuales, continuaba abusando de ella. Había sido severamente crítica con su hija; ahora, al visitarla a ella y a su familia, no solo criticaba a Miriam, sino también a su marido y a los hijos de la pareja. Las visitas eran emocionalmente tóxicas.

Cuando Miriam propuso tímidamente a su madre la posibilidad de discutir sus patrones emocionales, la respuesta fue cortante: «¡Ya tengo bastante con mis propios problemas! ¡No puedo perder tiempo con los tuyos!»

«Fue como si clavara un cuchillo en una herida abierta», me dijo Miriam cuando me contó la respuesta de su madre. En su caso, el primer paso para liberarse de los esquemas resultantes era levantar un muro, un límite firme, entre su madre y ella. Le dije: «Usted necesita un impermeable emocional, una barrera sin agujeros que la mantenga protegida.»

En consecuencia, Miriam disminuyó el contacto con su madre durante varios meses, impidiéndole que la visitase, hablándole por teléfono solo algunas veces cada mes y cortando con firmeza la comunicación cada vez que su madre comenzaba a ponerse violenta. Y Miriam llevó a cabo internamente su trabajo de esquema, detrás de la seguridad de esos límites.

Solo después de que sintió cierto grado de libertad respecto de sus reacciones esquemáticas, Miriam se sintió segura para volver a tener con su madre los hábitos normales, con sus límites intactos. A medida que las personas se libran poco a poco de la trampa de sus reacciones esquemáticas con sus padres y se curan, tales barreras pueden desmontarse solas, dado que ya no son necesarias.

Pero en el caso de los padres que continúan año tras año los patrones del esquema en la relación, puede resultar útil mantener la disposición a poner un límite. Para hacerlo, es esencial tener claridad a propósito de uno mismo y recordar que contigo ya no funciona ser tratado de esa manera.

EL DIÁLOGO INTERIOR CON LA VOZ DE UNO DE LOS PADRES

Mi paciente Jesse puede estar hablando, contar una historia muy amena, cuando, de la nada, su comportamiento y el tono de su voz cambian imperceptiblemente, y se lanza a una diatriba airada y crítica que puede durar varios minutos contra alguna persona. Luego, de la misma manera repentina, vuelve a su modo de contar normal y agradable.

Mi mente es asaltada por un pensamiento. ¡Acaba de sintonizar con su madre!

Ella había sido una maestra estricta, cuyos juicios eran altamente críticos; para entonces, Jesse conocía perfectamente la manera en que ella había dado forma a su propio esquema de perfeccionismo. Pero él todavía no era consciente de lo que parecían ser trances momentáneos en los que su madre hablaba a través de él.

Gradualmente, Jesse fue capaz de establecer la conexión entre esos momentos en los que la voz de su madre lo «poseía» y la voz interior autocrítica que guiaba su perfeccionismo.

Jesse estaba prestando su voz a lo que habitualmente constituyen las voces interiores que resuenan solo en nuestra mente. En un sentido, el padre y la madre que habitan en la realidad de nuestro esquema no son los mismos que nosotros conocemos como adultos, sino aquellos que recordamos de la niñez.

Esto ofrece una oportunidad terapéutica: si no podemos hablar con nuestros verdaderos progenitores sobre las heridas y sentimientos producidos por un esquema que ellos ayudaron a conformar, todavía podemos dialogar con ese progenitor interior. De la misma manera en que encontramos una voz para esa parte «infantil» de nosotros que cree en la realidad del esquema y del diálogo, podemos hacer lo mismo con la representación de un progenitor congelado en el interior de nuestra mente.

Veamos cómo lo hizo Miriam. Un día, ella me llamó angustiada para pedirme una sesión. En las últimas dos horas, ella había sido invadida por una voz interior que la juzgaba, la fastidiaba y la despreciaba.

Le sugerí que empleara la misma pasión que había detrás de su angustia de pensamientos críticos y el dolor que sentía, y que la orientase al anhelo de liberarse de esa pena y ese sufrimiento. Miriam había participado en varios retiros de meditación sobre la atención consciente, por lo que le pedí que reflexionase en su meditación sobre la naturaleza del sufrimiento y el camino a la liberación a partir del sufrimiento —un concepto budista básico—, pero orientándose hacia su sufrimiento esquemático. «Usted conoce la posibilidad de liberarse de ese dolor; anhele esa libertad para usted misma, deséela para usted misma como en la práctica de la benevolencia que ha hecho», le aconsejé.

«Pero cuando lo hago —me dijo ella—, oigo una voz que me responde: "No quiero que te liberes; quiero que seas miserable."»

Cuando oí esas palabras, su tono de voz me llamó la atención. «En ese momento, al escuchar su voz diciendo esas palabras —"Quiero que seas miserable"—, usted me sonó exactamente como cuando imita la voz de su madre. Ella todavía tiene ese poder sobre usted y usted sigue mamándolo. Se deja entrampar en la miseria de ella.»

«Ella sigue haciendo que su miseria actúe sobre mí, como si la hubiera plantado dentro de mí y yo la regase. Y yo he dejado que siga afectándome. Dentro de mí viven todos sus estándares perfeccionistas y críticos, sus humillaciones. Tengo que tener mucho cuidado de no ver el mundo a través de sus lentes de esquema, que hacen que todos sean críticos, negativos y desvalorizantes.»

Mientras lo hablábamos, Miriam decidió buscar un tono de voz en su interior para responder fieramente a su madre crítica internalizada; quizá, un tono que hubiese usado en sus enfrentamientos reales con ella. Experimentó diferentes voces hasta que encontró una que funcionaba, una que le hacía sentir más poderosa que la voz interior de su madre.

Miriam practicó ese diálogo interior con la actitud de la atención consciente: abierta a cualquier cosa que sintiese más natural, sin juzgar en absoluto, sin sentirse culpable por ponerse furiosa si eso era lo que necesitaba. Dirigió la ecuanimidad, tratando de no dejarse chupar por el impulso de culpa de su madre.

Resuelto eso, Miriam empezó un proceso interior de lucha contra la voz de su madre. Le dijo con convicción: «No puedes tratarme de esa manera; no puedes seguir con ese abuso emocional.» Cuando creyó necesitarlo, se apartó y gritó a su madre lo que sentía. Descubrió que eso la ayudaba a sentirse poderosa y a plantarse ante su madre.

Con el tiempo, el diálogo interior se volvió automático. Si Miriam oía la voz de su madre denigrándola, inmediatamente le respondía con un desafío mental.

A veces se servía de la compasión colérica, con el simple

propósito de librarse de ella, usando las palabras que mejor se acomodaban: «¡Vete a la mierda!»

Con el tiempo, la respuesta se hizo más positiva y más automática. Me contó que un día, «Mientras volvía en coche del trabajo, la antigua voz me dijo: "¡Qué mal que conduces!" Pero entonces, otra voz salida de la nada me dijo: "¡Lo haces muy bien!"»

Esas voces poderosas que se ponen en contacto con la furia producida, en este caso, por el abuso emocional, puede ayudar a que la persona se sienta más poderosa que la voz del esquema, y —en el caso de Miriam— más poderosa que la violencia emocional de su madre.

Cambiar esos diálogos interiores puede asumir muchas formas. Una vez pregunté a una paciente, cuyo padre extremadamente crítico la había conducido a un esquema de perfeccionismo, si todavía buscaba la aprobación de su padre, ya fuera interna o externamente. Ella me respondió: «En realidad, lo veo poco y ahora reconozco sus limitaciones. Pero, internamente, creo que todavía busco su aprobación.» Le sugerí que el próximo paso fuera desafiar esa voz interior.

Hay muchos mensajes, muchos argumentos sanadores, que podemos dar a las voces interiores de nuestros padres; esta especie de batalla o desafío respecto del esquema es apenas un ejemplo. Llegadas a cierto punto, muchas personas que siguen una terapia de esquemas escriben cartas a sus padres —que, sin embargo, raramente envían—, en las cuales expresan sus sentimientos sobre el modo en que, según sienten, fueron tratados, diciéndoles aquello que quisieran decirles en la vida real pero sienten que no pueden hacer.

EL PERDÓN: TODO A SU DEBIDO TIEMPO

He tenido varios pacientes que, trabajando con un esquema, llegaron al estadio en el cual fueron capaces de discutir con un padre o una madre cuyo comportamiento había sido fundamental para conformar por primera vez el esquema. A pe-

sar de que este no es un paso necesario e incluso a veces imposible de llevar a cabo, puede ser útil para transformar la culpa
pasada en perdón.

La madre de una de mis pacientes, que siempre había sido
hipercrítica con su hija, hizo una confesión ingenua: «Trato a la
gente de ese modo porque yo misma soy muy infeliz.»

De igual modo, la madre de otra paciente a menudo trataba
a su hija de manera pueril y ensimismada. A mi paciente se le
hizo claro que el comportamiento de su madre se debía a la
forma de superioridad que se origina en la carencia. Cuando por
fin ella enfrentó a su madre, esta le confió: «Por lo general, cuando digo esas cosas horribles a las personas, a estas les resbalan;
me ignoran. Siento que ni siquiera me oyen. Siento que tengo
que impresionarlas con una observación crítica para que me
presten atención.»

Una vez que madre e hija fueron capaces de hablar de eso y
de que esta compartió con aquella lo hiriente que había sido el
trato que había soportado, la madre se disculpó: «Puedo comprender por qué te sentirías de ese modo; eres muy sensible, más
que la mayoría de los demás en nuestra familia. Estoy acostumbrada a que la gente me ignore; solo que no me di cuenta de que
estaba hiriendo tus sentimientos.»

Cuando uno ve que tales comportamientos están siendo
guiados por un esquema, puede alcanzar más comprensión, e
incluso sentir más compasión, por la otra persona. Por otro lado,
los esquemas no siguen una lógica racional. En la realidad emocional del esquema, las personas en nuestra vida que con sus
reacciones nos conducen a desarrollar un esquema, son «culpables»; al menos, esa es la forma en que lo siente el esquema.

Como ya mencioné, ante todo necesitamos entrar en empatía con los sentimientos del esquema en lugar de apresurar-
mos a tratar de cambiar nuestras reacciones. Aquí, esto significa
que, a pesar de que a su debido tiempo puede llegar el perdón,
podría ser prematuro que este llegase antes de que reconozca-
mos y expresemos —aunque solo sea para nosotros mismos— la
verdad y los sentimientos de la realidad del esquema.

Hay un tiempo natural para el perdón, precedido por estadios graduales de buena voluntad. Ese proceso comienza con el reconocimiento del esquema y con la empatía por los sentimientos y por la perspectiva que este personifica. En una etapa posterior, en la medida que tomamos más distancia respecto de la perspectiva del esquema, podemos dirigir nuestra ira hacia el esquema mismo. Y, con tiempo, la carga emocional del esquema comenzará a liberarse a sí misma.

Necesitamos conectar con nuestros sentimientos esquemáticos, pero no quedarnos atascados en ellos. El budismo y la psicoterapia no concuerdan sobre la cuestión del perdón. Desde el punto de vista budista, la compasión y el perdón pueden comenzar inmediatamente. Desde una perspectiva psicoterapéutica, el perdón llega después de reconocer el significado simbólico de las emociones. Otra consideración: algunos esquemas, particularmente aquellos que se originan a partir de descuidos importantes o de la violencia, son más difíciles de perdonar.

Quizá uno quiera investigar en su propio reloj interno para descubrir en qué punto está. Dado que cada persona y cada relación son únicas, no hay ninguna respuesta «correcta» sobre cuándo llega el momento de perdonar.

LOGRAR EMPATÍA CON LOS ESQUEMAS DE NUESTROS PADRES

A medida que trabajamos interiormente en nosotros mismos para obtener más libertad respecto de nuestros patrones emocionales, gradualmente descubrimos que nuestras reacciones empiezan a perder el poder que tienen sobre nosotros y podemos responder de manera diferente.

Lauren tuvo durante mucho tiempo sentimientos airados cada vez que su madre no sintonizaba con ella. Pero después de hacer un trabajo profundo sobre el esquema de carencia, que ella, en parte, había rastreado en el ensimismamiento narcisista de su madre, esa reacción comenzó a debilitarse.

Después de haber vuelto de un retiro de meditación, Lauren llamó a su madre. Me dijo: «Comencé a hablarle sobre el retiro, como si ella estuviese realmente interesada en lo que le decía. Entonces, según su costumbre, después de algunas palabras, me cortó de plano y empezó una larga digresión a propósito de ella misma.»

Pero Lauren notó un cambio. En lugar de sentir la tristeza que había detrás de su carencia y de los pensamientos airados contra su madre que usualmente aparecían en ese instante: «Observé toda la situación con un nuevo tipo de fascinación. Acabar de volver del retiro me ayudaba. Me dije: "Claramente, esa era la causa de mi sensación de carencia."

»Como ella notó mi silencio, me hizo un par de preguntas sobre mí, pero luego, tan pronto como pudo, llevó nuevamente la conversación hacia sí misma. Yo me dije: "No tengo que hacer esto; no tengo por qué sentirme triste o enfadada. No tengo que dejarle continuar, pero no tengo ganas de armar un escándalo por esto."»

Por lo tanto, Lauren manejó el momento de otra manera. «Le dije: "Ahora voy a cortar", y le expliqué por qué. Sin ira, con toda franqueza. Solo una explicación de cómo me sentía, de cómo me molestaba lo que ella hacía y por qué creía que debía cortar. E inmediatamente corté. Esa vez no hubo disputa.»

Cuando Lauren reflexionó sobre la llamada telefónica, por una vez sus pensamientos no estuvieron animados por la ira contra su madre. Ahora que le resultaba claro que no tenía que seguir alentando el interés que su madre tenía por sí misma, descubrió que era capaz de reflexionar sobre la razón por la cual su madre era tan egoísta. Recordó lo que sabía sobre la infancia de su madre: una huérfana adoptada por una pareja de alcohólicos indiferentes ante las necesidades, tanto emocionales como prácticas, de su hija. Se dio cuenta de que su madre probablemente tenía un profundo esquema de carencia. Lauren pensó que no debía extrañarle que ella fuese tan egoísta.

Pero a medida que comenzamos a ver las cosas como son en realidad en lugar de como nos las hace ver el esquema, podemos ver a nuestros padres o a los demás como personas, con sus flaquezas humanas y sus problemas. Podemos ver que, en la mayoría de los casos, estuvieron actuando inconscientemente y no trataron de herirnos intencionadamente. (Una excepción importante son los casos de violencia, abuso sexual y abandono; aunque incluso entonces es posible establecer empatía con un abusador que, a su vez, fue víctima de abuso.)

Entonces, a medida que nos ponemos en contacto más y más con nuestros sentimientos sobre esa gente y su comportamiento, podemos empezar a sentir empatía por ellos; esto es, comprender las fuerzas que actuaron en su vida y los llevaron a actuar como lo hicieron. Y, finalmente, a su tiempo, la comprensión de la transmisión de pautas de generación en generación puede traernos más compasión por el ciclo de vida del esquema.

EXPRESAR EL PERDÓN

El perdón puede asumir formas muy comunes. En lugar de la fórmula «Te perdono», puede expresarse sin dar necesariamente voz a esas palabras, solo mediante un cambio en la forma de relacionarnos con la otra persona. La comprensión también puede ser una forma de perdón.

La gente descubre maneras creativas de hacer pasar el mensaje. Lilly y su madre tenían una relación tempestuosa, en la que Lilly se sentía profundamente carente. Pero cuando ella trabajó su esquema de carencia y desapareció su prolongada furia contra su madre, comenzó a apreciarla más.

Lilly usaba un batidor de huevos que su madre le había dado quince años antes. Un día, se le ocurrió pensar si alguna vez había agradecido a su madre ese batidor.

Entonces decidió llamarla. Le dijo: «Esto puede sonarte raro, pero... ¿te di las gracias alguna vez por ese batidor de huevos que me regalaste hace años?»

La madre pensó que Lilly lo había hecho.

Pero Lilly dijo: «Bueno, solo quería agradecerte por todo lo que me diste en tantos años. Y que sepas que te quiero.»

Fue un momento de ternura entre ellas, una especie de sensación de que todo se había vuelto distinto.

Cuando Lilly me lo contó, le pregunté si sentía que curar las heridas pasadas había cambiado algo en la relación con su madre, si ahora se sentía diferente. Me dijo que sí: «Ya no reñimos. Siento ese perdón espontáneo.»

Una de las prácticas que se enseñan en muchos retiros de atención consciente es una meditación especial y breve sobre la benevolencia y la ecuanimidad. Esa meditación se realiza generalmente al final de la sesión, para desear a los demás el bienestar que se vivió en la práctica. En el caso de una de mis pacientes, esa práctica tuvo un poder particular.

«Vengo de una familia muy disfuncional, en la que cada uno siempre reaccionaba exageradamente —me dijo—. Todo el mundo estaba siempre atacando o culpando o criticando a los demás. Ese era el comportamiento aceptado; todos lo heredamos en mi familia. Yo pensaba que esa era la forma de tratar a la gente, y esa es la forma en que lo hago.

»Una vez que empecé con la terapia, pude ver que eso alimentaba la reactividad de mis esquemas, especialmente los de carencia y abandono. Cuando esos esquemas se disparaban, reaccionaba exageradamente y me ponía furiosa. Sentía que solo importaba expresarme y expresar mis sentimientos, pero terminaba gritando a la gente o huyendo resentida enfurruñada. Eso me costó mucho en mis relaciones con los hombres; los ahuyentaba.

»No quiero ser esa clase de persona, la clase que grita y aúlla y acaba perdiendo. Quiero ser capaz de hacer una pausa, de contar hasta diez, de ser amable conmigo mismo y de proyectar esa actitud hacia fuera. Traté de trabajar este asunto durante años, con varios métodos diferentes, pero nada parecía ayudarme. Pensaba que necesitaba ser medicada para controlar mis reacciones.

»Solo después de realizar un retiro de atención consciente vi que podía encontrar esa capacidad en mi interior, que justamente debía venir de ahí. La práctica de la benevolencia me fue especialmente útil. Por un lado, me llevó a pensar desde la perspectiva de las otras personas y a verlas con ecuanimidad. Y me di cuenta del poder de desear el bienestar de los demás.

Verlos desde un lugar de ecuanimidad, descubrir el equilibrio desde el interior fue lo que finalmente me ayudó a moderar mis reacciones.»

UNA SAGA FAMILIAR

Fue antes de la primera guerra mundial. Una niña viajó en un barco con su padre de Italia a Estados Unidos. Su padre, para evitar una batalla por la custodia, la había secuestrado para llevársela lejos, de manera que su madre nunca volviera a verla.

Con sus ojos verdes y tristes, la pequeña observaba el mar interminable. Tal vez intuía que nunca volvería a ver a su madre. Entonces, a modo de protesta furiosa, sin un instante de duda, arrojó su muñeca favorita al agua.

Ella se casó cuando todavía era adolescente y pronto tuvo tres hijas. Aunque era tan joven, trató de comportarse como una madre, de proporcionarles algo parecido a una vida estable, mientras trabajaba administrando la academia de danza de su marido en Nueva York. Pero ella era tan joven y tan desgraciada que se escapó, abandonando a su marido y a las tres pequeñas. Con el tiempo, volvió a aparecer en la vida de estas pero, aunque había cariño, sus relaciones eran a menudo tempestuosas.

Con el tiempo, una de sus hijas tuvo dos hijos cuando todavía era muy joven. Trató de comportarse como una madre, de proporcionarles algo parecido a una vida estable pero, como joven madre soltera, se sintió abrumada por tanta responsabilidad. Entonces, durante años, dejaba a sus hijos varias semanas con niñeras o con parientes, mientras se dedicaba a resolver su propia vida. Siempre volvía y, con el tiempo, se consagró a ser la madre de los hijos que amaba.

Esta es la historia de mi madre y de mi abuela. Me enteré del viaje por mar de mi abuela cuando apenas era una niña el mismo día de su funeral.

Ese día escuché los sinceros elogios que de ella hicieron mis coetáneos, sus nietos. Cada uno a su manera, describimos el genuino amor que habíamos sentido por nuestra abuela. Dada la herencia de abandono presente durante generaciones en mi familia, me sorprendió que no pareciésemos estar enfadados con ella.

Aun así, sentí en mi interior la sujeción de algunos patrones emocionales sacados a la luz del día, a medida que se contaron las verdades a propósito de la vida de mi abuela. La pregunta que daba vueltas continuamente en mi mente era esta: si mi abuela había contribuido de manera tan importante a crear los patrones esquemáticos intergeneracionales de mi familia, ¿por qué no sentía ningún resentimiento por ella?

Vi claramente que había comprendido la herencia emocional de mi abuela. Pero cuando llegué a mi madre, la comprensión y el perdón fueron más difíciles. Al cabo de varios años de intenso trabajo interior —y, en ocasiones, de trabajo exterior realizado directamente con mi madre—, yo me había desembarazado de muchos de los patrones de relación con ella basados en esquemas. Habían empezado a cambiar, incluso a curarse ellos mismos. Huelga decir que no fue fácil.

Advertí que había llegado a un nuevo lugar de disposición, especialmente cuando sentí que ella estaba haciendo un esfuerzo para cambiar los patrones de nuestra relación. Sentí por mi madre un genuino sentimiento de aceptación y de perdón. Fue conmovedor observar a mi madre cuando perdió a la suya. La primera vez que mi madre la visitó en el hospital antes de que muriese, ambas lloraron abrazadas. Fue como si toda una vida de sentimientos duros se fundieran en esos pocos instantes, curando décadas de sentimientos tempestuosos. Ese fue su último abrazo.

Después de la muerte de mi abuela, mi madre me dijo: «Mi madre tenía mucho amor para dar; en realidad, solo lo vi al final. Ojalá lo hubiese advertido mientras ella vivía.»

Yo me siento afortunada de haber llegado a la misma conclusión sobre mi madre mientras ella todavía está viva. Y aunque todavía siento la necesidad de mantenerme alerta ante la posibilidad de que los antiguos patrones vuelvan a la superficie, me siento más libre de compartir un amor que siempre ha estado ahí.

Curar los esquemas derrumba los muros que separan a los miembros de la familia, les permite experimentar el amor oculto y la conexión que existe sin las lentes deformantes de los hábitos emocionales. Es como si esas huellas emocionales fueran transmitidas de generación en generación como un virus mutante para adecuarse a los ambientes cambiantes. Cuando los esquemas empiezan a curarse, es posible ver más fácilmente la naturaleza impersonal del condicionamiento emocional que tan inconscientemente pasa de unos a otros.

Si desea trabajar con los sentimientos de su infancia

Intente esta meditación guiada. Puede leerla completa y luego intentar recordarla con los ojos cerrados.

Primero, concéntrese conscientemente unos minutos en la respiración, dejando que apacigüe su mente y lo calme.

Luego, lleve su mente a un lugar donde usted se sienta perfectamente seguro; tal vez con una persona en la que confía y a la que quiere, o en una cama tibia debajo de un abrigado edredón, o tal vez a una hermosa playa debajo de un sol que lo calienta y relaja... Algún sitio donde se sienta seguro, protegido y cuidado. Algún lugar donde se sienta tan seguro que puede ser usted mismo.

Tenga la actitud de bienvenida propia de la atención consciente; solo deje que sus pensamientos y sentimientos se presenten sin juzgarlos y sepa que en cualquier momento usted puede retornar a su lugar seguro, confortado por el ritmo natural de la respiración.

Tal vez se ha puesto en contacto con algún recuerdo de su infancia, estableciendo una conexión entre un patrón emocional y la causa que lo originó. Elija algo con lo cual se sienta listo para trabajar conscientemente. Si se le presenta algo que es demasiado perturbador, algo que aún no está preparado para soportar, guárdelo para otro momento y elija un tema más ligero, alguno que pueda soportar.

Si se le presenta una persona que de alguna manera está conectada con el patrón, alguien de quien usted sintió no haber recibido lo que necesitaba, invítelo a esta presencia consciente. Véalo abierto y atento, mientras lo escucha.

Permítase ser muy honesto y diga a esa persona algo que necesitaba decirle. Tómese un tiempo para ir hasta su corazón y para pensar en lo que necesita decirle y dígaselo... Dígaselo abiertamente, honestamente, conscientemente. Dígaselo de la manera en que usted lo hubiera deseado... tal vez, de manera más presente, o más sensible, o más cuidadosa; la mejor según su criterio. Use las palabras que suenen mejor a sus oídos.

Siéntase protegido y seguro mientras dice lo que quiere decir y permítase ser genuinamente oído y cuidado por quien escucha mientras usted le dice lo que quiere decir. Esa persona lo escucha genuinamente y aprecia su honestidad para conectarse con ella. Tiene una abierta aceptación mientras usted le dice lo que más necesita oír y comprender de usted.

Deje que esa persona le diga lo que usted ha necesitado oír de ella: «Seré cariñoso y sensible contigo», o lo que sea; lo que le parezca más adecuado.

Ahora, permítase también ver su humanidad y la manera en que sus acciones se relacionan con sus propios esquemas o la incapacidad de ver claramente, en vez de sus intenciones enfermas. Vuelva al lugar seguro que imaginó, sintiéndose reconfortado.

Cuando termine, sepa que cada vez que lo necesite usted puede volver a ese lugar de honestidad consciente que hay en su interior y sentirse perfectamente seguro y protegido por su propia conciencia atenta.

Tenga confianza en que en algún nivel usted ha sido genuinamente oído y aceptado por usted mismo. Aunque en este tipo de diálogo no establezca una comunicación directa con la persona real, la curación ha comenzado internamente.

Usted puede estar en contacto con su propia verdad y expresarla. Esa presencia consciente es aquel que usted es en realidad, más allá de los pensamientos, de las reacciones, de los esquemas; como el cielo claro detrás de las nubes cambiantes.

15

Etapas de la cura

Después de tres o cuatro semanas en terapia, una paciente se quejó de que estaba progresando muy poco: «Puedo ver la manera en que mi miedo al abandono me impidió tener el tipo de relación que quería tener con un hombre y el modo en que mi patrón de sometimiento me lleva a relaciones con hombres narcisistas. Eso me resulta verdaderamente claro. Pero todavía reacciono ante mi novio de la misma manera destructiva. ¿No debería estar ya mucho mejor?»

La pregunta es pertinente. Nuestra cultura alienta las prisas y la respuesta instantánea. Pero este trabajo tiene su propio tiempo de cambio; este no puede apresurarse. En primer lugar, limitarse a aprender sobre nuestros patrones emocionales destructivos y sobre el poder de llevar conciencia a ellos no producirá ninguna mejora mágica. Se requiere un tipo de aprendizaje más profundo; no solo comprehender los conceptos, sino cambiar los hábitos.

Esos dos tipos de aprendizaje involucran diferentes partes del cerebro, cada una de las cuales aprende de manera diferente. La comprensión intelectual se centra en el neocórtex, los centros pensantes, en las capas superiores del cerebro. Esa parte aprende muy rápidamente, conectando las nuevas ideas y la nueva información con los conocimientos existentes. Para el aprendizaje intelectual, apenas con leer algo es suficiente. Pero cambiar los hábitos emocionales no involucra solo al neocórtex, sino también a los centros marginales más antiguos, situados en el centro del cerebro. Esa parte aprende de otro modo. Desde el principio de la infancia, el cerebro emocional ha necesitado muchísimos años para adquirir su repertorio de hábitos. Los esquemas como el perfeccionismo o la carencia se fijan mediante innumerables repeticiones de episodios. Naturalmente, abandonar esos hábitos emocionales toma su tiempo; también es necesario para dominar una respuesta más saludable.

UNA VELOCIDAD DE CAMBIO ORGÁNICA

Como hemos visto, cuando tratamos de cambiar los esquemas, la tarea es doble: tenemos que despojarnos del viejo hábito autodestructivo y reemplazarlo por uno nuevo, más saludable. Ese cambio es muy diferente de la mera comprensión intelectual; involucra al cerebro emocional. Intentar un nuevo modo de pensar y una nueva manera de reaccionar, a pesar de la torpeza inicial y de las recaídas en el antiguo hábito, implica mucha práctica continua, el cultivo de la habilidad de llevar conciencia a lo que ha sido un comportamiento inconsciente y un esfuerzo sostenido.

El proceso de curar patrones esquemáticos profundos puede durar años. Sin duda, usted puede leer este libro mucho más rápidamente de lo que un esquema demorará en cambiar. Para curar los esquemas es fundamental no tener prisa, aunque sepa cómo terminará la historia. Dele tiempo.

Por lo general, hay varias etapas que la gente atraviesa a lo largo de este proceso. La primera gira alrededor de aprender a llevar atención consciente a los hábitos emocionales que desde antiguo han sido diligentemente desempeñados fuera de la luz de la conciencia. Eso sencillamente inicia una serie de cambios orgánicos; esa etapa parece tener su propio curso natural y su tiempo.

Algunas etapas pueden ser emocionalmente exasperantes. Recuerdo el consejo dado por U Pandita, uno de mis maestros de meditación, a un grupo en un retiro. Nos animaba a ir más adelante, especialmente en esos momentos en los que estábamos sufriendo. Nos comparaba a los «yoguis» —como nos llamaba— con bebés en las etapas del desarrollo, como la dentición: «Lloran y berrean en momentos extraños —decía—. Una madre inexperta tal vez se preocupe por su bebé en períodos como este. Pero realmente, si los niños no pasan por ese sufrimiento, nunca madurarán ni crecerán.» U Pandita señalaba que, para un yogui, esos períodos de perturbación eran, en realidad, signos de progreso en su desarrollo.

Lo mismo ocurre al trabajar con esquemas. Tal vez cuando vivamos períodos de intensa catarsis emocional, en lugar de rechazarlos, necesitamos incidir en ellos: más adelante nos espera un destino más calmo y más claro. Cuando a veces recaemos en nuestros antiguos hábitos negativos de adaptación, debemos considerar esas circunstancias como oportunidades para medirnos mejor con los mismos disparadores, cuando se hagan presentes la próxima vez.

Hay un texto budista clásico de la tradición vipassana referido a las etapas de percepción que llevan a la liberación. Allí se habla de una etapa en la que la gente se siente disgustada por los hábitos mentales que impiden ser libres. Cuando un paciente muestra un disgusto similar por sus esquemas —y me dice, por ejemplo, «Estoy harto de ese patrón; no puedo soportarlo»—, me regocijo en silencio. Ese es un hito en el camino a la libertad.

Uno de los propósitos del trabajo de esquema es reconocer los patrones que interfieren en la conexión más genuina con nosotros mismos y con los demás, y desprenderse de ellos. Esto tiene lugar en etapas, algunas de las cuales se repiten muchas veces a lo largo de un ciclo de continuo reaprendizaje.

A medida que seguimos desprendiéndonos de nuestros esquemas, a medida que los vemos de manera nueva, en algún punto podemos llegar a preguntarnos cómo es que hemos cargado con ese peso durante tanto tiempo. Nuestras motivaciones guiadas por el esquema cambian, decaen o, sencillamente, ya no tienen la misma importancia apremiante. Por ejemplo, podemos descubrir que ya no tenemos las mismas necesidades de cierto tipo de interacción o trato con nuestros padres biológicos, cuando esas necesidades se liberan en el sufrimiento emocional del trabajo de esquema. Las experiencias reparadoras pueden curar las heridas que traemos de la infancia. Como decía una pegatina que vi en el parachoques de un coche: «Nunca es tarde para tener una infancia feliz.»

Podemos descubrir —como suele ocurrir a la gente— que, cuando se curan los esquemas, ya no nos empujan con la misma intensidad emocional. Pero la alquimia emocional no pone nuestras emociones aflictivas en un prolijo envoltorio, disponiendo de ellas de una vez para siempre. Este trabajo es un proceso continuo que profundiza las percepciones, los descubrimientos y los ajustes que tenemos y hacemos.

A medida que los esquemas bajan de su posición de dominación mental, nuestra atención se vuelve más libre para otras dimensiones de la vida: el trabajo y los logros creativos, la familia y las relaciones, las preocupaciones sociales o la acción, la práctica espiritual. Ese abanico de opciones se presenta poco a poco en nuestra vida, pero se convierte en una hermosa recompensa por recorrer este camino.

ÚLTIMAS BOQUEADAS

Uno de los misterios del trabajo de esquema para muchos de los que lo comienzan son las recaídas y los arranques que parecen crear un ritmo inestable de avance. Tenemos pequeños éxitos; luego, principios de retrocesos. Esos hábitos resisten el cambio; parecen luchar para retener su control sobre nosotros.

En términos de funcionamiento cerebral, hay un curioso paralelo entre los hábitos emocionales y las adicciones. Los investigadores descubrieron que todas las adicciones crean el mismo desequilibrio en los circuitos cerebrales del placer. Esos circuitos intercambian una sustancia química denominada dopamina; cuanta más dopamina, tanto más placer sentimos.

Toda sustancia adictiva contiene moléculas que imitan a la dopamina del cerebro. En el estado natural del cerebro, los circuitos de dopamina llevan solo pequeñas cantidades de esa sustancia química. Pero las sustancias adictivas —ya sea la nicotina o la heroína— inundan el cerebro con grandes cantidades, cientos o miles de veces más que lo natural. La «excitación» intensa que siente la gente proviene de ese desborde de los circuitos de la dopamina.

Pero después de que pasa la excitación, el cerebro es engañado: cree que hay grandes cantidades de dopamina en sus circuitos (un desequilibrio). Para alcanzar un estado de equilibrio, el cerebro reduce drásticamente el número de receptores de dopamina, la parte de la célula cerebral que recibe y reacciona a la sustancia química.

Esto, a su vez, significa que el cerebro ahora tiene demasiada poca dopamina y, por lo tanto, pierde gran parte de su capacidad de placer. El resultado: la incomodidad y la perturbación de alguien que está atravesando la privación y que necesita una «dosis», y la desesperada urgencia de volver a las condiciones anteriores. Pero si el adicto puede atravesar esa etapa y resistir la urgencia, el cerebro irá normalizando otra vez sus niveles de receptores de dopamina y se sentirá bien de nuevo.

Lo mismo ocurre con los hábitos emocionales. Cada esquema tiene su propio circuito neural subyacente, fortalecido a partir de las incontables repeticiones del patrón a lo largo de la vida. Cada vez que el esquema se dispara, volvemos a poner en funcionamiento su secuencia familiar de pensamiento, sentimiento y reacción. En el caso de alguien que sufre el patrón de abandono, por ejemplo, esto significa que, cuando percibe que una persona se aleja de él, lo acomete el pánico y se aferra a ella.

Pero cuando comenzamos a cambiar ese patrón, quitamos al esquema la secuencia habitual. Si en lugar de entrar en pánico, la persona se mantiene fría y serena, recordando que eso responde al esquema de abandono, que no tiene que dar crédito a sus terribles pensamientos de pérdida y soledad ni reaccionar con miedo, el esquema resistirá el cambio, tratando de mantener los patrones familiares.

Esto es lo que experimentamos cuando el esquema «actúa», ejerciendo su impulso a través de los típicos pensamientos y sentimientos que origina, pero esta vez con una urgencia adicional, de manera semejante a la de los circuitos de dopamina cuando envían sus mensajes desesperados, sus pensamientos frenéticos sobre dónde obtener la droga, qué bien se va a sentir uno, llevándonos a buscar otra dosis. Así, mientras dejamos de lado los hábitos de un esquema, los miedos profundos y otros sentimientos tormentosos que un esquema mantiene normalmente encauzados se desatan en una última boqueada.

A medida que el poder del esquema se debilita y que ejercemos nuestra fuerza de voluntad para no actuar según sus dictados, se pone más frenético. Pasaremos por un período inevitable de fuertes impulsos causados por esos sentimientos familiares. Pero si continuamos en esa línea sin rendirnos, los impulsos retrocederán, así como el cerebro vuelve a su equilibrio natural cuando alguien deja una adicción.

A medida que vamos ganando práctica en romper la cadena, el surgimiento de sentimientos familiares ya no nos compele a llevar a cabo la vieja secuencia: lo que hacemos cuando experimentamos esos sentimientos puede ser más positivo. Los pensamientos de esquema pueden surgir en nuestra mente, tal vez como meros murmullos de su vieja potencia, pero ya no tenemos que obedecer su mandato.

DEBILITAR EL PODER

A medida que nos hacemos más conscientes de la manera en que nos guían los esquemas, somos más capaces de retroceder, de resistir de manera intencionada ante el impulso habitual dictado por el esquema e ir en una dirección más productiva.

Esto es lo que hizo Caroline para luchar contra su esquema de carencia: «Mi amiga siempre esperaba que yo pusiera la energía en nuestra relación; quería que yo fuera quien llamara, quien planeara qué hacer cuando nos encontrábamos; mi responsabilidad era hacer que pasaran cosas, recuerda Caroline. Yo sentía que si no sostenía nuestra amistad, esta se haría pedazos.

»En ese momento mi amiga estaba haciendo una pasantía y estaba realmente ocupada, por eso yo soporté la situación. Pero cuando ella acabó la pasantía y tenía más tiempo disponible, nada cambió. Estábamos alejándonos. Entonces me harté y le dije que no estaba dispuesta a hacer más ese papel y que quería una relación más equitativa.

»Yo tenía el patrón de carencia. Hablar tan frontalmente con ella fue muy duro para mí. Pero lo sentí como un paso importante para poder cambiar mis patrones.

»Después de esa conversación no tuve más noticias de ella. Si esto hubiese pasado hace algunos años, yo me habría sentido muy mal. Pero yo no quería seguir con la amistad en esos términos. Me sentía bien por haber podido ser clara a propósito de mis propias necesidades.»

Cuando una situación que en otros tiempos hubiera disparado un ataque de esquema se debilita de manera significativa, momentos como el que pasó Caroline ofrecen un punto de referencia respecto de nuestro progreso porque nos liberan de esos hábitos emocionales. Mientras trabajamos para liberarnos de un esquema, gradualmente su poder sobre nosotros se debilita. Al final, el patrón aparece en la mente apenas como un mero pensamiento, que tiene poco o ningún poder sobre nosotros. Puede, incluso, no aparecer más.

Miriam había trabajado conmigo un tiempo para cambiar el patrón de la relación con su madre, cuyas constantes críticas acerca de lo que Miriam hacía mal habían comenzado a costarle muy caro. Cada vez que Miriam hablaba con su madre —lo que sucedía pocas veces cada semana y por teléfono—, terminaba agobiada y odiándose a sí misma. El perfeccionismo de Miriam hacía que las críticas punzantes y la desvalorización de su madre dispararan una corriente de autocrítica.

Para colmo, la pobreza de su madre encajaba muy bien con los patrones de carencia y sometimiento de Miriam. Ella siempre sentía que nunca podría hacer bastante para ayudar a su madre; nunca habría soñado mencionar sus propios sentimientos o necesidades. El resultado: después de una llamada telefónica a su madre, sentía oleadas de autocrítica y de culpa.

Así al menos eran las cosas antes de que Miriam comenzara a trabajar con ese patrón. Ahora, ella dice: «Resulta difícil creer que mi madre tuviera un efecto negativo tan poderoso sobre mí.

Cuando hablo con ella, tengo conciencia del momento en que el esquema comienza a apoderarse de mí: puedo oír cuando mi mente comienza a decirme cosas odiosas sobre mí. Pero cuando me digo honestamente "¿Qué pasa aquí?", inmediatamente me doy cuenta de que no creo las cosas que me dice el esquema; o sea, que no soy buena con mi madre, que me debería sentir culpable y todo eso.»

Ahora, Miriam ve la realidad distorsionada del esquema con más claridad. La verdad que ella conoce es más fuerte de lo que le dice el esquema. Después de mucho esfuerzo, ella se ha convertido en el ejemplo de un estado de cura en el que el esquema comienza a perder su poder. Su garra de hierro se debilita, aunque cada tanto intenta surgir, imponiendo su tiranía. Pero dado que ella ya no cree en la versión que el esquema propone, se ha convertido en algo más transparente.

Un indicio de ese cambio es que la gente que alguna vez tuvo tanto poder en la vida de Miriam que pudo disparar sus esquemas —particularmente su madre— no ejerce más ese control. Cuando escucha a su madre, Miriam dice: «Es cómico; ahora es una caricatura de una madre sermoneadora.»

Miriam no tiene expectativas de que su madre cambie, de que por fin se convierta en la madre que ella siempre soñó. Saber eso tuvo un efecto liberador para Miriam, quien ahora descubre que tanto puede dar amor a su hijo y a su marido como recibir amor de ellos y de los niños a quienes enseña en su trabajo de maestra.

Pero ahora Miriam siente más enojo por las pequeñas injusticias diarias de la vida; y ese es otro indicio de su transformación. En aquellas situaciones en las que antes habría tenido una actitud benévola con la gente, impidiendo que sus sentimientos salieran a la luz, ahora se siente más rebelde. Los vecinos desconsiderados, la actitud despreciativa de la mujer de la compañía telefónica, el joven maleducado que la empuja en la calle: ahora ella es libre para expresar su indignación.

A veces esa expresión puede ser agresiva. Ella está gritando al mundo —y a sí misma— que nadie volverá a tratarla injustamente jamás. Por supuesto su firmeza necesita incluir cierta sensibilidad por los demás. Podemos defender nuestra dignidad sin ser desconsiderados.

El poder de dejar ir

Isabel me llamó por teléfono en medio de una crisis. Mientras me decía que no sabía qué hacer, rompió a llorar. Estudiante de Arquitectura a punto de graduarse, había estado en una clase en la que, junto con otros dos jóvenes compañeros, había hecho una presentación. Su profesor había elogiado el trabajo de sus compañeros, pero había sido muy crítico con el de ella; lo mismo había ocurrido últimamente con otros trabajos que Isabel había presentado.

Después de la clase, Isabel estuvo inmersa durante horas en un mar de aversión a sí misma y autocrítica tan intensas que no había nada que pudiese decirse para sentirse mejor sobre sus capacidades. Isabel estaba perdida en la tortura que pueden crear los estándares inalcanzables. Nada parecía ayudarla: la atención consciente había fallado; Isabel no podía llevar a su mente ni un solo pensamiento que pudiese desafiar las acusaciones que giraban como torbellinos en su cabeza.

Mientras hablábamos, le pregunté cómo había estado antes de ese episodio, en relación con esos pensamientos autocríticos; si había sido capaz de observarlos con atención consciente y de ser consciente de ellos cuando se presentaban en su mente. Me contestó que sí, que últimamente había podido aceptarse más fácilmente.

Pero ahora, dijo, tenía mucho miedo. ¿Qué era ese miedo profundo? Que ella si no era perfecta en su trabajo, no sabía quién era. Sin perfección, ella no era nada, no existía.

Consciente de que Isabel había hecho grandes progresos trabajando con su esquema en los últimos meses, me pareció que, después de tanto trabajo interior realizado, había penetrado en una capa más profunda: la de los miedos primarios y los sentimientos intensos que mantienen el esquema de perfeccionismo en su lugar. En primer lugar, necesitaba hacer el duelo de esos sentimientos y de la historia personal que había contribuido a crearlos y, luego, dejarlos ir.

Le pregunté si podía permanecer completamente consciente de esos sentimientos y escuchar si había algo que necesitaba oír debajo de ellos.

Me dijo que no sabía si podría ser aceptada si no fuera perfecta en lo que hacía. Sentía que había fracasado en la vida.

Le pregunté si podía limitarse a aceptar que ese sentimiento estuviera allí, sin escaparse de él. ¿Qué pasaría si no fuera perfecta? ¿Podría soportarlo?

Considerando los momentos de profunda perturbación que había atravesado antes, con una calma sorprendente, dijo suavemente: «Si yo no fuera perfecta, no sería amada ni aceptada.»

Entonces pedí a Isabel que se limitase a permanecer con el sentimiento de enfrentar la verdad de ese miedo. Estuvimos en silencio algunos minutos.

Finalmente, entre murmullos dijo: «Siento algo como un alivio. Creo que podría soportar no ser perfecta.»

«Es probable que sea una liberación tremenda», dije.

«Me sorprende el enorme poder que esos sentimientos tenían sobre mí.»

«Esos miedos son el combustible que ha mantenido al esquema en su lugar —observé—. Si esos miedos no están vivos en usted, el esquema no tiene mucho poder.»

«Siento ese alivio, pero también siento un agujero vacío: ¿quién soy si no soy perfecta como el esquema decía que debía ser?»

«Así operan los esquemas; ocupan mucho espacio mental; en consecuencia, cuando se contraen, parece como si quedara un agujero. Cambiarlos es poco familiar; no es la manera en que usted solía representarse a usted misma. Es claro que usted no sabe quién es si no es el esquema; todavía no está acostumbrada a la sensación de haberse librado de él. Pero, piense: ahora tiene que descubrir quién es usted realmente, sin que ese esquema distorsione su propia percepción:

En ese momento, Isabel se entusiasmó: «¡Sí! Es increíble el enorme control que ese esquema tenía sobre mí. Es asombroso considerar que nunca más tendré que seguir viviendo con ese temor.»

«Esos esquemas son duros de matar. Es casi como si el esquema hubiese sentido que usted se estaba librando de él y eso no le gustó. Incluso los esquemas temen morir. Por lo tanto, realizó una fuerte resistencia, y eso la afectó a usted un tiempo.»

«Me alegra haberla encontrado para poder hablar. ¿Qué puedo hacer si vuelve con la misma fuerza?», preguntó Isabel.

«Su mente conceptual interfiere en lo que realmente ocurre; trate de no encerrarse en ella. Limítese a dejar que los pensamientos esquemáticos se vayan, aplicando una presencia consciente. Deje que busquen un nuevo lugar. Si usted se mantiene conectada conscientemente y trata de ser consciente cada vez que aparezca el esquema, permita que la búsqueda ocurra por su cuenta. No trate de involucrarse en lo que tiene que pasar; la cura se da sola, si usted se lo permite... con el efecto sedante de la conciencia.»

Luego sugerí a Isabel que hiciese algo para ayudar a que el esquema se fuera: «Usted puede decidir si tiene alguna utilidad tener un diálogo interior entre la parte de usted misma que es protectora y compasiva y ese pequeño esquema herido que se está muriendo. Al dejar que esa parte suya se fuese, usted ha estado sufriendo una enorme tristeza.»

«Me siento tan triste por esa niña que había en mí que trató tanto de ser querida», dijo Isabel.

«Es muy triste. Puede sentir pena por ella, pero de manera compasiva, no para volverla a traer a usted. Con su compasión y protección, diga a la otra parte de usted que ya no necesita ser perfecta para ser amada. Asegúrese de eso. Sea amable con usted misma y dese mucho espacio y tiempo para que todo eso se acomode y se instale en un nuevo lugar en su interior. Este ha sido un cambio significativo.»

Si podemos quedarnos con la sensación de tristeza, pérdida o reproche, sin tratar de «mejorarla» o sin tratar de escapar de ella mediante la distracción, entonces es posible hacer algo más: el duelo de la causa de la emoción dolorosa.

Hacer el duelo conscientemente significa permitir que el

sentimiento sea sentido, construido o cambiado y, finalmente, disuelto por su propia cuenta. No hay asidero, resistencia, impedimento o huida. Permanecer con el sentimiento, sea cual sea, y dejarlo que se conecte con su fin natural.

SENTIRSE MÁS LIBRE

Buscar una «cura» final en la alquimia emocional sería ilusorio; se trata de un proceso constante y para cada persona la mejoría se presenta de manera diferente. En el caso de Sara, significó que el divorcio que tanto había temido resultó ser liberador. Su peor miedo había sido quedarse abandonada y sola; por temor a que su marido la dejase si las cosas no eran perfectas, padeció años de sometimiento. Pero, habiendo trabajado intensamente su miedo al abandono, una vez que él la dejó, Sara descubrió que estaba bien sola, llevando la vida que ella quería. Y comenzó a salir con un hombre que parece protector y cariñoso, y que la ha convertido en su prioridad. Sara se lo toma con calma, pero siente que ha encontrado a alguien con quien puede ser ella misma.

En el caso de Miriam, el progreso significa haberse liberado bastante de la garra de su perfeccionismo, haber puesto firmes límites para protegerse de su madre hipercrítica e invasora. Y Miriam fue capaz de encontrar en un buen casamiento el amor y la aceptación que siempre había anhelado en su vida familiar. En cuanto a Jake, la mejoría llegó cuando dejó de ceder a los caprichos de sus hijas por temor a que ellas no lo quisieran.

A pesar de que cada persona es única, aun así hay una progresión gradual de libertad. En mi paciente Julian se puede observar esa progresión. Un día, después de un taller, él conversó conmigo y me preguntó si podría continuar su trabajo como paciente de mi consulta. Él acababa de pasar por un patrón repetitivo.

Cuarentón y soltero, conoció a una mujer que le interesaba y empezó a salir con ella. Durante un tiempo, las cosas andaban bien. Entonces, en determinado punto, Julian comenzó a sentir que ella se volvía fría y se distanciaba. Él se sentía rechazado y la relación terminaba con él, le asaltaba un sentimiento de abandono.

Un incidente resultó revelador: había salido con una mujer que pronto dejó de devolverle las llamadas. La primera vez que se vieron, él estaba tibiamente interesado en ella. Pero cuando la mujer dejó de llamarlo, repentinamente Julian se sintió locamente enamorado, hasta el punto de querer casarse con ella a pesar de que apenas la conocía. Se había vuelto completamente claro que la química de su esquema lo llevaba a mujeres que le disparaban el abandono.

Mientras trabajamos juntos, vi varias veces la manera en que Julian atravesaba ese ciclo: se sentía atraído por alguna mujer que, de algún modo, estaba más allá de su alcance —porque ella aún no había acabado la relación que había tenido antes o porque estaba a punto de mudarse a otra ciudad— y, por la razón que fuese, era emocionalmente remota. Habitualmente las relaciones duraban algunos meses y, al final, terminaban destrozando el corazón de Julian.

El combustible esquemático que guiaba ese patrón gira alrededor de una fantasía reparadora. La química de la seducción se produce con la imposibilidad de alcanzar a la mujer y con la esperanza de que, esta vez, será diferente: que el «niño solitario que hay en mi interior» —según las palabras de Julian— será rescatado por una de esas mujeres emocionalmente no disponibles. Ve que ellas se parecen mucho a su madre fría y distante, de cuyo amor continuamente se sintió privado, como si ella lo hubiera abandonado.

Cuando Julian comenzó a explorar sus miedos al abandono, se puso en contacto con recuerdos de haber sido un niño, ignorado por sus descuidados padres. En un poderoso y penoso recuerdo, rememora haber esperado varias horas a que su madre volviese de un restaurante que vendía comida para llevar al que había ido para comprarle la cena. Ella no volvió hasta cerca de la medianoche porque se había quedado en un bar cercano. La infancia de Julian estaba llena de momentos así; ahora él advertía que esa atracción que sentía por mujeres que lo rechazaban era una evocación del abandono que había sentido de pequeño.

Esa conexión se hizo absolutamente clara en el caso de la mujer que dejó de devolverle las llamadas. Julian empezó a esperar que ella lo llamase y entonces llevó su conciencia a las sensaciones que lo perturbaban mientras esperaba. Eso pronto lo llevó a un recuerdo vívido: «Estoy en mi cuna, quizá tenga dos años, lloro llamando a mi madre. Ella ni siquiera me contesta. Es como si esto hubiera estado pasando durante cuarenta años; no se limita a mi pasado. Ese niño de dos años está llorando ahora. Llora tan fuerte que tiene miedo de poder seguir respirando. Él sabe por qué llora: tantos años de descuido, tantos momentos solitarios en mi cuna, en mi vida.»

Cuando estableció la conexión con su patrón, eso puso en marcha un proceso que le permitió hacer el duelo de su dolor: ser atraído por una mujer que lo rechaza, sentirse tan profundamente atraído que tenía la convicción de que no podría vivir sin ella. Por lo tanto, cuando se sentía rechazado —como normalmente le sucedía en determinado momento—, se sentía desolado. Hubo oportunidades en las que estuvo varios días dominado por el miedo al abandono, llorando y sufriendo la pérdida del amor que en realidad nunca tuvo; ni ahora ni en la infancia.

Julian atravesó muchas veces el mismo ciclo; ahora está completamente familiarizado con el patrón. Pasó meses haciendo duelo por la pérdida, pasando por la catarsis. Haber hecho eso, dice, parece haberle liberado algo en su interior, por lo cual ahora puede asumir una actitud más consciente, aplicar un desafío cognitivo a los antiguos pensamientos del patrón cuando este se le presenta, sin resistirse o entregarse a los sentimientos subyacentes de carencia que lo alimentan.

Julian ahora sabe específicamente que su sensación de rechazo —es decir, no importar a alguien por quien él se preocupa profundamente— es lo que dispara sus miedos al abandono emocional. Cuando siente los bordes del rechazo, en lugar de caer en el miedo del «niño solitario», se recordará a sí mismo que en realidad se le está disparando el miedo al abandono.

En lugar de dejar que su atención sea llevada a centrarse en sus miedos, la cambia a la actitud de un observador neutral, capaz de ver los pensamientos y los hábitos que animan ese miedo. Al haber cumplido con el luto por la pérdida de su infancia, los sentimientos perdieron mucha de la intensidad que tenían para él. Julian es capaz de tener más claridad y de estar más conscientemente centrado en los pensamientos y en los sentimientos del esquema a medida que estos se presentan.

La química todavía está ahí, pero él es más cauto respecto de ella. Ahora, cuando surgen los antiguos sentimientos, él recuerda las necesidades de ese niño solitario y las usa como una advertencia. Ahora se siente más libre del tironeo del viejo y contraproducente esquema.

Julian ha examinado su propia situación y descubierto que estar solo no es tan intolerable como había sentido antes: en realidad, ahora disfruta su soledad y las muchas dimensiones de la vida que le dan sensación de bienestar. Le encanta caminar, su trabajo en un hospital y leer, tenga una relación o no.

Cuando comienza a tener la antigua sensación de que su vida carecería de valor sin el amor de alguna mujer, con los signos sutiles del rechazo, puede recordarse a sí mismo: «Es una mujer maravillosa, pero no es para mí.»

DE LA ALQUIMIA EMOCIONAL A LA ESPIRITUAL

Existe una antigua historia acerca de un guerrero que buscaba una espada mágica que lo hiciera invencible en la batalla para así poder conquistar el mundo. En su camino, encontró a un viejo sabio que le enseñó una serie de disciplinas espirituales para que las siguiera. El guerrero las practicó diligentemente durante años. Entonces, un buen día, encontró la espada mágica. Pero, al tomarla, se dio cuenta de que las prácticas espirituales habían funcionado: a él ya no le interesaba el poder que podría darle la espada.

Lo mismo pasa con el trabajo con los esquemas. Cuando nos recuperamos del hechizo de los esquemas, los viejos anhelos que ellos habían creado se desvanecen. Ya no necesitamos lo que estuvimos buscando. Nuestra perspectiva se abre a nuevas posibilidades.

Para quienes querían cambiar sus hábitos emocionales, el viaje puede terminar, o al menos hacer una pausa, en ese punto. Este capítulo completa nuestra exploración del trabajo con los esquemas. Pero para aquellos que se sintieron llevados a dimensiones espirituales, este viaje forma parte de una larga odisea.

El budismo nos dice que a veces una percepción profunda de la naturaleza de las cosas puede provenir de la circunstancia de poder ver directamente, con atención consciente, nuestro sufrimiento. En ese sentido, el trabajo con los esquemas puede ser el inicio de un viaje más profundo.

El trabajo con la alquimia emocional se centra en las cosas tal como aparecen, en su relativa dimensión para nuestra vida personal. La alquimia espiritual se dirige a ver las cosas tal como son. Esa dimensión mayor se relaciona con otras formas de ver lo que está más allá de la comprensión cotidiana de las cosas.

Esos dos planos, por supuesto, están presentes en cualquier momento. La perspectiva trascendente puede estar presente en todos los estadios de este trabajo. Una forma de manifestarse es a través de las percepciones compasivas que tenemos cuando cuestionamos los mitos personales que nos controlaron y oscurecieron nuestro ser auténtico.

Cuando la luz de la claridad consigue penetrar las nubes de la ilusión, cuando podemos sostener una conciencia atenta sobre nuestros patrones emocionales, podemos penetrar la confusión de nuestra mente. Este trabajo emocional despeja el camino para poder bucear en una dimensión mayor. Una paciente que fue a un retiro de tres meses sobre la atención consciente, me envió una nota diciendo: «Siento que el trabajo psicológico que estuve haciendo me deja navegar en la práctica, permite que me instale más fácilmente en el retiro. Es verdad que las nubes se hacen más ligeras; ahora puedo ir tras ellas en el claro espacio de la práctica.»

Así como los viejos alquimistas buscaban transmutar el plomo en oro, o la conciencia densa en sutil, este trabajo puede seguir el mismo camino. La alquimia emocional puede ser una etapa del viaje hacia la alquimia espiritual.

Como veremos en la próxima parte de este libro, el camino

que hemos andado tiene paralelos notables en el reino espiritual. Las emociones ofrecen la oportunidad de lograr una transformación interior en cada nivel de un gradual despertar unificado.

LA INTEGRACIÓN

La conciencia de nuestros patrones emocionales nos da pautas a propósito de dónde son especialmente espesas nuestras ataduras, carencias y malas percepciones. Contribuye a la meta principal de todo trabajo espiritual: liberarnos, permitirnos tener una mayor conciencia de los patrones emocionales que nos motivan.

El sufrimiento emocional puede ser el verdadero motivo para que nos inclinemos por el camino espiritual. La práctica espiritual puede afectar profundamente a la forma de percibir y de relacionarnos con la dimensión psicológica, dejándonos ver de manera transparente nuestros condicionamientos, en una forma mucho más clara y objetivamente, sin dosificar nuestros patrones emocionales ni definirnos en términos de sus limitaciones sino para conectarnos más con un sentido ampliado de nosotros mismos.

Sin embargo, aun en los momentos de meditación y retiro, nuestros patrones emocionales se comportan como reacciones repetitivas que parecen tener vida propia.

Yo misma pasé largos períodos practicando en retiros de meditación intensivos. En ellos, la práctica se profundiza, haciendo posible experimentar estados bastantes sutiles de conciencia, por lo que las enseñanzas se hacen carne en la experiencia. Esta experiencia es una inspiración para tratar de cultivar esa conciencia en la vida cotidiana, de ser capaces de dejar ese lugar liberados ya de los hábitos emocionales.

Y sin embargo, después de los retiros, volvía a mi vida cotidiana donde estaban esperándome mis viejos patrones emocionales. Me deslizaba en esas realidades que parecían más transparentes pero aún seguían allí.

Conversaba con mi amigo Joseph Goldstein, maestro en la

tradición de la atención consciente, después de un retiro de dos meses que él había hecho. Discutíamos sobre el trabajo emocional que había realizado. Me dijo, un poco apesadumbrado: «Los patrones emocionales son muy profundos; están allí incluso en los retiros.»

Para mí, la integración de la práctica de la meditación y el trabajo emocional, ya sea en la vida cotidiana o en los retiros, ha sido una práctica poderosa que me ha permitido romper con mis patrones emocionales negativos de adaptación. Algunos que habían sido muy importantes, ahora se habían convertido en algo apenas notable. Conozco este trabajo de integración porque yo lo he experimentado.

Es el mismo trabajo

Los teóricos como Ken Wilber señalan que hay muchas líneas de desarrollo separadas que van progresando a lo largo de la vida mientras crecemos: la espiritual, la emocional, la moral, la cognitiva, etcétera. Cada una de ellas tiene su propio orden legítimo y su propio ritmo de crecimiento, por lo tanto, en determinados momentos su desarrollo puede estar bastante desparejo.

Alguien, por ejemplo, podría ser intelectual, espiritual y moralmente avanzado y estar, supongamos, menos desarrollado emocionalmente. La gente que cree que su desarrollo espiritual tiene en cuenta todas las otras líneas de crecimiento a veces pierde de vista esta cuestión.

Una vez hablaba con mi amigo Erik Pema Kunsang, traductor del budismo tibetano altamente respetado, que a veces es escéptico sobre la necesidad del trabajo emocional en el caso de aquellos que realizan prácticas espirituales. Yo le señalaba la manera en que a menudo los filtros inconscientes operan en las elecciones que realizamos en la vida y cómo las reacciones emocionales pueden llenarnos de furia o de miedo en un instante, incluso en un retiro de meditación.

Entonces pregunté: «¿Te parece que los meditadores expertos tienen problemas con los hábitos emocionales capaces de interferir en la facultad de llevar a cabo el trabajo espiritual?»

«Seguro», me contestó, dispuesto a desafiar sus propios preconceptos.

«Entonces, ¿por qué no trabajar directamente con los obstáculos emocionales para que estos sean más fáciles de disolver? ¿Acaso no ayudaría eso a liberar la atención para el trabajo espiritual?»

Después de una pausa para reflexionar, me respondió: «Es el mismo trabajo.»

Y agregó: «La traducción de *cho*, la palabra tibetana equivalente a *dharma*, o enseñanza espiritual, es literalmente "lo que cambia, cura y remedia". Tiene el mismo significado que "terapia", que viene de la raíz griega "curar". En ese sentido, tanto el budismo como el trabajo psicológico comparten la misma meta, liberarnos de la sujeción de las emociones perturbadoras.»

Los niveles emocionales y espirituales de esta alquimia interior constituyen un continuo; trabajamos con emociones idénticas en ambos niveles. Una de las mayores diferencias entre esos niveles radica en la sutileza del trabajo que realizamos. Al principio, nuestra concentración se posa en las emociones perturbadoras más obvias. Cuando entramos en el nivel espiritual, el trabajo interior se vuelve más sutil, al igual que las emociones y suposiciones a las que nos aferramos.

Gradualmente, si decidimos proseguir una práctica intensiva de atención consciente, nuestra conciencia puede volverse más refinada, detectar más sutilezas de la conciencia y más matices en la experiencia. A medida que seguimos sondeando en mayores profundidades interiores, nuestra experiencia empieza a ser iluminada por la precisión y la claridad. La atención sostenida refina la conciencia hasta el punto de ya no estar atrapados en esas luchas emocionales iniciales ni en lo específico de nuestros pensamientos o sentimientos, sino más bien en la naturaleza de la mente misma: un cambio en la conciencia similar al del hielo que se derrite en el agua caliente. Nuestros hábitos mentales solidificados se disuelven en la conciencia mayor de la naturaleza verdadera.

Mantener ambas perspectivas

Creo que cada camino —psicológico y espiritual— tiene su propio y único poder para liberar la mente, ya se trate de una libertad relativa o definitiva. Mientras que las primeras tres secciones de este libro asumen primordialmente una perspectiva psicológica conscientemente acrecentada para trabajar sobre las emociones, la última sección vuelve a escribir ese trabajo desde un punto de vista espiritual superior.

Al integrar esos métodos, descubro que las dos perspectivas —la de lo aparentemente real y la de lo verdadero son inmensamente clarificadoras. En el nivel relativo, nuestra vida está prisionera de los flujos y reflujos de cientos de emociones que compiten unos y otros; para nosotros todas parecen definir la verdad del instante. Pero debajo de todo eso yace nuestra verdadera naturaleza: una mente libre de pensamientos oscuros y de emociones perturbadoras, una posibilidad para cada uno de nosotros.

A medida que investigamos la naturaleza de nuestra mente, esta puede ser vista como un continuo de conciencia: desde las realidades relativas de nuestros conceptos, pasando por las dimensiones más sutiles de un conocimiento más refinado y de una percepción intuitiva, hasta la sabiduría que está más allá de los conceptos, nuestra esencia natural.

Mantener en la mente estas perspectivas nos permite aceptar nuestra humanidad sin quedar demasiado atrapados en nuestra propia gravedad emocional, un equilibrio especialmente crucial mientras clarificamos los patrones emocionales habituales en el camino hacia la liberación de su dominio.

Esos dos puntos de vista me han permitido entender la integración de las orientaciones espiritual y psicológica, y la manera en que ambas pueden operar. Me recuerdan esa vieja canción que canta Judy Collins, a propósito de mirar las nubes «desde los dos lados». Podemos ver las nubes de la mente desde el punto de vista aventajado de la verdad subjetiva, pero también mantener la conciencia de una perspectiva mayor, aquella que va más allá del modo limitado en que vemos las cosas en cada instante.

A pesar de que entre la perspectiva espiritual y el punto de vista psicológico pueden existir diferencias radicales, una y otra pueden también comunicarse, acrecentando el poder de cada una. Ambos caminos son completos en sí mismos, tienen sus propios propósitos y su propia integridad. Pero sacar lo útil de la profundidad y del aliento de ambas tradiciones nos permite construir un nuevo sendero que conduce a la libertad interior.

La confusión puede transformarse en sabiduría. Pero ¿qué es la sabiduría? Puede ser percepciones reveladoras tanto en el nivel relativo como en el definitivo. Percibir cosas mediante estas dos perspectivas —la aparente y la real— nos permite emplear las experiencias cotidianas de nuestra vida como oportunidades para la sabiduría.

Los nuevos significados, las nuevas realidades requieren su propia alquimia. Una reflexión sensata en tales luchas y confusiones interiores nos permite aceptar mejor el paso natural del cambio emocional.

Cuando estamos enfrentando emociones difíciles (especialmente, cuando nos enfrentamos con los patrones profundos), es importante entender primero la manera en que experimentamos e interpretamos nuestras emociones, y entrar en empatía con sus significados simbólicos. Una vez que esa parte tierna de nosotros comprende los significados ocultos que hay detrás de esos patrones, podemos comenzar a abrirnos a otras perspectivas y empezar a ver con mayor precisión la manera en que nuestras interpretaciones tal vez pueden distorsionar las percepciones y las reacciones.

Estar sintonizados con el modo en que nuestras emociones pueden seguir una lógica irracional que les es propia puede traer más comprensión y más aceptación. Esta sensibilidad puede ser extremadamente útil cuando nos relacionamos con esas vulnerabilidades en los demás; esto nos ayuda a comprenderlos y a hacer que no se queden pegados a esas reacciones. La compasión puede comenzar cuando hacemos una pausa para reflexionar sobre nuestras propias preocupaciones emocionales; cuando la compasión nos libera del yugo de la preocupación por nosotros mismos, nos volvemos más disponibles a las necesidades de los otros.

Si quiere mezclar su práctica espiritual
con trabajo emocional

Puede emplear su sesión de meditación diaria como una oportunidad para hacer trabajo reparador sobre su esquema principal. Al final de la sesión, cuando se sienta tranquilo y tenga claridad, dedique algunos minutos a una afirmación explícita de un deseo reparador y reflexione sobre su significado.

El modelo de esta plegaria es la meditación budista clásica sobre la benevolencia (o *metta*, en la antigua lengua pali, que era la que hablaba el Buda). Repita la plegaria en una serie de versiones, trayendo primero a la mente a aquellas personas que lo han ayudado a lo largo del camino de su vida; después, a personas específicas que le resulten importantes; luego, a aquellas con las que ha tenido problemas, y, finalmente, a todos los seres. Una de las versiones de esta plegaria dice así:

> *Que todos los seres vivos estén seguros*
> *Que todos los seres vivos estén felices*
> *Que todos los seres vivos estén sanos*
> *Que todos los seres vivos estén libres de sufrimiento*
> *Que todos los seres vivos sean liberados.*

Repita la plegaria en silencio, expresando primero el deseo para cada una de esas series de personas. Cuando se repita la plegaria para usted mismo, piense por ejemplo: «Que yo esté seguro, feliz, sano, libre de sufrimiento. Que yo sea liberado.» Cuando lo haga para sus seres queridos, lleve a su mente imágenes de personas en particular mientas se repite en silencio: «Que todos mis seres queridos estén seguros», y así sucesivamente. Repita luego la plegaria para la gente con la que más problemas tiene en su vida. Finalmente, envíela en todas direcciones, como un deseo profundo para todos los seres vivos: «Que todos los seres vivos estén seguros, felices...»

En el caso de una mujer que había sido violada en su infancia y tenía una continua sensación de desconfianza e inseguridad, practicar meditación benevolente en un retiro fue, según dijo, «la primera vez que me sentí a salvo en mi piel». Ahora ella emplea la benevolencia como una práctica diaria.

Usted puede avanzar otro escalón y hacerse la fraseología de la benevolencia para enviarse a usted mismo un mensaje reparador contra sus esquemas. Deséese y desee a los demás los antídotos emocionales del esquema. En el caso del esquema de exclusión social, podría ser el deseo de ser incluido; en el del esquema de la vulnerabilidad, estar seguro; en el de la carencia, ser cuidado o protegido. En el caso del abandono, podría ser «que me sienta seguro cuando estoy solo».

Una paciente, por ejemplo, alteró la práctica para incluir un antídoto para su perfeccionismo. Al final de su sesión matinal de atención consciente, pasa varios minutos con este deseo:

Que sea aceptada tal como soy,
Que me libre de los juicios y de la autocrítica,
Que esté segura, feliz, sana, libre de sufrimiento,
Que sea liberada.

Y, por supuesto, desee lo mismo para sus benefactores, sus seres queridos, la gente que le resulta «problemática» y todos los seres vivos en todas direcciones.

Esto puede hacerse con cada uno de los esquemas. Por ejemplo, en el caso del de desvalorización, el deseo puede ser «ser conocido y querido tal cual soy». En el caso de la carencia, «ser cuidado y entendido». El deseo para el sojuzgamiento podría ser «expresar mis necesidades genuinas»; en el de la vulnerabilidad, «sentirme seguro y protegido». Y en el caso del abandono, podría ser «sentirme fuerte y seguro cuando estoy solo».

Tradicionalmente, la práctica de la benevolencia es una manera de despertar la compasión. Hay todavía un tercer paso para adaptar los deseos a las necesidades esquemáticas de otros, deseándoles que se liberen de su dolor esquemático. Si usted es consciente de los esquemas de esa otra persona, puede adaptar esta práctica para desearle aquello que necesita como energía reparadora. Al traer a su mente las vulnerabilidades emocionales de los demás, usted genera el deseo sincero de que se liberen del sufrimiento específico del esquema.

CUARTA PARTE

ALQUIMIA ESPIRITUAL

16

Cambios en la percepción

Si mira las aguas turbulentas de un arroyo, los frenéticos giros de las nubes de tormenta o el serrado zigzag de un relámpago, la naturaleza parece llena de caos. Sin embargo, los teóricos del caos descubren un orden oculto dentro de las complejidades del mundo natural, patrones no vistos que revelan el orden y la simetría que subyacen debajo de lo que parece una azarosa confusión. Las jerarquías que no son percibidas en el patrón se repiten una y otra vez desde los niveles más pequeños hasta los más grandes: desde los átomos a las células, a los organismos, a las sociedades. Si se mira el lecho de un río, sus contornos parecen arbitrarios. Pero si lo vemos desde cierta distancia, su silueta se verá reflejada una y otra vez en la naturaleza: en la forma de las ramas de los árboles o en las ramificaciones de los nervios en el cuerpo. La geología nos informa sobre los factores locales que dan su forma al paisaje: la composición del suelo y de las rocas, los poderes erosivos del viento y del agua, los puntos de colisión de las placas tectónicas al hendir los acantilados o al provocar las elevaciones volcánicas.

Pero cuando se trata de explicar patrones más amplios, por ejemplo los modos en que los sistemas hídricos parecen repetir los mismos patrones ramificados en cualquier escala —de lo más grandioso a lo más minúsculo—, estas visiones desde corta distancia nos dejan desconcertados. Tales respuestas asumen una nueva perspectiva, una perspectiva posible gracias a la visión amplificada de las lentes de zoom basadas en el láser, instrumentos de imágenes que pueden hacer el mapa de la tierra desde satélites con una resolución sorprendente. Esa visión amplificada revela los grandes patrones ocultos en el laberinto de la cuenca de un río o los grabados en los pliegues de la vasta extensión de una montaña. Tanto la manera en que la electricidad circula en un complicado circuito como el modo en que los canales hídricos erosionan un paisaje a través de los tiempos siguen un sencillo principio director: la naturaleza toma el camino que ofrece la menor resistencia. Los caminos de los más ínfimos chorrillos de una acequia y los meandros del gigantesco delta de un río siguen la misma ley. Ese orden oculto da forma a todo el río y, por lo tanto, define la erosión en cada pliegue de una montaña. Pero estos patrones eran invisibles antes de que los instrumentos de imágenes de los satélites los revelasen.

En el caso del torbellino que hay dentro de nuestra mente y de nuestro corazón, el camino de la libertad interior permite que tengamos una perspectiva más amplia; la atención consciente funciona como el instrumento de imágenes que nos ayuda a volver a enfocar la manera en que percibimos las aparentemente caóticas fuerzas de nuestra propia naturaleza. Este cambio de la percepción nos permite ver patrones ocultos desde una perspectiva más amplia, las sutiles relaciones causales que, de otro modo, pasarían desapercibidas entre la confusión. Y podemos ver que nuestra manera de aferrarnos a los rígidos hábitos emocionales nos conduce al sufrimiento y restringe el rango de nuestras opciones en la vida.

Un vistazo repentino en el patrón oculto de nuestro caos interior transforma aquello que era desquiciado en algo inesperadamente ordenado. James Glieck, el cronista de la teoría del caos, escribe que ser capaz de percibir tales patrones ocultos significa «que uno se arriesga a perder el sentido infantil de las nubes, los bosques, las galaxias, las flores y los torrentes de agua. La interpretación de esas cosas nunca volverá a ser la misma».

El universo se ordena a sí mismo en consideración a sus propios objetivos; no a los nuestros. Las estructuras ocultas de la naturaleza ofrecen una saludable experiencia desorientadora, con sus constantes cambios momentáneos, o en el instante en que cambiamos nuestros ángulos o nuestros medios de percepción. Percibir esas realidades ocultas puede ayudar a que nos liberemos de los límites de nuestra representación del orden natural, y de nosotros mismos.

Mientras la naturaleza forma sus infinitos patrones, cuando los diseños naturales aparecen, se transmutan y cambian, hay en ellos un elemento de sorpresa. Ocurre lo mismo con nuestra propia naturaleza: podemos tener ideas preconcebidas sobre la forma que tienen las cosas. Pero a medida que la atención consciente se profundiza en una atención sostenida y cuidadosa, nos lleva a sintonizar con otro nivel de la mente.

LA METÁFORA DEL QUÁNTUM

Nuestro aparato perceptivo —el alcance de nuestra visión, por ejemplo— nos permite sintonizar solo una determinada escala de dimensiones. Cuando pensamos en la vida en el mar, tendemos a servirnos de las presunciones elaboradas a partir del alcance de nuestra visión; por lo tanto, pensamos en peces o en focas, perdiendo de vista el hecho de que más del noventa por ciento de los seres que habitan el océano son demasiado pequeños como para ser vistos por el ojo humano. Cuando observamos nuestro rostro en el espejo, afortunadamente nos olvidamos de los millones de microbios y de parásitos que transitan por nuestro pelo o que pacen en la vasta extensión de nuestra piel...

Lo que encontramos depende de la manera en que miramos. K.C. Cole anotó que «Cuando aplicamos el zoom a lo que es más pequeño que el tamaño de lo viviente, las mesas sólidas se transforman en aireadas extensiones de espacio, rodeadas por nubes furiosas de electrones». En la medida en que apliquemos el zoom o no, el mundo se verá simple, luego complejo, luego nuevamente simple. La Tierra desde una distancia suficiente será un punto azul; acercándonos más, veremos los patrones climáticos y los océanos; desde todavía más cerca, la humanidad entra en el campo de la visión; aún más cerca y todo se desvanece:

estamos de vuelta dentro del paisaje de la materia, mayormente espacio vacío.

A nuestra mente se le pueden aplicar percepciones paralelas, como describe Jack Kornfield, un maestro de atención consciente: «Si uno puede concentrarse mucho en la mente —como se hace en la meditación—, es posible que todo el mundo se descomponga en pequeños acontecimientos de la vista y del conocimiento, del sonido y del conocimiento, del pensamiento y del conocimiento. Ya no existen casas, coches, cuerpos, ni siquiera uno mismo. Todo lo que vemos son partículas de conciencia como experiencia.»

Sin embargo, dice Kornfield, al ir todavía más profundamente «la conciencia es como las olas, como un mar, como un océano. Ahora no son partículas; más bien cada visión y cada sonido están contenidos en ese océano de conciencia. Desde esa perspectiva, no hay en absoluto un sentido de partículas».

Consideremos la posibilidad de un orden —de un patrón oculto— en el modo en que las cosas están en nuestro propio ser; ese es el modo en que estamos percibiendo lo que oscurece ese orden encubierto. Al investigar nuestras reacciones emocionales con una inspección más minuciosa, detectamos los patrones de los esquemas que trabajan dentro de nuestra confusión. La manera en que percibimos el caos establece toda la diferencia.

Ahora bien, en el dominio espiritual, exploramos niveles aún más profundos del patrón dentro de nuestra mente. Desde una perspectiva budista, nuestra noción de quiénes somos cambia a medida que experimentamos matices más sutiles. Todo cambia; vemos patrones que se desmenuzan y alteran en rápida sucesión. No encontramos ningún patrón fijo al que podamos llamar «yo», sino una serie sucesiva de patrones que aparecen, cambian y se disuelven.

No pretendo ser una maestra de budismo; he sido estudiante de estas enseñanzas desde mediados de la década de los setenta, y continúo estudiando y practicando. Pero mi propia comprensión de las enseñanzas y de las prácticas budistas me indica que pueden ayudarnos enormemente en nuestra vida; no solo para aplicar la atención consciente a nuestros hábitos emocionales, sino para entender la naturaleza misma de la mente.

La alquimia emocional opera en el nivel psicológico. Pero la alquimia espiritual nos lleva a profundidades de la mente en las que podemos comenzar a liberarnos de aflicciones mucho más sutiles. Por lo tanto, quiero compartir aquí las percepciones que he tenido durante mis estudios y discusiones con maestros budistas, en las lecturas de especialistas en budismo y en las enseñanzas públicas de Su Santidad el Dalai Lama y de otras personas. Todas esas fuentes han dado forma a mi integración y a mi comprensión.

Para poner estas enseñanzas en práctica, usted necesitará ir más allá de los límites de este libro buscando otras fuentes, entender el contexto de la tradición de la cual provienen. Pero comparto aquí estas enseñanzas como posibilidades inspiradoras.

UNA BRECHA EN LA CORRIENTE DEL PENSAMIENTO

Recuerdo un día, hace muchos años, cuando yo estaba aprendiendo a cabalgar. Una vez mi caballo se asustó por algo, se encabritó y me tiró al suelo.

El tiempo aminoró su marcha. Con una actitud extrañamente relajada —como si estuviera casi separada de mi cuerpo—, observé tranquilamente cómo volaba mi cuerpo desde la silla, se arqueaba en el aire y giraba sobre sí mismo a medida que se acercaba al suelo. Mi cadera derecha golpeó primero; luego, mi cabeza.

Observé cómo mi cuerpo, sin perder un latido, se levantó del suelo frío y duro y volvió a montar.

En aquellos instantes, mi mente se detuvo. Durante esos momentos mi mente pareció estar libre de pensamientos sobre lo que sentía; solo era la experiencia.

Cuando mi profesor de equitación me preguntó, muy preocupado, «¿Está bien?», se me ocurrió pensar si estaba lastimada y si así era, con qué gravedad. Entonces mis pensamientos se precipitaron: Me duele la cadera... Si no hubiese tenido puesto el casco no estaría aquí... Eso es lo que quieren decir cuando dicen que hay que volver a montar...

Mi estado mental inicial libre de pensamientos se asemejaba a los relatos de extrema claridad —aunque serenos y no reactivos— que había oído de personas que describieron su experiencia durante un *shock* repentino; por ejemplo, un accidente de coche o el relato de un explorador que recuerdo haber leído que contaba cómo había sobrevivido al ataque de un león. Los biólogos dicen que esa es la reacción automática del cerebro ante una sorpresa extrema, parte de la capacidad del organismo para adaptarse frente a circunstancias extremas de peligro mortal. Esa respuesta consiste en una brecha en la corriente del pensamiento.

A pesar de que esas brechas tienen su objetivo en el nivel psicológico, también nos sirven en la vida espiritual. Desde una perspectiva budista, el *Libro tibetano de los muertos* describe tales brechas como parte de lo que puede ocurrir en el *bardo*, un término que significa «en medio de» (los estados de transición después de la muerte). El texto dice que el *bardo* ofrece una gran oportunidad para despertar espiritualmente porque la intensidad de la experiencia abruma y rompe nuestros hábitos y patrones usuales de percepción y de reacción: no tenemos un suelo donde apoyarnos.

Pero si logramos abrirnos a lo desconocido, sin resistencia, si podemos ver nuestras proyecciones mentales como tales en lugar de reaccionar ante ellas como si fueran reales, tenemos una oportunidad particularmente apropiada para reconocer una conciencia clara distinta de la capa de hábitos y condicionamientos mentales. Se dice que muchas de las prácticas budistas tibetanas nos preparan para el momento de transición, enseñando la manera de estabilizar o mantener ese instante de pura conciencia. Hay algunas prácticas tibetanas pensadas adrede para aflojar los patrones y las ataduras habituales de manera que nos ayuden a ser más receptivos a esa conciencia abierta y natural.

Una de las interpretaciones del *bardo* lo presenta como una metáfora de la oportunidad que ofrece la vida en momentos desconcertantes de *shock*, de transición rápida, de pérdida: cualquier oportunidad en que perdamos la orientación. Tales oportunidades —como mi caída cuando cabalgaba— nos apartan de la sujeción del hábito; por un instante, estamos libres del peso de la identidad a la que nos aferramos.

Según observa Gleick a propósito del mundo físico: «El desequilibrio también tiene un propósito.» Al desembarazarnos de esos hábitos de la mente, podemos conectarnos con una calidad de conciencia libre de nuestras costumbres mentales; al menos, por un instante.

Cuando eso ocurre, aterrizamos en el instante presente, pero en uno no definido por nuestros hábitos mentales. En tal momento, cuando nuestras coordenadas ordinarias se evaporan, podemos ver tales hábitos por lo que son. Como globos inflados, carecen de solidez en sí mismos; si no nos instalamos en su realidad, se debilitan.

Esos antiguos hábitos, inevitablemente, van a reafirmarse a sí mismos; tienen un vasto impulso en la mente. Pero si durante ese momento de apertura podemos conservar la atención consciente, si podemos relajarnos, incluso descansar nuestra mente un poco, entonces, en ese momento, esos hábitos mentales perderán la solidez y el porte que usualmente tienen cuando estamos bajo su completa sujeción. Podemos ver —al menos, durante ese instante— las maneras en que vienen y van, transportados por los vientos de la causa y el efecto, como malezas de la mente.

UN *SHOCK* FUERA DE LO COMÚN

Ciertos tipos de práctica espiritual facilitan el reconocimiento de esa brecha. La literatura zen, por ejemplo, está repleta de momentos en los que se producen tales despertares. Algunos métodos, como los *koans* del zen, lanzan la mente a esa brecha por medio de un forcejeo con preguntas que no tienen una solución lógica. Al atacar una y otra vez esas preguntas, las maneras de pensar habituales de la mente se agotan ellas mismas. Repentinamente, la futilidad de aplicar la lógica ordinaria hace que la mente caiga en el *satori*, la experiencia momentánea de la brecha.

Tal despertar no siempre ocurre cuando la persona se dedica a la práctica meditativa. Como observa el monje budista Nyanaponika: «A menudo ocurre en ocasiones bastante distintas: viendo un bosque en llamas, tropezando y cayendo, durante un *shock* fuera de lo común.»

Esa liberación del yugo del hábito también puede presentarse de maneras benignas: por ejemplo, en un encuentro exultante con la belleza de la naturaleza o mediante el amor y la compasión genuinos. Puede ocurrir simplemente al prestar completa atención al momento.

Esto puede suceder durante momentos de gran creatividad. William Segal, un pintor que ya pasó los noventa años, lleva a sus telas una impresión de luminosidad inherente en todas las cosas. Los momentos de percepción de esa iluminación, dice Segal, resplandecen en el inspirado trabajo de los grandes artistas, de los compositores y de los poetas. Pero alcanzar esa iluminación requiere un cambio de la percepción: escapar a la sujeción de nuestra manera habitual de ver las cosas.

Segal explica: «Por lo general, estamos dormidos y acompañamos el flujo mecánico de las cosas. No podemos experimentar demasiado fuera de lo ordinario.» Pero pintar de esa manera requiere una mirada fresca, una concentración aguda puesta en la experiencia presente. «La necesidad de estar ahí, de mantener la atención durante un período de tiempo sostenido, despeja las nubes que oscurecen la luminosidad.»

En otras palabras, el secreto consiste en una «sincera concentración en el instante». Segal agrega que la acumulación de momentos de despertar «empiezan a mostrarnos que hay otro mundo... Uno conoce el camino. Es una cuestión de práctica».

DOMAR LA MENTE DEL MONO

La metáfora budista clásica que refleja el estado ordinario de nuestra mente es un mono que salta de un lado a otro, constantemente distraído e incansablemente en movimiento. Esa mente de mono corre desbocada, siempre precipitándose hacia la próxima cosa antes de haber experimentado completamente lo que ocurre en ese preciso momento. La mente precipitada continuamente cierra la brecha, llenándola con desechos azarosos de pensamientos entrecortados, recuerdos, ensoñaciones, quimeras: absolutamente todo. En cierto sentido, el simple hecho de llevar a cabo una pausa de los vagarosos contenidos de la mente para permitir una interrupción es un despertar inicial, una «pequeña liberación».

Algunos métodos de entrenamiento de la conciencia en la práctica budista se apoyan en ese despertar inicial, y cultivan gradualmente la capacidad de mantener abierta la mente, sin que esta se aferre a la conciencia. Con esa práctica, no tenemos que apoyarnos en el azar de los momentos espontáneos que nos impresionan y nos sacan de nuestras costumbres habituales para experimentar esta conciencia abierta.

Continuado en el tiempo, ese entrenamiento mental puede volvernos más receptivos a los momentos de atención libres de las distracciones usuales que crean un yugo en la mente. Cuando nos liberamos del yugo del hábito mental, se hace posible un contacto más directo con la realidad.

Esta percepción me lleva nuevamente a la psicología que subyace dentro del budismo. Lo que nos despierta a percepciones mayores no se limita solamente a alguna impresión que nos saque de lo común. El budismo ofrece un camino sistemático para descubrir estas verdades en nuestra propia experiencia, mediante el entrenamiento de la mente. De hecho, la repentina caída en la brecha producida por algo que nos impresiona puede ser notablemente similar a las percepciones que se producen naturalmente a lo largo de las etapas de meditación más profundas.

Como dice el investigador budista Steven Goodman, con la fruición que trae aparejada la atención consciente, «uno tiene progresivamente momentos —brechas en la propia propensión a la confusión y a la fascinación con los materiales de la experiencia—, en los que hay un abierto goce no conceptual, en los que se experimenta una especie de luminosidad interior que siempre parece estar ahí, más allá de las confusiones y de las manipulaciones».

Un vistazo a las cosas tal cual son, antes de que la mente comience con sus elaboradas construcciones —un momento de experimentación de la brecha—, no es lo mismo que estabilizar esa experiencia como una parte constante de nuestra existencia. Pero con práctica diligente, la estabilización de esa conciencia luminosa puede progresar más allá de los temporales pantallazos de reconocimiento y, con el tiempo, llegar hasta las etapas de iluminación. La completa estabilización puede traer la verdadera liberación; los vistazos sencillamente nos muestran que, si continuamos en el camino, esta es posible.

CONSTRUIR LAS COSAS TAL COMO PARECEN

El budismo ofrece una crítica radical a nuestro ordinario sentido de la realidad. Desde un punto de vista budista, lo que pensamos que es la realidad es solo una ilusión. Las cosas, tal como nos parece que son, existen de manera relativa, pero no de una forma real. Lo que se presenta de ordinario en nuestra mente —los pensamientos, las percepciones, los miedos, las esperanzas, las ensoñaciones y los recuerdos— son fragmentos de un mosaico fluido de construcciones que flotan en la mente.

Según el budismo, la mente capta las cosas tal como le parece que son y no como son realmente; así genera un parloteo subconsciente, fascinada con nuestros pensamientos y emociones, ya sea que se trate de excelsos pensamientos intelectuales o de detalles domésticos, de ensoñaciones y de recuerdos. Ese murmullo mental de fondo genera bloques con los cuales se construirán las cosas como nos parece que son; distrayéndonos de lo que en realidad son, esa conciencia abierta y luminosa.

Para entender la manera en que la mente construye las «cosas tal como parecen» debemos volver a la cadena que exploramos con anterioridad. Como se podrá recordar, esta constituye la secuencia que describe los vínculos mentales de causa y efecto más básicos. Comienza en el momento en que los sentidos se conectan con un estímulo, por ejemplo una imagen o un sonido. En una serie de pasos amplios, los vínculos van del sentir al percibir, del pensamiento y el sentimiento al anhelo y al apego; luego a la acción.

Al aplicar la atención consciente a los esquemas, nos estamos concentrando en romper la cadena en su tramo final, entre el sentimiento y la acción. Romper esos vínculos nos da más libertad respecto de la tiranía que ejercen los hábitos emocionales. Pero el budismo propone que la posibilidad de romper esos lazos en el punto inicial de la cadena puede dar más libertad.

Para poder emprender ese corte se requiere un análisis más minucioso de la cadena, uno que se centre en los primeros vínculos entre nuestro estímulo sensorial no elaborado y la clasificación, el otorgamiento de un nombre y las reacciones que inmediatamente se empiezan a desarrollar en torno a él. En la psicología budista la percepción es un modo receptivo y toma las cosas tal como son. Las concepciones, en cambio, son reactivas. Añaden a nuestras percepciones los sesgos de la memoria, los de nuestras asociaciones y emociones, todos productos de los condicionamientos pasados.

La ciencia cognitiva nos cuenta una historia similar. Cuando el cerebro registra por primera vez la información de los sentidos —por ejemplo, la imagen de un loro de colores muy subidos—, los datos entran en el sistema nervioso en forma de ondas físicas. Su primera parada en el cerebro —en el hipocampo— traduce esas ondas al lenguaje de las neuronas, convirtiéndose en pulsos de actividad eléctrica que corren de unas a otras. Las señales de la imagen del loro se dispersan en una red de localizaciones del cerebro, donde son analizadas en función de su patrón, color, forma, localización, movimiento, etcétera.

En algunos milisegundos, esos elementos dispersos se convierten en una percepción unificada y el cerebro busca en la memoria una imagen similar y le pega una etiqueta: «loro de colores brillantes». Una vez que fue registrada la imagen en la casilla de ese concepto, surgen nuestras viejas asociaciones y reacciones emocionales ante esa idea, como los vagones que son arrastrados por una locomotora, y el tren de sentimientos y pensamientos traquetea alegremente. Estamos satisfechos y nos acercamos para poder mirar mejor a ese hermoso loro. Todo está bien.

Pero el budismo contempla esa serie de acontecimientos de manera diferente de la ciencia. La visión budista considera que ese tren ordinario de sentimientos y pensamientos es algo que nos desvía lejos de las cosas tal como son, nos conduce a un universo inundado de cosas que parecen ser.

Los conceptos son creaciones de la mente, una generalidad mental construida basándose en preconceptos que carecen de la riqueza y el detalle de la percepción original.

Bajo esa perspectiva, en el momento en que una percepción es etiquetada con un concepto —por ejemplo el alboroto manchado de colores vistosos llamado «loro»—, perdemos contacto con lo que realmente está ahí. En su lugar, nos vemos llevados a un mundo frívolo de pensamientos sobre lo que está ahí: nuestras ideas y sentimientos, nuestras fantasías e ilusiones sobre esas cosas.

El maestro tibetano Chogyam Trungpa dice que «nuestra reacción, a favor, en contra o indiferente, está automáticamente determinada» por lo que llama una «burocracia de sentimiento y percepción», los surcos de nuestras asociaciones y hábitos mentales. Esa burocracia de la mente, entrega automáticamente una etiqueta para lo que percibimos: «bello» o «feo», «extraño» o «familiar», «aburrido» o «fascinante» y así. Ese proceso se basa en una construcción de la realidad que, a partir de aquí, se embrolla, mientras la mente especula e interpreta, trabajando basándose en preconceptos e invoca etiquetas que reemplazan a la experiencia directa. Y señala, «que le guste a usted o no, depende de las asociaciones que haya hecho en el pasado con esa percepción».

Esos hábitos mentales, desde la perspectiva de la psicología budista, son la causa del mundo engañoso de pensamientos molestos y sentimientos que alimentan nuestro sufrimiento y nuestros placeres. El budismo es directo a este respecto. «La mayor parte del tiempo nuestra percepción es ilusoria. No estamos percibiendo la realidad», dice el Lama Yeshe (*Convirtiéndose en su propio terapeuta*). «Por supuesto, nosotros vemos el mundo de los sentidos: formas atractivas, colores hermosos, gustos deliciosos y así, pero no percibimos la real y verdadera naturaleza de las formas, colores y sabores... Entonces, nuestra percepción errónea procesa la información aportada por los cinco sentidos y transmite la información incorrecta a la mente, que reacciona bajo esa influencia.» El resultado: «La mayor parte del tiempo alucinamos y no vemos la verdadera naturaleza de las cosas.»

Desde esa perspectiva de la psicología budista, «en la mente de la gente común —dice Geshe Rabten—, las únicas percepciones mentales verdaderas son aquellas que ocurren durante un período de tiempo muy corto, inmediatamente después de una verdadera percepción e inmediatamente antes de una concepción», en el espacio abierto de la conciencia.

ABRIR UN ESPACIO EN LA MENTE

En la película *The Matrix*, los humanos nacen en un mundo en el que su cuerpo real está inmóvil dentro de un capullo, mientras tanto su cerebro es alimentado con energía que crea todo un mundo: una realidad virtual de resonancia apremiante, aunque completamente ilusoria. A pesar de estar atrapada en sus capullos, la gente retratada en *The Matrix* experimenta ese sueño colectivo como si se tratase de la realidad de su vida cotidiana. Desde una perspectiva budista, esa podría ser una interesante metáfora para reflexionar sobre nuestra propia situación: vivir en una realidad soñada sin darnos cuenta de ello.

El budismo propone un camino radical para la liberación de ese mundo ilusorio que creamos con nuestros pensamientos y emociones habituales, un camino que modifica nuestra forma ordinaria de comprender el mundo. Para ver con claridad —para percibir las cosas tal como son— rompemos la cadena entre la representación mental de lo percibido y el concepto. Esta ruptura tiene lugar después de que los sentidos se conectan con el objeto de la percepción, pero antes de que la gran rueda del hábito mental encajone esa percepción en los gastados cubículos de los pensamientos y sentimientos.

Abrir un espacio mental en ese momento crítico proporciona un punto de apoyo entre las percepciones no elaboradas y la inexorable pesadez de los pensamientos y sentimientos habituales. Si podemos suspender esos hábitos mentales y emocionales por lo menos un instante, esa interrupción nos permite una percepción mental a un nuevo nivel. A medida que nos volvemos conscientes de la manera en que las respuestas mentales habituales se precipitan a llenar esa brecha, creando otra vez su mágico despliegue, tenemos una nueva oportunidad para investigar los trabajos de la mente con una sutileza refinada.

Los mecanismos de la mente —por lo general invisibles— que definen habitualmente nuestra realidad son repentinamente expuestos a la luz de la conciencia: en vez de sentirnos aterrados por la estentórea voz del Gran Oz, de pronto vemos al hombrecillo que se esconde detrás de la pantalla, rugiendo al micrófono. Esa revelación desnuda a las manos mágicas que, por lo general, dan forma a nuestro mundo. Y eso nos da la oportunidad de explorar con ojos nuevos nuestras reacciones emocionales y los elementos más básicos de nuestros pensamientos.

Usualmente consideramos que los pensamientos habituales y las reacciones emocionales son una parte de nuestra experiencia. Pero investigar la mente en el nivel más sutil nos deja ver la manera en que las emociones y los pensamientos comienzan en nuestra primera reacción ante lo que percibimos.

Si somos conscientes durante la brecha de la percepción —el micromomento entre la representación mental de lo percibido y el concepto—, esta se convierte en el punto de inflexión para ver de la manera antigua, habitual, distorsionada (o «perturbada») o para dejar que las cosas sean como son, libres de conceptos y de reacciones impuestos. Lo que el budismo llama «verdad suprema» se refiere, en un sentido clave, a la percepción directa, no empañada por conceptos, la cual nos permite acceder a esa experiencia directa.

Romper la cadena en su nivel más sutil implica un cambio radical en la manera de considerar la mente. Ese cambio da un nuevo marco a todos los conceptos, sentimientos y reacciones habituales con la misma consideración que antes tuvimos hacia los esquemas negativos de adaptación. En este sentido, cuando caemos ciega y alegremente bajo su influjo; incluso las maneras beneficiosas de pensar y de reaccionar son prisiones de la mente; prisiones con puertas abiertas. La oportunidad de ver las cosas como son en realidad está siempre ahí.

Según explica este sutil yugo de la mente Chokyi Nyima Rinpoche, uno de mis maestros: «En cada momento de pensamiento hay tanto hábito como emoción: gusto o apego, y disgusto o aversión. Incluso en nuestros pensamientos neutros: no querer investigar significa cerrazón o estupidez. Entonces, en cada momento de pensamiento hay formas sutiles de las tres emociones básicas. El karma nace a partir de los hábitos sutiles del gusto, del disgusto y de la estupidez. Son las semillas de las grandes emociones perturbadoras.»

Desde esa perspectiva, la causa fundamental de nuestra perturbación, está en nuestros mismos hábitos mentales. En el sentido cotidiano, «karma», ley de causa y efecto, tiene su origen en lo que un texto tibetano llama «los patrones solidificados de la porfía y la fijación». Estos patrones solidificados, o hábitos mentales, también son denominados «oscurecimientos emocionales y cognitivos», la tendencia de la mente a repetir una y otra vez los patrones de pensamiento y de sentimiento.

Cuanto más se repite un patrón mental, tanto más probable es que reaparezca en el futuro; en ese sentido, esos patrones mentales son las semillas de nuestro «karma». El camino hacia la liberación, hacia la trascendencia de nuestro karma, empieza con la liberación de las costumbres más arraigadas en la mente.

DECONSTRUIR EL YO

Una nube ofrece un ejemplo de primera mano de lo que el budismo llama una «apariencia ilusoria». Las nubes parecen sólidas y opacas. Pero, de hecho, están vacías en un 99,9 por ciento; una baja densidad de gotas de agua, cada una de las cuales actúa como un espejo esférico, basta para que la luz rebote de manera tal que nuestros ojos la vean con la apariencia de una masa densa, de algo «sólido».

Esa forma de entender las cosas se aplica también a la forma en que el budismo ve el entramado de causa y efecto en la mente, que se entreteje para formar lo que aparenta ser el «yo». En la psicología occidental, el «yo», o el «ego», tiene un lugar central, pero no en el budismo.

El psiquiatra Mark Epstein señala: «No se puede alcanzar un aspecto superior del yo en la teoría budista. En cambio, se llega a una exposición de lo que siempre fue verdad pero no había sido reconocido. El yo es una ficción.» Bajo el escrutinio riguroso de la práctica budista, según Epstein, el yo se rompe y en su lugar solo existen «pensamientos sin pensador».

Desde una perspectiva budista, lo que tomamos por el «yo» es, como todo lo demás, una entidad que se deconstruye cuando es examinada de cerca. «Todo se resume en el hecho de que es una aparente combinación de factores que crea la experiencia», dice Chokyi Nyima. La cadena perceptiva que culmina en las etiquetas que aplicamos a las entidades que percibimos parece sustancial y real, siempre y cuando no investiguemos exhaustivamente los eslabones que nos llevaron hasta allí.

Esto se aplica particularmente al sentido del yo: lo que tomamos como «yo» representa una colección de partes interdependientes, ninguna de las cuales puede funcionar separadamente de las otras. Es como una planta que crece: se necesita una semilla con un mapa genético intacto, agua, nutrientes, la luz del sol; cuando interactúan todos esos factores se obtiene, al final del proceso, lo que llamamos «planta». Pero la planta puede ser deconstruida en esos elementos que le dieron lugar.

Lo mismo sucede con el «yo» que se construye, según lo que nos dice la psicología budista, mediante el trabajo cotidiano de la mente, en la medida en que se introduce en el mundo y reacciona. Nuestros hábitos automáticos de percibir, sentir y pensar son los ladrillos del más fundamental pero ilusorio sentido del ser.

Otra forma de describir esta ilusión es en términos de «identidad». Por ejemplo, cuando miramos un prado, lo que realmente estamos viendo son pequeñas hojas individuales de hierba, que identificamos como «prado». Se necesitan, no una ni unas pocas, sino muchas hojas individuales de hierba para poder definir ese conjunto como «prado». De la misma forma, el «yo» es una identidad que damos a un agregado de ladrillos mentales, ninguno de los cuales por sí mismo constituye ese «yo». Como observó Jon Kabat-Zinn, el sentido del yo da cuenta de «lo que en la teoría del caos se llama un "atractor extraño", un patrón que encierra orden, aunque es desordenado e impredecible. Nunca se repite a sí mismo. En cada momento que es observado, es diferente».

SIN EL YO, EL PROBLEMA NO EXISTE

En el relato budista, la construcción del yo comienza en el momento en que ignoramos la brecha y su abierta conciencia, y empezamos a etiquetar y reaccionar ante la percepción desnuda. Lo que hacemos con la percepción —como también nos lo dice la ciencia cognitiva— se asemeja a una construcción de la mente. Pero esa creación mental nos produce fascinación. No solo dejamos de advertir que somos nosotros quienes la creamos, sino que las concepciones construidas nos arrastran más lejos, a series predeterminadas de reacciones de nuestra propia creación. La mente reacciona ante nuestras proyecciones y construcciones, no como tales, considerándolas como lo que son, sino más bien como si fueran sustanciales.

En la culminación de esta arquitectura mental emergente, la mente construye su más intrincada creación: el concepto del «Yo». En esa construcción, la mente ata muchos cabos: niega las debilidades, entre sus propias referencias, selecciona recuerdos, recuperando algunos y olvidando otros, nos sitúa directamente en el centro de los acontecimientos y teje una red de pensamientos tranquilizadores que confirman nuestros preconceptos a propósito del mundo.

Finalmente, cometemos un error sobre la identidad: la mente considera que el yo es una entidad sólida, sin advertir la manera en que este comenzó a construirse. No obstante, según el análisis budista, ese yo construido es meramente una colección de hábitos y tendencias, sin una identidad separada. Como una planta, el yo se levanta a partir de partes interdependientes; como una nube, el yo se revela como apenas otras apariencias ilusorias.

Sin el intrincado aparato de las sentidos, de la percepción, de la memoria y del pensamiento que dan lugar a la interpretación y al significado, el edificio del yo se derrumbaría. A pesar de que la mente se vea a sí misma como un hilo sólido y continuo de experiencia, vista de más cerca —por medio de las lentes de la atención consciente en un nivel sutil— se revela que es más bien una colección inconexa de tendencias y acontecimientos. Sin embargo, continuamente caemos bajo el influjo de esa ilusión, como si fuéramos hipnotizados para ignorar qué frágil y arbitrario es el material con que se construye el sentido del yo.

Como nos dice el budismo, dado que la raíz del sufrimiento puede encontrarse aferrada a ese sentido del yo, las maneras habituales de percibir ese «yo» merecen una investigación. Dice Lama Yeshe: «El ego se basa en la concepción equivocada de que tu yo es independiente, permanente e inherentemente existente. En realidad, lo que tú crees que es el "yo" no existe. El ego es un concepto mental, una construcción.»

Esta percepción proviene de observar nuestra experiencia con una atención consciente sutil y sostenida. Tal observación aguda demuestra palmariamente la autonomía de los pensamientos, imágenes, recuerdos, fantasías, emociones, sensaciones y percepciones flotantes en la mente. Es como si esos fragmentos de la experiencia siguiesen algún plan que les es propio: el sentido de «sí mismo» o del «yo» tienen poco o ningún poder para controlarlos, pero él mismo emerge de los innumerables pensamientos fugaces.

Desde una perspectiva, los esquemas, los hábitos emocionales o cualquier otro nombre que les demos, en un sentido relativo, simplemente son una manera de entender el condicionamiento habitual de nuestra mente. Desde otra perspectiva, podemos verlos como insustanciales: están vacíos y son ilusorios como una nube que se forma, cambia y luego se disuelve en el vasto cielo.

Si la raíz del sufrimiento radica en el aferrarse al ego, entonces el maestro de meditación Achaan Cha ofrece un útil recordatorio: «Sin el yo, el problema no existe.»

Una paciente que hacía un retiro de meditación de tres meses me envió una nota: «Se me está presentando el profundo y tenaz condicionamiento; toda esa cosa de la aversión a mí misma se me pega a la mente. Pero hay esos momentos de dejar salir las cosas; cada vez que eso me ocurre, mi deseo de liberarme se hace más fuerte. Ser capaz de vaciar el espacio de la mente, de manera que todos los pensamientos puedan exhibir su verdadera naturaleza es un don maravilloso. Luego, el truco consiste en aprender a mantenerse en ese dejarse ir, a aceptar, a apaciguar.»

No necesitamos cosificar esos patrones ni pensar en ellos como si definiesen quiénes somos, identificándonos con ellos de manera que solidificáramos el sentido del «yo mismo» y de los patrones como «reales». Al mismo tiempo, puede ser útil entender esos hábitos mentales como las maneras en que hemos aprendido a ver el mundo y a reaccionar ante lo que vemos.

Los usos positivos del yo

No obstante lo dicho, el Dalai Lama señala que, en términos relativos, existe un «yo» como se entiende convencionalmente, y que esos aspectos del yo pueden ser útiles en la práctica espiritual como base para la confianza en uno mismo y la motivación. Él recomienda que aquellos que siguen el camino budista mantengan tanto el sentido último de vacío del yo como un sentido relativo de su existencia.

En la psicología occidental, a menudo se dice que es necesario tener un «yo fuerte». Pero en el sentido budista, antes que un yo fuerte, necesitamos una fuerte sensación de confianza. El Dalai Lama nos previene contra el «yo negativo, la sensación de un yo preocupado solamente con el cumplimiento de los deseos egoístas de cada uno». Ese yo «negativo» se origina en la creencia de que el yo es una identidad independiente y solidificada. En cambio, la sensación de confianza en sí mismo puede resultar constructiva como vehículo espiritual; por ejemplo, combinada con una motivación altruista, para servir a los demás.

En un nivel más profundo, comprender el «vacío» o el «desinterés» en nuestra propia experiencia debilita el influjo de nuestra tendencia a aferrarnos al egoísmo, a ver todo en términos de nosotros mismos. A medida que dejamos salir las percepciones centradas en nuestras propias preocupaciones, contamos con más atención disponible para los demás; hacer que cedan las garras del yo espontáneamente nos permite más empatía.

El hijo pequeño de un amigo mío cayó desde cierta altura mientras jugaban y sufrió una seria herida en la cabeza. El niño fue llevado de urgencia al hospital; estaba en coma. La herida era tan grave que mi amigo no tenía la seguridad de que su hijo fuera a vivir, ni siquiera si tendría un funcionamiento normal. Después de una tomografía, el médico le aseguró a mi amigo que, con el tiempo, era posible que su hijo recuperara sus capacidades cognitivas. Al oír esas noticias, mi amigo se sintió profundamente aliviado.

Sin embargo, apenas algo después, mientras él le leía a su hijo, mi amigo quedó impresionado por la falta de respuesta del niño, especialmente cuando recordaba el entusiasmo y el interés que generalmente mostraba. Mi amigo dijo: «Comparando lo que había sido con el que ahora era, lo vi profundamente disminuido. Mi mente se precipitó hacia el futuro, hacia lo que podría llegar a ser indefinidamente. Me quedé petrificado por el miedo; luego sentí una profunda tristeza.»

Mi amigo dijo que fue como si su mente comenzara a aproximarse a las preocupaciones sobre el futuro de su hijo. Durante unos diez minutos «todo se puso oscuro», dijo el padre del niño. «Era como si descendiera por un túnel en mi mente. Me sentí completamente desesperado. Toqué fondo. Nunca me había sentido tan deprimido.»

Mi amigo, experimentado practicante de meditación, tomó conciencia de la manera en que su mente estaba siendo atrapada por la desesperación. Comenzó entonces a hacer una práctica de benevolencia: empezó a repetir mentalmente el deseo de que no solo su hijo, sino todos los niños que había en el hospital, estuvieran bien, fueran felices y estuviesen libres de sufrimiento. Y no se limitó a los niños, sino a todos los pacientes del hospital, y no solo del hospital, sino de toda la ciudad y del mundo entero.

Mientras seguía llevando a cabo tranquilamente esa práctica, la oscuridad se desvaneció y fue reemplazada por una sensación de luminosidad y por una compasión radiante, no solo por su hijo, sino por todos aquellos que sufrían. Más tarde me dijo que todavía no estaba bastante seguro sobre cómo acabaría todo, pero en ese momento había sentido un profundo cambio en su estado mental.

Cuando le pregunté: «¿Qué crees que cambió?», su respuesta inmediata fue: «Mi yo se salió del medio. Ya no se trataba de "mi" dolor, "mi" hijo, "mi" experiencia. Por supuesto que quería que todo anduviera bien con mi hijo. Pero, desde entonces, me sentí capaz de enfrentar cualquier situación.»

Cuando el yo deja su espacio, emerge la compasión. Esto no significa que ya no tengamos nuestros puntos de vista personales, nuestras necesidades o sensaciones a propósito de las cosas, sino que no tenemos que ser guiados por ellos. Podemos ver la vida con más ecuanimidad. En síntesis, se trata de tener una luz del ser, de estar «vacíos» detrás de las sensaciones, puntos de vista y deseos personales.

Su Santidad el Dalai Lama ejemplificó esa luminosidad del ser durante la conferencia de prensa que dio inmediatamente después del anuncio de que había recibido el Premio Nobel de la Paz. Había muchos fotógrafos buscando a empujones el mejor lugar para hacer sus fotos, los equipos de televisión estaban en todas partes y los periodistas gritaban para que se oyeran sus preguntas. Era, al fin y al cabo, un momento de logro personal en la vida de todos ellos. Llegó la primera pregunta: «Entonces, ¿cómo se siente después de haber ganado el Premio Nobel?»

El Dalai Lama respondió: «Me siento feliz...» Después de una pausa de reflexión, agregó: «Feliz por los amigos que querían que lo recibiera.»

17

Investigar la mente

En el Caribe, los colores del mar son deslumbrantes: azules turquesa y lujosos verdes, salpicados con chispazos de plata. Pero si buceamos en esas aguas, nos espera un gozo mayor: el rico arcoíris de vibrantes corales, los peces loro espectacularmente coloridos y sus hermanos semejantes a neones que se deslizan rápidamente a nuestro alrededor. Y si vamos todavía más profundamente, allí nos espera una vasta y vacía quietud que desmiente la confusión de actividad que hay más arriba y en la superficie. Lo mismo ocurre con nuestra mente y el dominio de la emoción. Si nos sumergimos con una conciencia investigadora, rompemos con los preconceptos y los hábitos que hay en la superficie de nuestra mente y encontramos un rico caldo de emociones.

Las profundidades de la mente emocional pueden aferrarnos con gran turbulencia, como el peligroso reflujo de la marea en la costa. Pero si nos sumergimos aún más profundamente, allí nos espera una quietud y una vasta y abierta claridad. La atención consciente, bajo la forma de una conciencia investigadora, nos equipa para descubrir esos mundos internos en ese buceo interior. Encontramos muchos usos en la alquimia emocional para esta cualidad investigadora de la atención consciente sobre los patrones emocionales habituales.

En el caso de la investigación común, típicamente pensamos y analizamos lo que encontramos. Pero a pesar de que eso haya sido relativamente útil, desde un punto de vista budista, tal esfuerzo conceptual solo nos da una parte de la imagen. La práctica budista ofrece otro modo de investigación, uno que está más allá de la interrogación todavía ligada a conceptos y limitada por los pensamientos. Esta investigación no conceptual —una cualidad de la conciencia que sencillamente sabe— nos permite sumergirnos todavía más profundamente en el interior, para descubrir nuestra naturaleza básica. La alquimia espiritual comienza al sacar esta cualidad de investigación consciente a la luz de nuestros patrones mentales habituales. Podemos desafiar a los preconceptos más sutilmente que a los pensamientos distorsionados que se esconden detrás de los esquemas: nuestro mismo sentido del yo es cuestionado a medida que investigamos las raíces de las emociones perturbadoras. Con la alquimia emocional somos capaces de apaciguar los oscurecimientos emocionales más obvios y groseros de nuestras mentes, volviéndolos más transparentes y menos poderosos. En esta alquimia espiritual damos el paso siguiente, redireccionando nuestra investigación hacia la mente misma.

LO APARENTEMENTE REAL Y LO REAL

Cuando el Buda yacía moribundo, su sincero consejo para Anada, su discípulo más cercano, fue: «Sé una luz para ti mismo.» Este consejo ofrece un principio rector: debemos descubrir lo que es verdad para nosotros, antes que guiarnos por la palabra de alguna autoridad. En lugar de limitarnos a creer ciegamente, debemos aplicar una actitud investigadora para descubrir nuestra verdadera naturaleza: quiénes somos fuera del yo construido y de las mentiras de la percepción ordinaria.

Esa investigación nos lleva más allá de lo aparente para explorar lo real. Una antigua metáfora contrasta lo aparente y lo real en términos de alguien que retrocede ante una serpiente y luego, al examinarla más de cerca, descubre que era solo una cuerda enroscada. Una metáfora moderna: miramos una película completamente perdidos en su trama, como alguien que duerme absorto en un sueño. Una investigación precisa descompondría la realidad de la película en luz reflejada por medio de una lente, proyectando sobre la pantalla una serie de 24 imágenes fijas por segundo; esto construiría una comprensión más aguda.

El budismo distingue entre dos niveles de verdad relativa: las cosas según lo que parecen ser cuando estamos bajo el influjo de una percepción distorsionada —por ejemplo, cuando estamos bajo la sujeción de un esquema—, y las cosas vistas con mayor corrección, como cuando nos liberamos de las distorsiones del esquema. Pero aun desde una perspectiva budista, esta percepción más correcta constituye una verdad relativa. El budismo nos dice que conocer las cosas tal como son en su sentido último requiere una comprensión más sutil de la forma en que la mente crea nuestra realidad.

Dentro de la esfera relativa, una actitud investigadora puede establecer la diferencia entre confundir las cosas por lo que aparentan —la serpiente, la película, el esquema— y tener una imagen más precisa de la naturaleza de las cosas. No obstante, otros métodos de investigación conducen más allá de este conocimiento relativo a una conexión con las cosas como son en realidad en última instancia. En ese nivel, la atención consciente amplía su foco más allá de las percepciones distorsionadas y de los hábitos negativos de adaptación y explora el funcionamiento mismo de la conciencia.

El budismo ofrece muchos métodos de investigación y análisis que ayudan a esa exploración más amplia. Por ejemplo, la investigación puede asumir la forma de un método tibetano a menudo traducido como «lógico» pero, en un sentido más estricto, «ciencia de la verdad», o sencillamente «sentido común avanzado», según la denominación de Tai Situ Rinpoche. En cierto modo, este método se emparenta con los desafíos lógicos que empleamos en el caso de las creencias esquemáticas distorsionadas pero, en lugar de emplearlo con ellas, es aplicado a nuestros preconceptos más básicos, buscando eliminar las distorsiones que surgen por la imperfección de nuestros estados de comprensión y de conciencia.

En otro nivel está lo que la tradición tibetana de Enseñanzas Mentales llama «cualidad cognoscitiva» de la conciencia: la capacidad que tiene la mente para conocer sencillamente. Esa cualidad de conocimiento está presente en todo el continuo de la conciencia, desde su funcionamiento conceptual hasta un modo de investigación más sutil, sin preconceptos y, finalmente, a la naturaleza vacía y clara de la mente más allá de todos los conceptos. Este nivel de conocimiento de la naturaleza de la mente puede llevarnos más allá del torbellino de nuestros pensamientos y sentimientos a ese vasto y todavía más profundo interior.

LA TAZA ROTA

Una amiga confió al Dalai Lama que ella estaba crónicamente obsesionada por sus preocupaciones acerca de la muerte; particularmente, con que alguien a quien ella quería pudiera morir. Se trataba de algo más que un pensamiento pasajero; para ella, el miedo a la muerte estaba muy cerca de ser una obsesión absoluta.

El Dalai Lama la oyó atentamente inclinando la cabeza con simpatía. Con solo observarlos, pude sentir el vínculo que había entre ellos y tener una gran empatía por ella, que parecía confortada por la calidez de él.

Entonces, después de escuchar con toda dedicación a mi amiga sobre su miedo a la muerte, él le dijo: «Está bien pensar mucho sobre eso.»

Su respuesta puede parecer sorprendente ya que, al menos en la cultura norteamericana, el instinto social trata de tranquilizar a la gente y decirle que no debe preocuparse demasiado. Pero el Dalai Lama estaba expresando una perspectiva que nace en el corazón del budismo: debemos reflexionar sobre la falta de permanencia de las cosas, sobre la fragilidad de la vida. Esas reflexiones pueden promover nuestro crecimiento espiritual. Por un lado, investigar los incuestionables preconceptos sobre la permanencia de las cosas nos puede ayudar a estar más preparados para los cambios inevitables en la vida. Ninguno de nosotros quiere dejar lo que más quiere, ya se trate de los seres queridos, las posesiones personales, las creencias o incluso la vida.

Los cambios y las pérdidas son difíciles, e incluso dolorosas, para todos. Requieren una sensibilidad especial en relación con nuestras necesidades personales para adaptarnos a las pérdidas y para elaborar un duelo por ellas. Pero como es inevitable que todas las cosas en la vida cambien, todos nos encontraremos más tarde o más temprano con el sufrimiento inherente a ese cambio y a esa pérdida. Desde una perspectiva budista, pensar en esas circunstancias naturales de la vida puede ayudarnos a enfrentar esas verdades difíciles y a adaptarnos a esos momentos duros con más ecuanimidad, ya que así nos sentiremos más preparados interiormente.

Por supuesto, a veces el cambio ofrece un alivio bienvenido. La falta de permanencia de las cosas no siempre significa el dolor de la pérdida. Podemos encontrar felicidad al darnos cuenta de que, por ejemplo, la enfermedad o el sufrimiento son, también, transitorios. En esos momentos difíciles, podemos recordarnos que ellos también pasarán.

Pero hay un viejo dicho zen que dice: «Esta taza ya está rota.» Es útil tener esto en mente: las cosas pueden cambiar, no duran para siempre. Ahora la taza está entera pero algún día se romperá. Podemos extender esta actitud a nosotros mismos: para cada uno de nosotros, esto ocurrirá algún día a nuestro cuerpo. Podemos vivir una vida larga y venturosa, pero cuando termine, estar acostumbrados a pensar en la inevitabilidad del cambio nos permitirá estar preparados para adaptarnos poco a poco al inevitable fin de la vida. Tener esto en mente puede servir para inspirarnos la urgencia de hacer un buen uso de nuestra vida.

Esa reflexión en torno a la falta de permanencia de las cosas es lo que el budismo tibetano llama «cambios mentales». Así como al trabajar con nuestros esquemas cuestionamos las ideas preconcebidas que reforzaban esos patrones, en el camino budista sostenemos una actitud cuestionadora similar, dirigida hacia nuestras suposiciones más sagradas e incuestionables.

Eso, de hecho, es lo que deben hacer los cambios mentales: lograr que zozobren las suposiciones habituales que validan nuestras formas cotidianas de ser. Al abandonar las viejas formas de ver las cosas, estamos disponibles para adquirir otras perspectivas. Este cuestionamiento radical puede movernos a realizar una evaluación igualmente radical sobre la manera en la que trabaja la mente y sobre su forma de percibir la realidad.

Si tenemos la actitud de decir «Estoy muy bien tal como estoy», nos encontraremos con un límite: la suposición de pensar que hemos enfrentado el rango total de nuestras posibilidades. Entonces, por ejemplo, el primero de los «cambios mentales» se dirige a reflexionar sobre lo precioso que es el nacimiento de un ser humano, con las posibilidades que ofrece para un viaje espiritual de descubrimiento que puede dar a la vida un nuevo significado y propósito.

La agradable suposición de que podamos llegar a los ochenta o noventa años y de que así tendremos tiempo de hacer todo lo que queremos en la vida puede ser cierta, pero no necesariamente. El segundo cambio mental cuestiona ese falso sentido de permanencia, de que las cosas duran.

La idea de que «No importa lo que haga» es otra suposición que nos adormece, desde un punto de vista espiritual. Pero, como hemos visto, las acciones o actitudes que repetimos una y otra vez se convierten en hábitos fijos, que limitan la libertad y nos encadenan a su permanente repetición. El tercer cambio mental reconoce el poder en nuestra vida de las leyes de causa y efecto. Necesitamos responsabilizarnos de nuestros pensamientos y acciones: ellos tienen consecuencias reales.

Finalmente, está la actitud que niega el hecho de que un día, inevitablemente, tendremos que soportar algún sufrimiento, aunque hoy todo esté bien. El cuarto cambio mental reconoce el dolor que la vida nos puede traer en cualquier momento.

Con estas reflexiones, vemos más claramente algunos hechos del ser universal: todo lo que viene, se va; lo que parece sólido y duradero, cuando se lo mira de cerca se descompone en un devenir... No es posible encontrar ninguna satisfacción duradera en una experiencia sensorial, ya que todas ellas acabarán un día. Es posible encontrar más satisfacción en dejar ir nuestras esperanzas y miedos, en vez de aferrarnos a ellos. Esas reflexiones sobre las leyes naturales que nos afectan a todos puede inspirarnos a volcar nuestra mente hacia la práctica espiritual, el verdadero refugio en la vida.

SUBVERTIR EL ORDEN NORMAL DE LA VIDA

Estos cambios radicales pueden abrirnos a una profunda y nueva percepción sobre la manera en que las cosas son en realidad. Para mí, esta nueva percepción se me presentó, por ejemplo, cuando fui a una exposición de paisajes del gran pintor impresionista Monet en la que muchos de sus cuadros habían sido reunidos para que fueran vistos al mismo tiempo.

Vi sus cuadros bajo una nueva perspectiva. Me había acostumbrado a ver una sola versión de sus parvas de heno en un prado o de su estanque de nenúfares; algo así como una instantánea. Pero ahí estaban reunidas las series de cuadros que él había hecho a partir de esos temas sencillos, series que el ojo lee como una secuencia, como una película.

El mismo paisaje ahora se revelaba pintado en diferentes momentos del día, o en diferentes estaciones del año. Y a pesar de que, en un primer vistazo, cada cuadro de las series podría parecerse a los otros, observar detenidamente uno y otro revelaba un sutil movimiento de la luz filtrada a patrones fluidos de color cambiante, que las diferentes pinturas iban acentuando desde el alba hasta el ocaso. Las líneas crispadamente definidas se esfumaban gradualmente, mientras los extremos se suavizaban con la luz cambiante. Monet captó la conmovedora estética de la verdad de lo efímero. Sus cuadros son contemplaciones del cambio.

El budismo señala el flujo continuo de la mente. Todo lo que se presenta a nuestra percepción —pensamientos y sentimientos, todo lo que vemos, oímos, olemos, gustamos— es el resultado de complejas leyes de causa y efecto en un estado de cambio continuo.

Esa comprensión de la inestabilidad puede llevar a una oportunidad para la percepción en la naturaleza «vacía» de todos los fenómenos. Antes que ser las entidades fijas que nuestra mente tiende a atribuirles, todo lo que percibimos está «vacío» de una identidad individual.

Desde esa perspectiva, la atribución de fijeza a cualquier entidad se asemeja al preconcepto de la percepción: erróneamente, atribuimos una etiqueta fija a lo que, de hecho, es un conjunto siempre cambiante de secuencias de causa y efecto que se presentan y que desaparecen.

Una de las razones por las que esto escapa a nuestra conciencia tiene que ver con que nos vemos a nosotros mismos, a los demás y los objetos en un lapso limitado, como si la instantánea que conservamos ahora representase la manera en que siempre será todo y la manera en que siempre ha sido todo. Cada segundo nacen dos millones y medio de glóbulos rojos, y en el mismo segundo muere un número equivalente. El círculo de nacimiento y muerte continúa en cada instante dentro del cuerpo.

La asunción de una forma cualquiera puede ser vista como un acontecimiento, un círculo de nacimiento y de muerte que apenas dura un instante. Es claro que las escalas de tiempo para ese «instante» varían enormemente. Un instante geológico como el nacimiento y la muerte de una montaña puede durar millones de años. En el caso de una secuoya de California, ese instante puede abarcar mil o dos mil años. Pero si consideramos la escala temporal adecuada, todas las entidades físicas se revelan como inestables. El cambio es incesante.

Una percepción similar de la inestabilidad se nos aparece naturalmente a partir de la observación del trabajo de la mente cuando aplicamos una conciencia investigadora. La percepción consciente nos permite ver algún nacimiento y alguna muerte en cada instante. Como dijo Joseph Goldstein: «Podemos ver que todos los pensamientos, sentimientos, emociones y sensaciones del cuerpo y de la mente son momentáneos, de flujo constante... podemos ver la naturaleza cambiante de todas las diferentes partes. Podemos estar con ellas, sin identificarnos, y ver que no pertenecen a nadie, que son sencillamente fenómenos transitorios, que aparecen y desaparecen.»

LAS COSAS EXISTEN COMO VERBOS

Los físicos saben que cada objeto se descompone en sus moléculas constitutivas; cada molécula, en átomos; cada átomo, en partículas de energía todavía más pequeñas. Pero eso ya nos lleva a la cuestión de la causa y el efecto.

«Desde la perspectiva de los físicos, el caos técnicamente se refiere a la impredictibilidad; la casi imposibilidad de predecir todos los efectos de una causa o de deducir todas las causas que hay detrás de un efecto», me dice un físico.

Y agrega: «Cada efecto sigue teniendo una causa, pero las relaciones causales son tan delicadas y complejas que, incluso con la computadora más poderosa, es casi imposible entenderlas lo suficientemente bien como para realizar predicciones. La teoría del caos saca patrones predecibles (y a menudo universales) de un sistema físico que es impredecible y proporciona al físico alguna comprensión limitada de la causa y el efecto en el mundo físico, sin el enorme esfuerzo que sería necesario para una comprensión completa.»

Toda ciencia se ocupa de la comprensión de las leyes de causa y efecto que gobiernan lo que ocurre en el universo físico. El budismo lleva ese análisis en otra dirección, tanto en el dominio físico como en el mental: reconocer que todo lo que surge viene de esa red compleja y que carece de existencia fuera de ella.

El Dalai Lama explica que «cuando se analizan las cosas descomponiéndolas mentalmente en sus partes constitutivas, se llega a la comprensión de que las cosas alcanzan su ser dependiendo de otros factores. Además, no hay nada que tenga una identidad independiente o intrínseca propia».

Cuando vemos nuestra vida como apenas una pequeña parte de un sistema más grande, nuestra perspectiva cambia espectacularmente. Como dice la frase que mi hermano empleó una vez: «Algunos granos de arena arremolinados en la tormenta de polvo del tiempo.»

Si todo lo que aparenta existir como una entidad independiente en realidad asume su forma como parte de una gran red de causas y efectos, entonces —como nos dice el budismo—, está «vacío» de cualquier naturaleza independiente. Es como el reflejo de un rostro en un espejo: parece existir, pero aparece ahí solo por la manera en que nuestros ojos reciben el juego de la luz en el cristal.

Por supuesto que, hablando de manera relativa, las cosas existen desde el punto de vista convencional. Pero desde una perspectiva última, son parte de la gran amplitud del tejido de causas y efectos que crea apariciones a partir del vacío. Las cosas existen como verbos, o procesos, no como sustantivos, como entidades fijas.

UNA BURBUJA EN EL AGUA

Todo lo que surge, cambia y desaparece, ya se trate de una gota de rocío o de una montaña. Nada dura. La palabra tibetana para describir lo transitorio —según Chokyi Nyima Rinpoche— implica ser «perecedero, huidizo, pasajero, como una burbuja en el agua. El Buda dijo que, cuando miramos una burbuja en el agua, parece como si estuviera allí, como si existiera, pero entonces, en el instante siguiente, ya desapareció. Todo es así: cada instante es cambiante».

En un nivel muy sutil, Chokyi Nyima ofrece el ejemplo del florero. «En el caso de una persona que no piensa realmente en él, desde que alguien lo hizo hasta que se rompe, el florero parece permanente. Pero alguien que realmente examine ese florero descubrirá que cambia a cada momento. Se decolora, se vuelve antiguo, no de un momento a otro, sino poco a poco.»

Los maestros budistas nos piden encarecidamente que investiguemos esto nosotros mismos. Una indagación intelectual es un principio, pero si esa comprensión se limita a un nivel intelectual, la diferencia puede ser muy pequeña. Por esa razón, el Dalai Lama observa que esa convicción de la verdad de la inestabilidad requiere una percepción directa en nuestra propia experiencia, no solo oír la idea. Y agrega que esa comprensión directa «necesita seguir siendo perfeccionada, dado que nuestro modo de aferrarnos a lo efímero está profundamente incrustado en nuestra conciencia». Ese poderoso hábito de la mente, «no desaparece con apenas una sola percepción. Se requiere un largo proceso de profundización de nuestra percepción».

La verdad de lo transitorio tiene un poderoso simbolismo en algunos rituales tibetanos en los que, a partir de arena coloreada, se construye un exquisito e intrincado mandala. Después de algunos días o semanas en los cuales el mandala adquiere usos en vastos rituales, hay una ceremonia de clausura en la que se barren sumariamente los colores brillantes hasta transformarlos en un montón de barro marrón que se lleva al río y que se tira al agua. Deshacerse de lo que había sido tan bello nos recuerda que, puesto que toda experiencia pasa, en la medida en que nos aferremos a ella, viviremos inevitablemente la desilusión.

DE LA COMPRENSIÓN RELATIVA
A LA COMPRENSIÓN ÚLTIMA

Cambiar nuestra mente de manera tan profunda nos lleva a más apertura para desafiar los hábitos mentales que subyacen en nuestra confusión ordinaria. En el budismo tibetano, ese desafío asume el aspecto de una forma especial de entrenamiento de la mente.

La tradición tibetana del entrenamiento de la mente habla de dos modos de práctica complementarios: el «método» y la «sabiduría». En ese contexto, el «método» se refiere a un abanico de prácticas diseñadas para ayudarnos a ser más abiertos, honestos, confiados y compasivos. Interpretado en un sentido muy amplio, toda práctica que nos ayude a acercarnos a percibir las cosas tal como son —ya sea mediante la terapia o la práctica espiritual— se sitúa bajo el membrete de método.

De manera similar, la «compasión relativa» se refiere a las prácticas que reducen las emociones perturbadoras y cambian nuestra actitud, alejándonos del egoísmo y llevándonos a la aspiración de ayudar a los demás. Por ejemplo, la meditación benevolente descrita en el Capítulo 3 es una práctica de la compasión relativa. Las meditaciones basadas en la concentración —como concentrarse en la respiración— también están en esta categoría, puesto que tienden a apaciguar la mente y a suprimir las emociones perturbadoras, dejándonos más abiertos, menos reactivos y más sensibles a las necesidades de los demás.

Existen muchas prácticas en el budismo tibetano que cultivan la compasión relativa. Por ejemplo, el cultivo intencionado del deseo para beneficiar a los demás; la dedicación a cualquier mérito que nuestra práctica produce para el bienestar de los demás; la búsqueda de cualquier oportunidad para incrementar virtudes como la práctica de la compasión, y la alegría por la felicidad de los otros, por nombrar solo algunas.

Esas prácticas proporcionan una base importante para explorar verdades más profundas: el cultivo de lo que se denomina compasión «última», en la cual el «método» abre el camino para lo que se llama prácticas de la «sabiduría». A pesar de que los tipos de meditación que sirven para concentrar la mente o que cultivan una actitud compasiva son todos buenos, si los mismos patrones habituales todavía actúan sobre la mente, la serenidad y el altruismo no bastan. En consecuencia, en tanto esos hábitos prevalezcan, seguimos viendo las cosas por lo que parecen y no por lo que son.

Ver las cosas con la mayor claridad requiere que, de algún modo, despejemos la mente de cualquier cosa que pueda oscurecer la mirada. El principal objetivo del entrenamiento mental es quitar los dos tipos principales de oscurecimientos: tanto los oscurecimientos cognitivos —pensamientos sutiles y sus preconceptos ocultos— como los oscurecimientos emocionales, nuestras reacciones automáticas a favor o en contra de cualquier cosa que se nos aparezca en la mente. Mientras que el «método» y las prácticas compasivas —como la concentración y el cultivo de la benevolencia— aclaran los oscurecimientos emocionales, las prácticas de la «sabiduría» hacen otro tanto con los oscurecimientos cognitivos más sutiles.

Choki Nyima dice que cualquier entrenamiento que disuelva nuestros oscurecimientos emocionales y cognitivos «es un verdadero entrenamiento de la mente».

CUANDO LA CONFUSIÓN SE MUESTRE
COMO SABIDURÍA

Unos famosos versos de Gampopa, el gran sabio tibetano, resumen el camino del entrenamiento de la mente:

Que mi mente se vuelva hacia el dharma.
Que mi práctica del dharma se convierta en el camino.
Que el camino aclare la confusión.
Que la confusión se muestre como sabiduría.

El primer verso se refiere a los cambios de la mente antes mencionados y a su poder para volver a cambiar nuestras prioridades personales, de manera que esa práctica —el *dharma* o enseñanzas espirituales— sea una fuente de inspiración y guía de nuestra vida. El segundo verso reconoce que no es suficiente con tener esas percepciones de lo que importa; necesitamos transitar el camino mediante las prácticas espirituales. Y el tercer verso ofrece el deseo de que nuestra práctica misma esté libre de la perpetuación de los hábitos mentales y emocionales de los cuales buscamos liberarnos.

En un nivel práctico, esos versos se refieren a prácticas que ayuden a aclarar nuestros oscurecimientos emocionales. Las emociones perturbadoras —al menos las obvias, aquellas a las que inmediatamente reconocemos como tales— son reducidas o dominadas por métodos como las meditaciones apaciguadoras. Estas calman la mente y nos concentran en una actitud positiva, lejos de nuestras preocupaciones personales. Sus efectos implican volvernos más estables emocionalmente, confiados y compasivos.

Pero el paso crucial en el entrenamiento de la mente viene con el cambio mencionado en el cuarto verso, cuando «la confusión se muestre como sabiduría». Este verso se refiere a las prácticas que remueven los oscurecimientos cognitivos más esquivos, los cuales son vistos como la verdadera base del engaño de la mente. Los oscurecimientos cognitivos incluyen cualquier concepto infundado, suposición sobre la realidad o las formas distorsionadas de la percepción. Disolver esos oscurecimientos nos permite percibir las cosas claramente, revelando la naturaleza de la mente misma.

Las prácticas que tienen ese efecto se agrupan bajo la categoría de «sabiduría» e incluyen, en particular, la percepción (o *vipassana*, una palabra pali ampliamente usada en Occidente; la palabra tibetana es *vipashyana*). Los detalles específicos de esas prácticas perceptivas varían según las distintas escuelas budistas. En este sentido, el entrenamiento de la mente significa liberarnos del poder de los hábitos emocionales y mentales ordinarios y estabilizarnos en la sabiduría de una conciencia alerta.

Los dos niveles de entrenamiento mental se reflejan en la motivación que subyace en la búsqueda de uno u otro. La razón que lleva a cultivar la compasión en el nivel relativo encuentra su expresión en el deseo de aliviar el sufrimiento propio y el de los demás. El motivo que lleva a cultivar el nivel supremo de la compasión es el deseo de ver la realidad claramente y de ayudar a despertar ese potencial en los demás.

Para describir ese cambio de lo relativo a lo supremo y el cambio paralelo en la calidad de la compasión, algunos textos emplean la metáfora del hielo y el agua. La mente ordinaria se relaciona con el hielo: la rigidez de nuestros pensamientos y supuestos se centra en torno a nuestro apego al ego, el «yo». A medida que la alquimia espiritual surte su efecto, el hielo gradualmente se derrite hasta que, al final, la rigidez de los hábitos conceptuales desaparece: solo queda agua clara y cristalina. Desde cierto punto de vista el hielo se transforma en agua, pero desde otro punto de vista es la misma corriente mental que se descongela, en la medida en que está menos fijada y cerrada en sí misma.

El calor de la compasión relativa puede derretir el hielo de la rigidez mental. Cuanto más desapegados somos, ya sea a través de acciones compasivas que beneficien a los demás o mediante deseos compasivos y pensamientos dentro de nuestra mente, seremos tanto más capaces de darnos cuenta de la naturaleza vacía de la mente. A medida que la noción de separación se disuelve, el apego al ego se libera.

El budismo sostiene que hay un vínculo directo entre nuestra habilidad de ser compasivos y la claridad de la mente. Si nuestra mente se encuentra en un estado de confusión, seremos menos capaces de ayudar a aliviar el dolor de alguien. Por esa razón, el deseo de aliviar el sufrimiento de otros lleva al deseo de cultivar nuestra propia sabiduría y de reemplazar la confusión por la claridad.

Las nubes de la confusión mental se disuelven en el preciso momento en que interrumpimos nuestras formas habituales de percibir. La palabra tibetana *sherab* se refiere a la inteligencia inquisidora que limpia la confusión.

Esa facultad de la mente es lo que se denomina «maestro interior», la habilidad de usar las experiencias de la vida para concebir las cosas tal como son más que como parecen. Esa inteligencia inquisidora emplea la mente conceptual —la mente que piensa, etiqueta y razona— para trascenderla, incluyendo los pensamientos y emociones habituales. El budismo enseña que la experiencia de nuestra verdadera naturaleza yace más allá del reino del pensamiento y sentimiento ordinarios.

El salto de lo conceptual a lo no conceptual marca una transición clave en la práctica de la atención consciente. Los métodos de razonamiento concentrado «pueden garantizar tranquilidad, pero no llevan directamente a la sabiduría», dice U Pandita, ya que están aún centrados en los conceptos. Los métodos no conceptuales, aquellos que cultivan la sabiduría, «poseen objetos que pueden ser experimentados directamente sin pensar». En resumen, la práctica no conceptual trasciende el pensamiento.

La inteligencia inquisidora no se satisface con el mero filtrado de nuestras percepciones a través de las lentes distorsionantes del pensamiento y de la emoción, ni tampoco con dejar que los supuestos implícitos en esas lentes definan nuestra realidad. Busca conocer la verdadera naturaleza de lo que se piensa y de lo que se siente, más que dejarnos satisfechos con la visión de la vida a través de la niebla de pensamientos y sentimientos habituales.

Como tal, la investigación consciente brinda una forma directa para romper nuestros hábitos y tendencias de pensamiento y emocionales más profundos, incluyendo la falsa certeza que se origina al suponer que las cosas, tal como se nos aparecen de ordinario, reflejan su realidad. La calidad de la investigación trabaja en oposición directa al hábito. Cuando las cosas permanecen incuestionadas, seguimos en modo automático y surgen los hábitos con nuestros condicionamientos dictándonos la manera en que vemos, interpretamos, sentimos y reaccionamos. Pero el marco de investigación de la mente nos permite despertar y ver de una manera nueva, sacándonos de las costumbres habituales.

Así como en un nivel basto una investigación puede arrojar luz sobre los hábitos emocionales, en un nivel más refinado la inteligencia inquisidora permite percepciones que trascienden los oscurecimientos cognitivos y emocionales más sutiles. Esa calidad de conocimiento natural de la mente es como una lámpara reflectora que ilumina lo que percibimos, dando a la mente la posibilidad de conocer y de entender. Así como clarifica el mapa interior de la conciencia, conocer la naturaleza misma de la mente nos otorga la habilidad de seguir un mapa hacia nuestro destino. *Yeshe* o sabiduría, conocer las cosas tal como son, es la verdad que queda cuando el flujo de pensamientos y de sentimientos basados en preconceptos erróneos se apacigua. *Yeshe* es como el cielo abierto; *sherab* o inteligencia inquisitiva, como el viento que limpia las nubes de la mente que oscurecen el cielo.

LAS NUBES MÁS DENSAS

De todas nuestras nubes mentales, algunas de las más densas se arremolinan alrededor de las emociones, convirtiéndose en tormentas cuando están en proximidad de los esquemas. El budismo tibetano nos dice que esas emociones perturbadoras a veces pueden ofrecer una oportunidad apropiada para la percepción espiritual. Eso, claro, requiere que apliquemos los métodos correctos.

El proceso puede comenzar con una investigación psicológica. El Lama Yeshe aconseja: «Cuando despierte su mente negativa, usted debería examinarla con la mayor atención», con una actitud cuestionadora que desafíe los preconceptos. El método que él recomienda es semejante a la aplicación de la atención consciente a los ataques de esquema: «En vez de hacer algo diligentemente para distraerse, relájese y trate de ser consciente de lo que está haciendo. Pregúntese por qué está haciéndolo, cómo lo está haciendo y cuál es la causa.»

Pero las respuestas que él propone están en un nivel más sutil que el que aplicamos al trabajar con los esquemas. Si nuestro entendimiento flota sobre la superficie de la apariencia de las cosas no podremos penetrar en la realidad de las cosas.

El Lama Yeshe proporciona el siguiente diagnóstico de nuestro estado en los momentos en que estamos atrapados por los hábitos mentales: cuando comprendemos nuestra percepción mental del mundo, tal vez podemos darnos cuenta de que estamos aferrados al mundo de los sentidos. Según dice, estamos «demasiado preocupados con lo que va a suceder en un futuro inexistente y somos totalmente inconscientes del momento presente». En síntesis, estamos «viviendo para una mera proyección».

La actitud consciente combate el fortalecimiento del hábito emocional, sacando a la luz la conciencia investigadora cada vez que una emoción negativa aparece en nuestra mente. Desde la perspectiva budista, esa estrategia es preferible para nuestra costumbre habitual de dejar que las emociones guíen ciegamente las acciones; al hacerlo, en la mente queda una poderosa impresión, una profundización del hábito arraigado para hacer lo mismo en el futuro. Esas duraderas tendencias mentales para volver a establecer un patrón emocional al que en muchas oportunidades previas nos hemos entregado tienen un poder sutil.

Chokyi Nyima compara ese rastro sutil de una tendencia habitual a la fragancia que persiste en una botella de perfume vacía. Puede que los rastros de esos hábitos mentales sean difíciles de discernir, pero su poder sigue siendo grande. «La tendencia habitual implica un tipo de poder o energía automáticos

—dice Chokyi Nyima—. Por lo general, la irritación y la ira no requieren mucho esfuerzo de nuestra parte. Debido a la tendencia habitual, parecen muy espontáneas y pueden desencadenar un ataque de furia cuando el objeto correcto se presenta.»

A partir de la perspectiva última, no solo las emociones negativas, sino también las positivas, albergan las «semillas del karma»: la propensión a profundizar los hábitos emocionales y, de esa manera, a fortalecer el hábito automático. Desde ese punto de vista, todas las emociones podrían ser sometidas al escrutinio de la atención consciente, así como todos los pensamientos y todas las reacciones. Y, por lo tanto, la investigación se expande hasta incluir los funcionamientos de la mente misma.

UNA INVESTIGACIÓN SUTIL: LOS TRES VENENOS

Para entender este nivel de investigación, ayuda rastrear hacia atrás la manera en que comienzan las emociones. Después de que los sentidos establecen contacto con un objeto y registran ese contacto como percepción, el paso siguiente conlleva la reacción: cómo nos sentimos a propósito de ese objeto. ¿Nos gusta? ¿Nos desagrada? ¿Nos es indiferente?

A partir de ese juicio sobre el gusto, el disgusto o la indiferencia, se presenta la emoción completa, del deseo y la inclinación, al disgusto u hostilidad, a la frialdad o la apatía. Dado que esas tres categorías de reacción son la fuente última o semilla de la vasta disposición de las emociones destructivas que se presentan en nuestra mente, el budismo se refiere a ellas como «los tres venenos».

Estrictamente hablando, las emociones no se presentan en la mente por las cosas que percibimos. Sea lo que sea que se nos aparece, «lo que crea la emoción es el gusto o el disgusto de sus apariencias». dice Chokyi Nyima. Y agrega: «No estamos sujetos por la cosa percibida sino por la adhesión a ella. Que algo nos guste es una forma sutil de ligadura; cuando ese gusto crece se convierte en adhesión o deseo vehemente. Que algo no nos guste es una forma sutil de lo que puede transformarse en furia», que también es un tipo de adhesión.

De manera típica, somos mucho más conscientes de las emociones más evidentes de lo que somos de aquellas más esquivas y sutiles referidas al gusto, el disgusto o la indiferencia a los que estas dan lugar. Si se les da rienda suelta, una perturbación menor puede estallar en la mente convirtiéndose en ira. Pero el poder investigador de la atención consciente puede detectar el nivel más sutil, rastreando las raíces de una emoción poderosa —como la ira— hasta su fuente en la mente. Alcanzamos ese momento crítico cuando la mente reaccionó a la percepción inicial de disgusto. En el caso de una reacción esquemática, por ejemplo, con la conciencia investigadora adecuada, podríamos ser capaces de rastrear su fuente original en un momento inicial que la mente registró como «disgusto», disgusto que se convirtió en disparador.

Si dejamos que las reacciones actúen inadvertidas, se manifestarán como emociones no elaboradas, cuyas especificaciones dependerán de nuestros patrones habituales. Pero, independientemente, la forma final que asuman las emociones, en sus raíces siempre hay una de las tres reacciones primarias. Esas son las semillas de todas las emociones intensas, si no interviene una conciencia atenta.

Según describe la psicología budista a la Cadena del Origen Dependiente, el nacimiento de la sujeción principia con el momento de contacto, cuando el ojo o el oído empiezan a ser conscientes de la cosa percibida, lo que lleva a la sensación o percepción. Sin embargo, en el budismo, esa secuencia puede permitir un análisis tanto de la Segunda como de la Tercera de las Nobles Verdades: las causas del despertar del sufrimiento y la clave de su cese.

No ser consciente de ese primer momento de contacto rápidamente lleva a través de algunas etapas más de deseo vehemente o de sujeción a la cosa percibida. Pero el pensamiento budista clásico propone una alternativa a la formación de la sujeción instantánea a lo que percibimos, reaccionando ante ello con una emoción u otra. En cambio, podemos sencillamente ser conscientes de la cosa con ecuanimidad. Así no se forma ninguna sujeción; la cadena del condicionamiento se rompe.

Cuando la cadena se rompe, somos libres del gusto, del disgusto o de la indiferencia automáticos que comúnmente plantan las semillas de las emociones aflictivas. Esto nos permite tener ecuanimidad respecto de la manera natural en que son las cosas naturalmente sin desear que sean diferentes. En síntesis, no aferrándonos a nuestro gusto o disgusto.

Si usted está interesado en emplear
la conciencia investigadora como práctica

Puede aplicar la atención consciente al vínculo del deseo. Este tipo de atención consciente más sutil puede realizarse fácilmente en un retiro, en el que usted tenga la posibilidad de intensificar la constancia de su atención consciente y refinar las cualidades de la investigación precisa. Esto permite fortalecer la conciencia, creando al mismo tiempo la ecuanimidad que permite una mayor libertad respecto del deseo.

En su práctica de atención consciente, trate sencillamente de permanecer con la secuencia que se da cuando siente algo, observándola atentamente. Cuando ve, oye o siente una sensación, ¿cuáles son los pasos inmediatos en la mente? ¿Puede detectar la tendencia a aferrarse, a tener una preferencia, a que le guste o le disguste lo que siente?

Este es un eslabón crucial en la cadena del origen dependiente, el momento de elección de la mente entre seguir o no las costumbres habituales. Observar esto permite una percepción directa sobre la manera en que oscurece la mente aferrarse a la esperanza o al miedo, a lo placentero o a lo no placentero de las experiencias.

18

Un nuevo marco para el sufrimiento

Durante la época más siniestra del régimen nazi, el maestro Viktor Frank fue internado en un campo de concentración. Los internados de ese campo carecían virtualmente de control sobre sus destinos, pero todavía podían controlar algo de su estado mental. Al escribir sobre esa época desesperada, Frankl relata la forma en que la mayoría de los reclusos, comprensiblemente, con el tiempo fueron perdiendo toda esperanza. Pero Frankl no: se mantuvo ocupado pensando de qué modo algún día podría transformar sus espeluznantes experiencias en conferencias y en escritos. Buscarle significado a esa situación horrible tuvo un efecto palpable sobre Frankl: lo mantuvo motivado para sobrevivir, con la mente vivaz y el espíritu intacto. Sobrevivió para escribir y para dictar conferencias sobre su experiencia durante casi cuarenta años. Y fundó una escuela de psicoterapia basada en la premisa de que la sensación de un significado puede transformar nuestro sufrimiento. En el acto de recontextualizar su propio sufrimiento, Frankl ofrece una perspectiva inspiradora para ver la posibilidad de enfrentar nuestra miseria desde una conciencia más expansiva.

Cada uno de nosotros tiene su manera única de responder a los desafíos de la vida; por lo tanto, necesitamos respetar nuestras necesidades, nuestro propio temperamento y nuestro tiempo. Mis reflexiones se ofrecen como una exploración más que como una receta para enfrentar el sufrimiento. No me arrogo el derecho de saber qué es lo correcto para todos en las luchas que forman parte de la vida de cada uno. En mi investigación, me ha dejado perplejo el paciente espíritu de valor que permite que alguna gente triunfe sobre la adversidad y acceda a las fuentes interiores de la percepción y de la compasión, incluso en las circunstancias más angustiantes. Parecen existir cualidades humanas naturales que la gente puede sacar a la luz para atravesar los tiempos difíciles. Pero para hacerlo, es necesario que confiemos en la inteligencia natural, en la brújula interior que nos ayuda a encontrar el camino al vérnoslas con el dolor y la pérdida angustiosa. Esta perspectiva no significa negar ni superar las duras realidades que soporta la gente. A veces, esas luchas pueden ser tan difíciles de soportar que uno solo quisiera huir. Pero esta perspectiva alienta a que cada uno de nosotros confíe en su capacidad interior de saber cuándo actuar y cuándo permanecer quieto, a que entendamos nuestra realidad única y a que respondamos de la manera más sensible, informada y sabia.

A veces necesitamos tiempo para nosotros, a veces necesitamos el apoyo y el cariño de aquellos en quienes confiamos. A veces necesitamos tiempo para expresarnos a nosotros mismos nuestros sentimientos dolorosos o para expresárselos a otros, a veces necesitamos tiempo para volvernos hacia perspectivas y prácticas que puedan ayudarnos a sanar. Cada uno de nosotros tiene su propio modo de responder con naturalidad a las dificultades que nos plantea la vida.

A veces esto significa estar abierto a no saber, permitiéndonos simplemente aceptar el misterio. Al aceptar esas necesidades y al responder a ellas ocupándonos de nosotros mismos, al estar completamente presentes ante nuestra experiencia tal cual es, sin apresurarnos a cambiarla, puede surgir la comprensión.

Ya se trate de alguien que practica la meditación o no, las cualidades del valor, de la flexibilidad, de la paciencia —para nombrar solo algunas— son las mismas que acrecientan la atención consciente. La práctica de la atención consciente cultiva y profundiza esas cualidades naturales. Como dijo el maestro tibetano Tulku Thondup: «La mayor fuente de fuerza y ayuda está en nuestra propia mente; al abrirla, tal vez nos sorprendamos de nuestra fuerza interior.»

QUÉ NOS LLEVA AL CAMINO ESPIRITUAL

Hace algunos años, trabajé un tiempo con una maravillosa terapeuta. Ella no tenía mucho conocimiento sobre el budismo, pero respetaba mi interés y mi compromiso con esa práctica como un modo de obtener claridad a propósito de temas emocionalmente confusos.

Un día, yo le estaba contando sobre algunas pérdidas tempranas que había sufrido en mi infancia y sobre la manera en que me adapté a ellas. Me miró y con su habitual percepción natural dijo: «Fue como si entonces ya hubieras entendido la naturaleza de lo efímero.»

Sus palabras fueron directo a mi corazón. Ella estaba reconociendo cómo esas pérdidas de la infancia habían sido algo más que una causa de pena o de sufrimiento para mí. Me habían permitido una percepción más profunda y me habían ayudado a emprender el camino espiritual.

Yo había escuchado esto de boca de mucha gente que se había iniciado en la práctica budista. En algún sentido, emprender el camino espiritual puede ser una respuesta adaptativa al sufrimiento de nuestra vida, ya sea el provocado por la confusión emocional, por el dolor físico o por la pérdida.

Recuerdo haber enfrentado mis miedos al abandono cuando mi querida gata, que me había acompañado durante veinte años, estaba por morir. Es increíble cómo nos apegamos a nuestras mascotas. De alguna forma, no me sorprendió que fuera tan difícil dejarla partir. Dado mi patrón de miedo al abandono, las pérdidas personales pueden tener un impacto más intenso.

En ese momento yo estaba peleando con mi miedo a perder a cualquier ser amado; a veces, el inconstante miedo al abandono se hacía muy difícil. Entonces, después de veinte años de cuidar a mi gata, yo suponía que perderla era algo muy difícil de soportar. La parte de mi persona que tiende a separarse cuando detecta un signo de abandono estaba a punto de actuar después de que el veterinario dijo: «Le quedan solo unas pocas semanas de vida.» Sentí una necesidad imperiosa de distanciarme emocionalmente de ella, una de las formas clásicas que ponemos en práctica aquellos que padecemos el patrón del abandono para tratar de evitar el dolor de una pérdida que se espera.

Entonces, recuerdo que elegí intencionadamente no rendirme ante esos miedos y tampoco obedecer al impulso de distanciarme, sino permanecer cerca de mi gata mientras agonizaba. Estuve varias semanas pasando cada momento que tenía libre a su lado.

Algo relacionado con permanecer a su lado, aunque yo tenía miedo de perderla, modificó algo en mí: el preconcepto de que perder a alguien era demasiado difícil de soportar, que el sentimiento de abandono iba a ser demasiado intenso, quedó cuestionado.

Finalmente, ella se había vuelto tan desvalida que solo podía mover la cabeza. En esas horas finales, juntas, le dije todo lo que significaba para mí, cómo la iba a echar de menos y qué profundamente la quería. Para ese entonces, hacía un par de días que ella no se movía, pero parecía expresar su amor con una intensa mirada.

Se estaba haciendo muy tarde, entonces me levanté para prepararme para ir a la cama. Volví para darle las buenas noches. Tenía la cabeza mirando en la dirección opuesta adonde yo estaba acariciándole el lomo. Entonces, por primera vez en varios días, ella giró el cuerpo para enfrentarme. Maulló algunas veces, y yo supe de inmediato que me estaba pidiendo que la abrazara.

La levanté del almohadón donde estaba y la acerqué a mi cuerpo. Ella resolló tres veces seguidas y murió.

Fue casi como si yo hubiera visto su conciencia moviéndose en su cuerpo, en oleadas, y proyectarse fuera de ella en ese hálito final. Yo estaba estremecida por haber presenciado la transición habida entre esa gata adorable de pelo largo que yo había tenido tantos años y ese cuerpo hueco, vacío de vida, que había quedado.

Me senté en silencio meditando sobre esa maravilla. Lo efímero no era un concepto elevado o abstracto, sino una experiencia real. En ese momento, las enseñanzas del budismo se hicieron vívidas para mí. No hay un yo permanente, fijo, sólido, sino una serie de patrones cambiantes de experiencia.

El haberme sentido tan profundamente conectada con ella mientras la estaba perdiendo hizo posible que sintiera un vínculo que iba más allá de las formas físicas. Aun cuando sentía miedo y tristeza, me encontré conectada con el amor mismo.

TRANSFORMAR LA ADVERSIDAD

El Dalai Lama señala que hay dos maneras básicas de responder al sufrimiento: «Una consiste en ignorarlo y la otra, en contemplarlo fijamente y penetrar [conscientemente] en él.» Y agrega que la respuesta recomendada para aquellos que practiquen la espiritualidad «es penetrar en él, no simplemente evitarlo». Si cambiamos la relación con las experiencias desagradables, si podemos resistirnos menos a ellas y observarlas con más claridad, entonces tal vez seamos capaces de reducir la capa de sufrimiento agregada que proviene de nuestra resistencia y de nuestras reacciones.

Eso, claro está, no siempre es fácil. Recuerdo que alguien preguntó al Dalai Lama si atravesar un sufrimiento profundo podía ser beneficioso y si ayudaba a la gente a volverse más compasiva.

Su respuesta: «Sí, seguramente eso ocurre.» Pero tuvo la precaución de agregar que el sufrimiento también podía llevar sencillamente a la desesperación o a la depresión: «Si nos obsesionamos con nuestro sufrimiento y nos sentimos deprimidos o agobiados por él, eso lo hará crecer todavía más» (*Mundos en armonía*). No obstante, cuando el sufrimiento se une con lo que él llamó «medios aptos» —en el sentido de las circunstancias interiores útiles—, entonces puede aumentar su propio valor.

La noción de «circunstancias interiores útiles» merece más

atención. En esa frase se incluyen habilidades de la mente que podemos cultivar. Una de ellas es el poder de una atención concentrada, una concentración aguda que calma la mente, haciéndola menos reactiva. Otra es la adaptabilidad, una flexibilidad que nos permite responder con más amplitud y creatividad en lugar de estar encerrados dentro de los límites de líneas de pensamiento restringidas. Otras son la paciencia y la confianza, la habilidad de aceptar aquellas cosas sobre las que no tenemos control. Luego está la ecuanimidad, que no es equivalente a la insensibilidad o a la apatía, sino más bien a una mente que descansa en una actitud de equilibrio, no empujada o impulsada por los gustos y los disgustos.

Un viejo lama tibetano, que soportó diecisiete años terribles en un campo de concentración chino después de que su país fuera ocupado, estaba contando la historia de su encarcelamiento. Hablaba de lo difícil que fue soportarlo. Pero, según dijo, a pesar de que estaba en la cárcel, todavía tenía su libertad interior. Podían controlar su cuerpo, pero no podían controlar su mente.

La manera en que nos relacionamos con las condiciones adversas es una elección nuestra. Nadie tiene ese poder sobre nosotros. La flexibilidad mental también es un instrumento poderoso para desenredar nuestro condicionamiento al esquema. Las reacciones de los demás son una cosa, pero la manera en que respondemos y somos afectados por esas reacciones se encuentra en el interior de nuestro poder de cambiar. Esta calidad flexible de la mente —de hecho, todas las «circunstancias interiores útiles» puede cultivarse con la práctica de la atención consciente.

Uno de los grandes dones del espíritu humano es la capacidad de transformar el sufrimiento para que la adversidad se convierta en una fuerza que nos despierte. Antes de ser vencidos por las fuerzas de la confusión y de la desesperación, podemos empezar a ver que podemos elegir la manera en que dejamos que el sufrimiento nos afecte; podemos ver que no estamos enteramente desamparados frente a la adversidad.

Por supuesto, esto no quiere decir que sea fácil; en medio del sufrimiento, tal vez no sepamos cuál es la forma de emplearlo como momento transformador. Puede haber alguna sabiduría en no saber por un tiempo, en permitirnos perder las maneras habituales de relacionarnos con nuestros problemas y las limitadas formas en las que nos definimos a nosotros mismos. No es que siempre podamos cambiar las confusas condiciones de nuestra vida, sino que podemos cambiar la manera en que nuestra mente se relaciona con ellas.

Luego están los desafíos interiores de enfrentar nuestros propios esquemas y nuestras emociones aflictivas, los momentos en que el caos de nuestra mente parece estar fuera de control. Pero aunque estemos extremadamente confundidos, si durante esa confusión podemos recordar sosegarnos con atención consciente, será como encontrar un mar sereno en medio de olas turbulentas. Puede que todavía no sepamos qué hacer, pero, al menos, tenemos ese remanso interior.

Uno de mis amigos terapeutas me contaba sobre una paciente que encuentra un gran refugio en la meditación. Su vida es muy caótica: tiene tantos problemas de salud, de relación y con sus hijos que gracias a la meditación encuentra un remanso tranquilo que permanece inalterado por el torbellino externo. Para ella, es tranquilizador saber que ese remanso existe en el interior de su propia mente.

A veces la vida nos enfrenta con experiencias trágicas de las cuales puede hacer falta algún tiempo para recobrarnos. No siempre podemos emplear las dificultades de esa manera. Necesitamos aceptar nuestros sentimientos sin entregarnos a ellos de manera apresurada: atravesar los sentimientos de tristeza, por ejemplo, o expresar nuestro dolor. Cuando estamos listos, en el momento adecuado, hay una oportunidad, una puerta para acceder a más libertad. Si decidimos actuar de ese modo, la atención consciente nos presenta una manera de quedarnos con nuestro sufrimiento que puede abrirnos a experiencias dolorosas con ecuanimidad y corazón valiente.

La diferencia crucial está en la manera en que nos relacionamos con el sufrimiento. Si solo resistimos y tratamos de escapar, nunca vamos a poder relajarnos ante él, verlo desde una nueva perspectiva y, quizá, encontrar una manera para obtener sentido del caos. Ante todo tumulto o con cualquier problema, como Tulku Thondup dice, «La mayor fuente de ayuda y fuerza está en nuestra mente.»

UNA MIRADA A LO QUE ES POSIBLE

La vida misma puede enseñarnos, presentándose con oportunidades para transmutar las emociones desarrolladas dentro de nosotros. Cuando la vida nos decepciona, se nos presenta una oportunidad para ir más allá de las convenciones y comprensiones ordinarias para tener una perspectiva mejor: considerar que en eso debe haber más de lo que parece. Esa investigación podría llevarnos a nuevas posibilidades y a la oportunidad de nuevas honduras de comprensión.

A veces, esas experiencias dolorosas son una puerta oculta para liberarnos de las formas limitadas en que tal vez estamos percibiendo el sufrimiento que experimentamos. Si podemos buscar un significado mayor en nuestro malestar, en lugar de resistirnos a él o resentirnos, ese mismo esfuerzo tiene el poder de recontextualizar nuestro sufrimiento, al menos un poco.

Mi amigo Ram Dass, inveterado explorador de los dominios interiores, hace un tiempo tuvo un ataque de presión. Mientras escribo esto, se va recuperando gradualmente. Su orientación espiritual siempre puso el énfasis en ver las dificultades de la vida como enseñanzas y, por lo tanto, como una oportunidad para el aprendizaje espiritual. Ram Dass parece capaz de emplear su pico de presión para su crecimiento espiritual —«yoga del ataque de presión», según lo llama él—, en vez de sencillamente dejarse definir por las nuevas limitaciones paralizantes en su cuerpo y en su mente.

Poco después de su ataque, mientras volvía a recuperar la capacidad de hablar, me dijo con alguna dificultad: «Siento que esta enfermedad ha sido una bendición para mí, porque borró mi superficialidad: el coche deportivo, el golf, todo eso.» Más tarde, escribió: «Desde la perspectiva del ego, el ataque de presión no es divertido; pero desde la perspectiva del alma, ha sido una gran oportunidad para aprender.»

Que la raíz de la liberación del sufrimiento radica en el dominio mental más que en el físico fue demostrado palmariamente por un comentario vacilante de Ram Dass. Mientras todavía estaba en el hospital un mes o dos después del ataque, le pregunté si estaba sufriendo. Luchando para encontrar las palabras, me dijo: «Cuando pienso en quién era, puede que haya sufrimiento. O si pienso sobre el futuro. Pero cuando estoy en el presente, no hay sufrimiento.»

Agregó: «Aquí los doctores creen que la conciencia está en el cerebro, pero mi conciencia no está afectada por esta enfermedad.»

Ram Dass solía contar una antigua historia sobre un granjero pobre que solo tenía un caballo y un hijo. Un día el caballo se escapó y un vecino sintió conmiseración ante lo trágico del caso. «Ya veremos», dijo el granjero.

Al día siguiente el caballo volvió con una yegua salvaje. Ahora el granjero podría aparearlos y criar más caballos; eso aumentaría su riqueza. El vecino estaba feliz por el granjero. Pero el granjero le dijo: «Ya veremos.»

Más tarde, cuando el hijo estaba tratando de domar la yegua, lo tiró al suelo y se rompió una pierna. Ya no pudo ayudar a su padre en el campo. Nuevamente, el vecino dijo lo trágico que era todo. «Ya veremos», dijo el granjero.

A la semana siguiente, un cruel jefe guerrero se apoderó del pueblo y todos los jóvenes sanos fueron obligados a unirse a sus tropas. Pero el hijo del granjero se quedó en casa. Y todo lo que el granjero dijo fue: «Ya veremos.»

Por supuesto, no siempre es tan fácil estar abierto a todo lo que pueda ocurrir, especialmente cuando no podemos falsear la búsqueda de un camino para cambiar la manera en la que nos relacionamos con nuestro sufrimiento. Pero tal cambio, en las circunstancias propicias y con el método apropiado, todavía puede ocurrir.

Tulku Thondup dice que «La poderosa energía positiva puede prevenir o aliviar el sufrimiento. Pero el resultado más significativo de una actitud positiva no es necesariamente impedir que el sufrimiento ocurra, sino impedir que se convierta en una fuerza negativa cuando se hace presente».

DOS PERSPECTIVAS

El budismo nos enseña que hay dos perspectivas que se aplican a cualquier situación o experiencia: la perspectiva de la verdad relativa y la de la verdad última. La segunda perspectiva puede ser particularmente poderosa cuando se trata de recontextualizar el sufrimiento.

El dominio de la causa y el efecto opera en el nivel de la verdad relativa. La verdad de lo que ocurre en este nivel encaja en la comprensión convencional. Las maneras en que operan los esquemas, o los hábitos en general, o la mente, o nuestro sentido del «yo» pueden todas ser comprendidas en este nivel relativo. Las teorías ofrecidas por la psicología o la ciencia cognitiva son válidas en la perspectiva relativa.

Pero desde la perspectiva última, los esquemas, los hábitos, estos yo no existen con ninguna realidad independiente e intrínseca. No son más reales que el reflejo de un rostro en un espejo.

El nivel último va más allá de nuestra comprensión ordinaria. Mientras que la verdad relativa por lo general nos ofrece un sentido, las percepciones en el nivel último comienzan con la revisión radical de los preconceptos más básicos, que se personifican en la cadena del origen dependiente.

Uno de esos mimados preconceptos señala que existimos como entidades discretas y separadas. Desde la perspectiva budista, todo debe su existencia aparente a otra cosa, como resultado de la interacción de múltiples causas y condiciones. En otras palabras, la existencia aparente de todo —usted, yo, nuestra galaxia— depende de factores múltiples. Si cualesquiera de ellos no desempeñan el papel adecuado en el momento preciso, no hay usted, no hay yo, no hay galaxia.

«Se dice que la verdad suprema es esta ausencia de algún tipo de realidad independiente y autónoma», dice el Dalai Lama.

Pero él observa que ese ejemplo de una verdad última «no es obvio para nosotros en el nivel de nuestra percepción y comprensión del mundo común».

Alcanzar ese nivel de realidad implica una exploración profunda. Sin embargo, las verdades relativa y última son dos perspectivas del mismo mundo: nuestra experiencia misma. Ambas pueden mantenerse en la mente con una conciencia investigadora. Como lo explica Tai Situ: «El principio relativo permite que el individuo se relacione con las variables de la situación, pero todo el tiempo está respaldado por la perspectiva de la verdad última, que nos permite evitar el ser arrastrados por interrelaciones cambiantes.»

Está claro que la visión última tal vez parezca enrarecida, quizá incluso inaccesible para nosotros, en nuestra vida cotidiana; especialmente en aquellos momentos en que las cosas parecen serias, incluso peligrosas y perdemos toda perspectiva ante la presión de la gravedad y de la urgencia. Pero permitirnos la posibilidad de una perspectiva más amplia puede ayudarnos a volver a percibir la realidad relativa de nuestra vida.

Reflexionar en el nivel relativo nos ayuda a entender las repercusiones de la historia personal y los hábitos emocionales y perceptivos resultantes que oscurecen nuestra percepción de la realidad última, nuestra verdadera naturaleza. Pero cuando mantenemos ambas perspectivas en la mente al mismo tiempo, podemos ser más compasivos, menos críticos de nuestros puntos ciegos emocionales y de nuestros hábitos autodestructivos, o estar menos limitados por ellos. También podemos dar el salto a la visión última, a pesar de que estemos aferrados a la comprensión relativa.

Mantener esta perspectiva más amplia puede llevar una conciencia expandida a las heridas emocionales. Una paciente, que se convirtió en experta meditadora, compartió conmigo una de las entradas de su diario. Mientras estaba en un retiro de meditación, soñó que alguien con quien había estado involucrada, le decía que iba a dejarla. Se despertó sintiendo una intensa tristeza; reconoció que el sueño había disparado su esquema de abandono.

En su diario escribió: «En un nivel personal, se puede interpretar que la ausencia de alguien que en realidad no está es una experiencia de la soledad; especialmente cuando ha habido tantas pérdidas y preguntas silenciosas a propósito de si alguna vez ese alguien estuvo presente. Pero sin necesitar distraerme del dominio personal, descubro que es posible mantener allí mi atención y estar triste, con la sensación de esas pérdidas personales, apreciando la naturaleza relativa de esa realidad. La atención sincera se siente como la presencia protectora que siempre deseé tener en un padre. Ahora soy libre de estar sola en ese lugar, en la forma que yo suponía que necesitaría a alguien. La tristeza se disuelve, mientras aparece una nueva verificación: la gente viene y va. La conciencia es inalterable.»

CUATRO VERDADES NOBLES

Las visiones relativa y última aplicadas a nuestras experiencias pueden ayudarnos a comprender profundamente las Cuatro Verdades Nobles; el famoso análisis del Buda sobre las causas del sufrimiento humano y el camino para la liberación de ese sufrimiento.

En el nivel relativo hay incontables causas y variedades de sufrimiento: físico, social, económico, político, etc. Si se deben a la crueldad humana, a la pobreza, a la enfermedad o a otras razones remediables, entonces está claro que debería hacerse todo lo posible para cambiar las condiciones que causan el sufrimiento. Pero hay otro nivel de sufrimiento: el dolor creado por nuestra propia mente.

Esta variedad de sufrimiento es el resultado de la manera en la que reaccionamos ante nuestras experiencias. En el nivel relativo, por ejemplo, aquellos que tratan a la gente que sufre dolores crónicos por razones médicas saben que el sufrimiento mental que tales dolores ocasionan aumenta el grado en que la gente teme y resiste las sensaciones, agregando otra capa de angustia emocional sobre las sensaciones no elaboradas. Lo mismo ocurre con el resto de nuestra vida: sea cual sea la realidad objetiva, las reacciones emocionales ante esta agregan otra capa al sufrimiento.

En el budismo, como hemos visto, hay una comprensión más sutil de la causa del sufrimiento: aferrarse —el gusto, disgusto o indiferencia iniciales—, lo cual a su vez crea emociones perturbadoras. Hay una respuesta radical al sufrimiento: si podemos investigar la mente en un nivel más sutil, entonces las operaciones que producen esa sensación de sufrimiento mental pueden volverse más transparentes. Vemos expuestos los eslabones en la cadena mental de causa y efecto.

El budismo brinda un análisis de grano fino a las variedades de sufrimiento, todos fundados en nuestro estado mental. El sufrimiento más sutil —denominado el «sufrimiento del condicionamiento»— se origina en los defectos básicos de los funcionamientos mentales, los hábitos profundos y las percepciones equivocadas que tiñen nuestra experiencia ordinaria.

Desde esa perspectiva, las Cuatro Verdades Nobles ofrecen un notable análisis de las causas que están en la raíz del sufrimiento y su cura, en términos del papel primario que cumple la mente.

Las primeras dos Verdades pueden ser entendidas como descripciones de causa y efecto en el nivel relativo: el condicionamiento de nuestra mente causa sufrimiento. Experiencia que es definida por condicionamientos de todo tipo; por ejemplo, todo hábito mental y emocional limita nuestra libertad. Ese condicionamiento se manifiesta en un nivel como emociones perturbadoras y en otro más sutil, como una vulnerabilidad latente ante tales reacciones, ya sea en los pensamientos y sentimientos, en las palabras o en los actos.

Las otras dos Verdades describen la causa y el efecto en el nivel último: podemos poner fin al sufrimiento deteniendo su causa; vale decir, nuestro enganche inicial. El camino de la práctica ofrece un remedio real para el problema, y de él resulta la libertad.

LIBERTAD INTERIOR

La liberación del sufrimiento puede ir más allá de lo relativo hasta lo esencial. El budismo enseña que, en nuestra búsqueda de alivio para el sufrimiento, los enemigos más insidiosos son internos: los estados mentales «aflictivos». El término sánscrito que designa a esos saboteadores internos significa, literalmente, «eso que aflige desde el interior». Por lo general, el término se traduce como «emociones aflictivas», pero su significado más amplio se refiere a los patrones negativos tanto de pensamiento como de sentimiento, y las acciones resultantes. El budismo enseña que nos liberamos del sufrimiento cuando cesan esas aflicciones.

En el nivel sutil, el sufrimiento es creado por el gusto, el disgusto o la indiferencia instantáneos, entrelazados a cada momento de nuestra experiencia. Esto representa un cambio radical en la conciencia. En lugar de ver los patrones emocionales negativos de adaptación como la fuente del sufrimiento, la visión budista amplía la perspectiva de la manera en que vemos las causas que están en la raíz de ese sufrimiento. La psicología budista subraya las dimensiones mentales sutiles del sufrimiento más que las obvias y evidentes.

LA MENTE DESCONTENTA

Consideremos uno de los síntomas de la enferma vida moderna: la gente que puede vivir una vida de privilegio, que tiene riqueza, buena salud, una familia cariñosa y amigos, sin embargo, en medio de su abundancia, puede vivir dominada por un descontento crónico. El banquete más rico, el viaje más exótico, el amante más interesante y atractivo, el hogar más refinado, todas estas experiencias pueden parecer de alguna forma vacías si no les prestamos plena atención, si la mente está en otra parte, preocupada por pensamientos molestos.

De la misma forma, el momento más simple de la vida —ya sea comer un trozo de pan recién horneado, apreciar una obra de arte, estar junto a la persona amada— puede ser un momento rico si le prestamos atención. El remedio para el descontento está en nuestro interior, en nuestra mente, y no en probar nuevas y diferentes fuentes externas de satisfacción.

Si mientras comemos una manzana estamos pensando en otra cosa, no nos damos cuenta, realmente, de que estamos comiendo una manzana. Por lo tanto, no es una experiencia satisfactoria. Como lo dijo Sharon Salzberg en una charla, en esos momentos «es muy raro que digamos: "Debería haber prestado mayor atención..." La mayor parte de las veces pensamos que el problema está en la manzana. Entonces decimos: "Si hubiera comido una naranja, entonces estaría contento." Entonces comemos una naranja. Pero si la comemos de la misma forma, sigue siendo una experiencia no muy satisfactoria. Entonces decimos: "El problema es que llevo una vida muy gris. Necesito algo especial." Entonces comemos una fruta exótica, como el mango. Y si lo comemos con la misma poca atención, es el mismo tipo de experiencia, la misma búsqueda de un estímulo para sentir alivio o una sensación de plenitud».

Pero ¿qué pasa si dejamos que las cosas sean como son y cambiamos nuestras reacciones respecto a ellas? ¿Qué pasa si encaminamos nuestra atención a la mente descontenta?

UN CAMINO HACIA LA SATISFACCIÓN

La atención consciente puede tener ese efecto cuando usamos nuestra práctica, no para evadir los sentimientos dolorosos, sino para mirarlos por dentro, con una conciencia investigadora y penetrante, experimentando la mente tal como es.

El budismo apunta hacia una satisfacción que está más allá de nuestros deseos habituales y más allá de la huida de la infelicidad. La suprema ecuanimidad proviene de una mente libre de deseos. La verdadera libertad va más allá del concepto de felicidad ordinario. Con esa liberación, surge la capacidad de dejar que las cosas sean como son sin desear que sean diferentes.

Pero el Buda siempre dijo que la gente necesita encontrar

sola la verdad de esas nociones, gracias a su propia experiencia. Sus últimas palabras, dirigidas a su principal discípulo desde el lecho de muerte, fueron: «Sé una luz para ti mismo.»

LA REALIDAD DE LO RELATIVO

La mayor parte de este libro se ha centrado en reconocer, empatizar y trabajar para curar las heridas emocionales más profundas, fundamentalmente desde una perspectiva psicológica. Este trabajo personal, respecto de nuestra cura emocional, se entreteje en conjunto con todo el trabajo interior, donde las hebras psicológicas y espirituales se cruzan, ya que cada dimensión llama la atención de manera natural. Las emociones son oportunidades para poder obtener nuevas percepciones en cualquier nivel.

Cuando nos encontramos frente a una experiencia dolorosa y le prestamos una atención consciente, a veces las nuevas percepciones pueden emerger de manera espontánea. La práctica de la atención consciente nos permite cultivar una perspectiva que puede utilizar las situaciones de la vida —incluido el sufrimiento— como una oportunidad para revisar, para enmarcar nuestra comprensión, bajo una nueva forma.

Sin embargo, es necesario tomar algunas precauciones. A medida que nos abrimos a dimensiones mayores del ser, necesitamos ser cuidadosos para no ignorar nuestras necesidades personales, la realidad de lo relativo. Mientras cambiamos la perspectiva, investigando si las adversidades de la vida pueden conectarnos con una visión más amplia, necesitamos permanecer en contacto con nuestras necesidades emocionales y con las de los otros, a lo largo de todo el camino.

Desde la perspectiva relativa de nuestra personalidad, ego o historia personal, cuando está experimentando sentimientos dolorosos, la gente necesita empatía. Pero desde una perspectiva última, esa visión más abarcativa permite una definición más amplia de nosotros mismos.

A veces yo experimento con esos dos niveles, yendo de uno

a otro durante una conversación con alguien que me cuenta acerca de un momento difícil que está pasando. Su historia personal se entreteje en el frente, mientras me describe su dolor, y hay una sensación de compartir su problema, ya que se conecta con partes mías donde ese sufrimiento encuentra su eco. Así, su voz puede profundizarse, sus ojos pueden ver más claro y puedo mirar a esa persona mientras se transforma y se dirige desde su sentido habitual de sí misma a disolverse en una dimensión mayor del ser.

Entonces, empieza a describir algo que no había advertido hasta entonces o la manera en que su sufrimiento lo ha llevado a una sensación mayor del ser, o de lo que se sentía capaz de enfrentar o hacer. Una de mis pacientes recordó el momento en que su matrimonio se estaba acabando. Enfrentar el divorcio, con tres niños muy pequeños, le preocupaba; se preguntaba cómo manejaría todo para hacerse cargo ella sola de su familia. Su vida iba a cambiar drásticamente, y esa idea le había disparado muchos de sus miedos esquemáticos.

Un día, durante un vuelo en avión en medio de una tormenta, perdida en su confusión, estaba pensando en que su mente se parecía a esas densas nubes que el avión estaba atravesando. Exhausta, se quedó dormida unos pocos minutos y soñó que un amigo se le aparecía y le decía: «No te preocupes, detrás de esas nubes el cielo está despejado.» En el sueño, se sentía aliviada y sentía que su mente estaba encima de las nubes turbulentas. Se despertó y vio que el avión ahora volaba suavemente sobre una densa capa de nubes.

Se sintió interiormente más aliviada y pensó: «Tal vez salga algo positivo de este momento tumultuoso, algo que ahora no puedo ver.»

Muchos meses después, mientras ella recordaba ese sueño, se dio cuenta de que las cosas habían mejorado de una forma definitiva. Ya divorciada, más que asustada y desesperada, como temía, se encontró inesperadamente satisfecha. Por supuesto, tuvo que luchar durante la transición, pero entonces descubrió que era capaz de cuidar sola de sus hijos. Y ahora se sentía capaz de vivir una vida que encontraba plena de sentido.

Es difícil ver claramente cuando se está en medio de la espesura de las nubes, pero esa metáfora era un recuerdo útil para ella: recordar que existe un cielo claro detrás de una confusión temporal.

Si quiere trabajar con esta forma
amplia de ver las cosas

Trate de usar la metáfora de las nubes y del cielo como forma de visualización. Imagine unas nubes oscuras de tormenta que representen sus propias emociones tormentosas que oscurecen la abierta claridad del cielo, su propia conciencia.

Como práctica para ayudarse a recordar su propia habilidad para aplicar la atención consciente a sus momentos oscuros, a modo de forma de cambiar su perspectiva, puede recordar la imagen de la nube y del cielo cuando se encuentre atrapado en un momento emocionalmente tormentoso. Esto puede ayudarlo a no tomar esas emociones tan seriamente o a darse cuenta de que, como las nubes, se irán.

Así como la energía del sol y los cambios de los vientos disuelven las nubes, las reacciones intensas son temporales y no definen quiénes somos.

Saber que hay un cielo claro y abierto detrás de las nubes, nuestra verdadera naturaleza, inspira confianza en una perspectiva mejor y otorga la paciencia que necesitamos para dejar que esas nubes se disuelvan en el momento oportuno.

19

La confusión puede presentarse como sabiduría

Hace algunos años, hice un retiro prolongado en un centro en el que había muchas ardillas amistosas, a las cuales me había apegado después de muchos años de práctica en el lugar. Esas ardillas eran tan confiadas que comían semillas de girasol de la mano. A veces, mientras caminábamos fuera, aparecía una, se ponía la delicada pata en el corazón en un gesto de ruego y nos miraba fijo a los ojos con inocencia. Me acostumbré a llevar semillas de girasol en el bolsillo, por si acaso me cruzara con una de mis cariñosas amigas. Un día había estado realizando meditación mientras caminaba por el parque. Valoraba ese tipo de práctica —aplicar la atención consciente a una actividad sencilla—, porque, mientras la conciencia se vuelve muy precisa y poderosa, es posible aprender mucho del despliegue de la experiencia; además porque, cuando caminamos, se tiene un rango más amplio de experiencia que cuando estamos sentados sobre un almohadón. Ese día en particular, tuve un encuentro inesperado con la naturaleza del sufrimiento. Mientras estaba absorta en los patrones cambiantes de la experiencia en medio de la caminata, de pronto vi un gato que corría con una de las ardillas en la boca. Me sentí muy triste. Hice un esfuerzo inútil para que el gato dejase a la ardilla, pero desapareció en un instante. Me sentí desesperada, sin esperanzas.

En general, probablemente me habría sentido muy muy triste por la tragedia que acababa de presenciar. Cuando sufre otro ser —especialmente uno por el que sentimos apego—, es natural sentirse triste por él.

Pero ese día —después de varias semanas de práctica—, la intensidad de la conciencia que yo había llevado a ese momento me condujo a un lugar distinto. Descubrí que mi mente iba más allá, que investigaba la verdadera naturaleza del sufrimiento.

«No hay salida: este es el sufrimiento», observó mi mente. Me volví consciente de la sensación de desesperanza porque no había sido capaz de mitigar el sufrimiento de la ardilla. Vi el modo en que mi mente deseaba ponerse furiosa contra el gato, culpándolo por infligir ese dolor a esa criatura desvalida.

Pero a medida que seguí investigando ese deseo de culpar al gato y mis airados sentimientos hacia él, me di cuenta de que el gato, en cierto sentido, había seguido su impulso habitual: actuaba según sus instintos. Puede que eso no me gustara, pero parece que es algo que los gatos hacen impulsados por su naturaleza.

La culpa no podía atribuirse a mi incapacidad de salvar a la ardilla. Parecía inútil seguir culpando al gato, o incluso a la «defectuosa» finalidad de los gatos. Lo que necesitaba ser investigado era la naturaleza del sufrimiento mismo y mis reacciones ante él. Las poderosas emociones que sentí cuando mi mente estaba buscando algún modo de entender ese dolor impulsaron a mi conciencia a nuevas profundidades. Como dijo el Dalai Lama: «Cuando se piensa en el bienestar de los demás, la mente se ensancha.»

Experimenté un deseo muy fuerte de liberarme del sufrimiento que, de alguna manera, parecía incluir el sufrimiento de la ardilla, el del gato y el mío. Era un sufrimiento que incluía a todos los seres: las fuerzas invisibles que nos mantienen atados a lo que vemos, reaccionando ante ello, el dolor del sufrimiento. Pero me di cuenta de que la manera en que estaba analizando ese sufrimiento planteaba una diferencia crucial. ¿Era la situación lo que me hacía sufrir, o era la manera en que estaba percibiendo el sufrimiento mismo?

Parte de mí suponía que cuando una ardilla muere en la boca de un gato eso es ciertamente sufrimiento. Pero hay otra visión más completa del sufrimiento y de su naturaleza. En el nivel relativo, está claro que se trata de sufrimiento. Pero desde una perspectiva última, empecé a abrirme a una comprensión más amplia.

Advertí que parte de mi lucha consistía en desear que las cosas fuesen diferentes: que el gato ignorara sus impulsos cazadores, o que no los tuviese en absoluto, que yo le hubiera inspirado miedo y que hubiese soltado a la ardilla, que hubiese preferido su comida para gatos en lugar de cazar ardillas... o que yo hubiera podido estar en algún otro sitio, de manera tal que no hubiese tenido que presenciar ese dolor y ese sufrimiento.

Era humillante darme cuenta de que no necesariamente tenía control sobre el sufrimiento que tenía lugar en mi mundo. Por supuesto, hay momentos en que podemos hacer algo para prevenir que alguien sufra; en esas ocasiones, debemos hacerlo sin dudar. Pero ese no era el caso. Tenía la opción de aceptar la cuestión como parte de lo que trae la vida —su condición de efímera— o de resistirme a eso. La elección que hacemos es sobre la manera en que nos relacionamos con el sufrimiento. En ella puede haber, por decirlo de alguna forma, algún grado de libertad: tenemos la opción de ver el sufrimiento con aversión o con ecuanimidad y compasión.

Liberarme del sufrimiento de la ardilla en ese momento era no resistirse al dolor inevitable de lo que había pasado, sino relacionarse con él con una ecuanimidad compasiva. Imaginándome a mí misma como la ardilla, habría querido que alguien me protegiese, claro. Pero si eso no hubiera sido posible y hubiese llegado mi momento de morir, pienso que habría querido que alguien hubiera tratado de protegerme para que su tristeza se transformase en un deseo compasivo de que yo me sintiese en paz: ser capaz de enfrentar con ecuanimidad una experiencia que, de otra forma, hubiese sido terrorífica. Este cambio a la ecuanimidad y a la compasión frente a lo inevitable puede ayudarnos a soportar el sufrimiento con más valor.

LA DEIDAD COMPASIVA

Tara, la deidad tibetana de la compasión, viene a mi mente cuando pienso en tal ecuanimidad en medio del sufrimiento. A veces, su postura misma expresa una sabia compasión: ella está en una pose a medias activa y cariñosa, lista para proteger y cuidar a los seres, y a medias meditativa, simbolizando la luminosidad de estar detrás de su compasión. Sus emociones están al servicio de la sabiduría. El deseo compasivo de Tara es manifestarse a los miles de millones de seres en todo lo que estos necesiten y en cualquier forma que tengan de relacionarse, para liberarlos del sufrimiento.

¿De qué manera podemos personificar esa mezcla de luminosidad y de libertad interior con la cariñosa calidez de la protección? ¿De qué manera podemos preservar nuestra ternura sin ser agobiados por las fuerzas oclusivas de nuestras emociones negativas?

La urgente compasión que sentí por la ardilla y el deseo de liberación del sufrimiento —tanto para los otros seres como para mí misma— trajeron un renovador fulgor de intensidad a mi práctica. Como dice Nyanaponika, de esa manera «la adversidad fue transformada en los maestros de las Cuatro Verdades Nobles», que analizan la causa del sufrimiento y el camino de la liberación.

Las experiencias de la vida pueden convertirse en nuestros maestros; los inconvenientes accidentales de nuestra vida son, en ese sentido, oportunidades espirituales. En esta instancia —durante el retiro—, esos maestros traían consigo las cualidades de la conciencia, siendo una de ellas una investigación que penetró las capas de preconceptos que yo tenía sobre el sufrimiento. Esa apasionada investigación, alimentada por la mezcla de tristeza y compasión, me inspiró una manera fresca de percibir y de entender —y de desafiar mis suposiciones—, una oportunidad que, de manera general, podía haber perdido.

Recuerdo al Dalai Lama diciéndole al público: «Antes de cultivar la compasión, primero cultivad la imparcialidad.» En ese retiro, atemperada por la ecuanimidad de la conciencia atenta, observé cómo se refinaban las oleadas de emociones. Y esas emociones mismas me ayudaron a abrirme a una percepción penetrante: experimenté un profundo anhelo de liberarme del sufrimiento que penetraba las capas de mi mente, desde mis reacciones emocionales y conceptos hasta una experiencia y comprensión intuitivas más allá del pensamiento.

En la tradición tibetana vajrayana, en algunos métodos no se desalientan los sentimientos, sino más bien se los utiliza como parte del camino para liberar la mente. Se entiende que las emociones, incluso cuando son intensas, pueden ser alimento para la percepción (siempre y cuando tengamos la preparación y el entrenamiento correctos). En ese sentido, una investigación apasionada puede ayudar a cristalizar la comprensión de nuestra experiencia.

La imagen de Tara, la diosa compasiva, es un recordatorio de que, cuando la ecuanimidad se equilibra de la manera correcta con la energía del amor, la combinación puede permitir que la conciencia traspase los velos oscuros y los densos patrones habituales. La imagen de Tara ofrece un ideal al cual podemos aspirar: la integración en nosotros mismos de un corazón cálido y protector con una mente que no se aferra a nada. La diosa Tara ha sido para mí una inspiración, una manera de recordar el equilibrio interior entre sentimiento y ecuanimidad. Cuando esa apasionada energía se dirige hacia el deseo de liberación, las puertas interiores se abren de par en par.

ALQUIMIA ESPIRITUAL

En su forma clásica, la alquimia atañe a una realidad oculta, el orden de la verdad más allá de la realidad cotidiana. Según escribió un alquimista: «La alquimia corresponde a la realidad oculta que constituye la esencia subyacente: el absoluto.» Su esencia radica en el objetivo de una transmutación de la conciencia a partir de nuestra percepción ordinaria (parecida al plomo) en un modo de percepción más sutil (parecida al oro).

Para el alquimista, esta transformación es tanto espiritual

como material, tanto un ideal como algo sumamente práctico. El gran objetivo de «escapar a nuestra imperfección» puede ser considerado como algo bastante concreto, liberándonos de la sujeción de nuestro condicionamiento y de nuestros hábitos. La gran pregunta de la alquimia es cómo se puede llevar a cabo eso.

Una paciente, refiriéndose al trabajo que estábamos haciendo juntas, me dijo hace poco: «Creo que "alquimia" es la palabra perfecta para este proceso. A veces pienso en él como si todos los tipos de experiencias de mi vida hubiesen sido puestas en un gran caldero —mi ira contra mi exmarido, contra mi amiga, contra mi exnovio, contra mi jefe—, hubiesen sido revueltas juntas y hubieran sido llevadas al punto de ebullición. Esta mezcla espiritual me ofrece una oportunidad para transformar la manera en que he estado reaccionando. Lo que hace posible el cambio es la intensidad del calor de todas esas cosas; si ellas se mantuvieran tibias todo el tiempo, pasarían inadvertidas para mí. Pero cuando puedo ver todos esos patrones de reactividad juntos, captarlos cuando están teniendo lugar, entonces puedo comenzar a cambiarlos.»

La intensificación de las emociones —si sabemos cómo emplearlas— puede constituir una oportunidad tanto para el trabajo emocional como para el crecimiento espiritual. Como decía mi maestro Tulku Urgyien: «La sabiduría puede surgir con más intensidad cuando las emociones son más intensas.»

Una clave para ir del nivel de la alquimia emocional al de la alquimia espiritual tiene que ver tanto con nuestras aspiraciones como con las herramientas internas que aplicamos. Como decía Nyoshul Khen, otro de mis maestros: «A menudo nos encontramos involucrados en riñas con la familia y con los amigos... sin embargo, eso no tiene por qué ser visto como un gran problema.» La clave, decía mi maestro, está en cultivar una intención positiva «porque todo depende de nuestra intención. Podemos trabajar con todo e integrarlo en el sendero, en nuestra práctica espiritual, mediante una mente pura y un buen corazón, siempre desde el punto de vista de beneficiar a los demás». Y decía que cultivar un «buen corazón» —una actitud altruista— transforma naturalmente las riñas y las luchas.

¿Qué ocurre cuando nos sentamos a practicar con un obstáculo de nuestra vida; algo que, sea o no guiado por un esquema, nos parece profundamente perturbador? Al sentarnos con tranquilidad, la conciencia es atraída a la agitación mental. Podemos ver la manera en que se cuecen y se mezclan nuestras identificaciones, resentimientos, miedos y esperanzas; un cocido hecho de pensamientos y de reacciones a esos pensamientos, en una cadena en la cual un eslabón está ligado inexorablemente al siguiente.

Un camino de la mente conduce a la manera común de aferrarse a un problema: tratar de resolverlo, pero permaneciendo dentro de las perspectivas limitadas de los pensamientos y reacciones comunes. Siguiendo este camino —el que la mente sigue la mayor parte del tiempo—, estamos tan concentrados en reaccionar, y en reaccionar a las reacciones, que no nos damos cuenta de lo que sucede en realidad: que no reaccionamos en absoluto.

El otro camino —el camino de la práctica espiritual— nos conduce a una perspectiva más amplia, que no está cautiva en la mente reactiva. Sencillamente, nos sentamos con todo eso, sin alimentar la cadena de pensamientos y de reacciones con nuevas reacciones, sin alejar todo eso ni identificarnos con eso. Entonces, podemos ver claramente: «Esos son los materiales de la confusión», de la mente «engañada» atrapada en la apariencia de las cosas. No hay juicio sobre ello; apenas, una clara comprensión.

Ese punto marca el lugar en el cual la práctica establece la diferencia: saber cuándo la mente sigue sus caminos habituales y cuándo descansa en una claridad libre de esos caminos. Y saber la diferencia entre los dos, saber que hay una diferencia.

Aquí puede comenzar el proceso alquímico de transformación. Cuando permitimos que la mente se tranquilice y se vea a sí misma, nuestra perspectiva se amplía. Podemos conectarnos con la sensibilidad que existe detrás de las reacciones y los pensamientos, con lo que yace en la separación entre la representación mental de lo percibido y el concepto. En esa brecha podemos alcanzar la rápida visión de un sentido de las cosas más amplio, no limitado por las estrechas definiciones impuestas por el camino trillado de los hábitos mentales.

En esa sensibilidad más amplia tal vez encontremos una oportunidad para que se disuelva nuestro limitado sentido del yo. Los problemas que hasta hace un instante nos tenían preocupados empiezan a ser más abordables, menos claustrofóbicos o intimidantes. Nos parecían tan grandes en parte por la manera limitada en que los veíamos. Pero esa actitud estrecha cambia cuando alcanzamos un sentido de las cosas más expansivo.

Esa cualidad más expansiva de la mente afloja el apretado fardo de nuestro pequeño yo, los rígidos hábitos acumulados en toda la vida. A medida que abandonamos esa carga, emerge una sensación de interconexión con todos los seres, que se encuentra en el centro de una actitud compasiva. Cuando dejamos ir nuestra preocupación por las pequeñas cosas de nuestra vida, a medida que se disuelve la sensación habitual de nosotros mismos construida a partir de los incontables hábitos de emoción y pensamiento, nos conectamos con una visión más amplia.

Ese proceso de conectarse con verdades más profundas abre una puerta a la percepción. En un nivel, disponemos de más opciones, nuevas perspectivas que emergen a medida que dejamos que nuestros deseos se vayan y permitimos que el potencial de esa mente flexible y creativa ilumine nuestro entendimiento.

A medida que aflojamos el aparentemente fijo y permanente sentido limitado del yo, podemos ver la realidad liberados de nuestras lentes de cada día. Eso nos permite ver las cosas liberados de nuestros puntos ciegos, liberados de todas las obstrucciones construidas por nuestras lentes ordinarias sobre la vida.

El Buda nos dice que esa visión de la vida sin obstrucciones está disponible para cualquiera: se trata de la cualidad natural de nuestra mente liberada del hábito. Volverse hacia esa fuente de conciencia es una práctica en sí; un hábito de libertad que gradualmente puede reemplazar la inercia de nuestros senderos mentales comunes. Está claro que, al principio, todo eso nos llega como pantallazos que se esfuman; hasta fortalecer esa conciencia libre, nuestra mente será arrastrada por esas antiguas costumbres de pensamiento y sentimiento una y otra vez. Pero incluso un pantallazo puede recordarnos lo posible.

MÁS ALLÁ DEL HECHIZO DEL HÁBITO

En una charla, oí decir al Dalai Lama que si no damos un propósito importante a nuestra vida, solo viviremos una vida mediocre. Ese es un sentimiento que muchas tradiciones de sabiduría han expresado a su manera. Del mismo modo, mi maestro Tulku Urgyen hablaba sobre seres ordinarios y seres extraordinarios: la diferencia, por lo que entendí, tiene que ver con el proceso de transformación que culmina cuando alguien reconoce su propia naturaleza verdadera y descansa en ella, libre de la fuerza gravitacional de los hábitos mentales. En ese punto, tal persona no solo conoce la sabiduría: es la sabiduría y, por lo tanto, tiene más capacidad de beneficiar a los demás. La compasión es una expresión natural de la sabiduría, una expresión que surge de su naturaleza generosa.

Por supuesto, desde el nivel relativo, los pensamientos y percepciones comunes, los hábitos mentales son esenciales; los necesitamos para avanzar en la vida. Pero el budismo señala el sentido en que nuestros pensamientos y sentimientos usuales nos limitan y aprisionan, separándonos de una perspectiva más amplia; y más libre. No se trata de que necesitemos abandonar esos pensamientos, sino más bien de que encontremos un modo de ir más allá del círculo de su encanto.

Nyoshul Khen a veces empleó la metáfora de la piedra filosofal, que transforma todo lo que toca en un elemento más refinado. La piedra filosofal remite a nuestra propia conciencia. Cuando la conciencia penetra en las emociones perturbadoras, comienza la alquimia.

En la tradición budista, transmutación —una alquimia interior— no significa suprimir o rechazar nuestros hábitos mentales comunes, sino liberarnos de compulsión. En la metáfora de la alquimia, no se rechaza la cualidad metálica del plomo, sino que se lo transforma en oro. Otro tanto ocurre con nuestras emociones centradas en el ego. El oro puede ser cubierto por el barro durante miles de años, pero sigue reteniendo su esencia natural; lo mismo ocurre con la conciencia, cuando se la limpia de los sedimentos de nuestras reacciones habituales.

Pero es clara la necesidad de un maestro que conozca los desvíos de ese camino menos trillado: no podemos hacer este trabajo sin contar con un maestro bien preparado. Los peligros de engañarse a sí mismo son demasiado grandes; alguien podría creer que está actuando libremente, cuando en realidad sigue aferrado a sus hábitos. Si nos apartamos de este camino, las energías del odio, la pasión y el orgullo podrían enloquecernos.

El budismo tibetano emplea la energía de las emociones como parte del trabajo espiritual. Una de las escrituras vajrayana describe la energía primaria como «la fuerza conductora de la emoción y del pensamiento en el estado confuso, y de la compasión y la sabiduría en el estado de iluminación».

APROVECHAR LAS EMOCIONES NEGATIVAS PARA FINES POSITIVOS

En palabras del monje budista Nyanaponika, la esencia de la práctica de la atención consciente es hacer uso de «todas las experiencias como ayuda para el Camino. De esa manera, los enemigos se convierten en amigos, porque todas esas fuerzas perturbadoras y antagónicas se han convertido en nuestros maestros».

Pensé en ese pasaje mientras oía a un joven negro que vivía en un gueto urbano; él formaba parte de un diálogo de paz con el Dalai Lama. El joven se quejaba sobre la baja respuesta que había por parte de las ambulancias en las emergencias que se producían en su barrio.

Con feroz intensidad contó que un día, lleno de pánico, había llamado a una ambulancia para que socorriera a un amigo que acababa de ser acuchillado en un robo. Mientras él trataba de restañar la sangre de la herida de su amigo, los minutos pasaban y él rogaba que viniese la ambulancia. Al cabo de lo que pareció una espera interminable, todavía no había signo de la ayuda. Finalmente, cuando apareció la ambulancia, su amigo estaba a punto de morir desangrado. Murió antes de llegar al hospital.

El muchacho se quejó: «Esos chóferes de ambulancia se toman todo el tiempo del mundo cuando tienen que llegar al barrio; pero si los llaman de otro barrio mejor, son realmente rápidos. Es atroz. Me vuelve loco. Después de la muerte de mi amigo, traté de imaginarme cómo me podría vengar. Pensé en incendiar el puesto de guardia.»

A pesar de que no estaba de acuerdo, podía entender las razones de su frustración y que pudiera contemplar una acción semejante.

Y continuó: «¿Sabe qué voy a hacer?»

Durante una pausa cargada, mi mente se atiborró de pensamientos a propósito de la venganza que el muchacho podría buscar, de los actos desesperados a los que su furia podría llevarlo.

Entonces, en su manera callejera y confianzuda de hablar, el muchacho dijo con calma: «Me di cuenta de que la violencia no era una solución, de que no ayudaría a nadie. Así que me apunté en un curso para chóferes de ambulancia. Y ahora que tengo el trabajo, le puedo asegurar que llegamos al barrio cada vez más rápido sin importar de dónde venga la llamada.»

En nuestra vida cotidiana, el mundo nos confronta con interminables desafíos y obstáculos que avivan las energías de nuestras emociones. Si podemos aprovechar esas energías para un fin positivo —como ese muchacho hizo con su furia—, estamos transmutando nuestras emociones.

En el budismo vajrayana, que enseña a no suprimir u oponernos a esas energías, sino a transformarlas, hay un modelo y un sistema útiles para hacerlo. Conocido como el de las «Cinco Familias del Buda», el sistema detalla la transmutación de cada una de las cinco energías más importantes y sus tendencias emocionales: ira, orgullo, pasión, celos y apatía.

Este método emplea a las mismas emociones como vehículo

espiritual, transformando sus energías de un modo engañoso y neurótico en uno iluminado: el modo de la «sabiduría». En ese sentido, el método de las Familias del Buda se relaciona con la alquimia emocional, en la transformación de nuestros hábitos emocionales; pero los lleva al próximo nivel, a través de una alquimia espiritual.

A pesar de que su práctica requiere las instrucciones de un maestro iniciado en el vajrayana, ofrece un modelo clarificador e inspirador de lo que es posible al trabajar con emociones en un nivel profundo: usar esas mismas energías emocionales como parte del camino espiritual.

LAS FAMILIAS DEL BUDA

Cada una de las cinco energías tienen, por un lado, un aspecto que representa su manifestación como emoción familiar negativa y, por el otro, cuando la misma energía es liberada, como sabiduría. La energía básica no cambia; lo que cambia es su manifestación. Cada uno de nosotros, sostiene el vajrayana, tiene un estilo personal fundamental, que incluye ciertas tendencias predominantes a experimentar una energía emocional particular y una forma característica de percibir y de actuar en el mundo. En cierto sentido y con la alquimia correcta, esa energía neurótica puede ser transformada en una manifestación de sabiduría.

Esas energías han sido detalladamente descritas en el trabajo de Chogyam Trungpa (*Un viaje sin meta, transversal*). En un nivel neurótico, por ejemplo, la energía de la ira es demasiado familiar: fijación agresiva en la manera de ver las cosas, hostilidad y constante actitud defensiva. La gente irascible se cierra frente a otros puntos de vista que no son los suyos y es rápida para contraatacar. En resumen, son individuos rígidos. La ira, en este sistema tibetano, está asociada también con la inteligencia, que florece cuando la energía de la agresión se transforma en una forma más liberada. Entonces se convierte en una conciencia que permite discernir y reflejarse, flexible y capaz de ver las cosas desde múltiples perspectivas, para evaluar con precisión y percibir con claridad cristalina.

En un nivel neurótico, la energía del orgullo se ve como una forma de estar absorto en el narcisismo. El narcisista no se ajusta a ningún tipo de límites o de disciplina, viéndose a sí mismo como si fuera especial, regodeándose en la admiración de los otros, en la ostentación y en las búsquedas frívolas. Bajo la fachada del orgullo acecha una sensación de amenaza. Entonces se construye una barrera defensiva contra la vergüenza y la derrota. Cuando esa energía se transforma, de esos miedos surge la ecuanimidad. Esa sensación de seguridad permite una apertura, una sensación expansiva de plenitud que alimenta dándose generosamente a los otros, ya sea física, emocional o espiritualmente.

La pasión, en el sentido de apego y de anhelo neurótico, puede manifestarse como la seducción superficial del histérico o como el carisma hipnótico de un estafador y manipulador. Se manifiesta como una búsqueda tentadora, placentera y seductora de objetos de deseo. Cuando se transforma, esa energía asume la forma de una conciencia discriminante y tiene un interés preciso en lo que se presenta, brindándole una atención completa. Esa conciencia inquisitiva abre la comunicación: las otras personas son vistas y entendidas en su peculiaridad y consideradas con empatía y cálida compasión.

Los celos o la envidia giran en tono de la comparación de uno con los demás, y con la crítica de todo el mundo. En su forma extrema, esto se convierte en un miedo paranoico de que los demás puedan eclipsarlo a uno y en el resentimiento por los logros de los demás. Esa actitud crítica produce resentimiento y condescendencia, por un lado, y una ráfaga de actividad para poner las cosas en su forma correcta; esto es, de acuerdo con la propia visión de cómo deben ser. Entonces, se impone a las cosas un orden que es propio. Cuando esa energía se transforma, se convierte en habilidad, permitiendo que las actividades florezcan efectivamente. Las acciones se dirigen de manera apropiada, las oportunidades se aprovechan y las posibilidades inherentes a un momento determinado se hacen realidad.

En último lugar, está la energía, o la falta de ella, que se manifiesta como pereza. En su peor manifestación, toma la forma de somnolencia, indiferencia y holganza. Esa gente opta en la vida por el camino de la menor resistencia, haciendo lo más fácil en vez de hacer lo que hace falta, lo apropiado o lo efectivo. Cuando se transforma, esa energía se convierte en una conciencia amplia, que sirve como base para una experiencia profundamente contemplativa. Esa energía, en su forma más iluminada, cubre a otras emociones, otorgándoles levedad, espacio y sabiduría a las formas en que se manifiestan.

UTILIZAR LA EMOCIÓN

La perspectiva de las Familias de Buda reconoce el potencial positivo que hay dentro de los sentimientos. «Hay un lado positivo en la energía de cada emoción —explica Tsoknyi Rinpoche—. Dentro de la atracción y el apego hay una sabiduría discriminante: si usted no quiere nada o no se preocupa por nada, entonces no discrimina. Sin la energía de los celos, nada importa; entonces no hay progreso. Los celos dan la energía para hacer las cosas. Lo mismo ocurre con la ira: su energía puede llevarlo a tener brillantez y claridad en lo que usted hace.»

Entre el amplio rango de enfoques budistas respecto de las emociones perturbadoras, hay tres posiciones principales. Elegir una depende de las particularidades de nuestra habilidad, de nuestras inclinaciones y de los métodos a los que somos proclives.

En el primer enfoque, tratamos de abandonar esas emociones: cuando surge una emoción perturbadora, la idea es dejarla pasar o estar continuamente en guardia para tratar de evitar que se aparezca en la mente. En este tipo de práctica de la atención consciente la meta es que la emoción perturbadora desaparezca completamente.

Otro enfoque se dirige a que el practicante pueda transformar esa emoción perturbadora en otra más positiva. Esa estrategia opone un antídoto a cada estado negativo: a la agresión, el amor o, por ejemplo, al apego, la ecuanimidad. En este tipo de práctica el objetivo es reemplazar una emoción negativa con la emoción opuesta.

En el tercer enfoque, el del vajrayana, las emociones perturbadoras se convierten en una parte del camino espiritual. En vez de aplicar antídotos varios a las emociones para reemplazarlas con sus opuestas, este enfoque utiliza las mismas emociones perturbadoras en un nivel más sutil.

Utilizar las emociones como camino supone un desafío más difícil; por esta razón se lo conoce como el «camino empinado». El camino más fácil consiste en «simplemente negarse a las acciones y emociones negativas», dice Chokyi Nyima. «Es más fácil negarlas que transformarlas y más fácil transformarlas que utilizarlas a modo de camino.» Tomar las emociones como camino, agrega, es «peligroso, pero también ventajoso» (*La verdad indisputable*).

Debido a ese riesgo, usar como camino las emociones fuertes requiere la ayuda y la guía de un maestro vajrayana. Pero al ser una actitud inspiradora, entender un poco sobre este enfoque puede ayudarnos a considerar nuestras emociones como amigas en vez de como enemigas, a considerarlas como oportunidades para la sabiduría.

El camino vajrayana tiene varias prácticas específicas, armadas para trabajar con esas energías, como la meditación basada en un mandala ideado para evocar y transformar una de las cinco energías emocionales. Los métodos específicos se brindan de una manera individualizada: cada maestro vajrayana los asigna a un estudiante para adaptarlos a su temperamento y tendencias particulares. Pero en un nivel más general, hay principios involucrados que son instructivos para quienquiera que esté interesado en entender el camino de la alquimia interior.

Paradójicamente, cuanto más fuerte es una emoción, más útil puede resultar como vehículo para el despertar consciente; por supuesto, solo si uno conoce cómo utilizarla en esa forma. Una razón, según explica Tsoknyi Rinpoche, es que «los pensamientos groseros y las emociones fuertes se notan más fácilmente» que la sutil corriente subyacente de pensamientos y sentimientos de fondo o que las ensoñaciones y fantasías que pueden seducirnos y tentarnos en nuestras horas de vigilia o en nuestras sesiones de meditación. Las emociones fuertes son como una sacudida de la conciencia: surgen y energizan nuestra atención. Por esa razón, agrega, cada emoción nos da la oportunidad de despertar.

¿Cómo comienza esta transformación de la emoción? Un antiguo escrito tibetano, «La aspiración de Samantabhadra», nos puede ayudar. La oportunidad para que una emoción confusa y molesta asuma su aspecto más luminoso se origina cuando podemos permanecer en contacto con la energía de la emoción, sin aferrarnos a ella pero sin rechazarla, sino manteniendo la ecuanimidad, quedándonos imperturbables con una conciencia clara.

La clave está en la calidad de la conciencia en la emoción. Por lo común, tratamos de huir de la emoción perturbadora porque es muy desagradable. Sin embargo, en este método, esas emociones son buscadas, no evitadas. Trungpa dice: «El vajrayana habla de mirar la emoción y el sentimiento, su calidad desnuda, oportuna y directamente», sin preconceptos.

Según explica Tsoknyi Rinpoche: «Si se elimina el apego orientado al ego, entonces a partir de las emociones fuertes puede emerger la sabiduría con más intensidad.» Él nos da el ejemplo de las dos maneras de estar enfadados. Un «enfado del ego» —nuestra manera usual de enfurecernos— es egoísta, pesado y rígido. Pero la sabia energía de la ira viene y va con levedad, disolviéndose fácilmente.

De ordinario, cuando estamos furiosos —señala—, la ira y nuestro apego centrado en el ego se mezclan. Tsoknyi Rinpoche opina: «El sentimiento mismo no es un problema; el problema está en nuestra manera de aferrarnos. Si reprimimos nuestro rígido egoísmo, entonces haremos algo que hiere a los demás. Cuando estamos enfadados, el egoísmo, el apego al ego, necesitan ser liberados. Necesitamos que el ego se vaya: viene la energía, el ego se va.» A pesar de que esto pueda sonar fácil —agrega—, el peligro aquí está en la gente que piensa que sabe cómo «disolver el ego» cuando lo que realmente está haciendo es reforzar un sentido sutil del ego mediante su manera de aferrarse.

Aquellos que han dominado este camino han puesto en su esfuerzo años de práctica diligente. A medida que esa práctica se convierte en goce, en palabras de Tsonknyi: «Si no hay responsable o director de la emoción, su potencia sigue vigente.» En otras palabras, a medida que el apego disminuye, la agresión de la ira se disuelve, dejando la fuerza bruta de la energía emocional misma.

Esta liberación del apego se produce mediante el peso de la conciencia. Como dice el Lama Gendun: «La única diferencia que existe entre una emoción y su sabiduría correspondiente está en la presencia o en la ausencia de conciencia. Cuando somos conscientes de la verdadera naturaleza de las cosas, vemos los cinco saberes. Desde esa perspectiva, no hay emociones que sean inherentemente malas, impuras o indeseables. Se trata sencillamente de que no estamos viendo la emoción por lo que realmente es» (*Trabajar con emociones*). En otras palabras, podemos percibir una emoción como uno de los cinco saberes, si hemos dominado los métodos para liberarnos del ego.

EMOCIONES LIBERADORAS

La ira ordinaria se relaciona con el hielo: un círculo mental helado, una actitud fija de irritable hostilidad; la energía pura antes de haberse congelado en ira se relaciona con el agua. Cuando en nuestra mente surge una emoción como la cólera, «La energía que hay detrás de la ira —opina Tsoknyi Rinpoche— no debe ser rechazada; solo deben rechazarse los conceptos y los pensamientos que la alimentan. Estos pueden ser liberados cuando la energía todavía está presente. Luego, la ira se convierte en una sabiduría como un espejo, en una clara precisión.»

Lo mismo ocurre con el deseo: «La atención se empieza a interesar en deseos orientados por el ego, a pensar "¿Cómo puedo obtener eso?" —dice Tsonknyi—. Pero si es una energía sin ego, entonces se trata solamente de ver con claridad el objeto del deseo.»

Desde la perspectiva vajrayana, entonces, la cuestión no es descartar las emociones, sino más bien liberarnos de ellas. Pero ahí hay un peligro: Tsoknyi dice que si carecemos del instrumento básico para liberar las emociones —si no somos capaces de cortar ese apego y esa aversión de raíz—, entonces, «solo tenemos otra emoción; no estamos libres».

Idealmente, las emociones se «liberan ellas mismas» o se liberan de la capa de nuestras reacciones habituales en el mismo instante que se presentan en la mente. Tsoknyi Rinpoche dice: «Una emoción se nos presenta; entonces, hay un instante en que se produce la tentativa de aferrarnos. Si logramos liberarnos de esto, la emoción se libera a sí misma.» La clave de tal liberación es aflojar nuestra sujeción. Si lo hacemos, «en el momento en que el pensamiento se libera, la emoción se disuelve», dejando su energía pura.

En un texto del siglo XVI (*El Tesoro del modo de permanecer*), el maestro budista Longchen Rabjan plantea este nivel de logro con mucha belleza:

Todo lo que aparece y todo lo que surge,
Todas las cosas que proliferan y permanecen
Como expresiones dinámicas de la conciencia
Así como los cinco venenos emocionales
Sin importar cómo surgen, incluso mientras lo hacen,
Hay reconocimiento, perfección de su energía dinámica,
Y de su desvanecimiento natural, sin dejar rastros.

Desde la perspectiva de emplear las emociones perturbadoras como camino, Tulku Urgyen ha dicho que «en esencia, los tres venenos son los tres saberes». «Nadie duda —agrega— de que, si uno ingiere veneno real, puede morir. Sin embargo, en el Tíbet hubo métodos curativos con hierbas medicinales que incluían ínfimas cantidades de veneno para curar enfermedades. De la misma manera —dice—, el sufrimiento de los seres vivos puede ser transformado en sabiduría.»

Tsoknyi Rinpoche comenta: «Es muy importante que la gente sepa que es posible transformar la emoción, confiar en que eso es posible.» Esa transformación misma es, de acuerdo con Tsoknyi, alquimia emocional: «Si usted sigue lo que se está diciendo y se aplica en ello, eso es terapia.»

LOS NIVELES DE ALQUIMIA

Esta alquimia —transmutar las emociones— puede darse en muchos niveles. Cuando la transmutación asume la forma de prácticas espirituales como el método de las Familias del Buda, los requerimientos para una ejecución hábil son bastante estrictos: estar libre de incluso el más sutil nivel de sujeción a los hábitos mentales que construyen el edificio del ego. Una libertad de esa guisa es, en sí misma, liberación espiritual.

Esos requisitos constituyen logros y prácticas refinadas. Pero para aquellos que sencillamente aspiran a alguna libertad interior, el modelo de las Familias del Buda puede ser una inspiración sobre la manera en que nos relacionamos con nuestras emociones, aunque no sea más que para verlas como oportunidades en lugar de considerarlas peligro. En vez de buscar suprimir o abandonar las emociones, podemos abrirnos a ellas con atención consciente.

Y en términos de trabajar con los patrones emocionales —incluso en el nivel relativo—, podemos reconocer cualidades adaptativas. La crítica voz interior del esquema del perfeccionismo representa un giro negativo sobre la capacidad subyacente de realizar discriminaciones muy marcadas. La arrogante presunción del esquema de superioridad alberga en su interior la sensación de confianza que puede ser guiada en direcciones positivas. La necesidad y el dolor del esquema de carencia puede dar lugar a una conciencia empática y protectora.

En este sentido, cuando aplicamos una conciencia atenta a nuestras experiencias ordinarias de las emociones negativas, eso representa un acercamiento gradual, una progresión de la rigidez a la apertura. Si esa conciencia no reactiva se centra en las sensaciones corporales, puede sentir la energía de la emoción, dejándola relajarse de la constricción a un flujo más libre y a la liberación. Si llevamos esa cualidad investigadora a nuestros pensamientos, estos a veces pueden anhelar una percepción espontánea. En síntesis, cuando con una presencia consciente relajamos los patrones emocionales, mediante las cualidades naturales de la conciencia, en cierto grado, los patrones sufren una transformación alquímica.

La ecuanimidad que nos permite mantenernos con una emoción fuerte puede ofrecer una nueva perspectiva, permitiéndonos relacionarnos con la experiencia de manera diferente. Si no estamos bajo el influjo del guion que marcan nuestras emociones, en lugar de suponer que tenemos que reaccionar según su mandato, podemos cambiar nuestro foco para aprender de ellas. Podemos atraerlas a nuestra conciencia, pasar un tiempo con ellas, no pensando que nos definen, sino oyendo profundamente todas las percepciones que tienen para nosotros, llevándolas a nuestro corazón y, luego, dejando que los sentimientos pasen según su propio tiempo.

De esa manera, si sabemos emplearlas, incluso las emociones perturbadoras pueden ser como amigos que nos visitan, enriqueciendo nuestra vida. Aung Sang Sui Kyi, la valiente líder de la oposición a la dictadura militar birmana, también es alumna de U Pandita Sayadaw, maestro de atención consciente de quien he recibido importantes enseñanzas. Sui Kyi dijo una vez que no estaba enfadada con sus opresores, los militares birmanos, porque no les temía: ella tenía ecuanimidad. Había empleado sus años de arresto domiciliario en parte como una oportunidad para continuar su práctica de meditación, a pesar de que mantenía viva la chispa de la resistencia política entre sus compatriotas.

Su compostura y serenidad, aun después de años de amenazas e intimidaciones, dan testimonio de uno de los mayores dones del espíritu humano: la capacidad de transformar la adversidad despertando a un gran potencial interior. Su ecuanimidad le permitió enviar un mensaje de esperanza y de solidaridad contra la tiranía política. Aung San Sui Kyi encontró una oportunidad para transformar el miedo y la ira en acción compasiva.

Por supuesto, hay muchísimos ejemplos de actos de valor y de compasión similares realizados por personas que no practican la atención consciente. La compasión es una cualidad natural del ser, que la práctica espiritual puede acrecentar, pero que procede de nuestra esencia humana básica.

OÍR LA VERDAD

Una de las cosas que me gustan de mi trabajo es la manera en que la gente honesta puede estar consigo misma, cuánta confianza y amplitud sale de esa honestidad y del poder de la verdad. Oír la verdad de la historia personal de otro produce una resonancia en la propia experiencia: es un modo de tener una sensación más clara del grado de interconexión que existe entre todos nosotros.

Pema Chodron, monja budista estadounidense, dice: «Lo que es tan profundamente transformador es el valor de mirarse a una misma y no rendirse al ver los rasgos negativos. Al enfrentar estas cosas, desarrollamos una compasión por nuestra compartida humanidad. Cuando estamos dispuestos a exponer nuestros defectos, exponemos el corazón a los demás.»

Y agrega: «De manera bastante curiosa, la gente responde más a nuestra honestidad a propósito de nuestras imperfecciones. La gente se conmueve ante el valor de alguien que se atreve a expresar su dolor.» En el nivel relativo, estamos conectados a través de nuestras historias personales compartidas, así como en el nivel último estamos conectados a través de nuestra esencia humana compartida.

Hablando de la sinceridad mutua, recuerdo la manera en que opera el sistema inmunológico para mantenernos sanos. Las células del sistema inmunológico fluyen por todo el cuerpo en la corriente sanguínea, conectándose con cualquier otro tipo de célula y, momentáneamente, vinculándose con ellas por medio de receptores que establecen su identidad compartida dentro del todo mayor para, luego, seguir su camino. Es como si las células inmunológicas estuvieran circulando en la comunidad que es el cuerpo preguntando a cualquier célula que encuentran: «¿En qué nos parecemos?» Y luego a la siguiente: «¿En qué nos parecemos?»

Mediante ese reconocimiento mutuo, las células inmunológicas establecen una solidaridad dentro del vasto y diverso conjunto de células que constituyen el cuerpo. Y cuando un virus o una bacteria entran y amenazan con la enfermedad, las células inmunológicas acuden deprisa a ese lugar y se sacrifican generosamente para proteger al todo. De la misma manera, cuando oímos la historia de otro, esta nos lleva naturalmente a una respuesta compasiva.

UN AMOR SABIO

Cuando cultivamos la práctica de la atención consciente, entrenamos la mente en la continuidad de esa cualidad de la conciencia, llevando a ella todo lo que encontramos. En gran medida, este libro se ha centrado en el modo en que podemos aumentar la atención consciente en nuestra vida. Pero, en última instancia, la atención consciente nos entrena en lo que ya es una cualidad natural de la mente: sencillamente, la presencia plena de la conciencia, que comúnmente permanece oculta por los hábitos de la falta de atención.

Esa conciencia se puede presentar en nuestra vida con bastante espontaneidad: por ejemplo, cuando estamos en la quietud de la naturaleza, cuando observamos un atardecer brillante, en un momento de genuino amor, en un proyecto creativo que absorbe y concentra nuestra atención, etcétera. A veces, las cualidades de una conciencia plena pueden hacerse presentes de forma espontánea mediante actos de compasión, de devoción o de honestidad genuina en la comunicación intensa.

Cuando logramos abrirnos a los sentimientos que hemos estado evitando —tal vez durante años—, descubrimos que ya no tenemos miedo de ellos. Ser capaz de mirar con honestidad en nuestra propia mente, en nuestras reacciones y patrones emocionales, implica valor. Mirar sin concesiones nuestros miedos y nuestras sujeciones y no huir, no mitigar nuestros sentimientos, no escondernos detrás de un pretexto, implica una gran fuerza de corazón. Tal honestidad nos exige que sintamos empatía con nosotros mismos, permaneciendo conectados con nuestra experiencia, sin que nos importe el desagrado, el dolor o la incomodidad que esta nos acarree. Es comparable con un acto de bondad con nosotros mismos.

Pero la compasión por los otros puede surgir de enfrentar nuestro propio sufrimiento, nuestras propias imperfecciones. A partir de ese reconocimiento puede producirse una profunda aceptación de los demás y la correspondiente empatía. No solo hay una oportunidad para profundizar la percepción mediante la permanencia con la verdad del sufrimiento, sino la oportunidad de profundizar la compasión. Nuestra sensación de separación puede disolverse. Menos ocupados con nosotros mismos, podemos abrirnos más al sufrimiento de los demás.

Liberar la mente puede llevarnos a sentir más compasión por los demás. La libertad suprema significa dejar que nuestros patrones habituales se vayan por completo; ese es un nivel de libertad que, por supuesto, solo tiene lugar con una práctica espiritual continua. Ese camino, finalmente, lleva a liberarnos de la sujeción y, consecuentemente, a no caer nuevamente en esos hábitos. En lugar de ello, podemos experimentar un nuevo tipo de salud psicológica: la liberación de la compulsión del hábito emocional nos ofrece una frescura y una flexibilidad de la mente, una levedad del ser.

Las escrituras budistas se refieren a la «liberación» como a la libertad tanto de los miedos como de las esperanzas, más allá del rechazo de las cosas de la vida y también más allá del anhelo que estas despiertan. Esa libertad de las preocupaciones interiores nos permite ser más conscientes de los demás, más atentos para incluso las necesidades sutiles del instante.

Esa levedad hace posible una genuina empatía por los otros. Una vez que estamos libres de la compulsión de los esquemas

—los modos habituales de defender, de dar seguridad y de proteger al yo—, estamos más disponibles a las necesidades de los demás. Al no necesitar algo de ellos, quedamos libres para estar atentos y disponibles, generosos y amables. Esa es la razón por la cual las enseñanzas budistas dicen que de la falta de egoísmo surge la genuina compasión.

Como dijo el maestro zen Ryokan expresando ese espíritu compasivo: «Ojalá mis prendas fueran lo suficientemente amplias para albergar a toda la gente que sufre en el mundo.»

Finalmente, la alquimia emocional genera sabiduría y compasión. Al disolverse nuestros hábitos de sujeción, nuestros hábitos de expulsión y de centrar todo en nosotros mismos, se revela una sabia compasión. Surge así una sensación de interconexión y un deseo profundo para que todos experimentemos esa libertad.

DAR TESTIMONIO

Bernie Glassman, maestro zen de origen judío, me contaba un día sobre un retiro que había realizado en el campo de concentración de Auschwitz. Cientos de miles de judíos, gitanos, guerrilleros de la resistencia polaca y otros «enemigos» del Estado nazi pasaron por ese campo de concentración en Polonia, camino a la muerte. Ahora, después de cinco décadas, gente de muchos países se reúne en ese monumento a la falta de humanidad, para dar testimonio mediante un retiro.

La posición de Bernie durante el retiro era la de la atención consciente: ni resistir ni juzgar, solo aceptar la realidad, los sentimientos y pensamientos que van y vienen. Él simplemente observaba y escuchaba las reacciones de la gente. Observó el modo en que los alemanes se sentían culpables y los polacos, indefensos frente a ese monumento a la crueldad humana, y sintió compasión por sus antecedentes históricos.

«¿Y cómo fue escuchar cada una de esas historias?», le pregunté.

«Al principio, se tiene mucha conciencia de las diferencias

que existen entre todos —dijo Bernie—. Pero con el tiempo, estando juntos, se dijeron palabras crudas y dolorosas. Pero simplemente te limitas a sentarte y a escuchar todo. Así, cada uno sintió que había sido escuchado. Y todos comenzaron a sentirse menos cargados, una vez que se sintieron escuchados y tenidos en cuenta. Luego, sientes que sencillamente estás dando testimonio de todo eso: el dolor y la pena, la alegría y los triunfos. Entonces, en la medida en que todos asumimos esa actitud de dar testimonio, surgió un sentimiento de mutua interconexión, a pesar de todas nuestras diferencias.»

Así como Bernie pudo tener una conciencia neutral y testimonial de sus compañeros de retiro, nosotros podemos hacer lo mismo con los sentimientos que van y que vienen dentro de nuestro corazón. Lama Yeshe dijo que las emociones que corren frenéticamente «son responsables de todos los conflictos que hay en el mundo, desde los que se dan entre dos niños que riñen por un caramelo hasta los que se dan entre grandes naciones que pelean por su existencia».

De la misma forma, se puede ver que los esquemas operan de manera global, en un nivel colectivo. A veces contemplo el mundo como si fuera una gran familia con problemas. Las diferentes naciones reaccionan según sus modalidades, ya sean estas autorizadas, controladas, sojuzgadas, necesitadas o rebeldes. Sin embargo, hay momentos en que se logran perspectivas trascendentes, como cuando los astronautas que giraron alrededor de la Tierra por primera vez, describieron nuestro verde planeta desde el espacio exterior, una unidad en la que no se veían las fronteras entre países.

Nuestros patrones emocionales pueden ser una fuerza que separe a la gente o, si nos liberamos de ellos, pueden conectarnos con la gente. Todo depende de nosotros. Cuando podemos respetar las diferencias, sin tener que estar de acuerdo con ellas, podemos escuchar la perspectiva de los demás y escuchar sus historias. Al dar testimonio de nuestros esquemas colectivos, podemos acompañarnos y comprendernos mutuamente.

El trabajo de hacer que estas nubes de la mente se hagan más transparentes ayuda a considerarlas como meras obstrucciones.

Todo depende de la manera en que usemos nuestra experiencia emocional, ya sea en la vida o en la práctica.

El camino se bifurca. Un sendero lleva a más embrollo, reactividad y a las nieblas más espesas de la confusión. El otro, hacia el refinamiento de la conciencia y el despliegue de la sabiduría compasiva. En cada momento, la elección es nuestra.

Agradecimientos

Deseo expresar mi agradecimiento a varias personas por la ayuda que me han prestado en la elaboración de este libro.

Todos mis maestros, que han compartido conmigo un tesoro de sabiduría a través de su hábil y comprensiva guía: Su Santidad el Dalai Lama, Nyoshul Khen Rinpoche, Tulku Urgyen Rinpoche y sus cuatro hijos, que continúan el linaje —Chokyi Nyima Rinpoche, Chokling Rinpoche, Tsoknyi Rinpoche y Mingyur Rinpoche—, y Sayadaw U Pandita.

Mi esposo, Daniel Goleman, que ha vivido y respirado esta obra conmigo, que aportó desinteresadamente sus habilidades como editor y enriqueció este trabajo con su conocimiento del campo de la cognición y la ciencia del cerebro. Y por su gran amor y su leal compañerismo, y por lo grandioso que es hablar y reír con él.

Mis clientes y aquellos que participaron en talleres, por su valiente honestidad y confianza y por hacer que este libro viera la luz.

Mi familia, por su gran corazón y su constante amor: Julie Bennett-Blue, Bill Bennett, Diana Broderick, Gilda Barracano, Jack Blue, Hanuman, Gov y Hazel Goleman.

Erik Hein Schmidt —aunque él insiste en que estaba «pontificando, sencillamente»—, que ha sido una fuente inagotable de conocimiento, sabiduría y perspectivas agudas y refrescantes. Su deseo es que este agradecimiento sea para sus maestros, Tulku Urgyen Rinpoche, Chokyi Nyima Rinpoche y Tulku Pema Wangyal.

Jeffrey Young, por su ingeniosa guía en la terapia de esquemas y por combinar maravillosamente una sensible percepción con la grandeza de visión de un líder.

Jon Kabat-Zinn, por la inspiradora guía que me brindó durante el tiempo que duró mi internado en la clínica de reducción del estrés basado en la conciencia —perteneciente a la Universidad de Massachusetts—, por su innovadora y astuta sabiduría, y por preservar la integridad de la tradición de la conciencia mientras hacía que esta práctica resultara accesible a la población en general.

Jessica Brackman, por sus penetrantes sugerencias editoriales y el apoyo que me dio en cada etapa.

Cathy Flannigan, por sus brillantes y generosas consultas sobre los detalles de la terapia de esquema, por su estímulo a que con esta obra explorara nuevos territorios, y por su deliciosa risa irlandesa.

Mis lectores: Lynn Schroeder, Sunanda Marcus, Lila Anderson y Deborah Klimburg, por sus incisivos comentarios y entusiasmo, y a Naomi Wolf, por sus excepcionales sugerencias editoriales. Susan Griffin, por su valiosa guía y sabiduría en el tema de la escritura.

Sharon Salzberg, por su constante apoyo, sus consejos claros y su espíritu magnánimo en cada etapa del proyecto de este libro. Diana Rogers, por sus sensatos comentarios y su amoroso respaldo. Ram Dass, por las inspiradoras conversaciones y perspectivas sobre nuestro trabajo y por su sabiduría poco convencional.

Richard Gere, por su inspirada visión artística y su consejo creativo. Jonathan Cott, por sus astutos comentarios y sus esclarecedoras fuentes sobre la alquimia.

Josh Baran, por su entusiasmo en tratar de encontrar el subtítulo adecuado; y a las demás personas que contribuyeron: Amy Gross, Mark Epstein, Helen Tworkov, Mark Matousek y Carey Lowell.

Anne Milliken y Jane Wright, por su sabiduría con respecto a la curación. David Berman, por ayudarme a desarrollar una relación saludable con mi ordenador.

Joseph Goldstein y Sharon Salzberg, por los años que viajamos juntos a las remotas tierras asiáticas para estudiar con nuestros maestros de meditación y recibir muchas de las enseñanzas que informan este libro. Y a otros que me ayudaron a establecer contacto con mis maestros: Francisco Varela, Erik Pema Kunsang, Marcia Schmidt, por su desinteresada dedicación para hacer accesibles las enseñanzas dharma. Achan Amaro, por sus sabios consejos.

John Erskine y Mads Julius Neilson, por las consultas sobre física. Y a mis compañeros de retiro espiritual en Dinamarca, por las discusiones que manteníamos sobre las relaciones entre la física y el dharma hasta altas horas de la noche, a la nórdica luz crepuscular... momentos como esos me hacen echar de menos la etapa de elaboración de este libro.

Mi editora Linda Loewenthal, por sus precisas y brillantes sugerencias editoriales, y por compartir mi visión; por considerar seriamente el proyecto de este libro y estar siempre dispuesta a reír; y por hacerme sentir cómoda en el mundo editorial. Y a todas las personas que trabajan en Harmony Books, por su apoyo y su cálido entusiasmo.

Mi agente Eileen Cope, por su sorprendente habilidad para el trabajo, su invalorable guía, su apoyo entusiasta, y por hacer posible que este libro diera en el blanco.

Por las diversas ayudas que me brindaron Amy Fox, Beth Ellen Rosenbaum, Rowan Foster, Buzz Bussewitz, Jami Fisher, Catherine Ingram, Kate Wheeler, Jocelyn Sylvester, Deborah Wolf, Bodhi y Yeshe.

Y a las muchas personas que me han inspirado sin saberlo siquiera, gracias a los dones de su sabio corazón.

Índice

CUARTA PARTE
ALQUIMIA ESPIRITUAL